HISTOIRE

ROMAINE

TOME SIXIÈME

NOGENT-LE-ROTROU, IMPRIMERIE DE A. GOUVERNEUR.

HISTOIRE ROMAINE

PAR

THÉODORE MOMMSEN

TRADUITE PAR

C. A. ALEXANDRE

CONSEILLER A LA COUR IMPÉRIALE DE PARIS

TOME SIXIÈME

PARIS

LIBRAIRIE A. FRANCK

Rue Richelieu, 67

1868

Seule édition autorisée par l'auteur et l'éditeur.

LIVRE QUATRIÈME

LA RÉVOLUTION

(SUITE)

CHAPITRE XI

LA RÉPUBLIQUE ET L'ÉCONOMIE SOCIALE

Nous laissons derrière nous une période de quatre-vingt-dix années, dont quarante de profonde paix, et cinquante ans de révolution presque continuelle. C'est aussi l'époque la plus inglorieuse de l'histoire de Rome. A la vérité, à l'ouest et à l'est, les Alpes ont été franchies (V, p. 124, 134) : les armes romaines ont pénétré dans la péninsule espagnole, jusqu'aux rivages atlantiques (IV, p. 307) ; dans la péninsule gréco-macédonienne, jusqu'au Danube (V, p. 134) : lauriers peu coûteux, et de même infertiles! Après tout, le cercle des « peuples étrangers placés dans la domination, » la puissance ou l'amitié du peuple romain [1], » ne s'est pas beaucoup agrandi : on s'est contenté de consolider les conquêtes des temps meilleurs, ou d'amener successivement à l'assujettissement complet les cités placées avant sous le

Déconfiture publique au dedans et au dehors.

---

[1] *Exteræ nationes in arbitratu, dicione potestate amicitiave populi Romani (lex Repetund. v. I)* : telle est la formule officielle pour désigner les sujets et clients non italiques, par opposition aux « confédérés et parents de race *(socii nominisve Latini)*.

lien d'une dépendance plus large au regard de la République. Derrière l'éclatant échafaudage des réunions des provinces à l'empire, se cache un amoindrissement sensible de la puissance romaine. A l'heure même où la civilisation antique tout entière se concentre plus fortement dans la cité de Rome, et y reçoit pour ainsi dire son expression universelle et dernière, au-delà des Alpes, au-delà de l'Euphrate, les nations exclues du monde romain passent de la défensive à l'attaque. Sur les champs de bataille d'Aix et de Verceil, de Chéronée et d'Orchomène, on a entendu les premiers coups de tonnerre : l'orage s'approche, qui jettera sur l'univers gréco-italique les races de la Germanie et les hordes de l'Asie, cet orage, dont les sourds roulements se sont prolongés presque jusqu'à nous et retentissent encore. Au dedans, cette période offre le même caractère. L'ordre politique des anciens jours s'écroule sans retour. La République romaine, à ses débuts, c'était la cité avec son peuple libre, se donnant ses magistrats et ses lois, conduite par ces mêmes magistrats-rois qui la consultent, sans jamais sortir des barrières légales : autour de la cité, gravitaient, dans leur double orbite, les fédérés italiques, avec leur système de cités particulières, libres aussi, pareilles et apparentées de race à la ville de Rome; et les alliés extra-italiques, composés des villes franches de la Grèce, des peuples et des souverainetés barbares, sous la tutelle plutôt que sous la domination de Rome. Résultat dernier et fatal de la Révolution, auquel, il faut le dire, les deux partis conservateurs et démocrates ont travaillé de part et d'autre, et comme d'entente; au commencement de l'ère présente, l'édifice vénérable ébranlé et lézardé en bien des endroits, était debout encore : à la fin de la période, il n'en reste plus pierre sur pierre. Aujourd'hui le détenteur du pouvoir est ou un *monarque,* ou une *oligarchie* fermée, de nobles aujourd'hui, demain de riches. Le peuple a perdu la part qu'il avait au gouvernement. Les magistrats ne sont plus que des instruments passifs dans la main du maître. La cité de Rome s'est brisée sous l'effort d'un accroissement contraire à sa nature. La fédération italique s'est absorbée dans la cité romaine. La fédération extra-italique en pleine voie de transformation, tombe dans la sujétion absolue. Tout le système politique enfin gît à terre : rien n'en reste, qu'une masse confuse d'éléments plus ou moins disparates. L'anarchie est imminente, et l'État, au dedans et au dehors, s'en va en pleine dissolution. Le courant emporte toutes choses vers le despotisme : on ne dispute plus que sur le point de savoir qui sera le despote, ou d'un seul homme, ou de la petite coterie des grandes familles, ou d'un sénat de financiers. Et sur cette route même, on descend la pente ordinaire. S'il est dans l'État libre un principe fondamental, c'est celui d'un utile contrepoids des forces contraires, réagissant médiatement les unes sur les autres : ce principe, tous les partis l'ont perdu de vue : en haut comme en bas, on combat pour le pouvoir, avec le bâton des assommeurs d'abord, puis bientôt avec l'épée. La Révolution était achevée, si l'on entend par ce mot avoir de part et d'autre rejeté bien loin la constitution ancienne, et marqué sa voie et son but à la politique nouvelle : mais en ce qui touche la réorganisation de l'État on n'avait encore que le provisoire : ni l'établissement politique des Gracques, ni celui de Sylla, ne portent le cachet d'une œuvre définitive. La pire amertume de ces temps amers, pour le patriote clairvoyant, c'est que tout espoir, tout effort était défendu à ses aspirations. Le soleil de la liberté descendait à l'horizon, emportant à jamais ses dons fécondants : et le crépuscule s'étendait sur ce monde, si brillant naguère. Catastrophe accidentelle, dira-t-on ! Pas le moins du monde : amour de la patrie, génie, rien n'y pouvait : la République périssait par les vieilles maladies du corps social, et surtout par la chute des classes moyennes, que le prolétariat servile avait supplantées. Le plus habile des hommes d'État de Rome ressemblait à ce médecin, qui se demande à l'heure douloureuse lequel vaut le mieux de prolonger l'agonie du mourant, ou d'en finir de suite avec elle. Assurément la meilleure condition qui pût être faite à la République, c'eût été l'avènement immédiat d'un despote au bras fort, qui, balayant tous les débris de l'ancienne constitution libre, aurait su créer les formes nouvelles et le système propres à contenir la modeste somme de bonheur compatible avec l'absolutisme : dans l'état des choses, la monarchie aurait eu sur l'oligarchie un avantage essentiel. Éparpillée dans une corporation, l'autorité peut-elle jamais niveler et bâtir avec l'énergie du despotisme? — Mais je m'arrête : les froides réflexions ne façonnent pas l'histoire : c'est la passion, et non l'intelligence, qui dans les choses humaines, édifie l'avenir!. Tout ce qu'on pouvait faire, à Rome, c'était d'attendre, se demandant combien de temps la République continuerait à ne savoir ni vivre ni mourir; si à la fin, elle trouverait dans quelque puissant génie son maître, et peut-être son second fondateur; ou si elle s'abîmerait à sa dernière heure dans sa décrépitude et sa misère.

Economie de l'Etat.

Il nous reste à étudier les faits économiques et sociaux de la période, ceux du moins sur lesquels déjà notre attention ne s'est point arrêtée.

Revenus de l'Italie.

L'État, depuis le commencement de cette période, tirait ses ressources principales du revenu des provinces. En Italie, à partir de la bataille de Pydna, on n'avait plus levé l'impôt foncier, impôt extraordinaire dans tous les temps, et qui ne venait se placer qu'à titre de complément à côté des redevances domaniales et autres. L'immunité foncière absolue devient une sorte de privilége constitutionnel pour la propriété immobilière romaine. Les *régales*, telles que le monopole du sel (IV, p. 63), et la monnaie, ne sont plus rangées, si jamais elles le furent, parmi les produits publics. Les impôts récemment frappés en matière d'hérédité (IV, p. 140), ou tombent en désuétude ou sont expressément abolis. L'Italie, avec la Gaule cisalpine, n'apportait donc

au trésor public de Rome, que les revenus domaniaux
d'une part, nommément ceux du territoire campanien,
et le produit des mines d'or [*metalla*] du pays des
Celtes, avec les taxes sur les affranchissements (II, pp. 64,
278) d'autre part, ainsi que les droits d'importation par mer
[*portoria venalium*] des marchandises introduites dans
Rome, et non affectées à l'usage de l'importateur (I, 65,
104) : ces deux derniers produits pouvant d'ailleurs être
regardés comme des impôts de luxe. Avec l'extension du
territoire de la cité romaine, et de la ligne douanière en-
veloppant désormais toute l'Italie, y compris vraisemblablement la Cisalpine, leur rendement s'accrut sans doute
beaucoup.

Dans les provinces, la République, usant du droit de la
guerre, s'appropria à titre privé tout le territoire des puissances renversées par elle : là où elle ne fit que substituer
son gouvernement à celui de l'ancien maître, elle mit la
main sur les possessions foncières qui lui avaient appartenu. C'est ainsi qu'elle réunit au Domaine les territoires de
Léontini (III, p. 197, IV, p. 63), de Carthage, de Corinthe
(IV, p 354), les biens domaniaux des rois de Macédoine,
de Pergame et de Cyrène, les mines de Macédoine et
d'Espagne. Comme le territoire de Capoue, toutes ces
vastes acquisitions furent affermées par les censeurs à des
particuliers, tantôt moyennant quote-part des fruits, tantôt
moyennant un loyer fixe en argent. Déjà nous avons vu
(V, pp. 61, 69) Gaius Gracchus, allant plus loin encore,
revendiquer la totalité du territoire provincial, et appli-
quant sa règle à la province d'Asie, y établir la dîme foncière, les taxes de mer et de dépaissance [*portoria : scrip-
turæ*], à raison du droit de propriété échu à la République
sur les champs, les prairies et les côtes maritimes indis-
tinctement, qu'ils eussent été jadis propriété royale, ou
simplement propriété privée.

De droits régaliens utiles, il ne semble pas que Rome
en ait jusque-là exercé dans les provinces : l'interdiction

de la culture de la vigne et de l'olivier dans la Transalpine ne donna rien au trésor. En revanche, l'impôt direct et indirect fut prélevé sur une grande échelle. Les états cliens reconnùs indépendants, les royaumes de Numidie et de Cappadoce, les villes fédérées *(civitates fœderatæ)* de Rhodes, de Messine, de Tauromenium, de Massalie et de Gadès, jouissaient de l'immunité complète : seulement les traités les obligeaient envers la République à la fourniture normale, en temps de guerre, d'un certain nombre d'hommes et de vaisseaux à léurs frais, et naturellement aussi, à l'assister dans les cas extrêmes par des prestations extraordinaires de toute nature. Quant aux autres terri- toires provinciaux, y compris même les villes libres, ils payaient l'impôt : mais les villes dotées du droit de cité romaine, comme Narbonne, et celles expressément décla- rées exemptes *(civitates immunes)*, comme *Centoripæ*, en Sicile, avaient la franchise. Le revenu direct, en certaines contrées, en Sicile, en Sardaigne, par exemple, consistait soit dans le droit à la dîme des gerbes [*decuma*] [1], et des autres fruits de la terre, raisins, olives ; soit dans les pays de pâture, en une redevance proportionnelle [*scriptura*] : ailleurs, en Macédoine, en Achaïe, à Cyrène, dans la plus grande partie de l'Afrique, dans les deux Espagnes, et aussi, après Sylla, en Asie, il n'était autre qu'un tribut fixe en argent *(stipendium, tributum)*, versé annuellement par chaque cité. Ce tribut s'élevait à 600,000 deniers (183,000 *thal.* = 686,250 fr.), pour la Macédoine : la petite île de *Gyaros* [*Giura*] près d'*Andros* n'en payait que

Impôts.

---

[1] Il ne faut pas confondre cette *dîme*, levée sur les propriétaires à titre privatif, avec la dîme perçue sur les détenteurs de la terre domaniale. La première, en Sicile, était affermée : son chiffre, une fois fixé, restait invariable. La seconde, qui ne frappait que les terres échues à Rome à la suite de la seconde guerre punique, en laissant en dehors les champs des Léontins (*cf. Corp. insc. lat.* p. 101 : *De lege agraria*), était amodiée à Rome même par les censeurs, qui réglaient arbitrairement les quotités de répartition et prenaient les autres mesures nécessaires (Cic. *in Verr.* 3, 6, 13. 5, 21, 53. — *De leg. agr.* 1, 2, 4. 2, 18, 48).

150 (46 *thal.* = 173 fr. 90 c.), suivant toute apparence. Cet impôt, en somme, était à un taux moindre qu'avant la conquête romaine. Dîmes foncières et taxes de pacage, la République les affermait toutes à l'entreprise à des particuliers [*publicani*], et contre prestations fixes en céréales ou en argent, ne demandant à chaque cité que sa quote-part d'impôt, et la laissant, suivant la maxime générale de sa politique, maîtresse de la répartition entre les contribuables et de la perception [1].

Les taxes douanières constituaient presque en entier l'impôt indirect, laissant de côté d'ailleurs les droits bien moins importants sur les *chaussées*, les *ponts* et les *canaux*. Ajoutons que par taxes de douanes, chez les anciens, on n'entendait guère parler que de celles levées dans les ports,

Les douanes.

[1] Voici, ce semble, comment on procédait. La République déterminait en premier lieu la nature et la quotité de l'impôt : en Asie, par exemple, même après les réorganisations de Sylla et de César, elle réclamait la *dixième gerbe* (App. *bell. civ.* 5, 4) : ainsi encore, aux termes d'une ordonnance de César, les Juifs avaient à verser tous les deux ans le quart des ensemencements (Joseph, 4, 10, 6 — cf. 2, 5) : plus tard, en Cilicie, l'impôt fut de 1 pour 100 sur la fortune (App. *Syr.* 50) : en Afrique, pareille mesure fut aussi appliquée, à ce que l'on croit, et l'estimation des biens se faisait suivant certaines présomptions basées sur l'importance des propriétés foncières, le nombre des baies de portes, le nombre des enfants et des esclaves (*exactio capitum atque ostiorum:* Cic. *ad famil.* 3, 8, 5, pour la Cilicie : φόρος ἐπὶ τῇ γῇ καὶ τοῖς σώμασιν, App. *Pun.* 135, pour l'Afrique). Sur cette donnée première, les autorités communales, sous la surveillance du gouverneur romain (Cic. *ad Quint. fratr.* 1, 1, 8 : S. c. de Asclepiad. au *Corp. insc.* p. 110-113, *v.* 22, 23), dressaient le rôle des contribuables, avec fixation de la cote afférente à chacun (*imperata* ἐπικεφάλια : Cic. *ad Attic.* 6, 15) : que si tel redevable ne payait pas en temps voulu, la créance publique contre lui était, comme à Rome, *vendue,* c'est à dire transférée à un entrepreneur de perception, avec addition de frais (*venditio tributorum:* Cic. *ad famil.* 3, 8, 5 : ὠνάς *omnium venditas,* Cic. *ad Attic.* 5, 16). Les versements divers se concentraient dans les caisses de la ville chef-lieu : les Juifs, par exemple, envoyaient leurs grains à Sidon, d'où le produit, converti en argent, était expédié à Rome, jusqu'à due concurrence de la somme exigée. On le voit, la perception se réalisait de seconde main : et selon les cas, l'intermédiaire, ou bénéficiait de l'excédant resté entre ses mains, ou comblait le déficit de ses propres deniers : la seule différence entre le mode suivi et la perception levée ailleurs par les publicains, c'est qu'ici le percepteur était l'autorité locale elle-même : tandis que dans les autres provinces, le contribuable avait directement affaire à l'*entrepreneur* romain de l'impôt.

et plus rarement à certaines frontières locales, sur les marchandises destinées à la vente, et frappées à l'entrée ou à la sortie : elles appartenaient aux diverses cités maîtresses de les faire payer dans leurs ports et sur leur territoire. Les Romains avaient suivi la pratique commune : mais dans les commencements, leur circonscription douanière n'avait pas dépassé la limite de la cité romaine proprement dite, sans s'étendre jusqu'à la limite de leurs possessions. Donc, chez eux, d'abord point de système général de douanes : et quant aux relations avec les villes clientes, la République avait stipulé, par traités publics, soit la franchise absolue pour elle-même, soit tout au moins des conditions de faveur nombreuses pour les citoyens romains. Mais chez les peuples non alliés, et au contraire assujettis, l'immunité n'ayant plus lieu, les taxes douanières échéaient au véritable souverain, c'est-à-dire, à la cité romaine. Par suite, la République fut conduite à établir dans son empire un certain nombre de grandes circonscriptions spéciales, où se trouvaient d'ailleurs enclavées les villes alliées, ou dotées de la franchise au regard de Rome. C'est ainsi qu'après les guerres carthaginoises, la Sicile forma une région douanière, où les marchandises entrant et sortant, payaient à la frontière un droit de 5 pour 100 *ad valorem;* un droit de 2 1/2 pour 100 était pareillement perçu à la frontière d'Asie, aux termes de la loi Sempronia (V, p. 64) : de même encore, la province de Narbonne, en dehors du territoire même de la colonie de citoyens, constituait une région douanière. Le but fiscal de cette organisation apparaît nettement. Mais en réglementant uniformément le système de ses districts douaniers, Rome avait aussi voulu, et il faut l'en louer, prévenir l'inévitable confusion résultant de l'infinie variété des douanes communales. Ici d'ailleurs, comme pour les dîmes, la perception avait été mise partout dans la main des intermédiaires fermiers.

Frais
de perception. Telles étaient les charges ordinaires que les contribuables avaient à supporter dans l'empire : n'oublions pas de faire

observer qu'ils payaient énormément au delà du produit
net entrant dans les caisses de la République. Le mode de
perception par les intermédiaires, ou si l'on veut, par les
fermiers généraux, est par lui-même déjà le plus dispen-
dieux : mais le petit nombre des fermes, d'une part, et
l'immense association des capitaux, d'autre part, fermant
l'accès à toute concurrence efficace dans Rome, le mal avait
grandi outre mesure.

Aux impôts ordinaires venaient s'ajouter en premier lieu Les réquisitions.
les réquisitions. Les dépenses de l'administration militaire
étaient de droit supportées par la République. Elle fournissait au commandant supérieur dans chaque province
les moyens de transport et pourvoyait à tous les autres
besoins : elle payait la solde des soldats romains envoyés
avec lui, et prenait soin d'eux. Les villes provinciales
n'avaient à donner que le toit et l'abri, le bois, le foin et
autres denrées : les villes libres étaient même affranchies
de loger la troupe durant ses quartiers d'hiver (il n'y avait
point encore de cantonnements permanents). De plus,
quand le gouverneur avait besoin de blé, de vaisseaux et
d'esclaves pour les armer, de toile, de cuir, d'argent et
d'autres objets encore, il avait la faculté absolue en temps
de guerre, et faculté presque pareille en temps de paix,
d'en réclamer la fourniture aux cités sujettes ou aux États
clients indépendants. Les prestations, à l'instar de l'impôt
foncier payé par le citoyen romain, étaient considérées, en
droit, comme faites à titre de vente ou d'avances, dont le
trésor romain aurait à rembourser la valeur, ou de suite,
ou plus tard. Malheureusement, dans la pratique, sinon
dans la théorie politique, les réquisitions devinrent bientôt
l'une des charges les plus écrasantes qui aient pesé sur les
provinciaux : sans compter que l'indemnité à payer dépendait uniquement de l'arbitration du gouvernement romain,
ou du commandant local. Nous rencontrons bien dans la
loi quelques limites apportées à ce droit de réquisition si
dangereux : nous avons vu interdire au préteur en Espagne

de prendre au laboureur au-delà de la vingtième gerbe
(III, p. 281) : ailleurs, on fixa la quantité *maximum* du
blé que le lieutenant de Rome pouvait réclamer pour ses
besoins et ceux de sa suite; ou encore, on régla à l'avance
un chiffre élevé d'indemnité pour les céréales requises;
tout au moins en advint-il ainsi pour les blés que la Sicile
était souvent mise en demeure d'envoyer à la capitale.
Malgré tous les palliatifs et le soulagement qu'ils apportaient çà et là, les réquisitions n'en restaient pas moins un
fléau pour le système économique des cités, et pour les
particuliers dans les provinces. En temps de crise exceptionnelle, l'inévitable oppression allait croissant, jusqu'à
dépasser toutes les bornes; et quelquefois alors les prestations étant exigées sous forme pénale [*multæ*], ou sous
forme de contributions volontaires, en réalité forcées,

84-83 av. J.-C. toute indemnité cessait. C'est ainsi qu'en 670 et 671, Sylla
condamna les provinciaux d'Asie-Mineure, gravement cou-
pables envers Rome, à fournir 40 fois la solde par chaque
soldat en cantonnement (16 deniers par jour = 3 *thal.*
2/3 [= 14 fr. 31 cent.]), et 75 fois la solde par chaque
centurion; et de plus à donner le vêtement et la table, le
garnisaire étant libre d'inviter des convives à son gré. A
peu de temps de là, le même Sylla frappait une contribution générale sur les cités clientes et sujettes (V, p. 374) :
il va de soi qu'il n'en fut jamais rien rémboursé.

Dépenses Nous ne saurions non plus omettre les charges commu-
communales. nales dans ce tableau de l'impôt. Elles devaient être considérables[1] : il fallait pourvoir à l'administration, à l'entretien
des édifices publics, enfin à tout le budget civil des villes,
la République défrayant les seules dépenses de guerre. Et

---

[1] Par exemple, en Judée, la ville de *Joppé* redevait au prince local
26,075 *modii* [= 53,177 lit.] romains de froment : les autres Juifs
remettaient la vingtième gerbe : à ces prestations doivent s'ajouter
encore la contribution pour le *temple* et les versements à faire à
Sidon pour le compte du trésor de Rome. — De même, en Sicile,
outre la dîme romaine, il était perçu une taxe communale considérable, proportionnelle aux fortunes.

même, dans le budget militaire, elle s'arrangeait pour faire
retomber sur le trésor communal bon nombre d'articles,
tels que la construction et l'entretien des routes militaires
hors de l'Italie, et des flottes dans les mers non italiennes,
ainsi que les dépenses de l'armée pour une forte partie.
Toutes les milices des états clients et sujets étaient régulièrement appelées dans leurs provinces respectives, et
aux frais de leurs cités : déjà même l'on voyait tous les
jours des Thraces servant en Afrique, des Africains servant
en Italie ou partout ailleurs, au gré du gouvernement
central (V, p. 374). Tant que les provinces avaient payé
seules l'impôt direct, l'Italie en étant exemptée, tant
que l'Italie, à son tour, avait eu la charge et la dépense
de l'état militaire, on avait pu dire qu'une telle organisation, justifiée par la politique, demeurait financièrement
équitable : mais du jour où l'équilibre cesse, la condition
financière des Provinciaux n'est plus qu'oppression.

Arrivons enfin au grand chapitre des iniquités, à celles
qui faisaient la mesure comble, aux exactions multipliées
des magistrats et des publicains, plus écrasantes cent fois
que l'impôt provincial. En vain la loi considérait comme
concussion tout *cadeau* reçu par le gouverneur : en vain
elle lui interdisait tout achat dans sa province : dès qu'il
voulait malverser, ses fonctions publiques lui prêtaient et
au-delà les moyens de le faire. Cantonnement des troupes,
libre logis assuré au magistrat, à l'essaim de ses auxiliaires
de rang sénatorial ou équestre, de ses scribes, officiers de
justice, hérauts, médecins et prêtres; droits de fournitures
gratuites aux messagers de la République; réception et
transport des prestations et redevances en nature, ventes
et réquisitions forcées, par dessus tout, il n'y avait là que
trop d'occasions pour les magistrats provinciaux d'amasser
et de rapporter dans Rome des richesses princières! La
rapine était à l'ordre du jour, le contrôle du pouvoir central devenant nul, et celui des tribunaux de la chevalerie
n'ayant de dangers que pour le fonctionnaire honnête

homme. La création d'une commission perpétuelle pour

149 av. J.-C. juger les cas de concussion (605), création amenée par les abus de pouvoirs et les plaintes sans cesse répétées des provinciaux (V, p. 6); les lois géminées, se succédant coup sur coup, avec aggravation de peine, contre les fonctionnaires coupables, comme le fluviomètre qui montre la hauteur des eaux, attestaient l'invasion croissante du mal. Dans de telles conditions, l'impôt, même modéré dans son régime, pouvait arriver, dans la pratique, à surcharger et fouler le contribuable. Or, nul doute qu'il n'en fût ainsi dans les provinces, encore bien que l'oppression venant des marchands et des banquiers d'Italie, fût à elle seule plus pesante que tout le système des taxations avec ses infaillibles abus.

Résultat financier. En résumé, les revenus que Rome tirait de ses provinces, ne constituent pas un impôt frappé sur les sujets, dans le sens où nous l'entendons aujourd'hui : il y faut voir plutôt une sorte de contribution pareille au *tribut* levé jadis par les Athéniens, et que la puissance dominante employait à défrayer son état militaire. De là, la surprenante modicité de son rendement, brut ou net. Un document digne de foi 63. nous enseigne que jusqu'en l'an 694, le produit total, non-compris sans doute les revenus de l'Italie et les blés livrés en nature par les fermiers des dîmes, n'allèrent pas au-delà de deux cents millions de sesterces (15,000,000 de *thal.* [= 56,450,000 fr.]), soit les deux tiers seulement de la recette annuelle encaissée par le roi d'Égypte. Et ce résultat comparatif n'a rien qui doive étonner après réflexion. Les Ptolémées exploitaient la vallée du Nil à la façon des grands planteurs : ils retiraient des profits monstrueux du monopole commercial avec l'orient, lequel leur appartenait dans leur royaume. A Rome au contraire, le trésor public n'était que la caisse militaire de la fédération des cités réunies sous la protectorat de Rome. Quant au produit net, il était, proportion gardée, moindre encore, à ce qu'il semble. Seules, la Sicile, et l'Asie surtout, four-

nissaient un excédant de quelque importance : la Sicile,
où le système des taxes carthaginoises demeurait en vigueur ; l'Asie, depuis que Gaius Gracchus, pour rendre
possibles ses largesses frumentaires, y avait ordonné la
confiscation du sol, et l'impôt foncier commun. D'innombrables témoignages nous enseignent aussi que les finances
publiques de Rome avaient pour assiette principale les
taxes asiatiques. D'autre part l'on doit aisément prêter foi
à l'assurance qui nous est donnée, que dans les autres
provinces la recette et la dépense s'alignaient bon an, mal
an : il en était même, où l'entretien obligé d'une garnison
nombreuse entraînait des frais supérieurs au revenu annuel : citons les deux Espagnes, la Gaule transalpine, la
Macédoine. Quoi qu'il en soit, dans les temps ordinaires,
les comptes du trésor se balançaient par un excédant à la
recette : de là pour la République la facilité de doter richement les travaux publics et ceux de la ville, et d'accumuler
même une réserve. Mais, si l'on veut comparer tous les
chiffres avec l'immensité du territoire de l'empire, on ne
peut que constater, je le répète, la pauvreté du produit
net de l'impôt. Ne point faire de son hégémonie politique
un droit de jouissance utile, enrichissante, telle était la
règle ancienne, à la fois honorable et sage : cette règle, en
un sens, a commandé au système des finances romano-
italiques, et aussi aux finances romano-provinciales. Ce
que la République levait sur ses sujets d'au-delà de la mer
s'en retournait aux possessions transmaritimes en frais de
sûreté publique et d'état de guerre ; et s'il est vrai de dire
que les taxes romaines étaient plus lourdes pour l'assujetti
que l'impôt ancien, comme elles étaient en grande partie
dépensées à l'étranger, il faut reconnaître aussi que la
substitution d'un seul maître et d'un seul pouvoir militaire
central à la multitude des petits potentats et des petites
armées d'autrefois, constituait une économie notable, et un
allégement. Malheureusement la loi du désintéressement
appartenait à des temps meilleurs : elle subit tout d'abord

une grave atteinte dans l'organisation provinciale : les dérogations nombreuses introduites à titre d'exception la minèrent et la firent tomber. La dîme foncière sicilienne de Hiéron et des Carthaginois dépassa bientôt le montant de la contribution de guerre pour l'année. Scipion Emilien a grandement raison, quand Cicéron lui fait dire « qu'il » sied mal au peuple romain de jouer à la fois les rôles » de dominateur et de douanier des nations! » S'approprier les taxes de port, c'était se mettre en contradiction directe avec le principe de l'hégémonie gratuite, et l'élévation des droits, comme leur perception vexatoire n'était point faite pour adoucir chez le contribuable le sentiment du tort éprouvé. Dès les temps où nous sommes, le mot de *percepteur des taxes* [ou *publicain*], chez les populations d'Orient, est synonyme de *brigand* et de *malfaiteur :* avoir à subir le publicain, plus que toute autre injure, soulève en Asie contre le nom de Rome la répugnance et la haine! Et quand ensuite Gaius Gracchus, et ce parti qui s'appelait le parti populaire, arrivent au pouvoir, on proclame ouvertement que la suprématie politique de l'état romain constitue un droit utile; que pour chacun des co-participants ce droit se convertit en un certain nombre de boisseaux de blé : l'hégémonie romaine alors devient propriété foncière : l'exploitation systématique des provinces commence ; et dans sa franchise impudente elle proclame et motive sa légitimité prétendue. Il se trouva enfin, et ce ne fut point là un simple jeu du hasard, que les deux provinces les plus surchargées, la Sicile et l'Asie, étaient précisément celles que la guerre troublait le moins!

Les finances et les travaux publics.

A défaut de documents précis sur la situation financière du temps, les travaux publics nous fournissent une mesure qui doit être vraie. Dans les premières périodes décennales du siècle, ils avaient été poussés sur la plus vaste échelle : jamais on n'avait autant travaillé aux routes. En Italie, à la voie du sud, plus ancienne, qui prolongeait la voie Appienne allant de Rome à Capoue, et passant par Bénévent et

Vénousie, allait toucher aux ports de **Tarente** et de **Brindes**, on avait rattaché une chaussée latérale, œuvre de Publius Popillius, consul en 622. De Capoue, cette route nouvelle [132 av. J.-C.] courait jusqu'au détroit de Sicile [*via Aquillia*]. Sur la côte est, où jusqu'alors la voie Flaminienne n'avait franchi que le court trajet qui va de Fanum à Ariminum (III, p. 108), la chaussée côtière, vers le sud, fut portée jusqu'à Brindes ; et vers le nord, par Hatria, sur le Pô, jusqu'à Aquilée.

C'est encore Popillius qui dans cette même année avait construit la section d'Ariminum à Hatria. On peut aussi pour la première fois ranger parmi les grandes routes romaines les deux voies d'Etrurie, dont l'une longeant la côte, ou voie *Aurélienne*, allait de Rome à Pise et Luna (on y avait notamment travaillé en 631), dont l'autre, la [123.] *via Cassia*, qui passant par Sutrium et Clusium gagnait Arretium et Florence, paraît ne dater que de 583 [III, [171.] p. 262]. Autour de Rome il n'était plus besoin de chemins nouveaux : mais le pont *Mulvius* (*Ponte Molle*) sur le Tibre, qui donnait passage à la voie Flaminienne non loin de Rome, fut reconstruit en pierre en 645. L'Italie du [109.] Nord n'avait eu jusqu'alors qu'une seule route, la voie *Flaminia-Emilienne*, aboutissant à Plaisance : en 606, on [148.] construit la grande voie *Postumia*, qui part de Gènes, passe à *Dertona* [*Tortone*], où vers ces temps, sans doute s'était établie une colonie, touche aussi à Plaisance, où elle croise l'Emilienne, gagne Crémone et Vérone, et de là pousse jusqu'à Aquilée, reliant ainsi la mer Tyrrhénienne à l'Adriatique. De plus, en 645, Marcus Æmilius [109.] Scaurus, avait construit la lacune entre Luna et Gènes, reliant par là directement la Postumienne avec Rome. — Sous un autre rapport, Gaius Gracchus fit beaucoup aussi pour les routes, en Italie. Pour assurer le bon entretien des grandes voies, au moment où il en réglait son partage agraire, il distribua, près de leurs accotements, des lots de terre grevés de la servitude de réparation de la chaussée :

à lui encore, ou tout au moins à ses commissaires répartiteurs, remonte la pratique de l'abornement régulier dans
les campagnes, et l'établissement des bornes milliaires :
enfin son attention se porta jusque sur les chemins vici-
naux, si favorables à la bonne agriculture.

Dans les provinces, on commence de même la construction des grandes chaussées impériales : la voie *Domitienne*,
après de longs travaux préparatoires (III, p. 263), permettait
actuellement un facile passage d'Italie en Espagne : elle
avait été complétée lors de la fondation d'Aix et de Narbonne (V, p. 126). Les voies *Gabinienne* (V, p. 134) et
Egnatienne (IV, p. 344), partant des ports principaux de
la côte orientale de l'Adriatique, la première de Salone,
la seconde d'Apollonie et de Dyrrachium, traversaient
aujourd'hui le massif hellénique. Nous ne saurions démêler
parmi les traditions informes du temps, la date exacte de
leur établissement : nul doute qu'elle ne corresponde à celle
des guerres celtiques, dalmates et macédoniennes : comme
elles facilitaient la concentration des forces romaines et la
civilisation des districts barbares conquis par les légions,
l'importance de ces routes ne saurait être méconnue. — En
même temps qu'on poussait les travaux de viabilité, on
entreprenait en Italie de vastes dessèchements. L'an 594
vit à grands frais attaquer, non sans succès d'abord, l'assai-
nissement des marais Pontins, question capitale pour
l'Italie centrale : en 645, au moment même où l'on soude
à leurs extrémités les chaussées du nord, on purge les
contrées basses entre Parme et Plaisance [1].

La République ne néglige pas non plus l'amélioration de
la ville sous le rapport de la salubrité et de l'agrément. Des
aqueducs nouveaux, indispensables et coûteux à la fois,
s'élèvent. Ceux construits en 442 et 492, l'*aqua Appia*, et
l'aqueduc de l'Anio [*Anio vetus*], sont réparés de fond en

---

[1] [Sur les routes, V. Bergier, *Hist. des grands chemins de l'empire*,
1622, et le Dict. de Smith (*Antiquities : Geography*) aux mots *Viæ*,
Via.]

comble, en 610. Deux conduites nouvelles sont construites : l'*eau Marcia*, en 610, dont l'abondance et la qualité ne furent jamais surpassées; et dix-neuf ans après, l'*eau Tiède* [*Aqua Tepula*] [1]. Le trésor romain suffit à tous ces travaux, sans avoir recours au crédit : les paiements se firent comptant, et nous en avons la preuve en ce qui touche l'aqueduc de *Marcius*. Les 180,000,000 de sesterces en monnaie d'or (soit 13,500,000 *thal.* [= 50,625,000 fr.]) qu'il coûta, furent, en trois ans, tirés des caisses et versés en l'acquit des travaux. Le trésor disposait donc de réserves considérables, ne s'élevant pas à moins de 6,000,000 *thal.* [= 22,500,000 fr.], au début de la période (IV, pp. 66, 137), et qui constamment s'accroissaient.

Tous ces faits réunis conduisent à conclure que durant tous ces temps les finances romaines étaient généralement en bonne condition. Pourtant il convient de le noter : si pendant les deux premiers tiers de la période on vit entreprendre de grands et brillants travaux, d'autres et non moins nécessaires dépenses demeurèrent impourvues. Déjà nous avons dit combien étaient insuffisants les soins donnés à l'état militaire : dans les pays frontières, jusque dans la vallée du Pô, les Barbares étaient venus piller (V, p. 131) : à l'intérieur, en Asie-Mineure, en Sicile, en Italie même, les bandes de brigands dévastaient le pays. La flotte était complétement oubliée. Rome n'avait plus de navires de guerre; et ceux dont on mettait la construction et l'entretien à la charge des villes sujettes, ne pouvaient suffire. Loin que la République pût entreprendre une guerre maritime, elle n'était pas de force à tenir tête à la piraterie. Dans la capitale enfin, bon nombre des améliorations des plus urgentes étaient négligées : on ne touchait point aux travaux du fleuve. Rome n'avait pas d'autre pont que la vieille passerelle en bois, qui menait au Janicule, en s'appuyant sur l'île Tibérine : le Tibre lui-même, non

144 av. J.-C.

144.

---

[1] [V. Smith, Dict. V° *Aquæductus*.]

enfermé dans des quais, débordait chaque année, inondait les rues et les maisons, et renversait parfois tout un quartier[1] : enfin, malgré l'extension énorme du trafic maritime, on laissait s'ensabler la rade d'Ostie, déjà mauvaise par elle-même. C'est chose facile à un gouvernement de laisser décroître le rendement de l'impôt, quand les circonstances se montrent aussi favorables, quand on a quarante ans de paix au dehors, et quand au dedans on néglige ses plus importants devoirs. Quoi d'étonnant, si la recette donnant un excédant annuel sur la dépense, l'épargne s'était accumulée dans le trésor? Encore les résultats n'étaient-ils prospères qu'en apparence : et loin de mériter l'éloge, une telle administration des finances ne saurait échapper au juste reproche de manquer de ressort, d'unité dans sa gestion : elle ne visait qu'à flatter le peuple, toutes choses condamnables sous tous les régimes, et qui furent le vice incarné du régime sénatorial de ces temps!

Les finances durant la révolution.

Le mal empira naturellement quand éclata l'orage de la Révolution. Les distributions de blé faites à vil prix au peuple de la capitale, cette obligation nouvelle imposée à l'État par Gaius Gracchus, constituaient une charge écrasante pour les finances publiques, à ne les envisager que sous ce seul rapport : l'on n'y put suffire qu'en puisant largement aux sources, aussi toutes nouvelles, qui s'étaient ouvertes dans la province d'Asie. Il n'en est pas moins vrai qu'à dater de là les travaux publics subissent un arrêt à peu près complet. De la bataille de Pydna à Gaius Gracchus, les constructions immenses et coûteuses ont été

122 av. J.-C.

menées à fin : mais après 632, on ne rencontre plus que

---

[1] [Qui ne connaît les vers d'Horace?

> *Vidimus flavum Tiberim retortis*
> *Littore Etrusco violenter undis*
> *Ire dejectum monumenta regis*
> *Templaque Vestæ.*
>
> *(Carmin. I. II, 13 et s.)*

« Nous avons vu les ondes jaunissantes du Tibre remonter furieuses
» de la côte étrurienne et s'en venir abattre le palais du roi (Numa)
» et le temple de Vesta! »]

les travaux de ponts, de routes et de dessèchements auxquels le censeur *Marcus Æmilius Scaurus* a attaché son nom [1]. Faut-il en accuser les largesses frumentaires de l'annone? Je ne le sais. Ou plutôt, la stagnation des grands travaux n'est-elle pas l'effet du système exagéré et croissant de l'épargne, ce vice habituel de toute oligarchie qui s'immobilise dans le pouvoir? Il semblerait qu'il en ait été ainsi. Ne savons-nous pas d'autre part que la réserve du trésor public atteignit son *maximum* en 663? Vinrent les tempêtes de l'insurrection et de la Révolution, la suspension durant cinq ans des versements de l'impôt asiatique. Pour la première fois depuis les guerres d'Hannibal, les finances de Rome furent mises à une rude épreuve : le trésor ne la supporta pas. Voyez combien grande est la différence des temps! Au siècle d'Hannibal, ce n'est qu'après la dixième année de la guerre, quand le peuple succombe écrasé par tant de lourdes charges, que l'on touche enfin à l'épargne publique (III, p. 230) : durant la guerre sociale au contraire, dès le début, le trésor défraye tout; et quand après deux campagnes on en voit le fond, on aime mieux vendre à l'encan les emplacements publics demeurés libres dans l'enceinte de Rome (V, p. 232), et faire main basse sur les richesses sacrées des temples (V, p. 334); que de faire peser l'impôt sur le peuple. Les mauvais temps passent : le calme renaît : et Sylla rétablit l'ordre dans les finances, Dieu sait au prix de quels énormes sacrifices, ruineux pour tous, pour les sujets de la République comme pour les révolutionnaires d'Italie. Il supprime les distributions frumentaires; il maintient, en les adoucissant, tout le système des taxes d'Asie, et procure ainsi au trésor des ressources satisfaisantes : désormais du moins, dans le budget ordinaire, les dépenses resteront de beaucoup au-dessous du total des recettes.

91 av. J.-C.

---

[1] [On lui attribue les travaux du pont Mulvius et de la voie Émilienne; *v. supra*, p. 17.]

Economie privée.

Venons à l'économie privée. Là, point d'élément nouveau : dans la constitution sociale de l'Italie, les avantages et les défectuosités sont les mêmes (IV, pp. 110-154) : seulement le mal comme le bien, tout a marché en s'accusant plus vivement.

Economie rurale.

Dans l'économie rurale, déjà nous avons vu la puissance capitaliste, comme le soleil pompe les gouttes de pluie, absorber peu à peu la petite et la moyenne propriété, en Italie et aussi dans les provinces. Le gouvernement assiste à la transformation funeste du sol, sans rien faire contre : on peut dire même qu'il la favorise par plus d'une mesure intempestive, comme quand, pour plaire aux grands propriétaires et aux gros marchands, il va jusqu'à prohiber la production de l'huile et du vin dans les pays transalpins [1]. A la vérité l'opposition, aussi bien que la fraction du parti conservateur moins hostile aux idées de la réforme, luttèrent énergiquement contre le torrent : en promouvant le partage de presque toutes les terres domaniales, les deux Gracques donnèrent à l'état 80,000 paysans italiques nouveaux : en établissant en Italie 120,000 colons, Sylla combla en partie du moins, les vides faits par la Révolution et par lui-même dans les rangs de la population rurale. Mais quand le vase est mis à sec en le faisant couler toujours, en quelque abondance qu'on y verse la liqueur par intervalles, il ne se remplira plus : il y faudrait un nouvel et constant apport. La chose fut tentée à Rome, sans jamais réussir. Quant aux provinces, on n'y fit rien, absolument rien, pour sauver le paysan que le spéculateur romain refoulait sans pitié : les provinciaux n'étaient que des hommes, et nullement un parti. Le résultat fut que la rente du sol, des pays extra-italiques,

---

[1] *V.* V, p. 122. A cette prohibition se rattache peut-être, à titre de commentaire, la remarque faite par un agronome romain postérieur à Caton et antérieur à Varron, je veux parler de *Saserna* (Columell, 1, 1, 5). Il dit que l'olivier et la vigne gagnent constamment vers le nord. — Aux mêmes tendances appartient le sénatus-consulte ordonnant la traduction des livres de Magon (III, p. 25. V, p. 19).

reflua, elle aussi, sur Rome. D'ailleurs, vers le milieu de notre période, le système des plantations prédominait déjà dans plusieurs régions de l'Italie, en Etrurie, par exemple ; et conduit qu'il était avec une activité vigoureuse et rationnelle tout ensemble, doté en outre de riches capitaux, il avait atteint le plus haut degré de prospérité, dans son genre. La production des vins, de ceux italiens surtout, s'était considérablement accrue, sous l'excitation artificielle du marché monopolisé des provinces, et de la prohibition de la denrée étrangère en Italie, prohibition qui se lit aussi dans la loi somptuaire de 633. A côté des crus de Thasos et de Chios, déjà l'*Aminéen* et le *Falerne* [1] sont en renom ; et le « vin du consul *Opimius* » de l'an 633 (le vin de 1811 des Romains!) restera dans les souvenirs des gourmets, bien longtemps après qu'on en aura vidé la dernière amphore !

121 av. J.-C.

121.

Rien à dire de l'industrie et des métiers ; si ce n'est qu'à cet égard l'Italie demeure passive et immobile, à l'égal presque des Barbares. On avait détruit les fabriques de Corinthe, dépositaires d'une tradition industrielle variée et brillante : et loin de fonder ailleurs de semblables ateliers, on se contentait de *collectionner* à des prix fabuleux les chefs-d'œuvre de la Céramique corinthienne, les vases de bronze, et les autres « *antiquités* » qui meublaient les maisons des Grecs. Que s'il était quelques métiers prospères, comme ceux se rattachant aux bâtisses, le corps social n'en tirait nul avantage : ici encore, dans toute vaste entreprise l'esclavage dominait. Veut-on savoir comment se construisit l'aqueduc de Marcius? La République traita des fournitures et de la maçonnerie avec 3,000 maitres d'esclaves, chacun entreprenant sa tâche par les mains de sa troupe servile.

Industrie.

---

[1] [L'*Aminéen* se récoltait à *Aminée* dans le Picentin.
Sunt et Aminœæ vites, firmissima vina.
(*Georg.* 2, 97.)
L'*Opimianum*, au dire de Pline l'aîné, se conserva près de deux cents ans (Hist. nat. 14, 4, 6).]

Métal circulant
et commerce.

84 av. J.-C.

Les valeurs métalliques et le commerce, voilà les côtés brillants, les seuls peut-être, de l'économie privée des Romains! En première ligne nous rencontrons les fermes domaniales et les fermes de l'impôt : par elles affluait dans les caisses des capitalistes une bonne partie, sinon la plus grande, du revenu public. Sur toute l'étendue de l'empire, les Romains avaient le monopole du trafic de l'argent : « tout denier qui s'échange dans les Gaules », au dire d'un homme qui écrivait au lendemain de notre période, « a » passé par les livres des marchands romains! » Nul ne doute qu'il n'en fût ainsi partout. L'état économique rude et grossier de Rome, la suprématie politique exploitée sans scrupule au profit des intérêts privés du riche, à quoi pouvaient-ils conduire, sinon à un système général de banque à intérêts usuraires? Voyez ce qu'il advint de l'impôt de guerre décrété par Sylla, l'an 670, dans la province d'Asie ! Les banquiers romains en firent l'avance : mais au bout de quatorze années il s'élevait au sextuple de la somme primitive, y compris les intérêts payés óu impayés. Pour faire raison au créancier italien, les villes vendirent leurs édifices publics, leurs œuvres d'art, leurs joyaux précieux : les parents vendirent leurs enfants adultes. Que de tortures morales subies tous les jours par le débiteur! Heureux encore quand il n'était pas martyrisé dans son corps! A tout cela vinrent s'ajouter les spéculations du grand commerce. En Italie, l'exportation et l'importation se faisaient sur une grande échelle. La première consistait principalement en vins et en huiles : l'Italie, avec la Grèce, était la pourvoyeuse de toutes les régions méditerranéennes, la production viticole de Massalie et des Turdétans [1] étant encore minime. Le vin d'Italie arrivait en quantités considérables dans les îles Baléares, chez les Celtibères, en Afrique, qui n'était que champs à blé et pâtures, à Narbonne et dans l'intérieur des Gaules. En revanche l'impor-

---

[1] [Dans la Bœtique, sur le *Xénil*.]

tation italienne dépassait de beaucoup les exportations.
C'était en Italie que le luxe avait son centre : épices et
comestibles, boissons rares, étoffes, parures, livres, mobilier, ouvrages d'art, tous les articles riches et précieux
affluaient par la voie de mer. Les négociants romains
demandant partout et sans cesse des esclaves, la traite
avait pris un essor tel, qu'on n'en vit jamais semblable
dans la Méditerrannée : elle allait de pair avec la piraterie,
dont elle faisait la fortune. Tous les pays, tous les peuples
étaient mis à contribution : mais la Syrie et l'intérieur de
l'Asie-Mineure demeuraient les principales places d'appro-
visionnement (V, p. 13). En Italie, le trafic à l'entrée se
concentrait de préférence dans les deux grands marchés
d'Ostie et de *Puteoli (Pouzzoles)* sur la mer Tyrrhénienne. Ostie. Pouzzoles.
Ostie, avec sa rade mauvaise et insuffisante, mais plus voisine de Rome, était mieux placée pour le trafic des marchandises de moindre prix : elle avait le commerce des grains
à destination de la capitale. Le commerce de luxe avec
l'Orient florissait au contraire à Pouzzoles. Son port
excellent y recevait tout vaisseau portant une cargaison
précieuse ; et la contrée de *Baia* qui y confinait, se couvrant tous les jours de *villas* romaines, offrait au négoce
un marché qui ne le cédait guère à celui de Rome même.
Pendant longtemps ce dernier commerce appartint à Corinthe, et après Corinthe détruite, à Délos : le poète Lucilius appelle Pouzzoles une « petite Délos ». Délos à
son tour, pendant les guerres contre Mithridate (V, p. 286),
tomba pour ne plus se relever. Alors les Putéolans de
nouer directement affaire avec la Syrie et Alexandrie : leur
ville de plus en plus florissante est décidément la principale échelle du commerce transmaritime de l'Italie. Mais
l'Italie ne fut point la seule à s'enrichir par ce trafic d'entrée et de sortie : les Italiens se portèrent aussi à Narbonne,
y faisant concurrence aux Massaliotes dans le commerce
avec les Gaules ; et il demeure certain qu'à dater de ce jour
la meilleure part de la spéculation appartient aux mar-

chands romains qui affluent ou résident en tous lieux.

Oligarchie financière.

Rassemblant tous ces faits en un même tableau, nous constatons dans l'économie privée de cette époque l'existence d'une oligarchie d'argent, marchant dans Rome du même pas que l'oligarchie politique. Elle réunit dans sa main la rente du sol de l'Italie presque tout entière, et des portions les meilleures du territoire provincial, la rente usuraire du capital dont elle a le monopole, les gains commerciaux levés dans tout l'empire, et, sous le couvert des fermes publicaines une très-considérable partie des revenus de la République. L'accumulation toujours croissante des capitaux se démontre par l'accroissement du chiffre moyen de la richesse : 3,000,000 de sesterces (228,000 *thal.* [= 855,000 fr.]), constituaient alors une fortune sénatoriale modérée : 2,000,000 de sesterces (152,000 *thal.* [= 570,000 fr.]), étaient l'aisance décente d'un chevalier : enfin l'avoir du personnage le plus riche du temps des

181 av. J.-C.

Gracques, de Publius Crassus (consul en 623), s'élevait, dit-on, à 100,000,000 de sesterces (7,500,000 *thal.* [= 28,125,000 fr.]). Peut-on s'étonner maintenant, si les capitalistes s'imposent à la politique extérieure; si par rivalité de marchands ils ont détruit Carthage et Corinthe (IV, pp. 313, 350), comme autrefois les Étrusques ont détruit Alalie (I, p. 197), et les Syracusains, Cœré [1]; si malgré la résistance du Sénat, ils ont maintenu debout Narbonne (V, p. 127)? Quoi d'étonnant à ce que cette même oligarchie de l'argent ait pu faire à l'intérieur une concurrence puissante et souvent victorieuse à l'oligarchie de la noblesse? Mais qu'on ne s'étonne pas non plus quand l'on verra tel riche, ruiné, se mettre à la tête des bandes d'esclaves en révolte (V, p. 88), et enseigner à tous cette dure leçon qu'il n'y a pas loin du *lupanar* des raffinés à la

---

Vers 380 av. J.-C.

[1] [M. Mommsen fait ici allusion sans doute à l'expédition de Denys l'Ancien de Syracuse, sur les côtes du Latium et de l'Étrurie, et au pillage des temples d'*Agylla*, l'ancienne Cœré, et de son port de *Pyrgi* (Diodor. XV, 14), vers la fin du IVe siècle de Rome.]

caverne des brigands! Qu'on ne s'étonne pas en voyant cette Tour de Babel financière, fondée sur la suprématie colossale de Rome au dehors, et non sur des bases simplement économiques, s'ébranler à tout coup par l'effet des crises politiques, et chanceler comme ferait de nos jours notre système de papier d'État. L'immense détresse qui se déchaîna sur les capitalistes romains, à la suite de la crise italo-asiatique (années 664 et suiv.), la banqueroute de l'État et des particuliers, la dépréciation générale de la terre et des actions dans les sociétés, voilà des faits constants qui sautent aux yeux ; et alors même que nous ne pouvons plus les étudier de près, ils nous sont connus et par leur nature et par leurs résultats. Faut-il rappeler ici ce juge massacré un jour par une bande de débiteurs insolvables (V, p. 237); la tentative faite pour expulser du Sénat tous les sénateurs endettés (V, 238), le renouvellement par Sylla du *maximum* de l'intérêt (V, p. 248), les créances réduites de 75 pour 100 par la faction révolutionnaire (V, p. 320)? Mais tandis que dans les provinces l'état économique de Rome avait pour conséquence l'appauvrissement général et la dépopulation, partout en même temps s'accroissait la multitude parasite des Italiens voyageurs, ou résidents temporaires. En un seul jour, en Asie-Mineure, 80,000 hommes d'origine italienne avaient péri, on s'en souvient (V, p. 283). Ils foisonnaient à Délos, ce qu'attestent encore de nombreuses pierres tumulaires : 20,000 étrangers, marchands italiens, pour la plupart, y furent tués aussi par ordre de Mithridate (V, p. 286). En Afrique, les Italiens n'étaient pas moins nombreux : quand Jugurtha assiégeait la ville numidique de Cirta, ils en furent les principaux défenseurs (V, p. 99). La Gaule était pleine de marchands romains. En Espagne seulement, et ce n'est point là peut-être un hasard, l'historien ne trouvé pas les traces d'une pareille émigration. En Italie, par contre, la population libre a sans nul doute décru. Les guerres civiles n'ont pas peu contribué, d'ailleurs, à l'abaissement de son chiffre :

90 av. J.-C.

Les nations se mêlent.

Les Italiens à l'étranger.

à en croire certains documents, purement approximatifs, et assez peu sûrs dans leur estimation générale, ces guerres auraient enlevé de 100,000 à 150,000 citoyens, et 300,000 hommes de condition italique. Je ne doute pas cependant que la ruine économique des classes moyennes n'ait produit encore un pire effet, jointe à l'extension prodigieuse de l'émigration marchande, laquelle envoyait au dehors pour y passer ses plus actives années, la majeure partie de la jeunesse italienne. Dira-t-on qu'il y avait compensation dans l'immigration des étrangers libres? Immigration d'une valeur plus que douteuse! Quelle estime faire de cette cohue parasite venue de Grèce et d'Orient, rois ou diplomates, médecins, pédagogues, prêtres idolâtres, serviteurs, piqueurs d'assiette et autres, exerçant dans Rome les mille et une variétés du métier de chevalier d'industrie et de fourbe, ou séjournant, trafiquants et mariniers, dans les ports d'Ostie, de Pouzzoles et de Brindes? — Pour ce qui est des esclaves, leur nombre s'était démesurément augmenté sur le sol italique. Le cens de l'an 684 y avait accusé 910,000 hommes en état de porter les armes. Mais pour avoir le total de la population libre, il faut y ajouter les citoyens omis involontairement sur les listes, les Latins établis entre les Alpes et le Pô, et les étrangers domiciliés en Italie : il en faut d'autre part déduire les citoyens romains fixés au loin. Tout calcul fait, on ne peut porter à plus de 6 ou 7 millions de têtes, le chiffre de la population libre de l'Italie. Que si l'on y croit à une densité égale à celle de nos jours, les esclaves en ce cas n'auraient pas compté moins de 13 ou 14 millions de têtes. Mais gardons-nous de tels calculs, trop facilement trompeurs. En avons-nous besoin pour constater la dislocation immense de la machine sociale? Les insurrections serviles partielles ne parlent-elles pas assez haut? Dès les premiers jours de la révolution, à la fin de toutes les émeutes, n'entend-on pas retentir l'appel aux armes des esclaves, et les promesses de liberté faites à quiconque se battra contre son maître?

Qu'on se représente l'Angleterre avec ses *lords,* ses *squires,* et surtout sa cité de Londres : que l'on change en prolétaires les *freeholders* (francs-tenanciers) et les fermiers; en esclaves, son peuple d'ouvriers et de matelots, et l'on aura à peu près le portrait de la population de l'Italie au viie siècle de Rome!

Les monnaies romaines réflètent pour nous comme dans un clair miroir la condition économique du moment : et leur système décèle tout d'abord le commerçant pratique et intelligent. Depuis longtemps l'or et l'argent marchaient côte à côte, comme moyens universels des paiements. Pour faciliter partout les soldes et les balances, le rapport de valeur entre les deux métaux avait été légalement fixé (IV, p. 137). Toutefois, il n'était point loisible de payer à volonté en or ou en argent : à cet égard, on suivait la loi de la convention. On avait su par là éviter les graves inconvénients qu'entraîne toujours à sa suite l'institution d'un double étalon métallique; et les grandes crises de l'or — comme il s'en produisit, vers l'an 600, par exemple, après la découverte des mines de Taurisques (V, p. 131); on vit tout-à-coup, en Italie, l'or baisser de 33 1/3 pour cent par rapport à l'autre métal, — ces grandes crises n'influaient que médiocrement sur le cours de la monnaie d'argent et de billon. Au fur et à mesure de l'extension du commerce maritime sur un champ illimité, l'or, naturellement, prit dans les transactions la première au lieu de la seconde place : on en a la preuve par les documents qui nous sont parvenus sur la régie des caisses publiques, et sur les affaires de trésorerie : néanmoins la République persistait à ne pas introduire ce métal dans son système monétaire officiel. On avait laissé tomber les ateliers un instant essayés sous la pression des guerres d'Hannibal (III, p. 230); et quant aux *aurei* frappés en petit nombre par Sylla, il n'y faut voir que des médailles de circonstance destinées à des largesses triomphales. Avant comme après, la seule et effective monnaie était en argent : qu'il circulât

en lingots, chose usuelle, ou qu'il portât le signe étranger
ou même romain, l'or n'était reçu qu'à son poids. Ce qui
ne l'empêchait pas, je le répète, d'avoir aussi bien que
l'argent, sa place dans les relations commerciales : l'adul-
térer par alliage constituait le délit de fausse monnaie, tout
comme si l'on avait frappé des pièces fausses en argent.
De là encore cet immense avantage que l'on coupait court
à toute possibilité de fraude et d'insincérité dans le titre du
plus important des intermédiaires de compte. La frappe
des monnaies se faisait d'ailleurs sur une vaste échelle; elle
aurait pu servir de modèle. Après la réduction de la pièce
d'argent du *soixante-douxième* au *quatre-vingt-quatrième*
de la livre, au temps des guerres d'Hannibal (II, p. 282,
III, p. 230), le *denier* garde pendant trois siècles son même
poids et son même titre : nul alliage n'y entre. Au commencement de notre période, les pièces de cuivre ne sont
plus que monnaie d'appoint, et cessent (la révolution avait
commencé plus tôt) de trouver emploi dans le grand commerce : aussi à partir du commencement du vııe siècle, il
n'est plus frappé d'*as :* la monnaie de cuivre n'est débitée
désormais que pour parfaire les petits appoints du *semis*
et au-dessous, difficiles à régler en argent [1]. La série monétaire suivait une règle simple et commode, et la plus

[1] [La série librale se composait, dans l'ancienne monnaie romaine,
comme il suit :

L'*as grave*, ou valeur de 12 (puis 10 et 9 onces), marqué.   I
Le *semis*, ou *demi-as*, marqué. . . . .   S
Le *triens* — 4 onces, ou *tiers* de l'as, marqué. . . . .   oooo
Le *quadrans* — 3 onces, ou *quart*, marqué. . . . .   ooo
Le *sextans* — 2 onces, ou *sixième*, marqué. . . . .   oo
L'once, marquée. . . . .   o

Mais l'*as libral*, au temps des Guerres puniques, comme on l'a vu
déjà, avait été réduit, ainsi que ses divisions et ses multiples en
argent : et au vııe. siècle, le *semis* valait un peu moins de 3 *pfenning*
de Prusse, ou de 3 à 4 centimes de France. — Encore une fois, nous
renvoyons sur ce sujet le lecteur aux ouvrages les plus récents et les
plus complets, au *Manuel* de Becker-Marquardt, IIIe et IIe partie,
sect. 1, p. 4 et suiv. ; à la *Métrologie* de Hultsch, §§ 33 et suiv. ; et
enfin à l'*Histoire de la monnaie romaine* (*das ræm. Münzwesen*),
t. I, ch. 1 et 2). La mort de M. *de Blacas* a interrompu la traduction de ce remarquable ouvrage de M. Mommsen : on annonce heureusement que M. le baron *de Witte* la continue.]

petite des pièces alors habituellement frappées, le *quadrans* (1 1/2 *pfenning* [= moins de 1 centime]) descendait jusqu'à la dernière limite de la valeur métallique sensible. Le système romain est unique dans l'antiquité : il se recommande par le choix intelligent de ses bases, et la rigueur inflexible de son exécution dans toutes ses parties : de nos jours même, il a été rarement égalé. Pourtant, il a aussi ses tares et ses défauts. Obéissant à la pratique usuelle chez les anciens, à celle dont Carthage, entre autres, avait fait l'application au delà de toute mesure (III, p. 27), la République, à côté des bons deniers d'argent, en avait fabriqué d'autres de cuivre, simplement *fourrés*, et qu'il fallait recevoir pour leur valeur nominale. Ces deniers constituaient une véritable monnaie fiduciaire, analogue à notre monnaie de papier, avec cours forcé, et assignation sur le fond des caisses publiques, celles-ci n'étant point en droit de les refuser. Ce n'était point là de la fausse monnaie officielle, pas plus que notre argent de papier, l'un et l'autre étant fabriqués à ciel ouvert. Marcus Drusus, en 663, pour faciliter ses distributions de grains, fit voter l'émission d'*une pièce fourrée* par sept deniers sortant de l'atelier romain. Malheureusement cette mesure, en même temps qu'elle prêtait la main aux falsifications de l'industrie privée, faisait aussi tort au public en ne lui permettant pas de savoir laquelle il recevait d'une pièce d'argent ou de la pièce fourrée, et dans quel rapport se trouvait celle-ci avec la circulation générale. Dans les moments pressants des guerres civiles et des grandes crises financières, l'émission des deniers plaqués se fit sans mesure : de là une crise monétaire à la suite des autres crises : la fausse monnaie et la monnaie officiellement adultérée encombrèrent le marché, et y jetèrent un surcroît d'inquiétudes. Aussi, pendant que Cinna était au pouvoir, les préteurs et les tribuns, et notamment *Marcus Marius Gratidianus* (V, p. 352), provoquèrent-ils le retrait de toute la monnaie fiduciaire, et son échange contre argent. Enfin, un bureau

Monnaie fiduciaire.

91 av. J.-C.

du contrôle fut institué. Jusqu'où alla l'exécution de ces utiles mesures, nous ne le savons pas : ce qu'il y a de sûr, c'est que la monnaie fiduciaire ne disparut point.

Monnaie provinciale.

Dans les provinces, où le monnayage de l'or avait été systématiquement aboli, il n'est plus frappé de pièces d'or, pas même dans les États clients : on ne rencontre plus d'atelier que dans les pays où ne commande pas la voix de Rome, chez les Gaulois au nord des *Cévennes*, et chez les peuples soulevés contre la République. Les Italiens, pendant la guerre sociale, frappèrent de la monnaie d'or : Mithridate Eupator en fit autant. Partout aussi, et surtout dans l'ouest, la République tend à accaparer tout le monnayage de l'argent.

Système monétaire dans l'Occident.

En Afrique et en Sardaigne, il se peut que l'or et l'argent carthaginois aient continué de circuler, même après la chute de l'État punique : mais on n'y frappe plus de monnaie en métaux nobles, sur le pied de Carthage ou même de Rome. On a la preuve qu'après la prise de possession par les Romains, le denier introduit d'Italie dans les deux pays, devient la norme des échanges. En Espagne et en Italie, conquises plus tôt et plus doucement traitées, on frappa encore l'argent sous la domination républicaine : bien mieux, dans l'Ile italienne, les Romains eux-mêmes avaient ravivé ce monnayage, en le réglant sur leur pied usuel (III, pp. 89, 274; IV, p. 136). Mais, on a de justes motifs de croire que dans ces deux contrées aussi, tout au moins à partir du commencement du viie siècle, les ateliers de la province et des villes durent un jour se restreindre à la monnaie d'appoint et de bronze. Dans la Gaule narbonnaise, Massalie seule, ville libre et vieille alliée de Rome, avait conservé son monnayage d'argent : impossible de lui enlever son droit. Il en était de même, sans doute, dans les cités gréco-illyriques d'Apollonie et de Dyrrachium. Mais tout en tolérant la régale dans ces villes, Rome la limitait indirectement : vers le milieu du viie siècle, elle retranchait de la série monétaire le *denier aux trois quarts*, frappé par son ordre dans ces deux localités, et qu'elle avait admis chez elle sous le nom de *Victoriatus* (IV, p. 137). Par suite, la monnaie massaliote et illyrienne repoussée d'Italie, n'obtint plus qu'une circulation restreinte aux pays de sa provenance, et aussi à quelques régions des Alpes et du Danube. Désormais, dans tout l'empire occidental de Rome, le *denier* et la série du denier ont exclusivement cours : l'Italie, la Sicile (nous savons expressément pour celle-ci qu'au début de la période suivante, on n'y voit plus d'autre monnaie d'argent que le denier), la Sardaigne, l'Afrique ne payent plus qu'en argent romain; et quant à l'Espagne, qui a conservé sa monnaie provinciale, elle fait comme Massalie, comme l'Illyrie, elle la règle de même sur le pied du denier.

En Orient, les choses ne se passèrent point ainsi. Là, la pièce romaine, quoique ayant cours légal, peut-être, ne pénètre qu'en minimes quantités : les états qui battent monnaie depuis un temps immémorial sont trop nombreux, et les monnaies locales circulent encore en foule : les pieds monétaires divers sont en général maintenus : la province de Macédoine, par exemple, continue de frapper ses *tétradrachmes*[1] attiques, en accolant parfois le nom du magistrat romain à la dénomination du lieu : elle n'use pas d'une autre monnaie. Ailleurs, et par la volonté de Rome, un pied monétaire spécial est introduit, qui répond aux usages locaux : c'est ainsi qu'en Asie nous rencontrons le *nouveau statère*, ou *cistophore*[2], lequel se frappait dans les chefs-lieux, aux titre et poids donnés par la République, et sous la surveillance de ses fonctionnaires. Cette différence entre les systèmes de l'orient et ceux de l'occi-

Système monétaire de l'Orient.

---

[1] Le tétradrachme, ou pièce de 4 drachmes = environ 3 fr. 80 c.

[2] Le *statère*, nom typique de la grande unité monétaire chez les Grecs, comme la *drachme* en indiquait la moitié (de Στατήρ, balance). Le *cistophore*, un peu plus faible de poids que le tétradrachme, s'appelait ainsi à cause de la *ciste mystique* de Bacchus qu'on voyait à l'*avers*, avec un serpent sortant de dessous le couvercle. — V. *hist. de la Monnaie romaine*, de Mommsen, trad. de M. de Blacas, 1, p. 6, note 4 ; — et Hultsch, *Métrologie*, p. 270.

dent est d'une importance capitale en histoire : la monnaie de la République fut assurément l'un des plus puissants agents de la *romanisation* des pays sujets : le hasard seul ne fera pas que les régions où le denier domine constitueront plus tard la moitié latine de l'empire, et que celles où domine la drachme formeront l'autre moitié grecque. De nos jours encore les pays de civilisation romaine reconnaissent les mêmes frontières, tandis que les contrées jadis fidèles au système monétaire de la drachme sont restées en dehors de la culture européenne.

Les mœurs.

Étant donnée la condition économique qui précède, on a facilement la mesure de l'état moral de la société romaine. Mais descendre dans le détail de ces prix croissants, de ces raffinements exagérés, étudier le vide de tous ces esprits blasés, serait chose à la fois pénible et peu instructive. Dissipation, jouissances sensuelles, tel était partout le mot d'ordre, chez les « parvenus » aussi bien que chez les Licinius et les Métellus : ils ignoraient le luxe poli et noble, vraie fleur de la civilisation. Le leur était pareil au luxe d'Alexandrie et de l'Asie-Mineure, produit infécond de la civilisation grecque à son déclin, dégradant ce qui est beau et grand pour n'y chercher que matière à apparat, ne s'étudiant qu'à jouir dans son pédantisme essoufflé, adonné à je ne sais quelle poésie sénile, répugnant enfin à toute nature vive et vaillante, qu'elle penche du côté des sens ou du côté de l'esprit !

Dissipation croissante.

Fêtes populaires.

Parlerons-nous des fêtes publiques ? Vers le milieu du siècle, en vertu de la loi votée sur la motion de *Gnæus Aufidius*, l'importation des bêtes féroces d'au-delà des mers, prohibée du vivant de Caton (IV, p. 481), est expressément autorisée : aussitôt les arènes de se remplir d'animaux, dont les combats deviennent l'un des principaux épisodes des jeux. En 651, pour la première fois, on montre au peuple plusieurs lions. En 655, ce sont des éléphants qu'on fait entrer dans le cirque; en 661, Sylla, alors préteur, expose cent lions dans le même jour.

103 av. J.-C.

99.

93.

Même chose arrive avec les gladiateurs. Les ancêtres des
Romains se complaisaient aux représentations figurées
des grands combats : leurs petits-neveux se complaisent
dans les luttes sanglantes de leurs combattants gagés.
Beaux exploits, grands hauts-faits à devenir la risée de la
postérité! Les sommes dépensées dans ces jeux et dans les
fêtes funéraires étaient énormes: lisons, pour nous édifier,
le testament de *Marcus Æmilius Lepidus* (consul en 567
et 579, † 602) : « Comme les vrais et derniers honneurs
» ne consistent point dans un vain faste, mais dans le
» souvenir des mérites personnels du défunt et des aïeux »,
il prescrit à ses enfants de « *ne pas dépenser au-delà d'un
» million d'as* (76,000 *thal.* [= 285,000 fr.]) à ses funé-
» railles!... ¹ » Le luxe des constructions et des jardins va
croissant : La magnifique maison de ville de l'orateur
Crassus († 663), célèbre surtout pour ses beaux arbres,
était estimée 6,000,000 de sesterces (457,000 *thal.*
[= 1,713,750 fr.]) ces mêmes arbres compris, et moitié
de la somme sans eux. Le prix d'une habitation ordinaire à
Rome peut aller à 60,000 sesterces (4,600 *thal.* [= 17,250
fr.]) environ ². Mais veut-on savoir quel fut l'incroyable
accroissement des prix des terrains de luxe? Nous citerons
l'exemple de la *villa du Cap Misène*, adjugée à Cornélie,
la mère des Gracques, moyennant 75,000 sesterces
(5,700 *thal.* [= 21,375 fr.]), et revendue à *Lucius
Lucullus* (consul en 680) à un prix trente-trois fois supérieur [= 705,375 fr.]. Les riches constructions, la vie de
campagne et de bains, avec ses raffinements, faisaient de

187 av. J.-C.
175. 152.

91.

74.

125.

---

¹ Tite-Live. Epit. 48.

² Dans la maison que Sylla habitait étant jeune, il payait pour la
location du rez-de-chaussée, 3,000 sesterces [= 750 fr.], et le loca-
taire du premier étage 2,000 [= 500 fr.] (Plutarch. *Sull.* 1) : en
capitalisant ces sommes, aux 2/3 du taux de l'intérêt usuel, on
arrive approximativement au chiffre donné dans le texte. Mais
c'était là un logement à bon marché. Je sais bien que tel loyer de
6,000 sesterces (460 *thal.* [= 1,500 fr.]), en l'an 629, est donné
pour cher (Vell. Paterc. 1,10); mais cette estimation s'expli-
querait sans doute par les circonstances.

Baïa, et de toute la côte du golfe de Naples, l'*Eldorado* des élégants oisifs. Les jeux de hasard faisaient fureur, et non plus, comme on pense, avec quelques noix pour mise, ainsi qu'au bon temps des *osselets* italiques! En 639, un édit censoral avait gourmandé les joueurs. Les femmes et même les hommes commençaient à dédaigner l'ancien vêtement de laine : on voulait des gazes légères, accusant les formes plus qu'elles ne les cachent, et des étoffes de soie. En vain les lois somptuaires défendaient les dépenses folles en parfumeries venues de l'étranger! Mais c'était à table que la vie des riches s'étalait dans tout son éclat. Un bon cuisinier se payait un prix extravagant, jusqu'à 100,000 sesterces (7,600 *thal.* (= 28,500 fr.]) : quand on bâtissait, la cuisine était la grande affaire : les villas, non loin de la côte, avaient leurs réservoirs d'eau salée, livrant tout frais les poissons de mer et les huîtres. Pauvre dîner que celui où l'on servait aux convives les mets entiers, et non pas seulement les morceaux choisis; que celui où on les forçait à manger d'un plat, au lieu de ne faire que le déguster : on commandait au loin, Dieu sait à quel prix! les comestibles délicats, et les vins grecs, qui dans tout repas honnête circulaient pour le moins une fois[1]. Autour de la table, s'agitait la troupe

[1] [M. Mommsen s'inspire ici des paroles d'un orateur contemporain, *Marcus Favorinus*, celui dont Aulu-Gelle (XV, 9) nous a conservé le fragment tiré d'une harangue prononcée pour appuyer la loi *Licinia, de sumptu minuendo* (vers 657) : « *Præfecti popinæ atque luxuriæ negant cœnam lautam esse, nisi, cum lubentissime edis, tum auferatur, et alia esca atque amplior succenturietur. Is nunc flos cœnæ habetur inter istos, quibus sumtus et fastidium pro facetiis procedit : qui negant ullam avem præter ficedulam totam comesse oportere, ceterarum avium atque altilium, nisi tantum apponatur, ut a cluniculis inferiori parte saturi fiant, convivium putant inopia sordere; superiorem partem avium atque altilium qui edant, eos palatum non habere. Si proportione luxuria pergit crescere, quid relinquitur, nisi uti delibari sibi cœnas jubeant, ne edendo defetigentur, quando stratus auro, argento, purpuro, amplior aliquot hominibus quam diis immortalibus adornatur?* » Nous avons jugé utile d'insérer tout ce passage curieux : on voit par là comment l'historien allemand sait emprunter pour ses tableaux tous les traits, toutes les couleurs qu'il retrouve dans les décombres de l'ancienne littérature

des esclaves de luxe, chanteurs, musiciens et danseurs :
mobilier élégant, tapis hérissés d'or, ou artistiquement
brodés, couvertures de pourpre, vieux bronzes, riche
argenterie, tout cela brillait entassé! Que pouvaient là les
lois somptuaires, si minutieuses, si fréquentes qu'elles fussent (593. 639. 665. 673), aujourd'hui prohibant absolument une foule de vins et de friandises; demain fixant
un *maximum* en poids et en prix ; déterminant la quantité
de vaisselle d'argent; assignant le taux le plus haut des
frais d'un repas ordinaire ou d'un repas de fête, en 593,
de 10 à 100 sesterces (de 17 *silbergros* 1/2 à 5 *thal.* 2/3
[= de 1 fr. 75 c. à 21 fr. 10 c.]); en 673, de 30 à 300
(de 1 *thal.* 22 *silberg.* à 17 *thal.* [= de 5 fr. 95 c. à 63 fr.
75 c.])? A dire vrai, parmi les Romains notables, il n'en
était pas trois peut-être (et l'auteur de la loi somptuaire moins encore que les autres) qui suivissent ces
prescriptions ou rognassent leur menu, sinon en citoyens
obéissants envers la règle de l'État, du moins en vrais
disciples du Portique! Disons aussi un mot, ce ne sera
pas peine perdue, de la richesse croissante de la vaisselle,
quoiqu'en eût le législateur. Au vi^e siècle, un plat
d'argent, en sus de la *salière* traditionnelle (II, p. 276),
était une exception : les envoyés de Carthage, on l'a vu
(III, p. 28), avaient ri, trouvant le même service de table
partout où ils étaient invités. Scipion Emilien, plus tard,
ne possédait qu'une trentaine de livres d'argent ouvré
(800 *thal.* [= 3,000 fr.]) : puis, *Quintus Fabius*, son
neveu (consul en 633), en eut mille livres (25,000 *thal.*
[= 93,750 fr.]) : puis Marcus Drusus, le tribun du peuple
de 663, 10,000 (250,000 *thal.* [= 937,500 fr.]) : enfin, au
temps de Sylla, on comptait dans Rome plus de cent
cinquante grands plats pesant chacun 100 livres et qui

---

de Rome. *Quid relinquitur, nisi ut delibari sibi cœnas jubeant,* etc.
« Il ne restera plus qu'à se faire mâcher la bouchée, pour s'épargner
» la fatigue de manger! » Il y a là une vive pointe de bonne comédie.]

méritèrent la proscription à quelques-uns de leurs riches possesseurs. Que si l'on veut supputer les sommes ainsi dépensées, il faut se rappeler qu'alors la façon coûtait monstrueusement cher : Gaius Gracchus avait payé sa vaisselle, déjà riche, quinze fois, *Lucius Crassus*, consul en 659, avait payé la sienne dix-huit fois la valeur du métal : un jour, pour une simple coupe, on vit ce dernier débourser 100,000 sesterces (7,600 *thal.* [= 28,500 fr.]), donnés à un habile ouvrier ! Et il en allait de même de toutes choses.

Quant à se marier et avoir des enfants, les élégants y répugnaient. Déjà la loi agraire des Gracques donne une prime aux familles non stériles (V, p. 28). Jadis à peu près inconnu dans Rome, le divorce est devenu l'événement quotidien ; et de même que dans l'ancien droit l'époux avait *acheté* sa femme, on pourrait proposer aux Romains d'aujourd'hui, d'avoir avec le nom la chose, et de faire aussi du mariage une sorte de contrat de *louage*. Métellus le Macédonique fit l'admiration de ses concitoyens à cause de ses vertus domestiques et de ses nombreux enfants. Il voulut, étant censeur (623), rappeler au peuple l'obligation sainte de l'état du mariage : or, quelles raisons met-il en avant ? « C'est là, disait-il, une charge publique » bien lourde, mais qu'il faut subir par devoir et en bon » patriote ! [1] »

Pourtant, il était des exceptions. La population des villes de l'intérieur, le monde des grands propriétaires ruraux restaient plus fidèles à l'ancienne tradition des mœurs latines. A Rome, au contraire, l'opposition catonienne n'était plus qu'un mot : les tendances modernes l'emportaient. Pour un homme comme Scipion Emilien, à

[1] Voici ses propres paroles : « Si nous le pouvions, citoyens, » comme nous rejetterions volontiers ce fardeau ! Mais puisque la » nature a ainsi fait, que l'on ne peut ni vivre commodément avec » une femme, ni vivre du tout sans elle, ayons davantage égard au » bien public qui dure, et non à un court bien-être ici-bas ! » [V. Suéton. *Aug.* 89, et Gell. 1, 6.]

la nature fine et vigoureuse tout ensemble, sachant unir
la moralité du vieux romain et l'atticisme grec, on se
heurtait à l'immense multitude dont l'hellénisme ne voulait
rien dire que corruption de l'esprit et du cœur! Qu'on
ne perde pas de vue cette gangrène sociale, et sa funeste
influence sur le monde politique, sans quoi l'on risque fort
de ne rien comprendre aux révolutions romaines! Etait-ce
chose en soi indifférente, par hasard, que le langage de
ces deux notables citoyens, maitres des mœurs dans la
cité, en 662, qui s'adressent mutuellement le reproche, à   92 av. J.-C.
l'un, d'avoir pleuré la mort d'une *murène* [1], gloire de
sès viviers; à l'äutre, d'avoir enterré trois femmes sans
verser une larme? Etait-ce chose indifférente que d'entendre, en 593, un orateur tracer en plein *forum* le   161.
satirique portrait qu'on va lire de tel juré-sénateur relancé
parmi les pots et les bons compagnons, à l'heure où s'ouvre
l'assise?

   « Ils jouent aux dés, soigneusement parfumés, entourés
» de courtisanes. Quand vient la dixième heure, ils appel-
» lent un esclave et l'envoyent demander ce qu'on a fait
» au Forum, qui a parlé pour la motion, qui a parlé
» contre; combien de tribus l'ont votée, combien l'ont
» rejetée. Alors ils vont au Comice, pour n'être pas en
» contravention. En route, il n'est point d'amphore au
» coin des ruelles [2] qu'ils n'emplissent, tant ils ont la
» vessie pleine de vin! [3] Ils arrivent en rechignant :
« allons, qu'on plaide la cause! » Ceux dont c'est l'affaire
» parlent : le juge de demander les témoins. En attendant
» il va pisser [*it minctum*]. Il revient : il a tout entendu,

---

[1] [N'est-ce pas Cicéron lui-même qui nous parle de ces *mulets
apprivoisés, qui ont de la barbe?* « *Nostri autem principes digito se
» cœlum putant attingere, si muli barbati in piscinis sunt, qui ad
» manum accedant* (ad Att. 2, 1). » — Hortensius, dit Pline (*h. n.*
9, 80), *murænam adeo dilexit ut exanimatam flesse creditur.* — V.
aussi Martial, 10, 30.]

[2] [A Rome, au moins, l'édilité dissimulait les précautions prises.]

[3] [Le texte latin, qui « dans les mots brave l'honnêteté, » dit :
« *quippe qui vesicam plenam vini habeant.* »]

» dit-il: il demande les pièces écrites; à peine si le vin lui
» laisse lever la paupière! Enfin, quand il va au vote, il
» débite ce beau discours : « Qu'ai-je affaire de toutes ces
» sottises! Que n'allons-nous plutôt boire quelque vin de
» Grèce mêlé de miel *(mulsum)*, et manger une grive
» grasse, avec un bon poisson, un bon vrai *loup [lupum*
» *germanum] d'entre les deux ponts?* [1] » Et les auditeurs
de rire. N'était-ce point chose grave qu'on ne fît que rire
à de tels propos?

---

[1] [Le *loup* pris *entre les deux ponts du Tibre* était fort renommé
« parce qu'il *s'engraissait des immondices du fleuve,* » l'auteur prend
soin de nous le dire : *scilicet qui proxime ripas stercus insectaretur.*
Tout ce morceau d'une si vive saveur et qui semble échappé à la
plume d'un Aristophane, est mis au compte d'un *Gaius Titius,* orateur et poète tragique que vante Cicéron (*Brut.* 25), et qui parlait
ce jour-là pour la loi somptuaire du consul *Fannius* (*V. Smith. Dict.*
Sumtuariæ leges). Il est cité par Macrobe (*Saturn.* II, 12), lequel
n'oublie pas de noter qu'il offre un piquant tableau de mœurs : *cujus*
verba ideo pono, quia non solum de lupo inter duos pontes capto
erunt testimonio, sed etiam moribus quibus plerique tunc vivebant,
facile publicabunt. Je demande pardon au lecteur de la crudité de
certaines expressions qu'il m'a bien fallu aller chercher dans le
vocabulaire des *Plaideurs* et de *Sganarelle.*]

CHAPITRE XII

Au milieu de cette grande lutte des nationalités dans l'immense empire de la République, les peuples secondaires au viie siècle de Rome, ou reculent, ou déjà tendent à disparaître. Le plus important de tous, le peuple Phénicien, avait reçu le coup mortel quand Carthage fut terrassée : il périt lentement épuisé. En Italie, les races qui jusqu'alors avaient gardé leurs vieilles mœurs et leur langue, l'Etrurie, le Samnium, frappées des plus terribles blessures par la réaction syllanienne, subirent le nivellement politique qui s'appesantissait sur toute la Péninsule. Elles subirent aussi dans le domaine du commerce public, la langue et les formes latines, et leur ancien idiôme refoulé dégénéra bientôt en un simple dialecte populaire qui tous les jours alla s'effaçant. Nulle part, dans l'univers romain, ne se rencontre à cette heure une nationalité qui puisse lutter, ne fût-ce qu'un instant, contre les nationalités grecque ou latine.

La *Latinité* surtout, débordant au dehors et au dedans

plus intense, est en progrès continu et marqué. Après la guerre sociale, tout fonds de terre italique comporte le *Dominium* romain au profit de l'Italien qui le possède. Toute divinité italique peut recevoir les dons de la piété romaine : dans toute l'Italie, à l'exception de la Transpadane, le droit romain est exclusivement en vigueur, et repousse dans l'ombre les statuts locaux des villes et des campagnes. De même aussi, la langue de Rome est devenue la langue des affaires ; elle est bientôt la langue commune du commerce civilisé, partout et jusqu'au détroit. Puis elle ne s'arrête même pas devant les barrières posées par la nature. Aux capitaux immenses affluant vers elle, à la richesse de ses produits, à l'intelligence de ses agronomes, à l'habileté de ses marchands, l'Italie n'offre plus un champ assez vaste ; et les Italiens en foule descendent dans les provinces, appelés par tous ces intérêts et par les besoins du service public (p. 27). Leur condition privilégiée emporte pour la langue et le droit de semblables priviléges, ailleurs même que dans les relations exclusives de Romain à Romain (V, p. 380). Partout ils se tiennent ensemble, par masses compactes, pures de tout mélange, et fortement organisées. Les soldats dans leurs légions, les négociants de chaque grande ville dans leurs associations particulières, les citoyens romains enfin, domiciliés ou simplement de séjour dans les diverses circonscriptions provinciales, se cantonnent dans leurs « *cercles* exclusifs (*conventus civium Romanorum*) », ayant leur liste spéciale de jurés, et en quelque sorte leur constitution communale séparée. Que ces Romains de province revinssent tôt ou tard en Italie, je le concède, ils n'en faisaient pas moins souche sur le lieu d'une population mixte, distincte, purement romaine, ou s'appuyant à la colonie romaine. Pour ce qui est de l'Espagne, où fut organisée la première armée permanente, nous avons dit déjà qu'il s'y établit aussi les premières cités provinciales

171 av. J.-C. à institutions italiques, Cartéia, en 383 (IV, p. 288),

Valence, en 616 (IV, p. 307), puis plus tard, Palma et 138 av. J.-C.
Pollentia (IV, p. 308). Mais la civilisation s'était peu
développée à l'intérieur : durant longtemps encore le pays
des Vaccéens, aux yeux de l'Italien élégant, passa pour le
plus rude, le plus inhospitalier des séjours : les écrivains
latins et les inscriptions attestent au contraire que vers le
milieu du viie siècle la langue latine était communément
parlée autour de Carthagène et sur toute la côte espagnole.
Quoiqu'il en soit, nul avant Gaius Gracchus n'avait conçu
la pensée d'une colonisation systématique des provinces ou
mieux de leur transformation romaine au moyen de l'émigration italique. Pour lui, il eut son plan médité : il mit
hardiment la main à l'exécution de ce plan ; et, malgré
le soulèvement de l'opposition conservatrice, qui renversa
presque partout les constructions commencées, ou en
arrêta la continuation, la colonie de Narbonne resta
debout, conquête précieuse par elle-même, en ce qu'elle
assurait de ce côté l'extension du domaine de la langue
latine, conquête bien plus importante sous un autre rapport, en ce qu'elle était à la fois le monument d'une
grande conception, et la pierre d'assise d'un puissant
édifice dans l'avenir ! L'antique civilisation gauloise, disons
mieux, la civilisation française de nos jours en sont sorties :
elles ont leurs lointaines racines dans la création de Gaius
Gracchus. Mais en même temps que la nationalité latine
remplissait la région italique jusqu'à ses frontières et
commençait même à les franchir, il s'opérait en elle un
travail profond de remaniement moral. Nous la voyons à
cette heure en voie de se donner une littérature classique,
une haute école d'instruction lui appartenant en propre ; et
si, pour qui les compare au *classicisme* et à la culture
helléniques, il n'est que trop vrai qu'on se sente peu porté
à faire cas de ces faibles productions italiennes poussées
comme en serre chaude, il faut bien aussi l'avouer, dans
l'intérêt du progrès historique, ce qui importait le plus,
c'était que la littérature classique et la culture des Latins

vinssent se placer à côté de celles des Grecs, quelque figure d'ailleurs qu'elles y fissent. Et puis, quel n'était pas alors l'abâtardissement de la Grèce, même en littérature? Ne pouvait-on ici appliquer le mot du poète :

> Mieux vaut goujat debout qu'empereur enterré?

Si rapides et triomphantes que soient les conquêtes de la langue et de la nationalité latines, elles reconnaissent à l'hellénisme, pourtant, un titre égal au leur, un titre antérieur, meilleur même. Elles marchent unies à lui dans la plus complète alliance, elles se fondent en lui pour recevoir un commun développement. La Révolution qui, dans la Péninsule, avait partout ailleurs passé le niveau sur les nationalités non-italiques, n'avait point touché les villes grecques de Tarente, de Rhegium, de Naples, de Locres (V, p. 225). Massalie, de même, entourée qu'elle était par un territoire aujourd'hui romain, restait cité grecque, et comme telle, l'alliée et l'amie de Rome. L'Italie se fait complétement latine, mais la latinité y donne la main à l'hellénisme qui grandit avec elle. Dans les hautes régions de la société italienne, la culture grecque est partie intégrante de la culture indigène. Le consul de l'an 623, le grand pontife *Publius Crassus* faisait l'étonnement des natifs de la Grèce, alors que dans son proconsulat d'Asie, il jugeait et disait la sentence, suivant les cas, en grec vulgaire, ou dans l'un des quatre dialectes de la langue écrite. Pendant longtemps la littérature et l'art italien avaient inutilement regardé du côté de l'Orient : aujourd'hui c'est l'Orient qui tourne les yeux vers l'Occident. Ce ne sont plus seulement les villes grecques de l'Italie qui vivent, comme au temps jadis, en commerce intellectuel actif avec la Grèce, l'Asie-Mineure, l'Égypte, et comblent d'honneurs égaux et d'égales louanges les poètes grecs célèbres et les artistes dramatiques : la gymnastique et la muse hellénique s'installent dans Rome à leur tour, après l'exemple donné par le destructeur de Corinthe ; dans les

fêtes de son triomphe (608) : Rome a ses luttes d'athlètes, 146 av. J.-C.
de musiciens, les jeux divers, les lectures et les déclamations des rhéteurs [1]. Les lettrés grecs jettent comme un
filet sur toute la haute société romaine; ils s'emparent
« du cercle des Scipions » dont les membres principaux,
de nationalité hellénique, l'historien Polybe, et le philosophe *Panætius* [2], appartiennent bien plus à Rome et à
son histoire, qu'à l'histoire de leur pays natal. Ailleurs et
dans la société moins élevée. nous assistons au même
phénomène. Citons un autre contemporain de Scipion, le
philosophe *Clitomaque*, dont l'existence reflète aussi et
met sous nos regards le mélange qui. s'opérait parmi les
peuples. Né à Carthage [3], Clitomaque avait été entendre
Carnéade à Athènes : il lui avait succédé dans l'école:
puis revenant d'Athènes avec les hommes les plus lettrés
d'Italie, l'historien *Aulus Albinus* [4], et le poète *Lucilius*,
il avait dédié un livre scientifique à Lucius Censorinus, le
consul romain qui ouvrit le siége de Carthage, et publié
une *Consolation* philosophique à l'adresse de ses compatriotes emmenés en Italie comme esclaves. Jusqu'ici les

146. 186.

167.

C44.

[1] Il est inexact de dire (avec Tacite, *Ann.* 14. 21) qu'il n'y avait
point eu de « jeux grecs » à Rome avant 608 : dès 568. il y était
venu de Grèce des « artistes » (τεχνῖται) et des athlètes (Tite Liv. 29,
32), et dès 587 des joueurs de flûte, des auteurs tragiques et des
pugilistes (Polyb. 30, 13).

[2] [Panætius, né à Rhodes († vers 110), disciple des Stoïciens
d'Athènes, stoïcien éclectique lui-même. Célèbre par l'amitié de
Scipion Emilien, qui l'emmena avec lui dans ses ambassades en
Egypte et en Asie, et par son traité *des Devoirs moraux* (περὶ τοῦ
καθήκοντος). qui eut l'honneur de servir de modèle au livre de Cicéron
(*de offic.* 2, 17; 3, 2; 1. 2; et lettres, *ad Attic.* XVI, 11). On trouve
aussi dans A. Gell. (XIII, 27) un fragment de quelque intérêt. Panætius avait enfin écrit des livres sur l'*Égalité d'âme*, sur les *Magistrats*,
sur la *Providence*, la .*Divination*, et sur les *Sectes philosophiques*.]

[3] [Son nom d'origine était *Hasdrubal*. Il n'écrivit pas moins de
quatre cents livres ou traités (βιϐλία), dont on ne connaît que quelques titres. Il fut à Carnéade, dont il sera parlé plus loin, ce que
Platon et Xénophon avaient été à Socrate. le vulgarisateur de la
doctrine du maître.]

[4] [A. Postumius Albinus (*doctus homo*, *et litteratus*, *et disertus*,
Cic. *Acad.* 11; *Brut.* 21), prétorien et consulaire, écrivit *en grec* un
poème et une histoire romaine. V. IV, p. 274, l'anecdote le concer-
nant, extraite de Polybe. 40, 6.]

lettrés grecs n'étaient venus à Rome qu'en passant, ambassadeurs ou bannis, voici qu'ils s'y établissent de dessein prémédité. Panætius, que je viens de nommer, vécut dans la maison de Scipion, et *Archias*, d'Antioche, le faiseur d'hexamètres, vint se fixer, vers 652, à Rome, où son talent d'improvisateur, et ses chants épiques, célébrant les grands consulaires du temps, lui procurèrent les aisances de la vie [1]. Il n'était pas jusqu'à Marius qui, sans comprendre un mot du panégyrique poétique édité à son adresse, et sans rien avoir des qualités d'un Mœcène, ne se fût cru obligé à patroner l'artiste versificateur. En résumé, tandis que par la culture littéraire et morale, les éléments nationaux, sinon les plus purs, du moins les plus brillants, entrent en contact chez les deux peuples, l'importation en masse des esclaves d'Asie-Mineure et de Syrie, l'immigration des marchands venus en foule de l'Orient grec ou à demi-grec mettent le prolétariat italien en communication intime avec les couches d'un hellénisme entaché désormais de tous les mélanges barbares; et recouvrent de leur vernis la nationalité latine. Quand Cicéron constate que c'est dans les villes maritimes qu'on rencontre d'abord le nouvel idiôme et les mœurs nouvelles, il a certainement en pensée les habitudes quasi helléniques d'Ostie, de Pouzzoles et de Brindes, où l'étranger a importé ses modes avec ses marchandises : c'est par là que *l'invasion* s'est faite.

La révolution dans les relations internationales était complète : elle n'eut que de tristes résultats immédiats. L'Italie regorgeait de Grecs, de Syriens, de Phéniciens, de Juifs, d'Égyptiens : on ne voyait que Romains dans

---

[1] [Il s'agit ici du poète *Archias*, que Cicéron défendit dans un plaidoyer qui nous reste. Il avait pris le nom des *Licinius* dont il était le familier : il chanta la guerre cimbrique en l'honneur de Marius, celle de Mithridate en l'honneur de Lucullus, et le consulat de Cicéron, qui se montra reconnaissant envers lui et prouva tant bien que mal que s'il prenait quelque peu à tort le titre de citoyen romain, il méritait de l'être par le droit du talent.]

les provinces : les reliefs tranchés des peuples divers
s'émoussaient dans un frottement continuel, et s'effaçaient
à vue d'œil: comme dans les monnaies usées, il ne restait
partout que plate uniformité. Pour avoir gagné en étendue,
la latinité avait perdu en vigueur, et cela surtout dans
Rome où la classe moyenne ayant de bonne heure totalement disparu, les grands seuls et les mendiants se
tenaient debout, cosmopolites à degré égal. Cicéron sou-
tient que vers 660, la culture générale était dans les villes   94 av. J.-C.
latines supérieure au niveau de la capitale, et son dire est
confirmé par la littérature du siècle, dont les productions
les plus originales, les plus saines et les plus heureuses,
la Comédie nationale, la Satire Lucilienne, se peuvent
dire à bon droit latines plutôt que romaines. L'hellénisme
italien des couches sociales inférieures, était aussi tout
cosmopolitisme, cela va de soi! Il laissait percer les tristes
difformités d'une civilisation corrompue sous le vernis
superficiel de la barbarie primitive, et dans les hautes
régions sociales elles-mêmes, l'élégance délicate des Scipions ou de leur monde ne purent longtemps donner la
mesure. Plus elle allait s'intéressant aux choses de la
culture grecque, plus la société romaine, perdant de vue
les enseignements classiques, se laissait dévoyer vers les
derniers et frivoles produits du sol néo-grec; et bien
qu'elle se modelât sur le génie antique de la Hellade, elle
n'empruntait à la nationalité voisine que la science de la
futilité, la mieux faite assurément pour paralyser son
énergie propre. Aussi *Marcus Cicéron*, le propriétaire
campagnard d'*Arpinum*, le père du grand orateur,
s'écriait-il un jour « qu'il en était des Romains comme des
» esclaves de Syrie, valant d'autant moins qu'ils avaient
» plus de *grécité*. » Décomposition nationale lamentable
comme tout le siècle, mais comme lui digne d'étude et
féconde en conséquences! Ce monde de nations, que nous
appelons le monde antique, extérieurement unifié sous la
loi puissante de Rome, sortira un jour de ses fers, et sous

l'impulsion de la civilisation moderne, elle aussi assise sur l'élément hellénique, il se regénérera de fond en comble. Les nationalités de second ordre s'écroulent, et parmi leurs débris se fonde silencieusement entre les deux peuples supérieurs le grand compromis de l'histoire : la Grèce et le Latium concluent entre eux la paix! Les Grecs sur le terrain de la culture humaine, les Romains sur celui de la politique, renoncent à leur esprit jaloux d'exclusion : dans l'école, les lettres latines ont leur place à côté des lettres grecques, place restreinte, incomplète, il est vrai ; et pour la première fois Sylla permet aux envoyés. étrangers de haranguer le Sénat en grec, sans trucheman. Les temps s'annoncent : bientôt la République romaine se changera en un état où deux idiômes auront cours ; et bientôt enfin se lèvera dans l'ouest l'héritier véritable du trône et de la pensée d'Alexandre-le-Grand, héritier romain et grec tout ensemble!

. Mais nous n'en sommes point là encore, et ce que nous fait entrevoir un rapide coup-d'œil jeté sur le tableau des rapports internationaux, cet affaissement. des nations secondaires, cette exaltation partout conquérante des deux nations souveraines, nous l'allons étudier plus en détail dans les domaines divers de la religion, de l'éducation populaire, de la littérature et de l'art.

La religion.   La religion romaine était née et avait crû dans une intime union avec la cité, avec tout le système romain. Elle n'était rien autre que le pieux reflet de l'association citoyenne : quand vinrent les révolutions politiques et sociales, elle tomba nécessairement avec tout le reste. Les antiques croyances populaires de l'Italie n'étaient plus, elles aussi, qu'une ruine ; et comme sur les débris de l'édifice politique l'oligarchie et la tyrannie s'étaient dressées, de même on vit ici s'élever tantôt l'incroyance à côté de la religion officielle et de l'hellénisme, tantôt la superstition, les sectes et les religions orientales. Déjà dans la période antérieure (V, pp. 164-171), tous ces phé-

nomènes ont commencé de se manifester, de même qu'alors
aussi ont retenti les grondements précurseurs de la révolution politique et sociale. Dès ces temps déjà, les hautes
classes, dans leur hellénisme nouveau, s'étaient attaquées
en silence à la foi solide des ancêtres : déjà Ennius avait
fait connaître à l'Italie les allégories et l'anthropomorphisme
historique des religions grecques : déjà le sénat, quand
Hannibal frappait aux portes de Rome, avait dû approuver
l'importation de la Cybèle d'Asie-Mineure : une autre fois
il lui avait fallu sévir contre des superstitions dangereuses,
et mettre fin aux hypocrisies des bacchanales. Pourtant, à
cette même époque, la révolution à vrai dire, se préparait
dans les esprits, plutôt qu'elle n'était encore faite ; et la
révolution religieuse ne date pareillement que du siècle des
Gracques et de Sylla.

Quoi qu'il en soit, essayons l'étude de la culture morale
dans les voies où l'hellénisme l'entraîne. La nation grecque,
ayant eu, bien avant l'Italie, sa floraison et son automne,
avait depuis longtemps aussi traversé la saison des naïves
croyances : elle avait cherché son unique refuge dans le
champ de la spéculation et de l'abstraction. Depuis longtemps sans religion, elle s'était toute adonnée à la philosophie. Mais dans la philosophie même, à l'heure où le
génie de la Grèce réagit sur celui de Rome, il a laissé déjà
loin derrière lui l'âge de la fécondité intellectuelle : il
est entré dans cette phase où ne s'élèvent plus les systèmes
vraiment nouveaux ; où s'éteint la faculté compréhensive
qui parmi les anciennes théories savait encore élire les
meilleures ; où l'intelligence s'enferme en une scolastique
étroite, traditionnelle, usant ses forces aux théorèmes philosophiques les plus défectueux des autres âges ; dans cette
phase enfin, où la science, au lieu de donner à l'esprit et
la profondeur et le libre épanouissement, le dessèche et
l'aplatit pour ainsi dire, et le lie dans les chaînes qu'il se forge
à lui-même, les pires chaînes qui soient. Tourné et gâté, le
philtre de la spéculation philosophique se change en un

poison trop sûr. Les Grecs n'offraient plus aux Romains qu'un breuvage attiédi, délayé; et ceux-ci ne surent ni le refuser, ni remonter des écolâtres vivants aux nobles maîtres morts. Platon et Aristote, pour ne point parler des sages d'avant Socrate, restèrent sans influence sur la culture romaine, alors même que leurs noms illustres étaient cités, et que les plus intelligibles de leurs écrits étaient lus et traduits. En philosophie, on peut dire des Romains qu'à mauvais maîtres ils furent pires disciples. En dehors du système religieux historique et rationaliste, qui résolvait tous les mythes en une sorte de légende des divers bienfaiteurs de l'humanité aux temps anciens, et passés dieux la superstition aidant; en dehors de l'évhémérisme, enfin (IV, p. 165), trois écoles philosophiques ont principalement influé sur les destinées morales de l'Italie : les deux écoles dogmatiques d'*Épicure* († 484) et de *Zénon* († 491), et le scepticisme d'*Arcésilas* († 513) et de *Carnéades* (544-625), ou pour leur donner leurs noms, l'*Épicuréisme*, le *Portique* et l'*Académie nouvelle*. Posant comme principe l'impossibilité de la certitude réfléchie, et mettant en son lieu la seule probabilité d'une opinion préconçue suffisante pour les besoins des actions humaines, l'Académie nouvelle de sa nature n'aboutissait qu'à une polémique constante : elle enveloppait dans le réseau de ses dilemmes toutes les données de la foi positive et du dogmatisme philosophique. Elle se place donc à peu près sur la même ligne que l'ancienne *sophistique;* avec cette différence, on le comprend, que les sophistes s'attaquant davantage à la croyance populaire, Carnéades et ses disciples entraient plutôt en lutte contre les autres adeptes de la philosophie. [1] Epicure et

---

270.263 av. J.-C.

241.

213-129.

---

[1] [Arcésilas, le fondateur de l'*Académie nouvelle*, était né d'un père Scythe et fleurit vers la fin du III* siècle, à Athènes. Il résumait ses opinions dans cette formule qu'il « ne savait rien, pas même sa propre ignorance » (Cic. *Acad.* I, 12) : différant d'ailleurs des *Pyrrhoniens* ou *Sceptiques purs*, en ce que, tout en contestant à l'homme le moyen de constater la vérité, il admettait qu'elle existât. — Carnéades, né à Cyrène, vers 213, fut le quatrième successeur d'Arcésilas

541 av. J.-C.

Zénon, au contraire, se rencontraient par la ressemblance
de leur but , voulant tous deux fournir l'explication
rationnelle de la nature; tous deux, s'appuyant sur la
méthode physiologique, et prenant la notion de la matière
pour point de départ. Mais ils se séparaient au moment
où ils se mettaient en route. Epicure suivait la doctrine
atomistique de *Démocrite*, pour qui l'élément primitif n'est
que matière rigide, et passant par de simples variations
mécaniques à la multiplicité mouvante des choses. Zénon,
lui, s'était fait le disciple de l'éphésien *Héraclite :* il pro-
fessait l'hypothèse d'un antagonisme des forces dans
l'élément primitif, et d'un mouvement de flux et reflux
continu. De là, des différences profondes entre les deux
écoles : dans le système épicurien, point de dieux, non
plus ; ils ne sont guères qu'un rêve des rêves : pour les
stoïques, les dieux sont l'âme du monde éternellement
active : en tant qu'esprit, que soleil, qu'essence divine, ils
sont tout-puissants sur les corps, la terre, la nature. Epicure
ne reconnaît point, au contraire de Zénon, de gouvernement
suprême du monde et d'immortalité personnelle de l'âme :
pour lui, la fin de l'homme est l'équilibre absolu affranchi
des désirs corporels et des combats de l'esprit : chez Zénon,
au contraire, l'activité humaine se dégage et s'élève dans la
lutte perpétuelle de l'esprit et du corps, et conquiert un
harmonieux unisson avec la nature, éternellement en lutte,
éternellement paisible. Sur le terrain de la religion,
pourtant, ces diverses écoles venaient se réunir : elles
tenaient que la foi, en tant que foi, n'est rien ; qu'elle doit
nécessairement être suppléée par la réflexion, dût celle-ci,
selon l'Académie, renoncer à atteindre à aucun résultat de
conscience; ou comme le voulait Epicure, rejeter bien loin

à l'*Académie*. Lui aussi, il professa que l'homme ne possède et ne
peut posséder le *criterium* de la vérité, et qu'il ne peut se guider
que par les probabilités. — Leur doctrine n'est d'ailleurs connue que
de seconde main, par les relations de leurs disciples ou de leurs
adversaires. Carnéades était, comme on le verra tout à l'heure, un
dialecticien plus que subtil.]

les représentations et les images de la foi populaire ; ou enfin dût-elle, selon les stoïques, les garder en partie en les motivant, et en partie les transformer.

Des premiers contacts de la philosophie hellénique avec la nationalité romaine, croyante et anti-spéculative, rien ne pouvait sortir qu'une hostilité réciproque. La religion, à Rome, avait pleinement le droit de s'insurger contre les systèmes qui mettaient à néant sa propre essence. La République, se sentant par instinct attaquée dans sa religion, se comporta envers la philosophie comme fait la forteresse envers les éclaireurs de l'armée de siége qui s'avance. Dès l'an 593 elle chassa de Rome et les rhéteurs et les philosophes. En effet, le premier début éclatant de la philosophie n'avait pas été autre chose qu'une déclaration de guerre en règle contre la foi et les mœurs. L'occupation d'*Oropos* [1] par les Athéniens en avait été l'occasion. Voulant se justifier, ils envoyèrent au sénat pour avocats trois illustres professeurs de philosophie, parmi lesquels Carnéades, le maître de la moderne sophistique [2] (599). Le choix était excellent, alors que l'acte commis par Athènes défiait toute excuse selon le bon sens et l'équité commune. Carnéades, pleinement d'accord avec sa mission, prouva par le pour et le contre qu'il existe tout autant et d'aussi graves motifs en faveur de l'injustice qu'en faveur du juste : il fit voir, en bonne et logique forme, qu'on pouvait avec autant de raison demander aux Romains de retourner à leurs vieilles et étroites huttes de paille sur le Palatin, qu'exiger des Athéniens la restitution d'Oropos. La jeunesse romaine, familière avec la langue grecque, accourut en foule pour entendre le discoureur célèbre, alléchée par le scandale de ses doctrines, et par son emphatique et entraînante parole. Elle n'alla pas toutefois jusqu'à donner tort à Caton, quand celui-ci comparant, sans plus de courtoisie, les longues

161 av. J.-C.

155.

---

[1] [Sur la frontière de l'Attique et de la Béotie.]
[2] [Les deux autres étaient *Diogène* le *Babylonien* ou le stoïcien, et *Critolaüs* le péripatéticien.]

expositions dialectiques du philosophe aux ennuyeuses
psalmodies des pleureuses du cortége funèbre, réclama
vivement dans le sénat l'expulsion de ces hommes, qui savaient faire du juste l'injuste, de l'injuste le juste, dont le
plaidoyer était l'aveu impudent du forfait et presque une
indécente moquerie. Mais à chasser les philosophes la mesure était inefficace, du moment qu'on ne pouvait empêcher
les jeunes Romains d'aller suivre leurs leçons à Rhodes et
à Athènes : on s'accoutuma d'abord à tolérer la philosophie
comme un mal nécessaire, puis bientôt à demander à la
doctrine étrangère une sorte d'assistance dans l'intérêt
même de la religion romaine, trop naïve pour pouvoir se
défendre désormais. Un tel appui était la ruine : qu'importe? s'il permettait à l'homme de bonne éducation de
sauver décemment les apparences, en gardant les noms et
les formes de la foi populaire. Mais pas plus que l'évhémérisme, ni le système de Carnéades, ni celui d'Épicure,
ne pouvaient rendre un pareil service! Ramener les mythes
à l'histoire allait heurter tout droit les croyances, en faisant des dieux de simples hommes. Carnéades à son tour
mettait en doute leur existence; et quant à Épicure, il leur
refusait toute influence sur la destinée des mortels. Entre
ces systèmes et la religion romaine, point d'alliance possible : hostiles au point de départ, ils se combattaient
jusqu'au bout. Cicéron, dans ses écrits, enseigne qu'il est
du devoir du citoyen de résister à l'évhémérisme, lequel
s'attaque au culte des dieux; et dans les dialogues où il
met en scène académiciens et épicuriens, il prend soin que
l'académicien s'excuse d'être le disciple de Carnéades, et
se dise, comme citoyen et pontife, à la fois bon croyant et
adorateur de Jupiter Capitolin! Quant à l'épicurien, il se
laisse prendre et finit par une conversion. Donc, nul de
ces trois systèmes, n'était, à vrai dire, populaire. Si l'évhémérisme, plat et prosaïque, a quelque peu séduit les Romains par sa clarté trop facile, s'il a fait corps avec l'épopée
conventionnelle des premiers temps de Rome, dans la ré-

daction enfantine et sénile des fables légendaires que l'on porta au compte de l'histoire, la religion tout au moins était restée hors de ses atteintes : il allégorisait, il n'animait pas la fable : il ne lui fut jamais donné d'écrire, comme l'avaient fait les Grecs, les biographies du premier, du second, du troisième Jupiter! — La sophistique nouvelle à son tour, ne pouvait réussir que là où elle trouvait à son service, comme dans Athènes, la vivacité rapide de la pensée et de la parole, et les immenses décombres des incendies de la pensée amoncelés les uns sur les autres par les longs bataillons des systèmes philosophiques successivement venus et disparus. Enfin contre le quiétisme d'Épicure, se soulevait quiconque dans cette cité de Rome dont l'action était l'âme, se sentait agissant et courageux. Pourtant il eut son public, plus tôt et mieux que l'évhémérisme ou la sophistique : peut-être est-ce aussi pour cela que la police romaine lui fit plus longue et plus vive guerre. Mais l'épicuréisme à Rome n'était rien moins qu'un système de philosophie. Il n'y faut voir qu'une sorte de masque ou de manteau, sous lequel — bien à l'encontre de la pensée du fondateur, le plus moral des hommes, comme on sait — se déguisait dans les cercles de la bonne compagnie l'amour brutal de la jouissance sensuelle. L'un des premiers adeptes de la secte épicurienne, à Rome, fut ce même *Titus Albucius*, que Lucilius dans ses vers nous dépeint aussi comme l'un des prototypes du triste hellénisme de Rome [1].

Le Portique
à Rome.

Il n'en arriva pas de même de la philosophie du *Portique*, et de son influence en Italie. Choisissant une toute autre route, elle se tint à côté de la religion locale, y accommodant sa doctrine autant que le peut faire la science à côté de la

---

649 av. J.-C.

[1] [*V.* les vers cités par Cicéron, *de finib.* I, 3. — Albucius fut préteur en Sardaigne en l'an 105. Condamné deux ans après pour concussion, il se retira à Athènes, où il s'adonna à la philosophie. Il avait laissé quelques *discours* (*Brut.* 35) et quelques satires (Varr. *de re rust.* 3, 2, 17). — Sur l'évhémérisme, IV, p. 165.]

foi. Le stoïcien acceptait les croyances populaires avec leurs dieux et leurs oracles; et en cela, il agissait par principe. La foi à ses yeux est une notion d'instinct, que toute notion scientifique doit respecter, à laquelle même, en cas de doute, elle doit se subordonner. Le stoïcien ne croyait pas, à vrai dire, autre chose que le peuple: seulement il croyait autrement : pour lui, le Dieu, essentiellement vrai et suprême, c'était l'âme du monde : mais chacune des manifestations de l'*Être primaire* était Dieu aussi, les astres tout d'abord, puis la terre, le cep de vigne, l'âme du mortel illustre, du héros que le peuple honore, et enfin tout esprit envolé du corps de l'homme qui n'est plus. Une telle philosophie convenait mieux à Rome qu'à la Grèce, sa patrie. Le pieux croyant reprochait au stoïcien sa divinité sans sexe, sans âge et sans corps, échangeant la personnalité contre une pure idée : reproche fondé chez les Grecs, mal fondé chez les Romains. L'allégorie grossière, la purifica-. tion morale enseignées par la théodicée stoïque, ôtaient à la mythologie des Hellènes son principal et meilleur élément; mais à Rome, le génie plastique des temps naïfs s'était arrêté court, et n'avait rien fait que revêtir d'un voile léger, facile à rejeter et sans grand préjudice, les visions innées et les notions premières, d'où la divinité était sortie. En Grèce, Pallas Athéné se serait courroucée, se voyant tout à coup réduite à n'être plus que la *faculté de mémoire :* la Minerve romaine n'avait jamais été guère que cela. La théologie supranaturaliste des stoïciens, et la théologie allégorique de Rome se rencontraient donc dans leurs conclusions finales. Et même, quand le philosophe aurait dû proclamer douteuses ou fausses telles théories chères au sacerdoce; quand, rejetant le dogme des apothéoses, le stoïcien continuait à ne voir dans Hercule, Castor et Pollux, que les esprits des grands hommes; quand il se refusait à croire à la représentation divine dans l'image plastique des dieux, encore n'était-il point dans la mission que Zénon avait léguée à ses disciples, d'ouvrir

la lutte contre les erreurs pieuses, et de se faire iconoclastes.
Partout, et jusque dans ses faiblesses, ils témoignaient
égard et respect à la religion locale. De même, en morale,
les tendances casuistiques du Portique et ses méthodes
rationnelles dans les sciences spéciales agréaient au goût
des Romains, et entre tous, des Romains du temps actuel.
Ceux-ci ne pratiquaient plus la discipline et les bonnes
mœurs à la façon simple et droite de leurs pères : il leur
fallait aujourd'hui, chose exclusive de tout sentiment naïf,
une morale ramenée au catéchisme des actions permises
ou défendues. Quand leur grammaire, leur jurisprudence
exigeaient la distribution savante des parties, ils n'étaient
pas moins hors d'état d'entrer d'eux-mêmes en possession
de la méthode. Vint la philosophie de Zénon, empruntée à
l'étranger : elle s'acclimata aussitôt sur la terre italique, et
s'incorporant dans l'économie morale du peuple romain,
elle poussa ses racines jusque dans les terrains les plus
divers. Nul doute que ses premiers débuts ne remontent à
une époque plus ancienne : mais elle ne gagna pleinement
les hautes couches sociales, que par le « cercle » et les
intimités de Scipion Emilien. Panætius de Rhodes, son
maître et le maître de philosophie de tous les familiers du
grand homme, et son compagnon habituel dans ses
voyages [1], avait su mettre la théorie du stoïcisme à la portée
de ces rares esprits, laissant prudemment dans l'ombre les
côtés plus spéculatifs, adoucissant une terminologie trop
rude, donnant une sorte de corps à ce catéchisme moral
de la doctrine ; et surtout ne craignant pas de faire appel
aux anciens philosophes, à ceux que Scipion aimait de
préférence, par exemple, au Socrate selon Xénophon. A
dater de ce jour, les personnages et les savants les plus
considérables de Rome se rattachèrent au Portique : nous
n'en citerons que deux, le fondateur de la philologie, et le
fondateur de la jurisprudence scientifique, *Stilon* et

[1] [*V.* p. 45, *n.* 2.]

Quintus Scævola [1]. C'est du portique qu'est venue cette recherche de définitions et d'exemples d'école [2], qui domine désormais dans les sciences spéciales, extérieurement tout au moins, et va se rattachant à une méthode étymologique bizarre, superficielle, tournant presque à la charade. Mais il sortit un autre et immense résultat de la fusion opérée entre la philosophie stoïcienne et la religion des Romains : elle donna naissance à une philosophie d'État, à une religion d'État. L'élément spéculatif, d'ailleurs peu vivace à l'origine dans la doctrine zénonienne, s'était encore affaibli quand le stoïcisme fit ses débuts à Rome. Mais après que pendant tout un siècle les pédagogues grecs se furent mis à mal pour faire entrer leurs théories dans la tête des enfants, au risque d'en chasser l'esprit et l'intelligence, la spéculation philosophique n'eût en vérité plus un seul adepte dans Rome, où nul ne spéculait, si ce n'est les banquiers. Combien alors eût-on pu compter d'hommes y perdant leur temps à discourir sur le grand Dieu qui se développe en idée dans l'âme de l'homme, ou sur la loi divine de cet univers? Les stoïciens d'ailleurs ne se montrèrent point insensibles à l'honneur très-profitable qui leur était fait. Voyant leur système élevé à la hauteur d'une philosophie quasi-officielle dans la cité romaine, ils se montrèrent, en face de certaines exigences, plus dociles qu'on ne l'eût attendu de la rigueur de leurs principes. Leur théodicée, leur doctrine politique, revêtirent promptement un air de famille avec les institutions pratiques des patrons qui les nourrissaient. Laissant là l'État cosmopolite et philosophique, ils se mirent à disserter sur la sage ordonnance des magistratures romaines. Les plus avisés d'entre eux, Panætius,

---

[1] [*V.* ci-dessous, § *Exercices oratoires*, et ch. XIII, § *Jurisprudence.*]

[2] [Nous aurions voulu pouvoir à notre tour adopter le mot grec σχηματισμός, usuel dans l'école allemande, depuis Kant, pour exprimer toute ordonnance systématique des *formes* et *exemples* (σχῆμα). *V.* le traité *de Schematibus*, d'un grammairien anonyme, publié par M. Quicherat, dans la *Biblioth. de l'Ecole des chartes.*]

par exemple, se gardant de toucher au dogme de la révé-
lation divine par les miracles et les signes, chose à leurs
yeux concevable en raison, mais aussi chose incertaine,
avaient décidément réprouvé l'astrologie : mais voici venir
leurs successeurs immédiats, qui s'en font les champions et
par là, de la science augurale romaine : ardents et absolus
comme s'il s'agissait d'un des principes fondamentaux de
la science, ils accordent à cette même astrologie les concessions les plus anti-philosophiques. La casuistique des
devoirs est de plus fort la clef de voûte du système. Elle
vient en aide à cet orgueil creux de vertu, par qui les
Romains du jour cherchent à s'indemniser des humiliations
multiples de leur contact avec la Grèce. Elle met en formules le dogmatisme de la probité proportionnelle, et ce
personnage moral bien élevé, qui sait concilier le rigorisme
général sous lequel le cœur se glace, avec la plus courtoise
facilité dans le détail [1]. Comme je l'ai dit plus haut, tout
cet étalage de casuistique ne produisit que de minces
résultats : à peine s'il on eût trouvé dans Rome deux ou
trois grandes maisons où l'on dînât mal par amour du
Portique!

La religion
d'Etat.

Mais la nouvelle philosophie d'État avait pour proche
alliée et voisine la nouvelle religion officielle : ou plutôt,
celle-ci n'en était que l'autre face. Maintenir de propos
délibéré, et par pure raison d'utilité, les croyances populaires reconnues absurdes, telle était la loi et son dogme
fondamental. Déjà l'on entend l'un des hommes éminents

---

[1] On en pourra lire un amusant exemple dans Cicéron, *de officiis*
3, 12, 13. [Il y a disette à Rhodes : un armateur y amène une cargaison de blé, devançant la concurrence des blés d'Alexandrie qu'il
sait devoir être importés par masses dès le lendemain. Cet armateur
sera-t-il tenu d'annoncer leur arrivée prochaine sur le marché, et
de voir par là baisser, tout d'abord, le cours de sa marchandise?
Sera-t-il, en le faisant, ou honnête ou naïf? Et que dire de celui
qui vend sa *maison pleine de serpents, ou malsaine*? Puis vient à la
suite l'historiette de *Canius*, ce chevalier romain qui achète la villa
du banquier *Pythius*, de Syracuse, et se laisse prendre à une bonne
et belle fourberie!]

de la société des Scipions, le grec Polybe, exprimer ouvertement cette opinion, que les rites étranges et compliqués du culte romain n'ont été inventés que pour la foule: comme la raison n'a point de prise sur elle, il faut bien la gouverner par les miracles et les signes : quant aux gens sensés et éclairés, ils n'ont que faire de la religion! Sans nul doute les amis romains de Polybe partageaient au fond sa manière de voir, alors même qu'ils y mettaient plus de façons et que leur langage était moins cru, en matière de science et de religion. Ni Lælius, ni Scipion Emilien n'ont pu voir autre chose qu'une institution politique dans la science augurale que Polybe, en parlant ainsi, avait surtout en vue. Mais ils avaient trop d'esprit national et trop de sentiment des convenances pour se permettre en public d'aussi dangereuses manifestations. Une autre génération leur succéda; alors on entendit Qüintus Scævola, le grand pontife, celui qui fut consul en 659 (V, pp. 186, 332) professer, dans son cours oral sur la jurisprudence, qu'il y a deux religions, l'une intelligente et philosophique, l'autre inintelligente et traditionnelle ; l'une, qui ne convient point à l'État, parce qu'elle contient maintes choses inutiles ou dommageables au peuple, l'autre qui est la religion d'État, et qui doit rester ce que la tradition l'a faite. La théologie varronienne [1] n'est que le développement de la même pensée, lorsque traitant de la religion de Rome elle la considère comme un véritable établissement politique. « L'État, » y est-il enseigné, « est » plus ancien que ses dieux, de même que le peintre est » plus vieux que son tableau : s'il s'agissait de les refaire » à neuf, on aurait grandement raison de les instituer en » convenance meilleure avec le but, et cadrant mieux » quant à leur principe avec les parties diverses de l'âme » du monde : on leur donnerait des noms plus vrais : on

95 av. J.-C.

---

[1] [Les *Antiquitates rerum divinarum* (en 16 livres) faisaient partie du grand ouvrage de Varron sur les antiquités romaines. On n'en connaît que le plan, grâce à saint Augustin, *de civit. Dei.*]

» supprimerait des images qui n'éveillent dans l'esprit que
» des idées erronées [1] : on supprimerait tous ces sacrifices
» absurdes : mais puisque l'établissement religieux existe,
» il convient que tout bon citoyen confesse et pratique les
» dieux, et que l'*homme du commun* surtout, loin de les
» dédaigner, apprenne à leur rendre hommage!» Hélas! cet
homme du commun, au profit de qui les grands patrons
acceptaient de telles chaînes, il méprisait aujourd'hui sa
foi ancienne, il cherchait ailleurs son salut, on le comprend de reste et nous le verrons bien par la suite. En
attendant, la *Haute-Eglise* romaine était debout, avec sa
corporation hypocrite de prêtres et de lévites et son incro-
yante communauté. Du jour où l'on avait dit ouvertement
que dans la religion de la cité romaine il n'y avait rien
qu'une institution politique, les partis, à leur tour, avaient
fait de l'église d'État le champ de bataille de leurs aggres-
sions ou de leur défense: la science augurale, les élections
dans les colléges sacerdotaux surtout, avaient fourni sans
cesse plus ample matière aux dissensions. La vieille et naturelle coutume suivant laquelle on dissolvait l'assemblée
du peuple à l'approche de l'orage, s'était changée dans
les mains des augures en un système compliqué d'observation des signes célestes et de règles de conduite s'y rattachant : dans les premières périodes décennales du
vⁱⁱᵉ siècle, il avait été ordonné par la *loi Ælia et Fufia*,
que les comices étaient rompus de plein droit, dès qu'il
plaisait à quelque haut magistrat d'aller chercher dans le
ciel les phénomènes précurseurs d'une tempête [2] : l'oligarchie romaine était toute fière d'avoir imaginé ce moyen
habile et ces mensonges pieux qui permettaient, le cas
échéant, de frapper de nullité les lois votées par le peuple.

---

[1] Dans sa satire des *Aborigènes*, le même auteur raconte, en se
moquant, comment « les premiers hommes, à qui ne suffisait pas un
» Dieu que la pensée seule reconnaît, ont voulu adorer des *manne-*
» *quins* et de *petites images* des divinités! »

[2] [Quelques auteurs pensent qu'il y eut *deux lois* et non une seule,
mais toutes deux d'ailleurs décrétant pareillement l'*obnunciatio*.]

D'un autre côté, l'opposition s'était élevée contre l'autre
usage également ancien de la *cooptation*, au moyen duquel les quatre grands colléges sacerdotaux pourvoyaient
eux-mêmes aux vacances survenues dans leur sein : elle
voulut l'élection populaire pour les simples siéges, comme
déjà elle avait fait transférer au peuple l'élection des
présidents des colléges (IV, p. 103). C'était là se
mettre en contradiction flagrante avec l'esprit de ces corporations : mais celles-ci avaient-elles le droit de se
plaindre, alors qu'elles avaient les premières trahi leur
mission, se mettant à la remorque du pouvoir, et lui fournissant sur commande des moyens de *cassation* religieuse
contre les actes politiques du peuple? La cooptation fut
la pomme de discorde des partis. En 609, éclata une première tempête : le sénat s'en tira indemne grâce à Scipion
et à ses amis, qui portèrent le coup décisif, et firent
écarter la motion. Mais en 650, elle passa, avec une res-
triction en matière d'élection des chefs des colléges, res-
triction déjà établie par égard pour les consciences timo-.
rées: au lieu d'être donné à tout le peuple, le vote ne se
fit plus dans les tribus que par une partie des citoyens (IV,
p. 104, et V, p. 169) : vint ensuite Sylla qui restitua dans
son entier le droit de cooptation (V, p. 364). Cependant avec
toutes leurs prédilections pour l'ancien établissement religieux, et son maintien dans sa pureté, les conservateurs,
dans les cercles de la haute société surtout, ne se gênaient
point pour le bafouer ouvertement. La grande affaire du
sacerdoce n'était qu'affaire de cuisine pieuse : aux banquets auguraux et pontificaux le gourmand Romain voyait
luire les plus beaux jours de sa vie officielle; et plus d'une
de ces bombances fit époque dans l'histoire de la gastro-
nomie. Au repas d'entrée de l'augure *Quintus Hortensius* on servit pour la première fois les *rôtis de paon!*
La religion servit de prétexte ou d'occasion pour assai-
sonner le scandale. Les petits-maîtres de l'aristocratie qui
couraient les rues la nuit, s'amusaient à souiller et mutiler

146 av. J.-C.

104.

les images des dieux (V, p. 185). Les intrigues d'amour étaient communes, on recherchait les relations galantes avec les femmes mariées : mais séduire une vestale avait plus de saveur encore : il y avait là comme un avant-goût des amourettes de nonnes et des romans de couvent du *Décaméron*. On sait la triste aventure des années 640 et suivantes : trois vestales, appartenant aux plus illustres maisons, et leurs trois amants, fils de familles non moins nobles, furent traduits d'abord devant le collége des pontifes; et comme l'affaire allait s'assoupir, un plébiscite exprès les renvoya devant un tribunal extraordinaire pour crime d'attentat aux mœurs : ils furent tous condamnés à mort [1]. Que ces débordements rencontrassent le blâme des gens sages, cela va de soi : mais la religion n'en était pas moins tenue pour chose absurde dans les cercles intimes, et les augures en fonctions, lorsqu'ils se regardaient entre eux ne pouvaient se tenir de rire. Si l'impunité était pour eux, le dommage était pour leurs attributions sacrées. On approuverait presque les mômeries discrètes de certaines et semblables confréries pieuses, quand on met en regard la grosse impudence des prêtres et lévites romains ! La religion officielle, traitée sans façon comme un décor creux, à l'usage seulement des *machinistes* de la scène politique, son appareil compliqué, ses coins et recoins, ses trappes sans nombre, tout cela n'était bon que pour les partis : tous les partis s'en servirent. L'oligarchie surtout avait mis son *Palladium* dans la religion d'État, et dans l'institution augurale : la faction contraire ne se fit pas non plus en principe l'adversaire d'un établissement qui n'avait guère qu'une vie factice : pour tous, c'était comme une citadelle, qui passait utilement de la main de l'ennemi dans la main du vainqueur.

En face de ce fantôme de religion dont nous venons de tracer l'esquisse, on rencontrait à Rome les nombreux

---

[1] [Les trois vestales portaient le nom des *gentes Licinia, Marcia* et *Æmilia.*]

cultes étrangers, bien différents du culte indigène, très en
faveur alors, très-suivis, et auxquels on n'eût su refuser
une force vivace en ce siècle. Ils pénétraient partout, chez
les nobles citoyens et les nobles dames, comme chez les
esclaves : le général et le simple soldat, l'Italie et la province y donnaient les mains. On ne saurait croire à quel
degré la superstition allait déjà. Durant la guerre des
Cimbres, *Martha,* la prophétesse syrienne, vint un jour
offrir au Sénat le moyen sûr de vaincre les Germains : le
Sénat la repoussa dédaigneusement. Aussitôt, les dames
romaines et la femme même de Marius l'expédient au
quartier général, où le consul lui fait accueil, et la mène
avec lui jusqu'au jour de la défaite des Teutons. Pendant
la guerre civile, les chefs des partis divers, Marius, Octavius, Sylla, tous prêtent également foi aux prodiges et aux
oracles. Enfin au milieu de la confusion de l'an 667, le   87 av. J.-C.
Sénat lui-même rend des décrets sous l'inspiration des ra-
dotages d'une autre folle devineresse. Et, nouveau témoignage du mortel engourdissement dont le culte gréco-
romain était frappé, c'est au moment même où la foule a
le plus besoin de stimulants pieux, que la superstition,
tout autre qu'au temps des bacchanales, se détourne de la
religion du pays. Les mystères étrusques sont eux-mêmes
dépassés. En première ligne apparaissent désormais les
dévotions muries dans les contrées brûlantes de l'orient.
La cause en est sans contredit dans l'invasion de l'élément
syriaque et d'Asie-Mineure, importé avec les masses d'esclaves, avec le trafic immensément accru entre l'Est et
l'Italie. Les insurrections siciliennes, alimentées en grande
partie par les esclaves syriens, manifestent au grand jour
la puissance des religions venues de l'étranger. Eunus
crache le feu; Athénion lit dans les étoiles : les balles de
plomb lancées par la fronde des esclaves insurgés portent
pour la plupart des noms de dieux [1]. A côté des noms de

----

[1] [*V. Corp. Insc. Græc.* publié par l'*Acad. de Berlin*, 5570, 5587,

Zeus et d'*Artémis*, on y lit notamment celui de la *Mère-Déesse*, dont les mystères secrets, transférés de Crète en Sicile, faisaient alors fureur. Pareille fut l'influence du commerce, depuis qu'il importait directement dans les ports italiens les marchandises de *Bérite* (*Beyrouth*) et d'Alexandrie : Ostie et Pouzzoles étaient devenues les grands marchés des baumes, des parfumeries de Syrie, des toiles d'Égypte, et aussi des croyances orientales. Partout, avec le mélange des peuples, s'accroît le mélange des religions. Mais de tous les cultes autorisés, le plus populaire était celui de la *Dea mater* de Pessinonte, en grand renom auprès des foules, avec ses prêtres-eunuques, ses banquets, ses concerts, ses processions mendiantes, et tout son appareil parlant aux sens : déjà les collectes à domicile faisaient un lourd article dans le budget des ménages. Au moment critique de la guerre des Cimbres, le grand prêtre de Pessinonte, *Battacés*, vint à Rome en personne, pour y faire valoir les intérêts du temple de sa déesse, qu'il disait souillé par un profane : il parla devant le peuple, et fit divers miracles au nom de la divinité qui l'envoyait. Les gens sensés s'émurent : mais les femmes et le peuple se laissèrent prendre, et quand le prophète partit, on le reconduisit en masse. On faisait vœu souvent d'aller en orient : Marius tout le premier entreprit un pélerinage à Pessinonte : enfin des citoyens romains allèrent jusqu'à se faire prêtres-eunuques de Cybèle (vers 653, pour la première fois) [1]. Quant aux cultes secrets et prohibés, naturellement ils jouissaient d'une popularité plus grande encore. Au temps de Caton déjà, le *Chaldéen*, tireur d'horoscopes, avait commencé de faire concurrence à l'*Haruspice* Étrusque, et à l'*Auspice* Marse [2] (V, p. 169) : mais

101 av. J.-C.

5748. On les trouve surtout aux environs de l'ancienne Léontium. — *V. Corp. Insc. Latin.* p. 189. *Glandes Hennenses, in fine.*]

[1] [On donnait à ces *Corybantes*, à Rome, le nom de *Galli*, de *matris Idœæ famuli.*]

[2] [L'*haruspice* observait les entrailles des victimes : l'*auspice* (*auspex*, d'où *auspicium*) observait le vol des oiseaux (*aves spectare*).]

bientôt l'astrologie qui baie aux astres, et explique les
signes célestes, était en faveur à Rome tout autant que
dans le pays halluciné de Babylone. En 615, le *préteur des*   139 av. J.-C.
étrangers avait enjoint à tous les « Chaldéens » de quitter
la ville et l'Italie sous dix jours. Pareille injonction était
faite aux *Juifs,* qui avaient admis des prosélytes italiens à
leur *sabbat.* Et Scipion, n'avait-il pas dû purger le camp
devant Numance de tous les devins et chevaliers d'industrie
qui y pullulaient? Quelques dizaines d'années plus tard
(657), il fallut même proscrire les *sacrifices humains.* Les   97.
rites farouches de la déesse *Ma,* de Cappadoce, ou de
Bellone[1], pour l'appeler du même nom que les Romains,
où l'on voyait, dans les processions publiques, les prêtresses
se frapper et faire jaillir leur sang, les sombres cultes de
l'Égypte, se montraient à leur tour. Déjà Sylla a vu en
songe la déité cappadocienne[2]; et plus tard les confréries
d'Isis et d'Osiris feront remonter leur origine à l'époque
contemporaine du dictateur. Ne sachant plus où l'on en
était au regard de la foi ancienne, on avait aussi perdu la
droite voie au regard de soi-même. Les crises effroyables
de cinquante ans de révolutions, la conviction s'imposant
instinctivement qu'on n'en avait pas fini avec la guerre
civile, tout était matière à angoisse et stupeur : chacun
avait le cœur assombri, oppressé. La pensée errante à
l'aventure escaladait les hauteurs et se plongeait dans les
abîmes, pour peu qu'elle espérât une issue, une lumière
dans ces ténèbres menaçantes des destins, pour peu qu'elle
crût pouvoir échapper à ce combat du désespoir, ou tout
simplement même pouvoir changer et de place et de douleur. La semence d'un mysticisme monstrueux avait trouvé
son terrain favorable dans ce chaos politique, économique,
moral et religieux du monde romain : elle avait germé et
poussé avec une rapidité étonnante. Pareil à un grand

---

[1] [La Bellone asiatique, à dater de Sylla, en effet, supplanta l'ancienne Bellone italique. — *V.* Preller, *Myth.* XIIe sect. 3, *a.*]

[2] [Elle l'aurait engagé à marcher d'Asie sur l'Italie.]

arbre tout-à-coup sorti de terre pendant la nuit, nul ne savait d'où il était venu, ni quels seraient ses fruits : sa rapide croissance était féconde en nouveaux prodiges; et son poison dévorait tous les esprits qui n'étaient pas fortement trempés !

Dans l'instruction publique, il en fut comme dans les choses de la religion. La révolution commencée durant l'époque qui précède, achève de s'accomplir. On a déjà vu qu'au cours du vie siècle, l'égalité civile, cette pensée fondamentale du système républicain de Rome, avait subi déjà plus d'une atteinte, sous ce rapport. Dès les temps de Fabius Pictor et de Caton, l'éducation grecque s'était répandue dans la ville : un régime tout romain s'était aussi et concurremment formé : mais des deux côtés, on n'avait pas été loin au delà des premiers débuts. « L'encyclopédie catonienne » nous apprend en gros ce qu'il faut entendre par l'éducation modèle gréco-romaine de cette époque (IV, pp. 273 et suiv.) : on n'y trouverait rien que l'ancienne loi du père de famille distribuée en formules, et comparée avec le nouveau système importé de la Grèce, elle se montre d'une singulière sécheresse. Polybe ne nous laisse pas ignorer combien, au commencement du viie siècle, l'instruction courante de la jeunesse était humble encore. Il relève avec force blâme l'indifférence coupable des Romains en cette matière : il fait valoir au contraire la sollicitude intelligente de ses concitoyens de Grèce, en matière d'instruction privée et publique; sur quoi je ferai observer encore, qu'au fond de leur négligence, il y avait chez les Romains le culte du grand principe de l'égalité, que ni les Grecs ni Polybe lui-même n'ont jamais aperçu. — A l'heure où nous sommes, tout change. De même que le supranaturalisme savant des stoïques prend la place de la foi naïve populaire, de même dans l'éducation, à côté de l'ancien système simple et bref à l'usage du peuple, un système nouveau s'impose, une *humanité* (*humanitas*) exclusive, qui détruit peu à peu les derniers restes de

l'antique égalité sociale. Ce ne sera pas chose superflue que
d'entrer ici dans quelques détails à propos de l'instruction
donnée actuellement à la jeunesse, et selon le système grec,
et selon la *haute école* latine.

Par une singulière coïncidence, Lucius Paullus Æmilius,
l'homme qui avait consommé la destruction politique de la
Grèce, fut aussi l'un des premiers à rendre un complet
hommage à la civilisation hellénique, à reconnaître en elle,
ce qu'elle est restée sans que nul y contredise, la civilisation même du monde ancien. Il avait atteint déjà la vieil-
lesse, avant qu'il lui eût été donné, contemplant le Jupiter
de Phidias, de pénétrer dans le sens intime des chants
homériques : mais il avait l'esprit assez jeune encore, pour
le sentir s'ouvrir à la lumière éclatante de la beauté
grecque, et pour céder à l'irrésistible convoitise des pommes
d'or du jardin des Hespérides. Dans l'illustre étranger, poètes
et artistes trouvèrent un adepte sérieux et plus profondément ému qu'aucun des sages de la Hellade contemporaine.
Il ne faisait point comme eux d'*Epigrammes* sur Homère
et Phidias ; mais il voulut que ses enfants entrassent dans
le royaume intellectuel, sans négliger l'éducation nationale
ou ce qui en tenait lieu : il donnait aussi ses soins, à l'instar
des Grecs, au développement physique du corps, non pas
seulement par un exercice gymnastique tout à fait insuffi-
sant, tel qu'il se suivait à Rome, mais par les pratiques
instructives de la chasse, passée presque à l'état d'art entre
les mains des Grecs. Bref, il conçut l'éducation à la grecque
non plus seulement comme l'apprentissage et l'usage d'une
langue, pour cette langue seule, mais comme un ensemble
de hautes études, suivies selon la manière des Grecs, se
rattachant à l'idiôme hellénique, et se développant par lui,
embrassant dès lors la connaissance de la littérature, y
compris les notions mythologiques et historiques nécessaires à son intelligence, et aussi la rhétorique et la philosophie. La bibliothèque du roi Persée fut la seule part de
butin que Paul-Emile se réserva après la conquête de la

Macédoine : il entendait la donner à ses fils. Il menait.à sa suite des peintres, des statuaires grecs, chargés d'achever l'éducation de ces jeunes gens, et de les rendre familiers avec les muses. Les temps étaient passés, Caton déjà l'avait compris, où, sur ce terrain, on était encore en droit de n'avoir que des dédains pour l'hellénisme : les meilleurs pressentaient que le danger était moindre à l'accueillir tout entier, qu'à le recevoir mutilé ou déformé. Dans Rome et dans le reste de l'Italie les hautes sociétés donnaient le ton à la mode nouvelle. Depuis longtemps déjà les maîtres grecs avaient appris le chemin de la ville. Ils y .affluent aujourd'hui, maîtres de grammaire, maîtres de littérature et de culture polie, débitant leur science à fort bon prix sur le marché nouveau qui s'est ouvert. On ne voit dans tous les palais des riches, que maîtres d'hôtel, et maîtres de philosophie grecs, traités tout au moins comme des serviteurs, quand ils ne sont point esclaves [1] : les raffinés se font concurrence pour cet article : un esclave-littérateur de première qualité, se paye jusqu'à 200,000 sesterces (45,200 *thal.* = 57,000 fr.). Dès l'an 593, bon nombre de rhéteurs, enseignant la *déclamation grecque*, tenaient dans la ville école ouverte. Et parmi eux nous rencontrons plus d'un nom connu, celui de *Panœtius,* par exemple, déjà cité par nous (pp. 45, 56), celui de *Cratès,* illustre grammairien de *Mallos* en Cilicie, contemporain et rival d'Aristarque, et son égal en naissance. En 585, un public assidu suivait ses cours : il expliquait Homère selon sa lettre et son esprit. Cette instruction nouvelle donnée à la jeunesse, instruction révolutionnaire et antinationale tout ensemble, se heurta d'abord à la résistance du gouvernement : mais l'ordre d'expulsion, lancé en 593 contre les rhéteurs et les philo-

161 av. J.-C.

169.

161.

---

[1] Cicéron raconte qu'il eut plus d'égards pour son esclave lettré Dionysius que Scipion n'en avait pour Panœlius : citons aussi Lucilius, qui sur le même sujet s'exprime ainsi : « Ma monture, mon » écuyer, mon manteau, ma tente, voilà qui m'est utile, et non votre » philosophie ! »

sophes, alors que les magistrats suprêmes changeaient tous
les ans, passa inefficace et inexécuté comme tant d'autres
mesures de rigueur du même genre : le vieux Caton mort,
on se plaignait souvent encore, mais on se plaignait sans
agir. Les hautes écoles grecques, et les sciences polies de
la Grèce avaient désormais domicile élu et accepté : elles
constituaient la partie importante de la culture de l'esprit,
en Italie.

A côté d'elles, l'instruction latine ne laissait pas d'ail- *Ecole latine.*
leurs d'être en progrès. Nous avons dit comment, durant
l'époque précédente, l'instruction élémentaire s'était au
dedans agrandie : comment aux lieu et place des XII
Tables, l'odyssée latine était devenue un *abécédaire* meilleur;
comment le jeune Romain, ayant en main la traduction, y
apprenait, comme l'enfant grec sur le texte original, et la
syntaxe et le parler de sa langue nationale; comment des
grammairiens et lettrés hellénistes, Andronicus, Ennius et
d'autres encore, enseignant, non les enfants à proprement
dire, mais les adolescents et les jeunes gens déjà grands,
n'avaient pas dédaigné de leur apprendre l'idiôme de la
patrie à côté de l'idiôme de la Grèce. Pourtant, ce n'était
là encore que le début de l'éducation supérieure latine : ce
n'était pas cette éducation elle-même. Point de littérature,
point de grammaire allant au-delà des rudiments premiers.
Viennent les lettres latines, à la place des livres d'école;
viennent les classiques du vie siècle qui en seront l'expression jusqu'à un certain point exclusive, aussitôt vous verrez
et la langue et les œuvres littéraires entrer dans le cercle
de la culture élevée : l'émancipation ne se fera point attendre, et les grammairiens grecs reculeront au second
plan. Excités par les lectures homériques de Cratès, les   *Lectures
Romains lettrés se mettent à l'œuvre, et récitent leurs com-   classiques.*
positions : Nævius lit ses *Guerres puniques;* Ennius lit ses
Chroniques : Lucilius, après eux, débite ses poésies : leur
auditoire est choisi et peu nombreux, d'abord : puis bientôt, à jour fixe, ils réunissent un grand concours d'auditeurs:

enfin, à l'exemple des grammairiens, lecteurs d'Homère, ils se font les commentateurs et les critiques de leurs propres œuvres. Non que les leçons littéraires données *gratis* par ces *dilettantes* (*litterati*), constituassent, à vrai dire, un enseignement en forme : elles n'en ouvraient pas moins à la jeunesse studieuse l'intelligence de la littérature classique de Rome, et l'art de la récitation.

Exercices
oratoires.

Pareille chose arriva pour l'éducation oratoire. Jamais les exercices de ce genre n'avaient été tout-à-fait négligés. On sait que dès les temps anciens, les jeunes gens des bonnes familles prononçaient en public les éloges et les harangues judiciaires. Avant notre époque, pourtant, et avant les nouvelles études spéciales, l'art oratoire n'était pas né. Le premier avocat romain qu'on répute, maniant en artisan d'éloquence et la langue et son sujet, fut *Marcus Lepidus Porcina* (consul en 617)[1]. Les deux avocats fameux du temps de Marius, le viril et puissant *Marcus Antonius* (614-667), et *Lucius Crassus*, le fin parleur au style savamment soutenu (614-663), étaient aussi de vrais artistes de la parole[2]. Les études oratoires, naturellement, avaient pris un développement et une importance considérables : mais, de même que les études littéraires, elles ne consistaient encore pour l'élève qu'à s'attacher surtout à la personne du maître, et à se former par ses exemples et ses leçons. — Le premier qui ait créé le véritable enseignement en matière de littérature et d'éloquence latines (vers 650), fut ce *Lucius Ælius Præconius*, de Lanuvium, sur-

137 av. J.-C.

143-87.

140-91.

100.

95.

---

[1] [Connu aussi pour sa triste campagne contre *Pallantia* (IV, p. 304). Cicéron vante son talent oratoire et son talent de style : *artifex stylus* (*Brut.* 25, 86, 97. — *De orat.* 1, 10. — *Tuscul.* 1, 3).]

[2] [Ils jouent les principaux rôles dans le dialogue *de orat.* M. Antonius, le grand-père du triumvir qui fit tuer Cicéron, fut tué, on s'en souvient, par l'ordre de Marius et de Cinna (V. p. 316). — *Lucius Licinius Crassus*, dit l'*orateur*, fut consul en 659. Il appartenait à une autre branche que Crassus le triumvir. Il consacra presque sa vie au barreau et aux affaires publiques. Il défendit les trois vestales accusées d'inceste (p. 62). Il excellait principalement dans les harangues politiques et sénatoriales. Le luxe de sa maison du Palatin était fabuleux.]

nommé *Stilo* [l'homme au *style*] : ce chevalier romain, notable, et d'opinions fortement conservatives, qui, s'entourant d'un cercle de jeunes auditeurs d'élite, tels que Varron et Cicéron, leur lisait Plaute et les autres poètes, retouchait avec les auteurs les plans de leurs harangues, ou les fournissait tout préparés à ses amis. Ici, c'est bien une école qui s'ouvre : et pourtant Stilon n'est point encore un maître de profession : il enseigne la littérature et l'art de la parole, comme toute science s'enseigne à Rome. C'est un vieil ami qui donne ses conseils à des jeunes gens qu'enflamme un beau zèle ; et ses leçons ne se vendent pas à quiconque les voudrait payer [1].

De son vivant, commence enfin le haut enseignement des écoles publiques. Laissant en dehors de son programme la latinité purement élémentaire, et les lettres helléniques, il eut ses établissements spéciaux et ses professeurs rétribués, esclaves presque toujours. Il emprunta ses tendances et sa méthode à la grammatique et aux cours littéraires grecs : pouvait-il en être autrement? Là encore, les élèves étaient des adolescents, non des enfants. Bientôt l'école latine, toujours comme l'école grecque, se partagea en deux : il y eut un cours pour l'exposition scientifique de la littérature, puis un cours d'introduction doctrinale à l'art de la harangue politique et judiciaire et de l'éloge. Le premier qui tint école de littérature romaine, du temps de Stilon, se nommait *Marcus Scævius Nicanor Postumus* [2] : le premier qui tint école distincte de rhétorique, fut *Lucius Plotius Gallus* (vers 660) [3] : néanmoins, dans les établissements du premier genre, on trouvait aussi d'ordinaire

Cours
de littérature
et d'éloquence.

90 av. J.-C.

100.

---

[1] [*Stilon* accompagna Q. Metellus en exil, en l'an 654. Il écrivit des *Commentaires* sur les *Chants des Saliens*, sur les *XII Tables*, un livre *de Proloquiis*. On a soutenu, mais à tort, qu'il serait l'auteur de la *Rhétorique ad Herennium*.]

[2] [Sueton. *de illustr. Gramm.* Auteur de commentaires et d'une satire.]

[3] [*L. Plotius Gallus*, le père de la rhétorique latine (Sueton. *de clar. Rhetor.* 2). Il écrivit un traité *du Geste* (*de Gestu.* Quintil. II, 3, 143).]

un cours d'éloquence. L'un et l'autre enseignement d'ailleurs, donné d'abord par des maîtres et des connaisseurs
haut placés, s'était, jusqu'à un certain point émancipé à
l'encontre des Grecs. Non que les experts en beau langage
et les professeurs d'éloquence eussent cessé de subir l'influence hellénique, du moins ils n'obéissaient plus directement aux lois de la grammaire et de la rhétorique de
l'école grecque : ils traitaient même celle-ci en ennemis
déclarés. Contre la thèse soutenue par les maîtres grecs,
la fierté et le bon sens romain entraient nettement en révolte. Non, ce n'était point à l'école, et seulement selon
les règles de l'école, ainsi que ceux-ci l'enseignaient, que
se pouvait apprendre l'art de parler aux hommes dans
leur idiôme national, et de leur dire savamment et de façon
émouvante ce que l'on sait, ce que l'on ressent soi-même.
Aux yeux du bon et solide avocat, toutes ces leçons du
rhéteur grec, étranger à la vie pratique, étaient pour le débutant une pire nourriture que l'absence même de toute étude :
l'homme cultivé, mûri par l'expérience, n'y trouvait que
vide et que dégoût ; et quant aux conservateurs austères,
ils avaient bien compris quelle affinité d'élection rattachait
l'éloquence de métier au métier funeste des démagogues.
Aussi le cercle des Scipions avait-il juré haine irréconciliable aux rhéteurs. On tolérait les *déclamations* grecques
des maîtres rétribués, à titre d'exercices dans l'idiôme
hellénique : mais on écartait la rhétorique grecque de
l'éloquence romaine et de l'enseignement oratoire romain.
Pourtant, si vous étiez entré dans l'une des écoles latines
nouvelles, vous y auriez vu de quelle singulière façon les
jeunes gens y apprenaient à penser en hommes, à parler
en hommes d'état : l'un accuse de meurtre, l'autre défend
Ulysse, trouvé auprès du cadavre d'Ajax, ayant en main
l'épée sanglante de son compagnon : ailleurs, Oreste,
meurtrier de sa mère, est tour à tour interpellé et disculpé :
ou bien encore, les jeunes élèves prêtent à Hannibal le
secours de leurs conseils : « vaut-il mieux qu'il s'incline

devant l'ordre de Rome et réponde à l'ajournement qu'il a
reçu? vaut-il mieux qu'il demeure à Carthage, ou se dé-
robe aux Romains par la fuite [1]? — Véritablement, à mon
sens, Caton n'était point injuste, entrant en guerre contre
ces maussades et funestes moulins à parole? Les censeurs,
en 662, donnèrent avis aux maîtres et aux parents de ne   92 av. J.-C.
point tenir la jeunesse attachée tout le jour à des exercices
inconnus aux aïeux romains; et l'homme qui parlait ainsi
n'était autre pourtant que ce même *Lucius Licinius Crassus,* le premier avocat de son siècle. Mais il est dit que la
voix de Cassandre s'élèvera toujours en vain! Les *déclamations* sur les thèmes obligés de la scolastique grecque
resteront désormais, quoiqu'on fasse, l'élément fondamental du haut enseignement donné à la jeunesse de Rome :
elles contribueront pour leur part, à ne faire de ces enfants
que des histrions avocassiers ou politiques : elles étouffe-
ront dans Rome la vraie, la mâle éloquence! — Aux résultats acquis d'hier du programme de l'éducation romaine
actuelle on voulut donner un titre, une expression nouvelle, l'*humanité* [*humanitas*] : mélange singulier de la
culture, selon la muse grecque plus ou moins superficiellement acclimatée, et d'une scolastique latine, enseignant
avec privilège, imitatrice toujours et tant bien que mal
façonnée! L'*humanité nouvelle,* comme le nom l'indique,
se débarrassa nettement de l'élément purement romain :
elle éleva haut son drapeau; elle voulut revêtir à la fois,
(de même que « l'instruction publique » de nos jours, qui
lui ressemble si fort), les caractères d'un cosmopolitisme,
au point de vue de la nationalité, et de l'exclusivisme, au
point de vue social. Ici encore on retrouve la révolution
qui séparait les classes, et passait le niveau sur les
peuples.

[1] [*V.* ces exemples et d'autres analogues dans les *Rhetoricarum
ad Herennium,* I, 11, 16 et s.; 3, 2. — *V.* III, p. 267.]

CHAPITRE XIII

Réaction
littéraire.

Dans la littérature comme dans la politique, le vɪe siècle fut une grande et vivace époque. Comme dans la politique il est vrai, on n'y rencontre guère dans les lettres, de génie du premier ordre. Nævius, Ennius, Plaute, Caton, tous ces écrivains richement doués et alertes, d'une individualité fortement accentuée, ne sont point, je le concède, des créateurs, dans le sens élevé du mot : pourtant, quel élan, quel mouvement, quelle hardiesse dans tous leurs essais, drame, épopée, histoire! On sent qu'ils ont le pied sur les champs de bataille de ces guerres de géants, les guerres puniques. Nombreuses sont les transplantations artificielles, nombreuses les fautes de la couleur et du dessin : les formes, la langue n'y sont ni pures ni habiles : l'élément grec, l'élément national s'y enchevêtrent à tort et à travers : toute l'œuvre enfin trahit les routines de l'école : ni liberté d'allure, ni détails achevés. Qu'importe! s'ils n'ont point la force qui porte au but suprême, tous ces poètes, tous ces écrivains ont le courage et l'espoir : ils osent lutter avec les Grecs.

Au VIIe siècle les choses ont bien changé. Les nuages du matin sont tombés. Les poètes ont entamé leur noble entreprise, ayant en eux le sentiment des énergies populaires retrempées dans la guerre récente : à peine nés de la veille, ils n'ont ni vu les difficultés de l'œuvre commencée, ni mesuré la portée de leur talent ; mais, du moins, ils ont marché avec l'ardeur et la passion ! A cette heure, les voilà qui s'arrêtent : les vapeurs asphyxiantes des révolutions que charrie l'orage, remplissent les airs : et quand chez beaucoup les yeux s'ouvrent à l'incomparable magnificence de l'art et de la poésie des Grecs, ils constatent en même temps la condition modeste faite au génie artistique de leur peuple. La littérature du VIe siècle était le produit du retentissement de l'art grec chez des esprits à demi cultivés, mais émus et sensibles. La culture hellénique plus relevée du VIIe siècle amène une réaction littéraire : comme le vent glacé de l'hiver, la réflexion dessèche dans le germe la fleur de l'imitation naïve, et détruit pêle-mêle les bonnes et les mauvaises herbes de la première récolte. Cette réaction se fait surtout et se prononce dans le cercle de Scipion Emilien, dans cette société qui réunit l'élite du beau monde de Rome ; où l'on rencontre entre autres le plus vieil ami et le conseiller du grand homme, Gaius Lælius (consul en 614)[1], ses compagnons plus jeunes que lui Lucius Furius Philus (consul en 618)[2], et Spurius Mummius[3], le frère du Mummius qui mit Corinthe à sac ; où l'on voit accueillis enfin tous les littérateurs, qu'ils soient romains ou grecs, Térence le comique, Lucilius le satyrique, Polybe l'his-

Le cercle
des Scipions.

140 av. J.-C.

136.

---

[1] [*C. Lælius Sapiens*, le fils du Lælius ami du premier Africain. Cicéron lui a élevé un monument impérissable dans son *Lælius*, ou dialogue *de Amicitia*. Il avait écrit plusieurs livres, entre autres un panégyrique de son ami (*Laudationes S. Africani minoris*), qui ne nous sont point parvenus.]

[2] [L'un des interlocuteurs du *de Republ. Moderatissimus et continentissimus*, dit de lui Cicéron.]

[3] [L'un des prédécesseurs d'Horace dans l'épître et la satire.]

torien, et Panætius le philosophe. A tous ces hommes qui
lisaient couramment l'Iliade, les pages de Xénophon et
celles de Ménandre, comment imposer encore l'Homère
parlant romain, ou les pauvres traductions des drames d'Euripide, naguère servies au peuple par Ennius, et continuées
par Pacuvius? Je veux que par patriotisme on arrêtât le fouet
de la critique, qu'on ménageât les *Chroniques nationales,*
Lucilius n'en décochait pas moins ses flèches les plus acérées
« contre les tristes personnages et les expositions guindées
» de Pacuvius [1]. » Le patriotisme n'arrêtait pas le reproche
non moins sévère et nullement injuste d'ailleurs, que l'élégant auteur de la *Rhétorique à Hérennius,* vers la fin de la
présente époque, leur adresse à tous, qu'ils se nomment Ennius, Pacuvius, ou Plaute [2], «ces poètes ayant privilége pour
» se montrer illogiques et boursouflés. » Les familiers de
Scipion haussaient les épaules aux additions grossières
jetées par la rude muse populaire sur l'élégant manteau
comique de *Philémon* et de *Diphile.* Moitié riant, moitié
enviant, on délaisserait aujourd'hui les essais mal dégrossis
d'une époque lourde et confuse : les juges élégants les
traitaient comme fait l'homme mûr les vers de sa jeunesse,
et renonçant à acclimater l'arbre merveilleux dans le pays
latin, ils abandonnaient les hautes voies de l'art dans la
poésie et dans la prose : il leur suffisait de savoir goûter
les chefs-d'œuvres de la muse étrangère. Aussi le siècle
actuel n'est-il guère productif que dans les genres secondaires, dans la comédie légère, dans les *Miscellanées*
poétiques, la brochure politique, et les sciences spéciales.
Le dernier mot de la littérature, c'est la correction du style,
avec ses artifices savants; c'est, par-dessus tout, la correction de la langue. Par là, de même que le cercle étroit des
érudits se sépare de la foule, de même désormais la langue
se bifurque : le latin classique des hautes classes tranche

---

[1] [*V.* l'exemple cité par la *Rhetor. ad Herenn.* 2, 23.]
[2] [*V. ibid.* 3, *passim : Quibus hoc modo loqui concessum est*, dit
l'auteur 2, 22..... *infirma ratione utitur* 2, 23.]

sur le latin vulgaire de l'homme du commun. « Parler purement »[1] voilà le mot d'ordre des prologues de Térence : redresser les fautes de langage, voilà l'une des missions principales de la satire de Lucilius[2] : par une coïncidence remarquable, c'est alors aussi que les Romains désertent la manie d'écrire en grec. Certes, tout cela constitue un progrès : les œuvres littéraires, dans la période actuelle, sont complètes bien plus souvent, beaucoup plus achevées et plus satisfaisantes dans leur genre que celles qui les ont précédées ou les suivront ; et sous le rapport du langage enfin, Cicéron affirme que le siècle de Scipion et de Lælius est l'*âge d'or* du latin écrit purement, et sans faux alliage. De même l'opinion publique commence à voir, non plus un métier, mais un art, dans la profession littéraire. Au début du siècle encore, les compositions dramatiques, sinon toutes les compositions poétiques, et leur lecture en public sont choses messéantes au noble Romain : Pacuvius et Térence vivent de leurs pièces : écrire des drames est faire œuvre d'artisan, et l'auteur ne marche pas sur l'or. Au temps de Sylla, tout est changé. Les honoraires recueillis au théâtre attestent alors que l'auteur favori est bien venu à compter sur de beaux bénéfices : le haut prix payé efface la tache originelle. La poésie dramatique s'élève au rang d'art libéral ; et les hommes des plus nobles, des plus hautes classes, un *Lucius Cæsar*, par exemple (édile en 664, † 667)[3], ne dédaignent pas de travailler pour le thé- âtre romain, et sont fiers de s'asseoir dans la « confrérie des poètes »[4] romains, à côté d'un *Accius* sans aïeux. Mais

90. 97 av. J.-C.

---

[1] [« *Pura oratio.* » *Heautont.* 46.]

[2] [Il avait consacré tout son IXe livre à l'*orthographe* (*orthographia*). *V.* les fragments cités par M. Egger (*Latini sermonis vetustioris reliquiæ*, p. 262 et 263).]

[3] *Gaius Julius Cæsar Strabo Vopiscus*, l'un des interlocuteurs du *de orat.*, célèbre par son vif esprit Il fit entre autres les tragédies d'*Adraste* et de *Tecmessa*. Il périt dans la persécution de Marius et de Cinna.]

[4] [*Collegium poetarum.* V. dans Val. Max. III, 7, 11, une anecdote curieuse.]

si l'art a gagné du côté de l'honneur et de l'intérêt qu'il inspire, l'élan n'est plus le même ni dans la vie, ni dans la littérature. L'audace et la sûreté de somnambule, qui fait que le poète est le poète, qui donne à Plaute entre autres sa verdeur et son allure, jamais plus vous ne la rencontrerez : les Epigones des lutteurs du temps d'Hannibal sont devenus gens corrects, mais éteints.

La tragédie.

Examinons d'abord sur le théâtre la littérature dramatique des Romains. Dans la tragédie, nous voyons pour la première fois les hommes spéciaux se produire : les tragiques, à l'inverse de ce qui fut jadis, ne cultivent plus en même temps les poésies comique et épique. Que si dans les cercles lettrés où l'on écrit et l'on récite, le genre est manifestement tenu en plus grande estime, il y aurait erreur à croire que la poésie tragique soit en réel progrès. Dans la tragédie nationale (*prœtexta*), créée jadis par Nævius, nous ne pourrions guère nommer que l'enfant attardé de l'époque Ennienne, ce Pacuvius, dont nous allons de suite et plus amplement parler. D'ailleurs, il y eut encore, ce semble, bon nombre de poètes-arrangeurs de tragédies grecques. Parmi eux, deux seulement se firent un nom considérable.

219.129 av. J.-C.
Pacuvius.

Marcus Pacuvius, de Brundusium (535 — † vers 625), avait consacré sa jeunesse à la peinture : ce ne fut que devenu vieux qu'il demanda à la tragédie les moyens de vivre. Par son âge, et par la nature de ses œuvres, il appartient au vie plutôt qu'au viie siècle, encore bien que sa veine poétique n'ait rien produit qu'au cours de ce dernier. Il suivit en tout la manière d'Ennius, son compatriote, son oncle et son maître. Limant davantage son vers, ayant la visée plus haute que son prédécesseur, il fut, au jugement des critiques tout favorables qui vinrent plus tard, un modèle de poésie savante et de beau style : d'ailleurs les quelques fragments qui nous en restent justifient et les reproches que Cicéron lui adresse, quant à la langue, et ceux de Lucilius, sous le rapport du goût. Sa langue est plus raboteuse et inégale, sa poésie plus ampoulée, plus prétentieuse que celle d'Ennius [1]. Comme Ennius, il semble qu'il ait donné plus à la philosophie qu'à la religion : seulement, il ne l'a pas suivi dans ses préférences pour le drame conçu selon les tendances néologiques, et prêchant la passion sensuelle ou les soi-disant nouvelles lumières : il puisa sans distinction chez Sophocle et chez Euripide ; mais de cette veine hardie d'Ennius, de ces aspirations d'un génie presque original, vous ne trouvez rien chez son jeune successeur. — *Lucius Accius* a laissé des imitations des tragiques grecs d'une lecture plus courante et plus facile que ne sont les vers de Pacuvius. Il était son contemporain, quoique moins âgé. Fils d'un affranchi de *Pisaurum* (584 — † vers 651), il fut, avec Pacuvius, le seul dramaturge tragique qui ait marqué au VIIe siècle. Écrivant aussi l'histoire littéraire, et cultivant l'art du grammairien, nul doute qu'il n'ait voulu substituer

Accius.

166.103 av. J.-C.

----

[1] Dans le *Paulus*, pièce originale, on lisait ce vers, sans doute tiré de la description des *Passes de Pythion* (IV, p. 25) :

> *Qua vix caprigeno generi gradilis gressio est.* *
[Où à peine la chèvre pourrait poser le pied...]

Dans une autre pièce, le poète donne à deviner à son public le tableau qui suit :

> [*Quadrupes tartigrada, agrestis, humilis, aspera,*
> *Capite brevi, cervice anguina, adspectu truci,*
> *Eviscerata, inanima, cum animali sono.*]

« Quadrupède au lent marcher, agreste, à ras de terre et rude ; » à la tête petite, au cou de serpent, à l'œil hagard. — Otez-lui les » entrailles, tuez-la, elle rend des sons animés ! »
A quoi le public répond naturellement : « Que nous débites-tu » là en mots enchevêtrés comme broussailles ? Le plus malin ne sau- » rait le deviner ! Si tu ne parles pas clairement, nous ne te com- » prendrons point. »

> *Ita septuosa dictione abs te datur*
> *Quod conjectura sapiens ægre contuit.*
> *Non intelligimus, nisi tu aperte dixeris...*

Vient alors l'explication : c'est de la *tortue* qu'il s'agit. [*Testudo*, dont la *carapace*, montée sur la lyre, y fait table d'harmonie.] — J'ajoute que les tragiques attiques eux-mêmes ne s'étaient point fait faute de ces puériles énigmes : péché dont la comédie moyenne les relève souvent en termes plus que vifs.

* [L'*allitération* et la tournure de phrase sont à peu près intraduisibles.]

la pureté du langage et du style à l'ancienne manière, rude et crue, de la tragédie latine : néanmoins, son inégalité, son incorrection, lui méritèrent les graves reproches de Lucilius, et des hommes de la stricte règle [1].

Dans le genre comique, nous rencontrons à la fois et une production bien plus active, et des succès bien plus grands. Dès le commencement de la période, il s'était manifesté une sérieuse réaction contre la comédie courante et populaire, réaction qui eut *Térence* pour organe principal. Térence (558-595) est assurément l'une des plus intéressantes figures dans l'histoire des lettres romaines. Natif de l'Afrique phénicienne, amené tout jeune à Rome comme esclave, il s'initia aux élégances de la culture hellénique ; et tout d'abord, il sembla destiné à rendre à la *comédie nouvelle* athénienne son caractère cosmopolite, qui s'était quelque peu effacé dans les dures mains des Nævius, des Plaute, et des autres arrangeurs à la solde du peuple romain. Par le choix même et l'emploi qu'il fait des modèles, on voit aussitôt à quelle distance il entend se placer de celui de ses prédécesseurs auquel seul il convient de le comparer. Plaute va prendre ses fables dans tout le bagage de la comédie nouvelle, sans dédaigner les poètes plus audacieux et plus populaires, comme Philémon. Térence s'en tient presque exclusivement à Ménandre, le plus orné, le plus élégant, le plus châtié de tous les poètes de l'école : obéissant à l'inévitable loi qui s'impose à tout faiseur de pièces latines, il continue d'ailleurs, à nouer ensemble dans le même drame l'intrigue de plusieurs drames grecs, il y met du moins une habileté, un soin dépassant tout ce qu'on a fait avant lui. Plaute, dans son dialogue, s'écartait fort souvent de ses modèles : Térence

Comédie
grecque.

Térence.
169-159 av. J.-C.

---

[1] [V. sur Pacuvius et Accius, A. Pierron, *Hist. de la littérature romaine*, ch. XI. — Il reste du *Prométhée* d'Accius un monologue célèbre, qu'on peut citer après Eschyle. — V. Egger, *l. c.* p. 197. — Enfin on croit qu'Accius avait écrit des *Didascalica*, des *Parerga* et des *Praymatica*. Egger, p. 200-203.]

se vante de la fidélité textuelle de ses copies, sans qu'il
faille pourtant croire qu'il ne s'agisse plus ici que d'une
traduction littérale, dans le sens que nous attribuons à ces
deux mots. Il rejette et bannit soigneusement le relief
d'une couleur exclusivement romaine, et ces touches rudes
parfois, mais toujours vives, que Plaute se complait à jeter
sur son canevas grec : jamais une allusion qui ramène le
spectateur à Rome, jamais un proverbe. A peine rencon-
trerait-on chez lui une seule réminiscence [1] : ses titres de
pièces, il les transcrit du latin en grec. Même différence
dans le matériel de l'art. Tout d'abord les acteurs ont repris
le *masque* de chaque rôle : la mise en scène est disposée
avec un soin exact, et l'on n'assiste plus dans la rue,
comme chez Plaute, à tous les incidents du drame, qu'ils
s'y passent ou se passent ailleurs. Plaute noue et dénoue
tant bien que mal et sans autrement s'en soucier son intrigue, mais sa fable est plaisante, et porte coup souvent.
Térence, bien moins vivant, tient toujours compte de la
vraisemblance, dût l'intérêt languir : il se gendarme sans
cesse contre les moyens grossiers, contre les expédients
routiniers et plats dont usent ses prédécesseurs, contre les
songes allégoriques, par exemple! [2]

---

[1] L'exception unique se trouve dans l'*Andrienne* (4, 5). — [Com-
ment cela va-t-il? — Moi! comme on peut, selon le proverbe, puisqu'on n'a pas le droit de vivre comme on veut.]

> — *Satin' recte! — Nos ne? Sic*
> *Ut quimus, aiunt; quando ut volumus, non licet.*
> (v. 825.)

La réponse ne fait que reproduire le proverbe grec déjà imité par
Cæcilius :

> *Vivas ut possis, quando non quis ut velis.*
> (*Phocium.*)

[Vis comme tu peux, puisque tu ne le peux comme tu veux.]

L'*Andrienne* est la plus ancienne pièce de Térence. Elle fut jouée
à la recommandation de Cæcilius. La réminiscence est un remercie-
ment tacite, mais clair.

[2] L'allégorie peu ingénieuse *de la chèvre et du singe* imaginée
par Plaute (*Mercator*, 2. 1) a son pendant reconnaissable dans les
vers où Térence nous montre, en se moquant, « la biche qui fuit,
poursuivie par les chiens, et sollicite en pleurant le secours de

Plaute dessine à grands traits ses caractères : ce n'est
parfois qu'un croquis, enlevé à l'effet à distance, par l'ensemble et par les masses. Térence s'arrête au développement psychologique : sa peinture est une miniature soignée
souvent excellente : c'est ainsi que dans les « *Adelphes,* »
le citadin aimant à bien vivre fait excellemment contraste
avec l'homme des champs usé, harassé, mal odorant [1]. Les
tableaux de Plaute et sa langue sentent le tripot : ceux de
Térence respirent la bonne et honnête bourgeoisie. Térence
ne vous mène plus dans les cabarets licencieux : chez lui,
plus de ces filles sans vergogne, si aimables qu'elles soient,
avec l'hôte obligé qui les abrite; plus de ces traîneurs de
sabres, et de cette valetaille, amusante d'ailleurs et facé-
tieuse, qui n'a pour ciel que la voûte du cellier, engeance
vouée au fouet! Ou si parfois on les rencontre encore, quel
changement s'est fait en eux! Chez Plaute on est toujours
en piètre compagnie, roués débutants, ou roués complets :
chez Térence vous avez régulièrement affaire à d'honnêtes
gens. Que si d'aventure le gîte du souteneur [*leno*] est mis au
pillage, ou si quelque adolescent est conduit au *lupanar,*
l'incident ne laisse pas que d'avoir son côté moral. Tantôt
il a l'amour fraternel pour motif : tantôt on veut inspirer
au jeune héros l'horreur des mauvais lieux. Dans le théâtre
de Plaute, la taverne avec ses *Philistins* [2] fait opposition
au toit domestique : les femmes sont attaquées, rabaissées
à la grande joie des maris qui s'émancipent, ou ne sont
rien moins que sûrs d'un aimable accueil à domicile. Non
que la comédie de Térence nous montre une moralité plus

l'adolescent » qu'elle rencontre!

                [..... *fecit adolescentulum*
      Cervam videre fugere, et sectari canes,
      Et eam plorare, orare ut subveniat sibi.
               (*Phorm.* prolog. 7, 8.)]

     Toutes superfétations qui remontent, à n'en pas douter, à la rhé-
torique euripidienne (ex.: Eurip. *Hec.* 90).

     [1] [C'est à cette opposition heureuse que Molière a dû l'idée de ses
deux caractères de l'*Ecole des Maris,* de *Sganarelle* et d'*Ariste.*]

     [2] Nous traduisons littéralement.

grande chez les femmes, mais la nature féminine, et la
vie conjugale y sont plus habilement saisies. La pièce finit
d'ordinaire par un mariage honnête, ou même, s'il se peut,
par deux mariages : ne disait-on pas à l'éloge de Ménandre,
qu'il réparait la séduction par des noces? Quant à vanter le
célibat, comme Ménandre aussi le fait souvent, son copiste
romain ne s'y laisse aller qu'avec une réserve de tous points
caractéristique [1]. En revanche de quels traits élégants sont
peints dans l'*Eunuque*, dans l'*Andrienne*, l'amoureux et
ses peines, le tendre mari près du lit de l'accouchée, la
sœur aimante près du lit de son frère qui se meurt.
L'*Hécyre* [la *Belle-Mère*] finit par la survenue de la cour-
tisane vertueuse apparaissant en ange sauveur? Vraie
figure telle que les créait Ménandre! Le public de Rome
il est vrai, la siffla, et eut raison! Chez Plaute, le père n'est
là que pour être bafoué par son fils qui le dupe : dans
l'*Heautontimôroumenos* [*le Bourreau de soi-même*] de
Térence, l'enfant prodigue revient au bien, la sagesse
paternelle y aidant; et comme notre poète est excellent
pédagogue, il fait voir dans les *Adelphes*, la meilleure de
ses pièces, quel est, entre l'oncle trop facile et le père trop
rigoureux, le juste milieu à suivre pour l'éducation des
enfants. Plaute écrit pour la foule : il a le mot railleur et
impie à la bouche : il va aussi loin que le permet la censure dramatique. Térence, lui, veut plaire aux gens choisis,
et comme Ménandre, ne blesser personne. Plaute se
complaît dans le dialogue rapide, et fait souvent tapage :
son acteur s'agite, et gesticule du bras et du corps : à
Térence il suffit d'une « calme conversation. » La langue

---

[1] *Micion*, dans les *Adelphes* (1, 1) vante son sort et surtout sa condition de célibataire :

> *Ego hanc clementem vitam urbanam, atque otium*
> *Secutus sum, et quod fortunatam isti putant*
> *Uxorem nunquam habui....*

[Moi, j'ai mieux aimé cette vie clémente et reposée de la ville :
et, chose que ceux-ci tiennent pour un bonheur, je n'ai jamais pris
femme!] *Isti*, ceux-ci : les Grecs, sans doute.

de Plaute fourmille de tournures burlesques, de jeux de mots, d'allitérations, de formes nouvelles comiques, d'un cliquetis de paroles tout aristophanesques, de termes bizarres et moqueurs, empruntés à la Grèce. Térence ne connait point ces capricieuses échappées : son dialogue marche d'un pas égal : il n'a pour assaisonnement que le tour de sa phrase aiguisée en sentence, en épigramme. On ne peut voir dans sa comédie la continuation de la comédie plautine, ni sous le rapport poétique, ni sous le rapport moral. D'originalité, il n'en saurait être question ni chez l'un, ni chez l'autre, mais moins encore chez Térence. Que si on lui accorde la louange douteuse d'avoir plus correctement copié, il faut dire aussi, et par voie de compensation, qu'à rendre l'humeur aimable de Ménandre, il n'a nullement saisi sa gaieté, tellement que les comédies de Plaute, imitées du même auteur, le *Stichus*, la *Cassette*, les deux *Bacchis*, ont mieux gardé le charme pénétrant de l'original, que ne l'a su faire le plus jeune émule du poète latin, ce « *demi Ménandre*, » comme on l'a appelé![1] De même qu'en passant de la rudesse de Plaute à la politesse sans relief des Esthétiques, Térence n'a pas fait faire un vrai progrès à la comédie latine, de même sa morale accommodante est inacceptable, bien qu'elle répudie les obscénités de Plaute et son indifférentisme. De progrès, il n'en existe que du côté de la langue. L'élégant parler, voilà l'orgueil du poète : à l'inimitable attrait de son style il a dù la palme qui lui fut décernée sur tous les poètes romains de l'ère républicaine par les plus fins connaisseurs des temps postérieurs, Cicéron, César, Quin-tilien. A ce point de vue, c'est avec juste raison que dans

---

[1] [Le mot est de J. Cæsar dont les vers, cités par Suétone (*J. Cæsar*), sont bien connus.

> *Tu quoque; tu, in summis, ó dimidiate Menander*
> *Poneris*, etc.

Et toi, aussi, toi, notre demi-Ménandre, on te met au premier rang !...]

l'histoire littéraire de Rome, où l'on attachait moins de
prix au développement de la poésie qu'à celui de la langue
latine, le répertoire de Térence fait date nouvelle, et vient
le premier parmi les pures et artistiques copies des chefs-
d'œuvres de la Grèce. D'ailleurs, la comédie moderne de
Rome eut à se frayer sa voie de haute lutte. L'école de
Plaute avait poussé ses racines dans la bourgeoisie; et
Térence se heurta à la vive résistance d'un public, pour
qui sa langue était « plate » et qui ne tolérait pas « son
style énervé. » Notre poète trop sensible voulut répondre
aux « malveillants. » Ses prologues, nullement destinés
pourtant à une telle besogne, leur renvoient la critique;
et tout chargés d'arguments offensifs et défensifs, en appellent au beau monde, au monde élégant, des condamna-
tions de la foule, qui laissant là l'*Hécyre* en plein cours de
représentation, s'en était allée par deux fois voir les *pugilistes* et les *funambules*[1]. Térence enfin déclare qu'il ne
vise qu'aux applaudissements des « bons » [*bonis*], ajoutant
qu'il est malséant de ne pas donner d'estime aux œuvres
d'art qui ont le don de plaire « au petit nombre. » Le
bruit court-il que de nobles personnages lui prêtent conseil,
et l'aident même de leurs mains, il ne s'en fâche pas trop,
et même s'y prête de bonne grâce[2]. Quoi qu'il en soit, il

---

[1] [*Ita populus studio stupidus in funambulo
Animum occupârat.*
(Prolog. I, v. 4.)
*Quum primum eam agere cœpi, pugilum gloria,
Funambuli eodem accessit expectatio....*
(Prolog. II, 33-34.)]

[2] Dans le prologue de l'*Heautontim.*, Térence met dans la bouche
de ses critiques le reproche « qu'il se serait tout à coup adonné au
» commerce des Muses, s'appuyant sur le talent de ses amis, bien
» plus que sur ses dons naturels. »

[*Tùm quod malevolus vetus poeta dictitat
Repente ad studium hunc se applicasse musicum,
Amicûm ingenio fretum, haud natura sua.....*
(v. 22 et s.)]

Plus tard, dans le prologue des *Adelphes* (594), il dit encore :   160 av. J.-C.
« La malveillance fait à l'auteur un reproche : de nobles personnages
» lui viendraient en aide, et seraient ses collaborateurs assidus :

perça : l'oligarchie dominant aussi dans la république des lettres, la comédie artificielle des exclusifs repoussa dans l'ombre la comédie populaire, tellement que, vers 620, les pièces plautiniennes ont disparu du répertoire. Disparition d'autant plus remarquable, qu'après la mort précoce de Térence, nul talent distingué n'est venu occuper la scène; et qu'à la fin de la période actuelle, on entendit tel bon juge, par exemple, parlant des œuvres de *Turpilius* [1] († 651, fort âgé) et autres poètes tout à fait ou à peu près oubliés, s'écrier que les comédies récentes étaient beaucoup plus mauvaises encore que la nouvelle mauvaise monnaie (p. 34).

Nous avons dit ailleurs (IV, p. 227), comment au cours du vi^e siècle, suivant toute vraisemblance, à côté de la comédie gréco-romaine (*Palliata*), la comédie *nationale*

» crime énorme à leurs yeux ! Pour lui, il se fait sa plus grande
» gloire de plaire aux hommes qui plaisent à vous tous et à tout le
» peuple, dont la vie s'est passée à servir dans la paix, dans la guerre,
» dans les affaires, sans en être plus fiers pour cela ! »

> *Nam quod isti dicunt malevoli, homines nobiles .*
> *Eum adjutare, etc.*
>
> (v. 15 et s.)

Dès le temps de Cicéron, c'était chose reçue que Térence ici avait fait allusion à Lælius et à Scipion Emilien : on indiquait même les scènes appartenant à leur collaboration : on racontait les allées et venues du pauvre poète aux villas de ses nobles bienfaiteurs aux environs de Rome : on trouvait enfin impardonnable à eux de n'avoir rien fait pour améliorer sa fortune. Nulle part, on le sait, la légende ne jaillit plus spontanément que dans l'histoire littéraire. Comme déjà l'avaient constaté quelques critiques plus sagaces de Rome, il est clair que les vers qui précèdent ne peuvent s'appliquer ni à Scipion, alors âgé de vingt-cinq ans seulement, ni à son ami, son aîné de bien peu. Selon une autre et plus raisonnable tradition, il s'agirait ici des poètes distingués *Quintus Labeo* (consul en 571) et *Marcus Popillius* (consul en 581), et de l'amateur éclairé des arts en même temps que bon mathématicien *Lucius Sulpicius Gallus* (consul en 588) : encore en restons-nous sur une pure supposition. Non qu'on puisse révoquer en doute l'intimité de Térence avec la maison de Scipion : il est remarquable que la première représentation des *Adelphes* et que la seconde de l'*Hécyre* ont eu lieu durant les fêtes funéraires données en l'honneur de Paul-Emile par ses fils Scipion et Fabius.

[1] *Sextus Turpilius*, † 653. Il reste les titres de douze ou treize pièces de lui, et quelques vers isolés. — *V.* Otto Ribbeck, *Comicor. latin. reliquiæ*, Leipzig, 1865, p. 73 et s.

(Togata) avait aussi fait son apparition, retraçant l'image sinon de la vie même et des mœurs de la capitale, du moins du mouvement et de la vie usuels dans le pays latin. Naturellement, l'école de Térence ne négligea pas ce genre, en même temps qu'elle restait fidèle à sa mission d'acclimatation de la comédie grecque en Italie, soit qu'elle publiât des œuvres de simple traduction, soit qu'elle mit au jour des imitations purement romaines. L'auteur principal des *Togatæ*, fut *Lucius Afranius* (il florissait vers 660). Impossible de se faire une idée nette de son talent; il ne nous reste de lui que de trop rares fragments [1] qui d'ailleurs ne semblent pas donner le démenti aux jugements des critiques. Il écrivit de nombreuses pièces, composées sur le plan des comédies grecques d'intrigue, mais en même temps, ainsi qu'il arrive d'ordinaire chez les imitateurs, plus simples et plus courtes que les originaux. Pour les détails il puisait où il lui plaisait, tantôt dans Ménandre et tantôt dans l'ancienne littérature nationale [2]. Il n'a plus guère cette saveur et cet accent local, si remarquables encore dans Titinius, le créateur du genre [3] : rien de précisé, de caractéristique dans ses sujets : ils ne ressemblent plus qu'à un décalque des comédies grecques : le costume seul est changé. Comme Térence, Afranius se distingue par l'éclectisme élégant, par l'habileté de sa

Afranius.

90 av. J.-C.

---

[1] [*V.* Ribbeck, p. 140 et s. — Les comédies d'Afranius étaient encore connues au IVᵉ siècle de l'ère chrétienne. Le pape Grégoire les aurait fait brûler.]

[2] [.... *Fateor, sumpsi non ab illo modo,*
Sed ut quisque habuit conveniret quod mihi ;
Quod me non posse melius facere credidi,
Etiam a Latino....
(*Compitalia*, Ribbeck, p. 144.)]

[3] A cela il convient d'assigner une cause extérieure très-probable. Après la guerre sociale, toutes les cités italiques ayant eu la communication du droit civique romain, il ne fut plus permis désormais d'y placer la scène des *togatæ*, et le poète dut en laisser désormais le lieu indéterminé, ou choisir des localités disparues ou étrangères. Cette circonstance, déjà prise en considération au début même des comédies plus anciennes, n'a pas pu ne pas réagir fâcheusement sur la comédie nationale.

diction poétique : fréquemment il se permet l'allusion littéraire : en commun avec Térence, il vise à l'enseignement moral, et par là, son théâtre se rapproche du drame sérieux : avec Térence encore, il observe fidèlement les lois de la police, et les règles de la langue. Enfin, preuve dernière de sa parenté avec Ménandre et Térence, citons le jugement de la postérité : Afranius, dit-on, « aurait porté la » toge comme l'eût fait Ménandre, si Ménandre avait été » italien [1]. » Lui-même ne s'écrie-t-il pas quelque part, que « Térence est au-dessus de tous les autres [2]. »

L'Atellane.

C'est aussi vers notre époque que la *Farce* prend définitivement rang parmi les genres littéraires. Elle était de toute ancienneté, d'ailleurs (I, p. 301); et longtemps avant Rome fondée, les jeunes gens du Latium, dans les jours de fête, s'amusaient aux improvisations de caractère dont le *masque* avait une fois pour toutes fixé les types. La scène de la *farce* avait été localisée plus tard dans la ville armée latine, dans la cité autrefois osque d'*Atella* [3], détruite au siècle des guerres d'Hannibal, et par suite abandonnée à la verve des poètes comiques, d'où ces sortes de pièces prirent le nom de « *Jeux osques* » [*Ludi osci*] ou « *Atellanes* [4]. » Mais la farce n'avait à vrai dire rien de commun

---

[1] [*Dicitur Afrani toga convenisse Menandro.*
(Horat. *Ep. ad August.* 57.)]

[2] [*Terentio non similem dices quempiam.*
(*Compitalia*, Ribbeck, p. 144.)]

[3] [Entre Capoue et Naples; plus tard restaurée. On en trouve quelques ruines non loin d'*Aversa.* Sur la colline on voit encore debout une vieille église du nom de *Santa Maria di Atella*.]

[4] Les erreurs, depuis des siècles, fourmillent à propos de l'atellane. On rejette actuellement partout, et avec raison, l'indication mensongère fournie par les chroniqueurs grecs, que l'atellane aurait été jouée à Rome en langue osque : et, pour peu que l'on y regarde, il ne paraît pas moins inadmissible que ce genre, né dans le Latium et s'inspirant de la vie rurale et urbaine du Latium, se soit jamais, en quoi que ce soit, rattaché à la nationalité osque. Il est une autre explication à donner à ce titre de « jeux d'Atella. » On avait besoin d'une mise en scène usuelle pour la farce latine, avec ses personnages et ses plaisanteries stéréotypés : toujours il faut une capitale à la folie et à ses grotesques. Or, la police du théâtre romain ne permettait pas de placer la scène dans l'une des cités romaines ou

avec la littérature et le théâtre [1] : elle était exécutée par des *amateurs* où et comme ils l'entendaient : elle n'avait point de texte écrit ou publié. Voici cependant, que dans la période actuelle, on confie pour la première fois l'atel-

des cités latines en simple alliance avec Rome, bien que la *togata* eût obtenu droit de domicile chez ces dernières (IV, p. 227). Mais Atella, qui, partagea le sort de Capoue et n'eut plus d'existence légale à dater de 543 (III, pp. 226, 253), n'en continua pas moins d'exister à titre de village habité par des paysans romains, et convenait parfaitement à la désignation scénique. Ce qui prouve l'exactitude de notre conjecture, c'est que d'autres *farces* avaient aussi élu domicile dans d'autres villes de langue latine qui n'existaient plus ou qui n'avaient plus d'existence civique : nous citerons les *Campaniens* de *Pomponius (Campani)*, peut-être aussi ses *Adelphes (Adelphi)* et ses *Quinquatries*, dont la scène était à Capoue, et encore les *Soldats Poméliens (Milites Pomelinenses)* de Novius, dont la scène était à *Suessa Pomelia*. Au contraire, l'atellane ne hante jamais une cité qui soit debout : ce serait faire injure à celle-ci. La vraie patrie de l'atellane est donc le Latium : sa localisation poétique et scénique est le pays osque : mais elle n'a rien de commun avec la nation osque. En vain l'on oppose le fait qu'une pièce de Nævius († après 550), en l'absence d'acteurs dramatiques proprement dits, aurait été exécutée par des « joueurs d'atellanes » et aurait été appelée pour cela « comédie à masque » (Festus, au mot *Personata*, p. 217, éd. Müller). Le mot « joueurs d'atellanes » [*atellani*] n'est ici employé que par *prolepse*, et l'on est en droit de conclure que, même avant, ces acteurs s'appelaient déjà « acteurs à masque » [*personati*]. — Pareille explication s'applique aux *chants fescennins* [*carmina Fescennina*]. Ils appartiennent aussi à la poésie bouffonne et burlesque de Rome, et se localisaient dans la ville sud-étrurienne de *Fescennium*, sans pour cela appartenir plus à la poésie étrusque que les atellanes à la poésie osque. Rien ne prouve sans doute que, dans les anciens temps, Fescennium ait été une vraie ville, et non un simple village : le fait n'en est pas moins vraisemblable, à en juger par la manière dont les auteurs font mention de cette localité, et aussi dans le silence significatif des inscriptions.

[1] On a souvent, et Tite Live le premier (VII, 2), rattaché l'atellane par le fond et par l'origine à la satyre (*satura*), et au théâtre qui sortit de la satyre : mais cette opinion ne se peut soutenir. Entre l'*histrion* et le *joueur* d'atellane, il y avait la même distance qu'aujourd'hui entre l'artiste dramatique et l'acteur d'une mascarade. Entre le drame, qui jusqu'à Térence ne connut pas le masque, et l'atellane, dont le masque est l'attribut caractéristique, il y a une différence essentielle et d'origine que rien ne comble. Le drame provient de ce chant accompagné de flûte, chant et danse sans récit déclamé, qui plus tard s'augmenta d'un texte (*satura*), puis, par les mains d'Andronicus, emprunta son *libretto* au théâtre grec, les antiques flûtistes tenant la place du chœur (I, pp. 39, 299, 300; II, p. 294; IV, p. 190 et s.). Où peut-on voir dans ce développement progressif du drame, à ses premières étapes, l'ombre d'un contact avec la farce, jouée par les *dilettantes* ?

lane à des comédiens de profession [1] : on en fait, à l'instar
du drame satirique grec, la petite pièce après la tragédie;
et les auteurs dramatiques lui consacrent bientôt leur
talent. Ce genre a-t-il progressé seul et de lui-même? N'a-
t-il pas dû beaucoup au contraire, à la *farce* venue de la
Basse-Italie, laquelle lui ressemblait par tant de traits
communs [2]? On ne saurait plus le dire aujourd'hui : mais
ce qu'il y a de sûr, c'est que les « fables atellanes » constituaient, prises en soi, un travail original. Le fondateur du
genre littéraire nouveau, appartient à la première moitié
du viie siècle [3]. *Lucius Pomponius,* ainsi il s'appelait, était
né dans la colonie latine de *Bononia.* Il eut pour rival, dans
la faveur publique, un autre poète du nom de *Novius.*

---

[1] Sous les empereurs, l'atellane était exécutée par des acteurs de
profession (V. Friedlænder, dans le *Becker's Handbuch [Manuel],* 4,
p. 546). La tradition ne nous renseigne pas sur l'époque précise où
l'innovation se fit : mais elle ne peut être autre que celle où l'atellane prit régulièrement rang parmi les jeux scéniques, c'est à savoir
l'époque qui précède immédiatement Cicéron (Cic. *ad famil.* 9, 6).
Et Tite Live n'y contredit pas, quand il nous enseigne (7, 2) que les
acteurs d'atellanes, à la différence des autres comédiens, avaient
gardé les droits honorifiques du citoyen [*nec tribu moveantur, et
stipendia, tanquam expertes artis ludicræ, faciant*]. De ce que les
acteurs de profession commencèrent à jouer aussi les atellanes, et
moyennant salaire, il ne s'ensuit nullement qu'ailleurs, dans les
campagnes par exemple, les amateurs n'aient pas continué à les
exécuter gratuitement, se maintenant ainsi en possession de leur
privilége.

[2] On ne peut nier que la *farce* grecque a fleuri de préférence dans
la Basse-Italie, et que bon nombre des *pièces* de ce genre ressemblaient de très-près aux atellanes. Citons, par exemple, dans le
théâtre de *Sôpater le Paphien,* contemporain d'Alexandre le Grand,
le *Plat de lentilles,* les *Noces de Bacchis,* le *Valet de Mystachos,*
les *Savants.* le *Naturaliste.* Ce genre a pu se perpétuer jusque vers
les temps où les Grecs formèrent comme une enclave, à Naples et
autour de Naples, au milieu des Campaniens parlant latin : l'un des
auteurs burlesques de la Basse-Italie, *Blœsus,* de Caprée, porte un
nom latin et écrivit une farce de *Saturne.*

[3] Au dire d'Eusèbe, Pomponius florissait vers 664 : Velleius Pater-
culus le fait contemporain de Lucius Crassus (614-663) et de Marcus
Antonius (611-667). La première de ces dates est d'une trentaine
d'années, peut-être, trop élevée : dans ses *Peintres (Pictores),* Pomponius parle d'un compte chiffré en *victoriats,* lesquels furent émis
aux environs de 650 (p. 33); et d'ailleurs, vers la fin de notre époque
avaient apparu aussi les *Mimes,* qui chassèrent l'atellane du théâtre.
[V. O. Ribbeck, p. 191 et s. : fragments de Pomponius et Novius.]

Autant qu'on en peut juger par les rares débris que nous
possédons, et par les indications tirées des auteurs anciens,
les atellanes étaient de courtes pièces en un acte, dont
l'attrait tenait moins à l'intrigue, folle et à peine nouée,
qu'à la vive et mordante peinture des classes et des situations sociales. Les fêtes, les actes publics lui servaient volontiers de thème : les *Noces*, le *Premier Mars* [*Kalendæ
Martiæ*], *Pappus* [le *Pantalon*] *candidat*, [*Pappus petitor*] :
tels sont ses titres : ailleurs elle s'en prend aux nationalités étrangères, aux *Gaulois transalpins*, aux *Syriens :*
mais ce sont les *métiers* surtout qu'elle aime à faire para-
der sur les planches. Ici nous voyons défiler le *gardien
du temple* [*æditumus*], le *devin*, l'*augure*, le *médecin*, le
douanier, le *peintre*, le *pêcheur*, le *boulanger* [*pistor*] :
elle est impitoyable pour les *hérauts* et les *crieurs publics*
[*præco posterior*] et plus encore pour les *foulons* [1], qui
parmi les grotesques de Rome, paraissent avoir joué le rôle
du *tailleur* [en Allemagne]. Non contente d'envelopper
dans son cadre les multiples situations du monde des
citadins, la fable atellane s'emparait aussi de la vie rurale,
des joies et des maux du paysan. Et les titres de nombreuses pièces nous disent assez combien abondamment
elle puisait à cette mine féconde : la *vache*, l'*anesse*, la
chèvre, la *truie*, le *cochon*, le *cochon malade*, le *paysan*,
le *laboureur*, *Pappus laboureur*, le *bouvier*, les *vendan-
geurs*, le *ramasseur de figues*, les *bûcherons*, la *sarcleuse*,
le *poulailler* [*marsuppium, asina, capella, porcetra,
verres, verres ægrotus, rusticus, Pappus agricola, bubul-
cus, vindemiatores, ficitor, lignaria, sarcularia, galli-
naria*], etc., etc. Toujours, dans toutes ces pièces, le
valet stupide ou rusé [*Maccus* et *Bucco*], le vieux bon-
homme [*Pappus*], le sage docteur [*Dossennus*], faisaient la
joie du public : le premier surtout, le *Pulcinella* de la
farce romaine, le *Maccus* glouton, sale et ventru, hideux,

---

[1] [*Decuma fullonis : fullones : fullones feriati : fullonicum.*]

amoureux à toute heure, sachant retomber toujours sur ses deux pieds, bafoué par tous, par tous menacé du bâton, le bouc émissaire de tous à la fin de la pièce! Il donne son nom à une multitude d'atellanes : *Maccus soldat* [*Maccus miles*], *Maccus tavernier* [*Maccus copo*], *Maccus vierge* [*Maccus virgo*], *Maccus en exil* [*Maccus exul*], *les deux Maccus* [*Macci gemini*]. Si peu que vous soyez en veine, vous vous représenterez facilement ce spectacle remuant et bariolé de la mascarade romaine! Les *libretti*, du jour où on les coucha par écrit, tout au moins, s'accommodèrent tant bien que mal à la loi littéraire commune : ils adoptèrent la *métrique* du théâtre grec : mais en faisant cette concession, ils n'en demeurèrent pas moins fidèles à la loi de leur latinité exclusive et populaire: la comédie, dite nationale, venait loin derrière eux, sous ce rapport. L'atellane aborda aussi le monde grec, mais elle ne s'y montra guère que sous la forme de la *tragédie travestie*[1]: *Novius,* le premier, s'essaya dans ce genre, qui n'alla pas loin. Le même poète osa monter sinon jusqu'à l'Olympe, du moins jusqu'à la divinité restée voisine de l'homme : il écrivit son « *Hercule vendeur à l'encan (hercules auctionator).* » Que le ton régnant dans la *farce* ne fût pas des plus fins, chacun le comprend : mots à double entente par trop clairs, lazzis de paysans indécens et du plus gros sel, spectres à faire peur aux enfants, et les mangeant dans l'occasion, voilà ce qu'à chaque pas l'on y rencontre, avec l'assaisonnement obligé des allusions personnelles, même en y glissant les noms propres! Quoi qu'il en soit, elles avaient la vie, la vérité du tableau : et de ce pêle-mêle de saillies grotesques, de pointes qui portaient coup, d'arlequinades et parfois aussi de fortes sentences, s'échap-

---

[1] Elle s'y donnait toute licence de plaisanterie. Nous lisons ce vers dans les *Phéniciennes (Phœnissæ)* de Novius:

Sume arma, jam te occidam clava scirpea....

« Arme-toi : et gare à ma massue de jonc! je te tue! » — De même Ménandre avait mis son « faux Hercule » sur les planches.

pait un attrait réel! L'atellane se fit sa place et sur le théâtre de la capitale, et aussi dans la littérature.

Quant au matériel du théâtre en général, nous ne sommes pas renseignés sur les détails : mais nous pouvons dire en toute certitude que le public y prenant un intérêt croissant, les spectacles y étaient tous les jours plus fréquents et plus magnifiques. Désormais, pas de fête populaire ordinaire ou extraordinaire sans ces jeux : dans les villes de l'intérieur, dans les maisons particulières même, les troupes d'acteurs à gage donnaient habituellement des représentations. Mais, tandis que mainte ville municipe avait déjà son théâtre de pierre, la capitale n'en possédait point. Un entrepreneur en soumissionna un jour la construction : mais sur la motion de Scipion Nasica, le Sénat intervint et arrêta tout (599). C'était chose bien conforme aux faux-semblants de la politique intérieure, que de défendre ainsi l'érection d'une scène permanente par pur respect pour les usages des anciens temps, alors que d'un autre côté les jeux scéniques prenaient irrésistiblement faveur, que chaque année il s'y dépensait des sommes incalculables, soit pour l'échafaudage d'un théâtre de bois, soit pour sa décoration. L'organisation scénique marcha du même pas dans la voie du progrès. L'amélioration de la mise en scène, la résurrection du masque, au temps de Térence, coïncident évidemment avec la prise en charge par le trésor des frais d'établissement et d'entretien de la scène et du matériel (580) [1]. Les jeux donnés par Mummius, après la prise de Corinthe, firent époque dans l'histoire du théâtre romain (609). Ce fut alors sans doute que, pour la première fois,

La scène
et le théâtre.

155 av. J.-C.

174.

145.

---

[1] Jusque là, le personnage qui donnait les jeux avait dû défrayer la construction du théâtre et tout l'appareil de la scène au moyen d'une somme reçue à forfait, ou sur ses propres ressources; et les sommes consacrées à la mise en scène avaient dû, le plus souvent, n'être qu'assez minces. Mais voici qu'en 580 les censeurs affirment aux édiles et aux préteurs, spécialement, l'établissement du théâtre où doivent se donner les jeux (Tite Live, 41, 27) : à dater de ce jour, le matériel de la scène n'est plus créé ou acquis pour une seule représentation, et les améliorations marchent rapidement.

174.

s'ouvrit une scène construite selon les lois de l'acoustique grecque, pourvue de siéges pour les spectateurs, et qu'il fut donné une attention toute spéciale à l'ensemble des jeux [1]. C'est alors qu'on entendra souvent parler d'un prix donné à l'auteur victorieux; partant, d'un concours entre les pièces présentées, de la faveur du public qui prend parti pour tel ou tel principal acteur, des coteries, et enfin de la *claque!* Les décors, les engins du machiniste progressent: les *coulisses* artistement peintes et le *tonnerre* de théâtre datent de l'édilité de *Gaius Claudius Pulcher* (655) [2]. Vingt ans plus tard (675), les frères *Lucius* et *Marcus Lucullus* étant édiles, les *changements à vue* s'exécutent au moyen de coulisses à pivot. A la fin de la période, florissait le plus grand des artistes dramatiques de Rome, l'affranchi *Quintus Roscius* († en 692, chargé de jours), l'ornement et l'orgueil du théâtre pendant plusieurs générations [3], l'ami et le con-

99 av. J.-C.

79.

62.

[1] Vitruve (5. 5. 8) enseigne quelle attention on prêtait aux prescriptions des Grecs en matière d'acoustique. Quant aux *places avec siége* (V. Ritsch, *Parerg.* 1, 227, XX), il semble, d'après Plaute (*Captiv.* prol. 11), que ceux-là seuls y avaient droit qui n'étaient point *capite censi.* C'est aussi, vraisemblablement, aux jeux scéniques de Mummius, lesquels firent époque, je viens de le dire, dans l'histoire du théâtre (Tacit. *Ann.* 14, 21), qu'Horace a fait allusion dans son vers fameux :

Græcia capta ferum victorem cepit, et artes
Intulit agresti Latio....

(Ep. ad Aug. 156.)

[2] Il fallait bien que les *coulisses* de *Pulcher* fussent peintes, puisqu'on rapporte que les oiseaux s'y seraient venus percher sur ce qu'ils croyaient être des tuiles (Plin. *Hist. nat.* 35, 4, 23; Val. Max. 2, 4, 6). Jusqu'alors on avait imité le tonnerre en agitant des clous et des cailloux dans un bassin de bronze : Pulcher enchérit en faisant rouler des pierres derrière la scène : de là le nom de *tonnerre claudien* donné à son appareil (Festus, v° *Claudiana,* p. 57).

[3] Parmi les rares petites poésies de l'époque on rencontre l'épigramme qui suit, adressée au célèbre acteur :

Constiteram, exorientem Auroram forte salutans,
Cum subito a læva Roscius exoritur.
Pace mihi liceat, cælestes, dicere vestra :
Mortalis visus pulchrior esse Deo.

« J'étais debout, saluant l'Aurore à son lever : tout-à-coup, Roscius
» apparaît sur ma gauche. Hôtes du ciel, laissez-moi le dire sans
» vous blesser : mortel, il me parut plus beau qu'un Dieu! » —

vive fréquent de Sylla; nous aurons encore à parler de lui.

L'épopée, au vɪᵉ siècle, avait certainement occupé le premier rang dans la littérature écrite : au vɪɪᵉ siècle, sa nullité a de quoi surprendre. Non qu'elle n'ait encore ses représentants nombreux. Mais elle n'en compte pas un qui puisse se vanter d'un succès même éphémère. Dans l'époque présente, nous ne trouvons que quelques rudes essais de traductions homériques, quelques continuations des *Annales Enniennes*, la « *Guerre d'Istrie* » d'un *Hostius*[1], les *Annales* (*de la Guerre gauloise* peut-être?) d'un *Aulus Furius* (vers 650), reprenant suivant toute apparence le récit des faits, à la date où Ennius s'est arrêté au cours de l'expédition d'Istrie de 576 et 577.

Il en est de même dans la poésie didactique et dans l'élégie : nul nom qui sorte et soit célèbre. Les seuls succès que la poésie récitative enregistre, appartiennent à la *satura*, à ce genre libre, comportant toutes les formes et tous les sujets comme l'épître et la brochure, n'observant ni règles critiques, ni lois spéciales, se caractérisant suivant l'individualité de chaque poète, à cheval sur la limite de la poésie et de la prose, et plus qu'à moitié en dehors du vrai domaine de la littérature. Un des jeunes familiers du cercle de Scipion, *Spurius Mummius*[2], le frère du destructeur de Corinthe avait envoyé, à ses amis, du camp sous Corinthe précisément, une suite de lettres poétiques et *humoristiques*, qui se faisaient lire encore au bout d'un siècle. Il se peut que de nombreux et semblables badinages en vers, non destinés d'ailleurs à la publicité, aient de même circulé au milieu de cette société aimable, intelligente et choisie de

L'auteur de cette épigramme toute grecque en la forme, toute inspirée de l'enthousiasme grec, n'est rien moins que *Quintus Lutatius Catulus*, le consul de 652 et le vainqueur des Cimbres. [Roscius plus beau qu'un Dieu! « Et pourtant, » ajoute Cicéron (*de nat. Deor.* 1, 28), « il avait les yeux tout de travers (*perversissimis oculis*). »]

[1] [*Bellum Histricum*. Il nous reste six hexamètres d'Hostius, cités par Macrobe, 6, 3, 5, Festus, vᵒ *Tesca*, et *Servius*, XII, 121.]

[2] [V. Cic. *de Rep.* I, 12; *de amic.* 19, 27; *ad Attic.* XIII, 5, 6, 30.]

148-103 av. J.-C.
Lucilius.

Rome. Quoi qu'il en soit, elle a eu son coryphée littéraire dans la personne de *Gaius Lucilius* (606-651). Issu d'une famille considérable de la colonie latine de Suessa, vivant, lui aussi, dans l'intimité des Scipions, il écrivit des poésies, véritables lettres familières, tout ouvertes pour le public, et dont le contenu, selon l'expression ingénieuse d'un juge sagace postérieur, nous déroule la vie entière d'un honnête homme, cultivé, indépendant[1]. Commodément assis aux meilleures places du théâtre politique, et par occasion visitant les coulisses, il assiste aux événements; il passe son temps avec ses meilleurs, plutôt qu'avec ses égaux; prend part en curieux au mouvement de la littérature et de la science, sans trop prétendre lui-même au titre de poète ou de savant : tout ce qu'il rencontre de bon et de mauvais, choses consommées ou choses attendues dans la politique, remarques grammaticales et jugements portés, visites, dîners, voyages, anecdotes recueillies, petits et grands événements de la vie, tout enfin, il consigne tout sur ses tablettes de poche! Caustique, plein de caprice et d'individualité, il avive ses vers d'une couleur d'opposition tranchée : par suite, en littérature, en morale et en politique, il accuse des tendances fortement dogmatiques : il a comme un levain de révolte[2], révolte de la province contre la capitale : il a par-dessus tout conscience du bien parler, de l'honnête savoir vivre du simple bourgeois de Suessa : il le pose fièrement au milieu de la confusion des langues et des mœurs de la Babel latine. En lui, pour la

[1] [*Ille velut fidis arcana sodalibus olim*
Credebat libris : neque si male cesserat, usquam
Decurrens alio. neque si bene. Quo fit ut omnis
Votiva pateat veluti descripta tabella .
Vita senis.
(Hor. Sat. 2, 1, 30.)]

[2] [*Ense velut stricto quoties Lucilius ardens*
Infremuit....
dira de lui Juvénal (Sat. 1, 165), et Perse d'ajouter :
..... *secuit Lucilius urbem.*
(Sat. 1, 114.)]

mission littéraire qu'elle s'est donnée, la société des Scipions a trouvé son parfait et plus spirituel organe.

Lucilius consacra son premier écrit au fondateur de la philologie romaine, à Lucius Stilo (p. 70), et il se choisit pour public, non les cercles cultivés qui parlent le pur et classique langage, mais bien les Tarentins, les Bruttiens, les Siciliens, c'est-à-dire, ces demi-grecs d'Italie, dont le latin réclamait les corrections du maître[1]. Il est dans son œuvre des livres entiers, où il ne traite que de l'orthographe, de la prosodie dont il fixe les règles, luttant corps à corps contre les idiotismes provinciaux, prénestins, sabins, étrusques, et mettant au rebut les solécismes usuels. D'ailleurs, n'oubliant jamais de se moquer aussi du pédantisme plat et pédant de l'école isocratique, du purisme étroit du mot et de la phrase[2]. Il osera même, enjoué et sérieux tout à la fois, reprocher à Scipion la recherche précieuse de son langage[3]. Mais notre poète ne prêche pas seulement le beau parler correct, il vante aussi les bonnes· mœurs dans la vie publique et dans la vie privée. Sa situation lui donnait toutes facilités pour cet enseignement. Étant l'égal des nobles romains, ses contemporains, par la naissance, la fortune et l'éducation; propriétaire d'une belle maison dans Rome, il n'était cependant pas citoyen romain; il n'avait que le droit latin; et son intimité avec Scipion, que dans son adolescence il avait accompagné devant Numance, chez qui on le voyait à toute heure, son intimité, dis-je, tenait peut-être à l'origine aux relations multiples de ce même Scipion avec les Latins, à ce patronat latin qu'il avait accepté au cours des graves discordes poli-

[1] [Cic. *de fin.* 1, 3.]

[2] *Quam lepide* λέξεις *compostæ ut tesserulæ omnes*
Arte pavimento atque emblemate vermiculato!
[« Belle fabrique de phrases! belles petites pièces de mosaïque ou
» de pavé artistement bigarré! » — V. aussi Aul. Gell. 18, 8.]

[3] Il lui conseille en riant de dire *pertisum*, et non *pertœsum*,
« afin de sembler plus délicat et plus savant. »
Quo facetior videare et scire plusquam celeri.

tiques de ces temps (V, p. 45). Les carrières publiques
étaient donc fermées à notre poète : il n'avait que dédain
pour les spéculations des capitalistes : il ne voulut pas,
c'est lui qui le dit, « cesser d'être Lucilius pour devenir
» publicain en Asie! » Il traversa ainsi les jours tumultueux
de la réforme des Gracques, et les temps précurseurs de
la guerre sociale, visitant les grands de Rome, dans leurs
palais et leurs villas, sans être le client d'aucun ; porté
dans le plein courant des coteries et des factions en lutte,
sans prendre directement parti pour l'une ou pour l'autre ;
semblable à *Béranger*, qu'il me rappelle souvent, comme
poète et comme homme politique. Debout sur le terrain de
son indépendance, il parla haut le langage du bon sens,
toujours sain, toujours imperturbable, s'en prenant aux
habitudes mauvaises de la vie publique à Rome, et lançant
à profusion les traits d'une verve intarissable et les saillies
d'un esprit toujours en ébullition.

» Aujourd'hui, du matin au soir, fête ou non fête, vous
» voyez tout le long du jour peuple et sénateurs se préci-
» piter tous dans le Forum, et ne pas quitter la place. Ils
» n'ont qu'une chose à cœur, et ne travaillent qu'à une
» chose : donner de belles paroles à duper les gens, com-
» battre à coups de ruse, flatter à qui mieux mieux, singer
» l'honnête homme, et se tendre des trappes, ni plus ni
» moins que s'ils étaient en guerre, tous contre tous! [1] »

Et les commentaires de suivre sur ce texte inépuisable,
moqueurs et sans pitié pour personne, pas même pour les
amis du poète ou pour le poète : les maux du temps, les
coteries, la guerre d'Espagne qui engloutit sans fin les
levées de la milice, que sais-je encore? tout y passe, et

---

[1] *Nunc vero a mane ad noctem, festo atque profesto,*
Toto itidem pariterque die populusque patresque
Jactare endo foro se omnes, decedere nusquam.
Uni se atque eidem studio omnes dedere et arti :
Verba dare ut caute possint, pugnare dolose.
Blanditia certare, bonum simulare virum se,
Insidias facere ut si hostes sint omnibus omnes.

dès le début de ses satires, il nous fait entrer dans le Sénat
des Dieux en grand délibéré sur la question que voici :
« Rome mérite-t-elle encore la protection des Immortels? [1] »
Il nomme par leurs noms corporations, corps d'état, individus : la poésie politique et sa polémique, exclues du
théâtre romain, vivent et respirent dans son œuvre,
comme en leur vrai élément; et jusque dans les trop
rares débris qui nous restent, nous retrouvons le charme
et la puissance d'une inspiration ardente et riche : nous
voyons le poète encore s'élançant « l'épée levée » [*ense
velut stricto*] sur l'ennemi, qu'il transperce. Aussi quel
ascendant moral, quel sentiment noble et fier chez ce Latin
venu de Suessa? Et quand plus tard, au siècle alexandrin
de la poésie romaine, le poète aimable de Vénousie voudra
reprendre et continuer l'œuvre de la satire Lucilienne, il
faudra bien que justement modeste, en dépit de sa forme
et de son art plus fins, il rende les armes au vieux poète
« son meilleur! »

La langue de Lucilius est celle d'un homme ayant reçu
à fond la culture gréco-latine : tout d'une venue et d'abandon, il est trop pressé de dire pour châtier son vers : il
improvisera jusqu'à deux cents *hexamètres* avant la table
mise et deux cents encore après la table desservie [2] Aussi

---

[1] [Virgile a ici imité Lucilius, et notamment lui a pris ce vers
fameux :

> *Concilium summis hominum de rebus habebant.*
>
> (Servius, *ad Æneid.* X, 104.)

Lucilius s'écrie alors :

> *Vellem concilio vestrûm, quod dicitis, olim
> Cœlicolæ; vellem, inquam, adfuvissemu' priore
> Concilio....*]

[2] [..... *in hora sæpe ducentos
> Ut magnum, versus dictabat, stans pede in uno.*
> . . . .
> *Garrulus, atque piger scribendi ferre laborem,
> Scribendi recte.*
>
> (Horat. Sat. I, 4, 9 et s.)

Et ailleurs :

> *Hoc tantum contentus, amet scripsisse ducentos
> Ante cibum versus, totidem cœnatus ...*
>
> (Horat. I, 10, 60.)]

rencontrerez-vous chez lui d'inutiles longueurs, les mêmes tours se répétant de façon bavarde, les négligences les plus fâcheuses : le premier mot qui lui vient, grec ou latin, lui est le meilleur. De même il en agit avec le rhythme, avec l'hexamètre, son langage habituel; défaites les mots, dit son ingénieux imitateur, et bien fin qui verra qu'il n'a pas affaire à de la simple prose [1] : ses vers ne sont pas autre chose que notre *prose rimée* [2]. La poésie de Térence et celle

[1] [. . . . . *his ego quæ nunc,*
Olim quæ scripsit Lucilius, eripias si
Tempora certa modosque, et quod prius ordine verbum est
Posterius facias, præponens ultima primis
Non. . . . . . .
Invenias disjecti membra poetæ.
                              (Hor. Sat. I, 4, 58.)]

[2] Voyez le fragment de quelque étendue qui suit, donnant à la fois l'échantillon caractéristique et de son style et de son vers. Impossible de couler dans le moule de notre hexamètre allemand [ou de l'alexandrin français] cette lâche et diffuse matière.

Virtus, Albine, est pretium persolvere verum
Queis in versamur, queis vivimu' rebu' potesse.
Virtus est homini scire id quod quæque habeat res ;
Virtus scire homini rectum, utile quid sit, honestum,
Quæ bona, quæ mala item, quid inutile, turpe, inhonestum ;
Virtus quærendæ rei finem scire modumque :
Virtus divitiis pretium persolvere posse ;
Virtus id dare quod re ipsa debetur honori,
Hostem esse atque inimicum hominum morumque malorum,
Contra defensorem hominum morumque bonorum,
Hos magni facere, his bene velle, his vivere amicum :
Commoda præterea patriæ sibi prima putare,
Deinde parentum, tertia jam postremaque nostra.

« La vertu, Albinus, c'est pouvoir mettre le vrai prix aux choses
» à notre portée, au milieu desquelles nous vivons : la vertu, c'est
» savoir ce que toute chose comporte : la vertu, c'est savoir le juste,
» l'utile et l'honnête; savoir le bien, le mal, l'inutile, ce qui serait
» honteux ou déshonnête : la vertu, c'est savoir la mesure, la limite
» à la fortune cherchée; c'est pouvoir payer le prix de la richesse :
» la vertu, enfin, c'est honorer ce qui mérite de l'être; c'est être
» l'ennemi des méchants et des mauvaises mœurs, être le champion
» des bons et des bonnes mœurs : c'est de faire cas de ceux-ci,
» leur vouloir du bien, être leur ami; c'est de mettre en pre-
» mière ligne l'intérêt de la patrie, puis celui de la famille, et ne
» songer à soi qu'en troisième et le dernier ! »
[J'ai traduit mot à mot et de façon à mettre en évidence les qualités et les défauts littéraires énumérés dans le jugement de M. Mommsen, jugement puisé, à toutes les lignes, aux sources de la critique antique.]

de Lucilius se placent exactement au même niveau, tenant
compte d'ailleurs de ce que peuvent être l'une à l'autre
l'œuvre littéraire soigneusement travaillée, affinée à la lime,
et la simple épître écrite au courant de la main. Mais le
chevalier de Suessa avait sur l'esclave africain l'avantage
d'une inspiration incomparablement plus haute, et d'un
génie observateur plus libre : de là sa fortune littéraire
éclatante et rapide. Pendant que Térence n'avait que de
pénibles et douteux succès, à Lucilius il fut donné d'être
le favori de la nation ; et il put dire de ses vers, à peu près
comme Béranger, qu'ils seraient lus, seuls entre tous, par
le peuple ! L'incroyable popularité des poésies Luciliennes
est en effet un événement remarquable, historiquement
parlant. Il ressort de là que la littérature est devenue une
puissance ; et nous en rencontrerions souvent les manifestations, si nous avions par le détail les annales de ce siècle.
La postérité vint, qui confirma le jugement des contemporains : parmi les critiques de Rome, les *anti-alexandrins*
placèrent toujours Lucilius au premier rang parmi les
poètes latins. En ce qui touche la satire et la forme qui lui
est propre, on peut dire qu'il l'a vraiment créée ; et il a
créé avec elle l'unique genre que les Romains puissent
revendiquer comme leur appartenant, et qu'ils aient légué
aux siècles postérieurs [1].

Quant à la poésie se rattachant à l'alexandrinisme, rien
à Rome qui vaille la peine d'être nommé, au VIIe siècle,
sauf pourtant quelques petites épigrammes traduites des
Gréco-Égyptiens, quelques imitations dont on ne devrait
rien dire pour elles-mêmes, si ce n'est qu'elles font pressentir le siècle de la jeune littérature. En dehors du petit
nombre de poètes peu connus, et dont l'âge même ne se
peut avec sûreté préciser, citons seulement *Quintus Catulus*

---

[1] [Comparer à ce jugement sur Lucilius les études du regrettable
Ch. Labitte sur *la Satire à Rome* et *les Satires de Lucile* (*Revue des
deux Mondes*, 1 mai 1844 et 1 octobre 1845), et A. Pierron, *Hist.
de la littérature rom.* ch. X, pp. 142 et s.]

102 av. J.-C.   (consul en 652),[1] et *Lucius Manlius*, sénateur considérable,
97.   qui écrivait vers 657. Celui-ci, le premier, aurait mis en
circulation parmi les lecteurs beaucoup de ces contes
bavards et voyageurs tant aimés des Grecs, la légende de
Latone et de Délos, par exemple, la fable d'Europe, celle
du Phénix, l'oiseau merveilleux. C'est à lui encore qu'il
aurait été réservé, au cours de ses voyages, de découvrir à
Dodone et de décrire le *Trépied fameux*, où se lisait
l'oracle que le dieu donna aux Pélasges avant leur migra-
tion vers la terre des Sicèles et des Aborigènes : trouvaille
admirable, aussitôt et religieusement enregistrée sur les
livres des Annales romaines !

L'histoire.   L'histoire, dans ce siècle, ne met guère en avant qu'un
Polybe.   nom d'écrivain, lequel en outre, n'appartient au mouvement italien ni par sa naissance, ni par les tendances de
son esprit, ni par son génie littéraire. Le premier pourtant,
il a su transporter la grande et universelle figure de Rome
dans le monde des lettres ; et c'est à lui que les races
venues plus tard, et nous-mêmes, nous sommes redevables
des meilleurs documents qui nous aient été laissés sur la
218.   marche de la civilisation romaine. *Polybe* (vers 546 — †
127.   vers 627) naquit à *Mégalopolis* du Péloponnèse : il était
180.   fils de l'homme d'État achéen *Lycortas*. En 565, il aurait
suivi les Romains dans l'expédition contre les Celtes d'Asie-
Mineure (III, p. 364) ; et pendant la troisième guerre de
Macédoine, il aurait, dans de nombreuses missions militaires ou diplomatiques, fructueusement servi ses compatriotes. Après la crise que la Grèce traversa au lendemain de la guerre, il fut emmené en Italie avec les autres
otages d'Achaïe (IV, p. 37). Il y vécut sept ans interné
167-150.   (587-604), mais admis en même temps, grâce aux fils de
Paul-Émile, dans les cercles de la haute société romaine.
Lors du renvoi des otages (IV, p. 342), il retourna dans sa
patrie, où il devint le médiateur habituel entre sa confé-

---

[1] [Le héros de la bataille de Verceil.]

dération et Rome. Il assista à la destruction de Carthage et à celle de Corinthe. Les vicissitudes de sa fortune lui avaient montré, mieux qu'aux Romains eux-mêmes, la grandeur historique de leur capitale. Placé comme il l'était, homme d'État grec, captif transporté en Italie, hautement estimé, envié même, dans l'occasion, pour sa culture hellénique, aussi bien par Scipion Emilien, que par les premiers citoyens de Rome, il vit se réunir en un seul lit unique les fleuves qui si longtemps avaient coulé séparés : les États méditerranéens et leur histoire allaient se fondre dans l'hégémonie de l'empire romain et de la civilisation grecque. Il est le premier Héllène de marque, qui soit entré avec une conviction sérieuse dans le cercle des Scipions et dans leurs visées embrassant le monde ; qui ait eu la vue claire de la supériorité de l'hellénisme dans l'ordre moral, de la supériorité de Rome dans l'ordre politique. Les faits avaient jugé en dernier ressort : des deux côtés il était juste ou nécessaire de se soumettre à la sentence. Soit qu'il agît, homme d'État, soit qu'il écrivît, historien, Polybe resta dans la ligne tracée. Que si dans sa jeunesse, il avait sacrifié au sentiment honorable mais impuissant du patriotisme Achéen local, arrivé à l'âge mûr, il se fit dans son pays, avec l'intelligence de la nécessité inéluctable, le représentant de la politique étroitement attachée à la suzeraineté de Rome. Politique bien pensante, et voyant de haut (qui peut en douter?), mais où la fierté nationale et la magnanimité du cœur n'ont plus rien à voir. Polybe ne sut pas non plus, de sa personne, se dégager pleinement des vanités et des petitesses de l'homme d'État contemporain. A peine est-il relevé de sa captivité, qu'il demande au Sénat la restitution en bonne forme et par écrit de tous les ôtages dans leurs rangs et honneurs au sein de leurs villes natales ; à quoi Caton répondit fort bien, qu'il lui semblait voir Ulysse rentrant dans l'antre de Polyphème, pour y redemander sa ceinture et son chapeau. Je concède que Polybe mit souvent au service de ses compatriotes le crédit dont il jouissait auprès des grands de Rome : mais se courber, comme il le fit, sous leur protection, et s'en faire gloire, ce n'en est pas moins faire concurrence à la servilité du chambellan : telle sa souplesse habile dans les actes de la vie, tel son génie littéraire. L'histoire de la réunion des États méditerranéens sous l'empire de Rome, voilà la tâche de sa vie d'écrivain ! Son livre embrasse les fortunes diverses de tous les États alors civilisés, Grèce, Macédoine, Asie-Mineure, Syrie, Égypte, Carthage, Italie, depuis la première guerre punique jusqu'à la chute de Carthage et de Corinthe : il raconte jusque dans ses causes leur absorption successive dans l'orbite italien, croyant, pour son compte, avoir touché le but lorsqu'il a montré Rome marchant méthodiquement et rationnellement à l'empire universel. Conception, exécution, tout dans cette œuvre savante diffère de l'historiographie contemporaine des Grecs et des Romains. L'auteur s'écarte à dessein et hardiment des voies battues. A Rome, on en est encore à la simple chronique : non qu'il n'y ait là force matériaux sérieux pour l'histoire ; mais à l'exception de Caton peut-être, dont les travaux estimables et tout individuels ne dépassent pas la première étape de l'investigation et de l'exposition critiques, ce qui s'appelle l'histoire en est encore aux contes de nourrices, ou à de sèches notices enfilées les unes au bout des autres. Pour ce qui est des Grecs, ils écrivaient l'histoire, ils l'avaient écrite surtout : malheureusement sous le régime dissolvant des Diadoques, les notions d'État, de nationalité, s'étaient oblitérées complètement ; et parmi les innombrables metteurs en œuvre du jour, il n'en était pas un seul qui marchât sur la trace des maîtres athéniens, ayant comme eux l'inspiration, comme eux la divination du vrai, et s'emparant des matériaux contemporains au profit de l'histoire universelle pour laquelle ils étaient faits. Leur genre n'était que le précis des événements purement externes : ailleurs, à leur récit se mêlaient la phrase et le

mensonge débités par l'école des rhéteurs de l'Attique :
trivialité, platitude, bassesse de langue, amertume, tous les
vices du siècle y déposaient leur lie. Ni chez les Romains
ni chez les Grecs, rien qui ressemblât à l'histoire des cités
et des races. Vint Polybe, le Péloponnésien : le premier,
on l'a dit avec justesse, se tenant aussi loin des Attiques,
par la pensée tout au moins, que des Romains, il franchit
hardiment ces importunes barrières ; il appliqua le sens
plus mûr de la critique grecque aux matériaux que Rome
lui fournissait ; il légua à la postérité, non pas sans doute
une œuvre d'histoire universelle, mais une œuvre vaste,
planant au-dessus des cités locales, et envisageant l'État
romano-grec dans son essor et dans son avenir. Jamais
peut-être il ne s'est rencontré d'historien réunissant aussi
complètement en lui les qualités précieuses de l'écrivain
qui puise à même les sources. Il embrasse nettement et à
toute heure l'ensemble de son plan. Jamais sa vue ne dévie
et ne cesse de suivre le mouvement des faits dans leur vrai
progrès. Légendes, anecdotes, notices confuses et inutiles
des chroniques, tout cela, il le rejette : mais il décrit les
pays et les peuples, il expose leur système politique ou
mercantile et il remet à leur place trop longtemps
négligée tous les faits multiples et importants que les
annalistes ont laissés au rebut, faute de savoir à quel clou,
à quelle date précise les suspendre. Chez Polybe quelle
circonspection, quelle persévérance dans l'emploi des
matériaux ! Jamais ancien ne l'emporta ici sur lui : on le
voit collationnant les titres publics, étudiant à fond la
littérature des diverses nations, tirant étonnamment parti
de sa situation personnelle pour apprendre les faits
de quiconque y a mis la main ou en fut le témoin oculaire,
parcourant enfin, et méthodiquement, toute la région
méditerranéenne, et une partie des côtes de l'Océan atlan-
tique[1]. L'amour de la vérité lui est une seconde nature :

____

[1] Ces voyages scientifiques n'étaient d'ailleurs point rares chez les

en toute chose d'importance, il ne prend parti ni pour ni
contre tel ou tel état, tel ou tel homme : il ne veut rien
voir que les événements, leur enchaînement intime :
montrer les rapports des causes et des effets, voilà, à son
sens, la première, l'unique mission de l'historien. Son récit
qui n'oublie rien est un modèle de simplicité, de clarté. Et
pourtant avec tant de qualités précieuses, Polybe n'atteint
pas le premier rang. Comme il conçoit son œuvre du côté
pratique, il la conçoit de même, littérairement, avec une
remarquable intelligence, mais avec l'intelligence toute
seule. L'histoire est le combat de l'absolu et de la liberté,
problème moral, s'il en fut jamais! Polybe la traite en
problème de mécanique. Il n'a d'yeux que pour l'ensemble,
dans la nature et dans la cité : les événements particuliers,
les individus, si merveilleux qu'ils se montrent, ne sont
rien pour lui que des *momens,* que des rouages perdus
dans l'immense et artificielle machine qu'on nomme l'État.
A cet égard il fut mieux doué qu'aucun autre pour retracer
les destinées d'un peuple qui, comme celui de Rome, résolvait
le problème unique d'une grandeur inouie au dedans et au
dehors, sans produire jamais un seul grand génie politique,
dans le sens élevé du mot ; de ce peuple que nous avons
vu construisant sur de simples et solides bases, avec une
rigueur imperturbable et presque mathématique, l'édifice
de ses succès! Mais dans toute histoire nationale passe le
souffle de la liberté morale : ce souffle, Polybe ne l'a-t-il
pas, à son dommage, méconnu? Toutes les questions où
s'agitent le droit, l'honneur, la religion, il ne les voit que
superficiellement, il les voit foncièrement mal. Convient-il
de remonter à la genèse des choses? Il lui substitue des
explications purement mécaniques ; c'est à désespérer

Grecs d'alors. Dans Plaute (*Ménechmes*, 248, *cf.* 235), *Messénion*,
qui a couru toute la Méditerranée, s'écrie : « Pourquoi donc ne pas
» rentrer chez nous, à moins que nous ne voulions écrire l'histoire? »
    [..... *quin nos hinc domum*
    Redimus, nisi si historiam scribturi sumus?]

l'homme sérieux qui le lit. Est-il méthode politique plus absurde que d'aller faire sortir l'excellente constitution de Rome d'un habile mélange des éléments monarchique, aristocratique et démocratique; que de faire sortir les succès de Rome de l'excellence de sa constitution? Sur les rapports généraux des choses, rien qu'un positivisme effrayant à force de sécheresse et de froideur : sur la religion, rien que l'infatuation irritante et que les dédains d'une fausse philosophie? Le style et le récit contrastent à dessein avec la manière habituelle des Grecs et leur prétention au beau langage : tout exact et précis qu'il est, Polybe est en même temps sans force et incolore, il s'égare plus souvent que de raison dans les digressions polémiques, ou dans les détails complaisants de sa vie personnelle; il tourne alors aux simples *mémoires*, à tort presque toujours, dans son propre intérêt. On sent d'ailleurs dans tout son livre comme un courant d'opposition. Écrivant surtout pour les Romains, et n'ayant parmi eux qu'un cercle étroit d'auditeurs qui le pussent comprendre, il se sentait étranger dans Rome, quoi qu'il pût faire : pour ses compatriotes il restait un apostat : avec sa vaste intelligence des choses il voulait appartenir à l'avenir plutôt qu'au présent. De là cette teinte de morosité, de là cet accent amer dans sa polémique contre les historiens grecs, fugitifs comme lui ou vendus, et contre les historiens sans critique de Rome : il leur cherche mesquinement querelle, et délaissant alors la gravité du genre, il prend le ton du journaliste. Écrivain sans charme, au résumé : mais si la vérité, si la sincérité valent plus que l'ornement et l'art, convenons qu'il n'est point d'auteur ancien à qui nous devions un enseignement plus solide. Son livre me rappelle les soleils de nos pays [du Nord] : au début, les nuages s'élèvent et disparaissent à l'horizon des guerres du Samnium et de Pyrrhus : à la fin, le crépuscule redescend, plus triste, s'il se peut, que la veille.

A côté de cet effort grandiose, et de cette large conception de l'histoire de Rome, quel contraste nous offre la littérature indigène contemporaine ! Au début de la période actuelle·nous rencontrons encore plusieurs chroniques en langue grecque, celle d'Aulus Postumius (consul en 603), dont nous avons dit un mot déjà (IV, p. 274), toute viciée par l'esprit de convention ; celle de *Gaius Acilius* (mort très-âgé vers 612) [1]. Mais bientôt, soit entraînement du patriotisme catonien, soit imitation des manières élégantes du beau monde des Scipions, la langue latine prit le dessus complètement : c'est à peine si parmi les écrits historiques nouveaux, il s'en présente un ou deux rédigés en grec [2]. Les chroniqueurs hellénistes de l'ancien temps sont traduits en latin, et très-probablement circulent de préférence sous cette forme récente. Malheureusement, si nous laissons de côté cette question de l'emploi de l'idiôme national, nous n'avons rien à louer chez les chroniqueurs latins. Ils·sont nombreux pourtant, et chargés de détails : citons *Lucius Cassius Hemina* (vers 608), *Lucius Calpurnius Pison* (consul en 624), *Gaius Sempronius Tuditanus* (consul en 625), *Gaius Fannius* (consul en 632) [3]. Ajoutons à ces

---

[1] [*G. Acilius Glabrio*, qui servit d'interprète à l'ambassade athénienne de 599, où figura Carnéades. Cicéron (*de offic.* 3, 22) et Plutarque (*Romul.* 21) le citent. Il paraît que son livre avait été traduit en latin par un certain Claudius, sous le titre d'*Annales Aciliani* (T. Liv. 25, 39. 35, 14).]

[2] [Il est une exception, la seule, à ma connaissance. J'entends parler de l'histoire (en grec) de *Gnœus Aufidius*, qui florissait vers l'an 660, au temps de l'enfance de Cicéron (*Tuscul.* 5, 38. 112). Quant aux mémoires de Publius Rutilius Rufus (consul en 649), on ne pourrait les invoquer ici : leur auteur les a écrits, durant son exil, à Smyrne.]

[3] [*L. Cassius Hemina*, contemporain de la chute de Carthage et de Numance, souvent cité par les grammairiens *Nonius*, *Priscianus*, *Servius*. Pline dit qu'il recourut aux sources anciennes (*autor ex antiquis*, *Hist. nat.* XIII, 13, 29). — *L'. Calpurnius Piso Frugi*, l'antagoniste des Gracques et l'auteur de la loi *Calpurnia de repetundis* (V, p. 6). Son style était maigre (Cic. *Brut.* 27). — C'est *Tuditanus* qui, étant consul, alla faire la guerre en Illyrie, pour éviter les difficultés de la situation, au milieu des discordes des Gracques (V, p. 46). Cicéron vante ses discours et son livre historique (*Brut.* 25). — C. *Fannius Strabo*, le gendre de Lælius, l'un des interlocuteurs du *de Republ.* et du *de Amicitia* de Cicéron, qui dit de son style : « *Neque*

travaux la rédaction des annales officielles de la ville, dressées en quatre-vingts livres, par les soins du grand pontife Publius Mucius Scævola, consul en 621, et non moins fameux par sa science juridique [1]. Par cette publication qui fait époque, Scævola achève et ferme les grandes annales de Rome : après lui, s'arrêtent les notices sacerdotales, ou, du moins, alors que les chroniques particulières vont partout se multipliant, le livre pontifical a perdu désormais son importance littéraire. Mais toutes ces annales, qu'elles s'annonçassent comme officielles ou privées, n'étaient autre chose que de pures compilations, grossies de tous les matériaux contemporains, historiques ou quasi-historiques : exactes et sincères autant que faire se pouvait, elles allaient d'autant moins puiser aux sources, et de la forme elles n'avaient souci. Quoi qu'il en soit, comme, jusque dans la chronique, la poésie touche à la vérité, il y aurait injustice grande à imputer à crime à Nævius ou à Fabius Pictor d'avoir suivi la même route qu'Hécatée (II, p. 304), ou que Saxon le Grammairien [2]. Mais ce fut aussi mettre à rude épreuve la patience du lecteur, que de vouloir plus tard bâtir des châteaux avec ces nuages en l'air. Il n'y eut point de si profonde lacune dans la tradition qu'on ne tentât de la combler follement et en se jouant sous de plats mensonges, galamment raffinés et polis. Les chroniqueurs enfilent sans scrupule les éclipses du soleil, les chiffres du cens, les tableaux généalogiques, les triomphes, remontant de l'année courante à l'an 1 de Rome : ils vous donnent à lire l'an, le mois et le jour de l'apothéose de Romulus : ils vous racontent que le roi Servius Tullius a triomphé sur les Étrusques, une pre-

138 av. J.-C.

754.

nimis infans, neque perfecte diserta. » Brutus abrégea son histoire, et Salluste en loue la sincérité.]

[1] [Il s'agit ici du Scævola qui périt dans les proscriptions de Sylla (V, pp. 319, 333 : Cic. *de Off.* 3, 15; *de Orat.* 1, 39; *Brut.* 89), et dont Cicéron avait suivi les leçons.]

[2] [L'historien légendaire des peuples scandinaves, qui écrivait au XIIe siècle de notre ère.]

571 av. J.-C.

567.

121.

mière fois, le 25 novembre 183, une seconde fois le 25 mai 187. Ils vous disent ailleurs, en cela d'accord avec eux-mêmes, qu'on montrait aux bonnes gens, dans l'arsenal romain, l'embarcation sur laquelle Enée était venu d'Ilion dans le Latium. La *Truie* même qui l'avait guidé, ils vous l'auraient fait voir conservée dans la saumure, dans le temple de Vesta! Tous ces bons chroniqueurs, à leur talent de mentir veulent joindre l'exactitude fastidieuse des archivistes : mais, comme ils rejettent bien loin les vrais éléments de la poésie et de l'histoire, ils n'ont plus sous la main que les énormes platitudes dont ils chargent leur canevas. Nous lisons dans Pison, par exemple, que Romulus s'abstenait de boire lorsqu'il devait y avoir conseil le lendemain; qu'en livrant la citadelle de Rome aux Sabins, *Tarpéia* obéissait à l'amour de la patrie, et qu'elle voulait dérober à l'ennemi ses boucliers [1]. Comment s'étonner, après cela, du jugement sévère des contemporains à l'endroit de pareilles œuvres? « Ce n'est » pas là l'histoire, » se sont-ils écriés, « ce n'est que contes » d'enfants! » Que j'aime bien mieux d'autres et rares écrits du même siècle, sur les événements de la veille et sur ceux du jour, l'*Histoire des guerres d'Hannibal*, par *Lucius Cœlius Antipater* (vers 633) [2], et l'*Histoire de mon temps*, par *Publius Sempronius Asellio* [3], un peu plus jeune que ce dernier! Ici du moins se rencontraient avec des documents précieux, le sens exact de la vérité : chez Antipater même le récit n'était point sans énergie, quoique sentant son terroir. Mais, à en croire les jugements des critiques, et aussi les fragments qui nous restent, nul de ces livres n'approcha des *Origines* de Caton l'ancien, de

[1] [V. Tite Liv. 1, 11.]

[2] [Orateur et juriste (*de Orat*. 2, 12; *de Legib*. 1, 2; *Brut*. 26). Remarquable par son style orné et véhément. L'empereur Hadrien le préférait à Salluste (Spartianus, *Hadrian*. 16) : *certus Romanæ historiæ auctor*, dit Val. Max. (1, 7)]

[3] [Tribun militaire devant Numance : on croit que son livre était intitulé *Libri rerum gestarum* (A. Gell. 3, 21..1, 13. 4, 9. 13, 3, 21).]

cette composition si forte dans la forme, si neuve dans le
fond, et qui, hélas! ne fit école ni chez les historiens ni
chez les politiques (IV, pp. 253, 257).

Enfin, un dernier genre se produisit, qui fut fécond. Genre secondaire, tout individuel et éphémère, mais touchant encore à l'histoire, je veux parler des *mémoires*, des *lettres missives* et des *harangues*. Déjà les principaux hommes d'État de Rome aimaient à écrire leurs souvenirs : citons Marcus Scaurus (consul en 639), Publius Rufus (consul en 649), Quintus Catulus (consul en 652), et jusqu'au régent de Rome, Sylla [1]. Mais ces productions diverses, en dehors des matériaux précieux qu'elles contenaient, semblent n'avoir en rien influé sur la littérature. Autrement en fut-il des *lettres* de Cornélie, mère des Gracques, aussi remarquables par la pureté exemplaire du langage, que par la hauteur des idées : elles forment la première correspondance qui ait été publiée dans Rome, et la première œuvre littéraire sortie des mains d'une dame romaine [2]. Quant aux *harangues*, elles conservent les caractères de l'éloquence catonienne : les *plaidoyers* des avocats n'appartiennent point encore au domaine des belles-lettres; et ce ne sont à vrai dire que des pamphlets politiques qui circulent sous le titre de *discours*. Toutefois, pendant le mouvement révolutionnaire, la *brochure* croît en étendue et en importance, et parmi d'innombrables et éphémères produits, il s'en trouve quelques-uns, qui, semblables aux *Philippiques* de Démosthènes ou aux pam-

Mémoires
et harangues.

115 av. J.-C.

105. 102.

---

[1] [Ces trois noms reviennent souvent au cours des guerres de Jugurtha et des discordes civiles. Cicéron classe Scaurus, l'aristocrate, parmi les orateurs *stoïques*. Il écrivit *trois Livres sur sa vie* (VI, p. 87). — Les harangues de Rufus étaient dans le genre sévère (*tristi ac severo genere*, v. le *Brut.* 29). On a conservé les titres de sept d'entre elles. Ses mémoires sont de même perdus. — Il ne nous est rien resté non plus de Catulus, le collègue de Marius à Verceil, et de son livre *de Consulatu suo et rebus gestis*. Il écrivait purement (Cic. *de Orat.* 3, 8; *Brut.* 35). V. *suprà*, p. 94, l'épigramme sur Roscius, et p. 101. — Sur les *Mém.* de Sylla, V, pp. 291, 401.]

[2] [*V.* V, pp. 41 et 51, deux citations des *Lettres* de Cornélie, malheureusement perdues.]

phlets de *Courier*, empruntent le succès à la haute position de leurs auteurs, ou se font leur place et durent par leur seul mérite. Faut-il rappeler les *discours politiques* de Gaius Lælius et de Scipion Émilien, ces modèles de latinité parfaite, et du plus noble patriotisme [1] ; et les pétillements piquants de l'éloquence de Gaius Titius, ces peintures si vives du temps et des localités, ce portrait, qu'on n'a point oublié, des sénateurs faisant office de jurés ? Que d'emprunts la comédie nationale a pu faire à Titius [2] ? Mais citons avant toutes les autres les harangues nombreuses de Gaius Gracchus, et ses périodes enflammées réflétant comme dans un miroir fidèle la passion profonde, les nobles aspirations, et les fatales destinées de ce haut génie [3] !

Les sciences.

154 av. J.-C.

Passons à la littérature scientifique. — Le juriste *Marcus Brutus* publie vers l'an 600 un recueil d'avis et consultations [4]. Tentative remarquable, en ce qu'elle introduit à Rome la forme du dialogue, usitée chez les Grecs, quand ils traitent des matières scientifiques. Les interlocuteurs, le temps, le lieu, tout y est disposé comme en une mise en scène, et l'œuvre y revêt une allure tout à la fois artistique et dramatique. Mais les savants qui viennent après Brutus, Stilo, le philologue et le grand jurisconsulte Scævola, tout les

---

[1] [De Lælius il ne reste guère que les titres de quelques-uns de ses discours : de Scipion Emilien il nous reste trois ou quatre fragments un peu considérables et fort curieux, conservés par un scholiaste de Cicéron (*ad orat. pro Milone*, 7, 2), par Aul. Gelle (V, 19; VII, 11) et par Macrobe (*Saturn.* 2, 10). — M. Egger les a aussi donnés, p. 177 et s. — Cf. A. Pierron, *Hist. de la Litt. rom.*, qui les traduit. pp. 192 et s.]

[2] [G. Titius était chevalier. Il est cité par Cic. (*Brut.* 45) et par Macrobe (2, 9, 12). V. *suprà*, p. 39.]

[3] [*V.* V, p. 51. — Egger, *loc. cit.* p. 181. — Cf. Plutarch. (*Tib. Gracchus.* 2).]

[4] [*M. Junius Brutus*, dont Pomponius fait l'un des fondateurs du droit civil à Rome. « *Post hos fuerunt P. Mucius et Manilius et Brutus qui fundaverunt jus civile* » (*Dig.* 1, tit. 2. s. 39). Il laissa *trois livres de jure civili* (*de Orat.* 2, 55). Il est une grave autorité pour Cic. (*de fin.* 1, 4; *ad famil.* 7, 22. Cf. *Dig.* 7, tit. 1, s. 63. *proem.*). On lui reprochait d'avoir publié ses *responsa* avec les noms des parties consultantes.]

premiers, se hâtent de délaisscr une méthode plus ornée de poésie qu'elle n'est pratique, soit qu'ils traitent des sujets qui se rattachent à la culture générale, soit qu'ils écrivent sur des sujets tout spéciaux. Dans ce prompt abandon des liens de la forme artistique, on pressent la valeur de la science accrue pour elle-même, et l'intérêt croissant qu'elle excite. En ce qui touche les humanités, la grammaire, ou plutôt la philologie, la rhétorique et la philosophie, nous avons dit ce que nous avions à dire (pp. 69 et suiv.) : comme elles constituent désormais un des éléments essentiels de la culture commune dans Rome, elles commencent à se séparer des sciences spéciales proprement dites. Dans les *La philologie.* lettres, la philologie latine est en pleine floraison : elle tient par des liens étroits à la littérature, à la philologie grecques, qui depuis longtemps ont leurs lois assurées et délimitées. Nous avons aussi fait voir que dès le début du VIIᵉ siècle, les épiques latins ont leurs *Diascévastes* et leurs *Scholiastes* (p. 69); que ce n'est pas seulement dans le cercle des Scipions qu'on raffine sur la correction, et que plusieurs des poètes en renom, Accius, Lucilius et d'autres, visent à réglementer l'orthographe et la syntaxe. Vers la même époque, et parmi ceux qui cultivent l'histoire, on pourrait signaler quelques essais de *philologie réelle* [1] : mais dans cette branche nouvelle, les maladroits annalistes d'alors ne réussirent pas mieux qu'en écrivant l'histoire. On cite le travail de Hemina « *sur les censeurs* »; celui de Tuditanus « *sur les magistrats* ». Un livre plus intéressant « *sur les fonctions publiques* » sortit de la plume de *Marcus Junius*, l'ami de Gaius Gracchus : le premier il appela l'étude des *antiquités* au secours des tentatives politiques du jour [2]. Le tragique Accius, dans

---

[1] [Etude des *Antiquités historiques.*]

[2] Soutenir, par exemple, comme il le fit, que du temps des rois les questeurs étaient élus non par ceux-ci, mais par le peuple, c'était soutenir un fait manifestement faux et portant avec soi le cachet du parti.

ses *Didascalies* métriques [*Libri didascalión*], avait à son tour esquissé une sorte d'histoire du drame latin. Mais tous les travaux scientifiques sur la langue nationale s'inspirent encore du pur dilettantisme, et nous rappellent, à nous Allemands, la *littérature de l'orthographe* des temps de *Bodmer* et de *Klopstock*[1]; et quant aux productions des antiquaires, il convient aussi de leur assigner la plus modeste place. Vint Lucius Ælius Stilo. Pour lui (p. 70), disciple fidèle des érudits de l'école alexandrine, il traita *ex professo* la langue et les antiquités (vers 650). On le voit remonter aux plus anciens monuments de l'idiôme romain, commenter les *Litanies* des Saliens, et le *Droit civil* de Rome [les XII Tables]. Il se livre à de studieuses recherches sur la comédie, au vi[e] siècle, et dresse une liste critique des pièces authentiques de Plaute. Comme les Grecs, ses maîtres, il poursuit la genèse historique de tous les faits de la vie romaine, et du commerce qu'elle suscite et entretient; il veut pour chacun de ces faits donner le nom de « l'inventeur » : il fait entrer dans le cadre de ses études l'immense amas des traditions annalistiques. Son succès fut grand parmi ses contemporains : les poètes, les historiens les plus importants lui dédièrent leurs livres, Lucile ses *Satires*, Antipater ses *Annales* : véritable père de la philologie romaine, il en fonda et délimita la science, en même temps qu'il laissait à *Varron*, son grand disciple, la suite de ses travaux d'érudition grammaticale et historique.

La rhétorique latine, on le conçoit, demeure bien en arrière des genres littéraires qui précèdent. Il ne saurait être question ici que de *manuels* ou *d'exercices* sur le modèle des *Traités* grecs d'Hermagoras[2] ou de ses confrères : les besoins

Marginal notes: Stilo. — 154 av. J.-C. — La rhétorique.

---

[1] [Vers le milieu du xviiie siècle. Bodmer, suisse de naissance, professeur d'histoire, contribua avec Gottsched, Breitinger et autres, à l'avancement de la philologie allemande. Il encouragea l'auteur de la *Messiade*, qui écrivit, lui aussi, sur la grammaire. Nul ne lit aujourd'hui la *Noachide* et les autres œuvres poétiques de Bodmer.]

[2] [Hermagoras, de *Tennos*, contemporain de Cicéron et de Pompée,

réels de l'art, mais aussi la vanité et l'amour du gain, sus-
citèrent les maîtres en foule [1]. Nous ne parlerons que d'une
œuvre, celle d'un inconnu, qui selon la mode d'alors
(p. 72) enseignait à la fois la littérature et la rhétorique
latines, écrivant sur l'une et sur l'autre. Il nous est resté
de lui un *traité* composé, je crois au temps de la dictature
de Sylla [2] ; œuvre remarquable, d'une exacte, sûre et
claire méthode, remarquable aussi par une certaine indépendance d'allure à l'égard des Grecs. Quoiqu'au fond il
les suive pas à pas, il ne laisse pas que d'écarter et
rejeter, même avec vivacité, « tout ce bagage inutile qu'ils
« étalent, uniquement pour exagérer les difficultés de la
« science ! » [3] Il blâme amèrement cette dialectique habile à fendre un cheveu, « cette science bavarde de la
non-éloquence. » Tout maître complet qu'il est dans son
art, il craint d'avoir parlé quelquefois de façon équivoque, et finit par ne pas dire son nom, évitant avec soin
d'ailleurs et presque partout d'avoir recours à la terminologie hellénique ; conseillant à son élève de se garder de
l'abus de l'école ; confessant cette règle d'or, que ce que
le professeur doit montrer avant tout, c'est à marcher
seul ; soutenant avec grand sérieux que l'école est l'acces-
soire, que la vie est la chose principale ; mettant à côté
des préceptes une suite d'exemples qu'il choisit lui-même,
et qui nous rendent comme l'écho des plaidoieries célèbres
des avocats romains qu'a entendues la dernière génération. Nous avons vu comment (p. 73) l'opposition qui
lutta contre les excès de l'hellénisme, s'élevait de même

appartenait à l'école rhodienne. Cicéron et Quintilien le citent comme
un maître.]

   [1] [....*Spe quæstus aut gloria commoti venimus ad scribendum...*
(Rhet. ad Herenn. 1).]

   [2] [*Rhetoricorum ad G. Herennium libri*, attribués à tort à Cicéron
et publiés dans toutes les éditions complètes de ses œuvres.]

   [3] [*Quas ob res illa, quæ Græci scriptores inanis arrogantiæ causa sibi
assumserunt, reliquimus. Nam illi, ne parum multa scire viderentur,
ea conquisierunt quæ nihil attinebant, ut ars difficilior cognitu pu-
taretur (Rhet. ad Her.* 1).]

contre la création de la rhétorique dite latine : l'opposition se continue, après que celle-ci a conquis sa place ; et l'éloquence romaine, si on la compare à la théorie et à la pratique grecques contemporaines, y gagne singulièrement en dignité et en utilité vraie.

La philosophie.   La philosophie n'est point encore entrée dans la littérature. Les besoins moraux d'une école nationale ne se faisaient point sentir ; et nulle cause venue du dehors ne poussait les Latins à écrire sur ces matières. On ne saurait même sûrement assigner à cette période quelques rares traductions des *Manuels* grecs les plus populaires : quiconque s'occupait de philosophie, lisait et disputait en grec.

Les sciences spéciales.   Dans les sciences spéciales, l'activité des études est minime. Tout bon laboureur, tout bon cultivateur qu'on fût à Rome, le sol n'y était point propice aux études physiques et mathématiques. Ce dédain de la théorie scientifique se manifeste par ses résultats. Voyez combien infime est la condition de l'art médical, et de la plupart des sciences militaires. Seule la jurisprudence fleurit. Impos-

La jurisprudence.   sible d'exposer la chronologie de son progrès interne : disons en gros que le *droit sacré* [*jus sacrale*] tombe en désuétude, et qu'à la fin de la période il n'est plus à Rome que ce qu'est chez nous le *droit canon* : en revanche l'idée juridique se formule plus profonde et plus nette tous les jours. Au temps des XII Tables, on ne connaissait que les symboles extérieurs : on ne leur avait point encore substitué les éléments intimes et caractéristiques : on ignorait, par exemple, la notion complexe de *l'imputabilité intentionnelle* ou *sans intention,* la notion de la *possession,* à laquelle est due tout d'abord la protection de la loi [*interdictum*] [1]. Au temps de Cicéron la science a marché ; et son progrès réel date sans doute du VIIe siècle. Bien des

---

[1] [« *Possessor ante omnia restituendus* » disait et dit encore l'adage de droit.]

fois nous avons vu la politique réagir sur la jurisprudence, influence qui fut loin d'être toujours salutaire. Par exemple, la création de la juridiction *centumvirale*, en matière de *succession* (V, p. 376), mit les fortunes dans la main d'un collége de justice, qui statuant comme les jurys criminels, comme eux aussi, au lieu d'appliquer la loi, en vint bientôt à se mettre au-dessus d'elle, et obéissant à la soi-disant équité, mina profondément l'édifice des institutions juridiques : citons entre autres la règle insensée qui s'établit dans la pratique, et suivant laquelle tout parent, omis par le testateur, a droit de demander l'annulation du testament en justice, le juge décidant *ex arbitrio* [1].

Sur la littérature juridique, nous sommes mieux renseignés. Elle s'était autrefois restreinte aux *formulaires* et aux *vocabulaires* : aujourd'hui on rencontre des *recueils de consultations*, assez semblables à nos recueils jurisprudentiels modernes. Ces consultations [*responsa*], depuis longtemps, on ne les demandait plus aux seuls membres du collége des pontifes. Quiconque recevait gens venant le questionner, leur répondait dans sa maison ou au Forum : de là des conclusions, des discussions rationnellement motivées, et se rattachant aux controverses courantes dans la science : au commencement du siècle on les couche déjà par écrit et on les rassemble. *Caton le jeune* († v. 600) et Marcus Brutus, son contemporain, les premiers, rangèrent et publièrent leurs avis par ordre de matières [2]. De là à l'exposition scientifique et systématique du droit civil, il n'y avait qu'un pas. Elle eut pour

164 av. J.-C.

---

[1] [M. Mommsen fait allusion à la *querela inofficiosi testamenti.* — *Instit.* 2, tit. 18. — *Dig.* 5, tit. 2. *De inoff. testam.*]

[2] [Il s'agit ici de *M. Porcius Cato Licinianus*, fils du Censeur, gendre de Paul-Emile, et l'auteur de la fameuse règle de droit catonienne « *quod initio non valet, id tractu temporis non potest convalescere* » *(Dig.* 50, tit. 16, s. 98 § 1). — Quant à M. Brutus, V. *sup.* — Le livre de Caton paraît s'être intitulé *de Juris disciplina* (Gell. 13, 20) : celui de Brutus, *de Jure civili* (Cic. *pro Cluent.* 51; *de Orat.* 2, 55). Mais ce n'était là que des recueils de consultations : V. Cic. *de Orat.* 2, 33.]

fondateur et interprète l'illustre Quintus Mucius Scævola

95. 82 av. J. C. (consul en 659, † en 672 : V, p. 186, 333; VI, p. 59), dont la famille possédait, comme par droit d'héritage, la science de la jurisprudence, et le grand pontificat. Ses *dix-huit livres sur le droit civil* [1], renfermaient toute la matière du droit positif; on y trouvait les textes de la loi, les *préjugés* et les *autorités* puisés, soit dans les plus anciens recueils, soit dans la tradition orale. Rédigés avec toute l'exactitude et tout le soin possible, ils servirent de base et de modèle aux systèmes postérieurs. Un autre livre de Scævola, sur les définitions (περὶ ὅρων) enfanta les *manuels* et les *résumés* venus après lui [*de regulis juris*]. Les progrès de la science du droit n'avaient, on le comprend, rien de commun au fond avec l'hellénisme. Pourtant la connaissance des méthodes doctrinales et philosophiques de la Grèce contribua indubitablement à l'édification systématique de la jurisprudence : ne voyons-nous pas l'influence grecque percer jusque dans le titre du dernier des écrits de Scævola? Rappelons ici d'ailleurs ce que nous avons dit plus haut (p. 57) : les préceptes du Portique réagirent puissamment aussi sur la jurisprudence romaine externe.

L'art.   L'art n'offre rien dont on puisse se féliciter beaucoup. La curiosité des dilettantes est partout en progrès, dans l'architecture, la sculpture et la peinture, mais l'habileté pratique des Romains recule plus qu'elle n'avance. Durant les séjours qu'ils font en Grèce, ils prêtent aux œuvres artistiques une attention chaque jour plus grande, et, sous ce rapport, le passage des Syllaniens dans l'Asie-Mineure

84-83.   fera époque (670-674). Les connaisseurs se multiplient aussi en Italie. On a recherché d'abord les petites œuvres d'argent et de bronze : mais voici qu'au commencement du siècle, on court après les statues et même après les tableaux des artistes grecs. Le premier tableau qui ait été,

---

[1] [*Jus civile primus constituit generatim in libros decem et octo redigendo*, dit Pomponius.]

exposé publiquement dans Rome fut le Bacchus d'*Aristide*[1], que Lucius Mummius retira de l'encan du butin de Corinthe, lorsqu'il eût vu le roi Attale en offrir 6,000 deniers (1,716 *thal.* = 6,435 fr.).

Le faste gagne dans les constructions. On fait usage du marbre d'au-delà des mers, du *Cipollin* de l'*Hymette* : quant aux carrières italiennes, elles ne sont point encore exploitées. Un *portique* superbe, merveille admirée jusque sous les empereurs, et que Quintus Métellus le Macédonique (consul en 611) avait élevé sur le champ de Mars, enferma le premier temple de marbre bâti à Rome[2] : des constructions pareilles suivirent, l'une sur le Capitole, œuvre de Scipion Nasica (consul en 616), l'autre sur la place du Cirque, œuvre de Gnæus Octavius (consul en 626)[3]. La première maison particulière où l'on ait vu des colonnes de marbre était la maison bâtie par l'orateur Lucius Crassus († 663)[4], sur le Palatin (p. 35). Malheureusement les Romains achetaient et pillaient mieux qu'ils ne savaient créer : quel plus éloquent témoignage de leur pauvreté architecturale, que de les voir enlever et transporter déjà les colonnes des antiques temples de la Grèce, et décorer le Capitole, comme le fit Sylla, avec celles enlevées au sanctuaire de Jupiter, à Athènes ? Que si l'époque produit quelques œuvres originales, encore sortent-elles des mains des artistes étrangers : ceux qu'on répute, et ils sont peu nombreux, sont tous, sans en excepter un seul, des Grecs d'Italie, ou de la Grèce propre, ayant élu domicile à Rome. Citons l'architecte *Hermodore*, de Salamine

143 av. J.-C.

138.

128.

91.

---

[1] [L'un des plus fameux peintres grecs. Il était de Thèbes et florissait au IVe siècle. — Plin. *Hist. nat.* 35, 36. 19, 35, 40, 41.]

[2] [Le temple de Jupiter et Junon, portant sur l'entablement le groupe fameux des cavaliers de Lysippe. Le portique fut remanié par Auguste. V. Patercul. 1, 11. On en retrouve les fragments à la *Pescheria Vecchia*.]

[3] [Le Portique *corinthien*, ainsi appelé *a capitulis æneis columnarum* (Plin. *Hist. nat.* 34, 5).]

[4] [Il y avait six colonnes de marbre de l'Hymette, de 12 pieds de haut (Plin. *l. c.* 36, 3).]

en Chypre, le restaurateur des ports de Rome : il édifia aussi pour le compte de Quintus Métellus (consul en 611), et à l'intérieur du portique dont il vient d'être parlé, le temple de *Jupiter stator* : il construisit pour *Decimus Brutus* (consul en 616) le temple de Mars, du Cirque Flaminien [1]. Citons aussi le sculpteur *Pasitèle* (vers 665), natif de la grande Grèce, auteur des statues des dieux, en ivoire, pour les temples de Rome [2] : le peintre et philosophe *Métrodore*, d'Athènes, qui prit à l'entreprise les peintures destinées au triomphe de Paul Emile (587) [3].

Les monnaies du VIIe siècle, comparées à celles du VIe, offrent une plus grande variété de types : mais sous le rapport du coin elles sont en décadence bien plutôt qu'en progrès.

Restent la musique et la danse. Elles aussi, elles avaient émigré de Grèce à Rome, à titre d'accessoires rehaussant le luxe décoratif. Non que ces arts étrangers fussent nouveaux dans la capitale : de toute antiquité la flûte et les danses étrusques avaient officiellement figuré dans les fêtes : les affranchis et les citoyens des basses classes du peuple en faisaient même métier. Ce qui était une nouveauté, c'était de voir les danses et la musique grecques devenir l'accompagnement régulier des banquets des nobles personnages : c'était de voir tenir école ouverte de danse, où, pour emprunter les paroles d'une *invective* de Scipion Emilien, « plus de cinq cents jeunes garçons et » jeunes filles, la lie du peuple, pêle-mêle avec les » enfants des hauts dignitaires, recevaient les leçons d'un » maître de ballets, dansant au son indécent des *crotales*, » chantant des chants non moins méprisables, et tenant » en main les instruments à corde maudits dont usaient » les Grecs ! » [4] Qu'un consulaire et grand-pontife, que

---

[1] [Le temple de *Brutus Gallœcus* (Plin. *l. c.* 36, 5).]
[2] [Plin. *l. c.* 35, 12.]
[3] [Plin. *l. c.* 35, 11, 40. Les Athéniens l'avaient envoyé comme leur meilleur artiste.]
[4] [Scipion entre dans des détails d'une crudité toute catonienne et

Publius Scævola (consul en **624**), s'agitât sur l'arène, et   133 av. J.-C.
reçût et lançât la balle, au moment même où il tranchait
les questions de droit les plus embrouillées, c'était peu
de chose encore! Mais que les jeunes nobles de Rome
se produisissent devant le peuple, dans les jeux donnés par
Sylla, et y fissent assaut comme *jockeys*, le mal était
grand et nouveau! Un jour, le gouvernement voulut intervenir : en 639, les censeurs proscrivirent tous les ins-   115.
truments de musique, à l'exception de ceux indigènes.
Mais Rome n'était point Sparte, et ces vaines prohibitions
ne firent que mettre dans son jour la faiblesse du pouvoir,
loin qu'il tentât de leur assurer sanction par des moyens
persistants et sévères de coaction !

Jetons un dernier regard sur l'ensemble du tableau. De
la mort d'Ennius au commencement de l'ère cicéronienne,
la littérature et l'art en Italie, si on les compare avec ce
qu'ils furent durant la période précédente, descendent
certainement la pente d'une décadence inféconde. Dans
la littérature, les genres nobles, épopée, tragédie, histoire,
sont morts ou languissent. Seules les branches secondaires florissent encore, traduction et imitation de la pièce à
intrigue, farce, œuvres familières en vers ou en prose. Là,
sur ce dernier terrain, au milieu des rafales rugissantes de
la révolution, nous rencontrons les deux plus grands
talents de l'époque, Gaius Gracchus et Gaius Lucilius ; ils
dépassent de la tête la foule des autres écrivains, tous
plus ou moins modestes, absolument comme dans une

presque intraduisible. Voici le fragment, tiré de Macrobe *(Saturn.*
11, 10) : *Docentur præstigias inhonestas, cum cinædulis et sambuca
psalterioque eunt in ludum histrionum, discunt cantare quæ majores
nostri ingenuis probro ducier voluerunt. Eunt, inquam, in ludum saltatorium inter cinædos virgines puerique ingenui. Hæc cum mihi
quisquam narrabat, non poteram animum inducere, ea liberos suos
homines nobiles docere. Sed cum ductus sum in ludum saltatorium,
plus medius fidius in eo ludo vidi pueris virginibusque quingentis;
in his unum, quod me reipublicæ maxime misertum est, puerum
bullatum, petitoris filium, non minorem annis duodecim, cum cro-
talis saltare. quam saltationem impudicus servulus honeste saltare
non posset (Oratio contra legem judiciariam Tib. Gracchi).*

récente époque de la littérature française, Courier et
Béranger dominent la multitude des nullités ambitieuses qui
les entourent. Dans les arts plastiques et du dessin,
les facultés productives de Rome, toujours médiocres,
dorment aujourd'hui complètement inertes. Mais les goûts
littéraires et artistiques, purement passifs, sont en plein
progrès; et de même que les Épigones politiques se con-
tentent au vii⁰ siècle de recueillir et d'utiliser l'héritage
légué par leurs pères, de même ils se font assidus spectateurs
au théâtre, aiment les lettres, sont connaisseurs en choses
d'art, et par dessus tout collectionnent. De telles tendances
ont leur avantage d'ailleurs : elles mènent aux études éru-
dites. Dans la jurisprudence, dans la philologie grammaticale et réelle, nous constatons un effort indépendant, intelligent. Les sciences se fondent à Rome : malheureusement
si leur œuvre commence dans les temps que nous venons
de parcourir, à la même date aussi correspondent les premiers et pauvres débuts, les premières imitations de la
poétique de serre chaude, annonçant l'avènement précoce
de l'*alexandrinisme* romain. Dans toutes les productions du
siècle, on admire le poli, la correction, la méthode, choses
inconnues au siècle antérieur; et ce n'était point sans raison
que les lettrés et les dilettantes du jour tenaient en dédain
leurs grossiers prédécesseurs. Mais tout en riant et se moquant de leurs essais inachevés ou informes, il fallait bien,
à ceux mêmes qui comptaient parmi les plus habiles maîtres
nouveaux, se faire tout bas l'aveu que le printemps de la
nation avait fini. Peut-être alors arriva-t-il à plus d'un de
sentir se glisser comme un regret dans les replis silencieux
de sa pensée ; peut-être eût-il voulu recommencer, lui
aussi, les aimables erreurs des jeunes temps !

LIVRE CINQUIÈME

FONDATION DE LA MONARCHIE MILITAIRE

Wie er sich sieht so um und um,
Kehrt es ihm fast den Kopf herum,
Wie er wollt' Worte zu allem finden?
Wie er mœcht' so viel Schwall verbinden?
Wie er mœcht' immer muthig bleiben
So fórt und weiter fort zu schreiben?

GŒTHE.

En regardant ainsi autour de lui, la tête lui tourne presque, comme s'il voulait trouver le mot à toutes choses! Comme s'il voulait enchaîner le flot! Comme s'il voulait bravement tenir tête, écrivant toujours, et écrivant encore!

A

OTTO JAHN[1]

A BONN

VIEILLE ET FIDÈLE AMITIÉ

[1] [*Othon Jahn*, archéologue, philologue et critique musical, né en 1813, à Kiel, élève de l'illustre Lachmann. Il a été successivement professeur à Greifswald et à Leipzig, où il occupe la chaire d'archéologie. Ses travaux d'érudition sont nombreux et variés : je ne citerai que sa dissertation sur la *Ciste de Ficoroni* (II, p. 322) et son catalogue descriptif de la *Collection du roi Louis*, de la *Pinacothèque* de Munich. Il a donné des éditions de Perse, Juvénal, Florus, Censorinus, du *Brutus* et de l'*Orator* de Cicéron. Enfin, comme critique musical, il est surtout connu pour sa belle et savante *Biographie* de Mozart (1856).]

CHAPITRE I

A la mort de Sylla (676), l'oligarchie restaurée dominait dans l'État romain de toute la hauteur du pouvoir absolu : mais comme la force l'avait fondée, elle avait besoin de la force pour se soutenir à l'encontre de ses nombreux adversaires, cachés et avoués. Elle n'avait point simplement en face d'elle un parti avec son but et ses couleurs tranchées, avec ses chefs reconnus : elle avait affaire à une masse composée des éléments les plus multiples, se donnant, prise ensemble, le nom de parti populaire, mais dont l'opposition contre le système constitutionnel de Sylla variait profondément, et dans ses motifs et par ses vues. On y comptait les hommes du droit positif, ignorants ou inactifs en politique, mais exécrant Sylla et son arbitraire envers la vie et la propriété des citoyens. Même du vivant du dictateur, alors que toute opposition était muette, les austères juristes avaient levé la tête : plus d'une sentence judiciaire avait refusé sanction aux lois Cornéliennes, quand celles-ci, par exemple, enlevaient la cité à diverses communautés italiques. Ailleurs, elles avaient maintenu dans ses droits le citoyen prisonnier de guerre ou vendu comme esclave au cours de la révolution. — On comptait dans l'opposition les restes de l'ancienne minorité libérale du Sénat, celle qui jadis avait travaillé à une transaction entre le parti de la réforme et les Italiques. Pareilles étaient aujourd'hui ses tendances; elle eût voulu, par d'opportunes concessions faites aux *populaires,* adoucir les rigueurs de la constitution oligarchique Syllannienne. — Venaient ensuite les démocrates proprement dits, les radicaux aux croyances honnêtes et bornées, jouant leurs vies et leurs biens sur un mot, mot d'ordre et programme du parti ; ils devaient apprendre, tout stupéfaits au lendemain de la victoire, qu'ils avaient lutté non pour une cause, mais pour une phrase creuse. Leur grand cheval de bataille était le rétablissement de la puissance tribunicienne, que Sylla n'avait point à la vérité supprimée, mais qu'il avait dépouillée de ses attributs essentiels. A ce nom du Tribunat du peuple un charme mystérieux électrisait la foule, d'autant plus puissant que l'institution, par elle-même, était désormais sans utilité pratique et saisissable : spectre vide qui dix siècles plus tard fera encore une révolution ! — On y comptait enfin et surtout les classes riches et considérables, auxquelles la restauration n'avait point donné satisfaction, ou qu'elle avait blessées dans leurs intérêts politiques ou privés. C'est ainsi que se rattachaient aux opposants les populations denses et aisées de la région d'entre le Pô et les Alpes : pour elles, avoir gagné le droit latin en 665 (V, p. 224), c'était ne tenir qu'un à-compte sur le droit complet de cité : l'agitation avait là son terrain prêt. Il y avait aussi les affranchis, influents par le nombre et la richesse, et particulièrement dangereux par leur accumulation dans la capitale, et qui ne pardonnaient pas à la restauration de les avoir refoulés dans la nullité réelle de leur ancien droit de vote : il y avait les hommes de la haute finance, se tenant prudemment tranquilles, mais

gardant leurs opiniâtres rancunes avec leur non moins
opiniâtre puissance. La foule des rues était à son tour
mécontente, ne voyant la liberté que dans les largesses de
l'annone. Mais où la guerre couvait le plus acharnée, c'était
dans les cités atteintes par les confiscations de Sylla : soit
qu'il fallût aux expropriés, à ceux de Pompéi, par exemple,
vivre côte à côte dans les mêmes murs et sur leurs domaines
réduits, avec les colons du dictateur, voués à d'éternelles
querelles ; soit que comme les Arrétins et les Volaterrans,
restés en possession de leur territoire, ils vissent suspendue
sur leurs têtes l'épée de Damoclès des confiscations, au
nom du peuple romain ; soit encore que, comme en Etrurie,
ils dussent errer en mendiants autour de leurs anciennes
demeures ou en brigands au sein des forêts. Enfin les chefs
démocrates qui avaient perdu la vie au lendemain de la
restauration, ceux qui erraient misérables et émigrés sur
les côtes de Mauritanie, ou suivaient la cour ou l'armée de
Mithridate, avaient tous laissé derrière eux leurs parents,
leurs affranchis, et les ferments de la vengeance : selon les
idées politiques du temps, encore dominées par les affinités
exclusives de la famille, c'était un devoir d'honneur [1] que
de travailler de tous ses efforts au rapatriement des fugitifs
qui lui appartenaient ; et quant aux morts, il importait de
faire abolir la *note d'infamie* attachée à leur mémoire et à la
personne de leurs enfants, et de faire restituer leurs biens.
Les fils des proscrits, surtout, dégradés à l'état de *parias*
politiques selon la loi édictée par le régent (V, p. 250),
ne tenaient-ils pas de cette loi même l'excitation à la
révolte contre l'ordre de choses actuel ? Ajoutez à
toutes ces fractions de l'armée des opposants la masse
énorme des hommes ruinés. La cohue brillante ou vile,
ayant à cœur les jouissances élégantes de la vie ou les
basses orgies du commun peuple, les nobles personnages,

Les prolétaires
de Rome.

Les expropriés.

Les proscrits
et
leurs adhérents.

Les gens ruinés.

---

[1] Veut-on un exemple caractéristique? Un maître célèbre de lettres, l'affranchi *Staberius Eros,* recevait *gratis* à son cours les enfants
des proscrits.

à qui rien n'agréait que faire des dettes, les soudarts de Sylla, qu'un mot de leur chef avait pu faire propriétaires, mais qu'il n'avait pas créés laboureurs; qui, ayant dévoré une première fois l'héritage des proscrits, avaient faim d'une seconde aubaine, tous attendaient le signal du combat contre le régime présent, quoi qu'on ait écrit là contre. La même nécessité poussait vers l'opposition tous les ambitieux de talent, tous les courtisans de la popularité, tous ceux à qui la cohorte close des *Optimates* refusait d'ouvrir ses rangs, ou dont elle empêchait l'ascension rapide : rejetés violemment dans la phalange, ils tentaient avec la faveur du peuple de briser les lois de l'oligarchie exclusive et la règle de l'ancienneté; tous ceux, bien plus dangereux encore, pour qui, dans leurs rêves à perte de vue, ce n'était point monter assez haut que d'être admis seulement à gouverner le monde dans les conseils d'un corps délibérant. Sylla vivait encore, que déjà la tribune des avocats, l'unique terrain qu'il eût laissé ouvert à l'opposition légale, retentissait des paroles ardentes des candidats de l'ambition, portant en main l'arme du formalisme juriste, et lançant contre la Restauration les traits acérés de leur parole. Là, se rencontrait au premier rang l'habile orateur *Marcus Tullius Cicéron* (né le 3 janvier 648), le fils d'un propriétaire rural du bourg d'*Arpinum*. Prudent et audacieux tout ensemble dans son opposition contre le dictateur, il s'était fait rapidement un nom. De telles aspirations n'eussent été guère à redouter, tant que le héros ne visait pas à plus haut qu'une chaise curule, satisfait de s'y asseoir pour jusqu'à la fin de ses jours. Mais à un agitateur populaire le repos honorifique ne pouvait suffire ; et dès qu'il fallait à Gaius Gracchus un successeur, il fallait aussi que le combat à mort fût livré. A cette heure, du moins, on ne prononçait aucun nom : nul n'avait révélé d'aussi vastes visées.

Telle était l'opposition contre laquelle avait à lutter le gouvernement oligarchique institué par Sylla. La mort du

régent avait laissé le gouvernement à lui-même plutôt
que son auteur ne l'avait assurément pensé. Il avait une
mission difficile; et les difficultés s'aggravaient encore par
les misères sociales et politiques du temps. Comment,
surtout, maintenir dans la soumission envers l'autorité
civile centrale les chefs militaires des diverses provinces?
Dénué qu'on était de toute force armée dans Rome, comment y venir à bout de la multitude sans nom des immi-
grants italiques et extra-italiques, et des bandes innombrables d'esclaves qui y vivaient libres de fait? La tâche
était par trop ardue. Le Sénat était comme retranché dans
une citadelle, exposée, menacée de tous les côtés : de
sérieux assauts allaient être livrés, et sur l'heure! Pourtant,
Sylla n'avait point omis les moyens d'une puissante et
solide résistance : si la majorité, dans la nation, se
montrait évidemment peu favorable, hostile même au gouvernement sorti des mains du dictateur, ce gouvernement, d'une autre part, pouvait longtemps se soutenir,
ayant affaire à des masses confuses et tumultueuses, à une
opposition qui ne voyait clairement ni sa voie, ni son but,
et qui, restée sans tête, allait se fractionnant à l'infini.
Mais pour résister, il aurait d'abord fallu le vouloir : il
aurait fallu pour défendre la place une étincelle de cette
énergie qui l'avait jadis édifiée : à la garnison qui ne veut
pas se battre, le plus habile ingénieur donnerait en vain
des fossés et des murs !

L'avenir, en fin de compte, allait dépendre des hommes
que les deux camps auraient à leur tête : malheureusement
des deux côtés, hommes et chefs faisaient défaut. La
politique d'alors obéissait tout entière à l'influence déplorable des coteries. Non que ce fût là chose nouvelle : qui
dit état aristocratique, dit aussi familles et coteries exclusives : à Rome, leur prépondérance était séculaire. Mais ce
ne fut qu'au temps où nous sommes qu'on les vit tout-
puissantes; et c'est vers le même temps aussi (690), que
pour la première fois leur empire se mesure et se constate

par les lois mêmes destinées à les refréner. Tous
les personnages notables, populaires aussi bien qu'oligarques purs, se coalisent en *Hétairies;* et quant à la masse
des citoyens, j'entends ceux qui prennent régulièrement
part aux affaires politiques, ils s'organisent, eux aussi,
dans les circonscriptions votantes, en confréries closes et
presque militaires, lesquelles ont leurs chefs, leurs intermédiaires tout trouvés dans les *principaux* ou *scrutateurs*
des *tribus (divisores tribuum)*. Tout est vénal dans ces
clubs politiques : le vote de l'électeur d'abord, puis celui
du sénateur et celui du juge, et aussi le poing du tapa-
geur des rues, avec le capitaine d'émeute qui le mène :
entre les associations des grands et des petits, le tarif seul
diffère. L'hétairie décide de l'élection : l'hétairie ordonne
la mise en accusation : l'hétairie conduit la défense : elle
gagne l'avocat de renom, conclut accord en cas de besoin
avec l'entrepreneur d'acquittements, qui trafique en gros
des voix des juges. L'hétairie a ses bandes, ses phalanges,
avec lesquelles elle est maîtresse de la rue, et trop souvent
de l'État lui-même. Tous ces excès se commettaient régulièrement et publiquement, pour ainsi dire! Les hétairies
avaient leur organisation plus achevée, plus suivie que
telle et telle branche de l'administration publique : que si,
comme il est d'usage entre fourbes bien élévés, on s'entendait sans mot dire sur toutes ces criminelles pratiques, nul
cependant ne se cachait, et les meilleurs avocats osaient
faire, haut et net, allusion à leurs relations avec les
hétairies auxquelles leurs clients étaient affiliés. Un homme
se rencontrait-il, par hasard, qui voulût rester pur, et
pourtant prendre part à la vie publique, il n'était pour tous
sûrement, comme Marcus Caton, qu'un *Don Quichotte*
politique! Les clubs, la guerre des clubs, ont remplacé les
partis et leurs luttes : l'intrigue a supplanté le gouverne-

Céthégus.

ment. C'est alors qu'on rencontre un *Publius Cethegus,*
personnage d'équivoque caractère, marianien des plus
ardents d'abord, puis transfuge reçu à grâce par Sylla

(V, p. 327) : il joue au temps actuel l'un des rôles les plus
importants : porteur de paroles et médiateur habile, il
s'agite entre les fractions diverses du Sénat ; il a la clef de
tous les secrets, de toutes les cabales politiques ; et parfois,
c'est sur un mot de *Præcia,* sa maîtresse, que se décide la
nomination aux hautes charges dans l'État. Pour en venir
jusque là, il fallait bien que dans les rangs des hommes
d'action il n'y en eût aucun qui dépassât la ligne commune.
Vienne un talent exceptionnel, et aussitôt il balayera
comme toiles d'araignées toutes ces misérables factions :
mais encore une fois, en fait de capacités politiques ou
militaires, il n'y a à Rome que disette désastreuse. De
l'ancienne génération, les guerres civiles n'avaient laissé
debout qu'un seul homme marquant, le vieux Lucius
Philippus (le consul de 663) : sage et d'habile faconde, jadis
tenant aux populaires (V, p. 88), plus tard le chef du parti
capitaliste ameuté contre le Sénat (V. p. 189), et l'intime
affidé des marianiens (V, p. 349), puis rentré assez à temps
dans le camp de l'oligarchie victorieuse pour y recueillir
reconnaissance et profit (V, 327), il avait surnãgé dans le
conflit des partis. Aux hommes de la génération qui avait
suivi appartenaient les sommités de la pure aristocratie :
Quintus Métellus Pius (consul en 674), le compagnon de
dangers et de victoires de Sylla : Quintus Lutatius Catulus,
le consul de l'année de sa mort (676), et le fils du vainqueur de Verceil ; et deux jeunes capitaines, les frères
Lucius et *Marcus Lucullus,* qui s'étaient distingués sous
Sylla, le premier en Asie, le second en Italie. Je passe
sous silence d'autres *optimates,* et *Quintus Hortensius*
(640-704), important comme avocat seulement : et *Decimus
Junius Brutus* (consul en 677), et *Marcus Æmilius Lepidus
Livianus* (consul aussi en 677) : pures nullités, n'ayant
rien pour elles qu'un nom sonore et aristocratique. Les
quatre personnages nommés plus haut ne s'élevaient
guère non plus au-dessus de la moyenne des hommes de
la faction nobiliaire. Catulus était, comme son père, un

homme poli, un honnête aristocrate, mais sans grand talent, sans talent militaire, surtout. Métellus, personnellement, méritait l'estime par son caractère ; il était de plus bon capitaine et soldat éprouvé : au sortir de son consulat, en 675, alors que les Lusitaniens, unis aux émigrés romains à la suite de Quintus Sertorius, venaient de relever la tête (*V. infra*), il avait été envoyé en Espagne, non point tant à cause de ses relations d'étroite parenté ou de corporation avec le régent, qu'à cause de son mérite hautement reconnu. C'étaient aussi deux bons officiers que les deux Lucullus : l'aîné surtout, Lucius, à un talent militaire très-réel, joignait la culture littéraire la plus soignée et tous les goûts de l'écrivain : comme homme, il avait le sens de l'honneur. Mais sur le terrain de la politique, ces coryphées de l'aristocratie se montraient sans vigueur, à courtes vues, médiocres presque autant que le commun des sénateurs. Braves et utiles en face de l'ennemi du dehors, ils n'étaient ni disposés à se jeter dans le mouvement politique, ni capables de prendre en main le gouvernail et de conduire sûrement le vaisseau de l'État sur cette mer agitée des intrigues et des factions. Mettant toute leur sagesse dans l'orthodoxie de leur croyance oligarchique et dans sa panacée, ils haïssaient cordialement la démagogie : ils la maudissaient hardiment comme toute force qui ose s'émanciper elle-même. Il suffisait de peu de chose, d'ailleurs, à leur très-mince ambition. Non qu'il faille croire, non plus qu'à tant d'autres historiettes dont sont remplis les livres, à tout ce qu'on raconte du séjour de Métellus en Espagne, à ses sottes faiblesses pour la rude lyre des poètes à gages du pays, à ces libations de vin offertes, à cet encens brûlé sur son passage comme devant un Dieu, à ces *Victoires* planant sur sa tête, lorsqu'il était à table, et le couronnant de lauriers au bruit du tonnerre ! Vrais ou faux, tous ces bavardages ne peignent-ils pas au vif les glorioles vaniteuses où se complaisaient les *Épigones* dégénérés des vieilles grandes races ? Les meilleurs d'entre eux s'estimaient satisfaits quand ils avaient conquis, non la puissance et l'influence, mais le consulat ou le triomphe, et un siége d'honneur dans la Curie : quand sonnait l'heure de l'ambition honnête et sérieuse, quand ils auraient dû venir en aide à la patrie, à leur parti, ils se retiraient de la scène politique et allaient croupir dans leur luxe princier. Que dire de ces hommes, que dire des Métellus et des Lucius Lucullus, quand on les voit jusque dans les camps où ils commandent, bien moins soucieux de reculer les frontières de l'empire, et de soumettre à Rome les rois et les peuples, qu'affairés à compléter les longues listes du gibier, des oiseaux fins et du dessert d'un gastronome romain, et d'y faire entrer les délicatesses nouvelles importées d'Asie-Mineure et d'Afrique? Que dire, quand on les voit user la meilleure part de leur vie dans les loisirs plus ou moins intelligents de leur retraite? Que sont devenues ces traditions de savoir-faire et de renoncement individuel, assises solides du régime oligarchique? L'aristocratie romaine une première fois tombée et artificiellement restaurée les a perdues sans retour. Au lieu du patriotisme, l'esprit de coterie : au lieu de l'ambition, la vanité : au lieu de l'esprit de suite, l'étroitesse des vues. Aux mains de gardiens meilleurs, tels que les hommes du collége des cardinaux de la Rome catholique, ou du collége vénitien des *Dix*, la constitution de Sylla n'eût pas sitôt fléchi peut-être sous les coups de l'opposition : à tout le moins, il y eût eu danger pour celle-ci, s'attaquant à de tels défenseurs.

Parmi les personnages qui n'étaient ni les partisans absolus, ni les ennemis avoués de la constitution de Sylla, nul n'attirait plus les regards de la foule que le jeune Gnæus Pompée, âgé de 28 ans, à l'heure où l'ex-régent mourut (né le 29 septembre 648). Cette admiration de tous fut un mal et pour lui et pour ceux qui la ressentaient : elle était d'ailleurs naturelle. Sain de corps et d'esprit, gymnaste habile, disputant au simple soldat, alors que déjà il était officier supérieur, le prix du saut, de la course

Pompée.

106 av. J.-C.

et du disque, habile et fort cavalier, non moins habile à
l'escrime, plein d'audace à la tête de ses volontaires; à cet
âge où il n'avait encore ni l'entrée des grandes charges, ni
celle du Sénat, il avait été salué *Imperator,* il avait eu le
triomphe : l'opinion, derrière Sylla, lui avait assigné la
première place; et le régent lui-même, moitié aveu, moitié
ironie, lui avait laissé prendre le surnom de « *Grand!* »
Par malheur, son génie n'allait point à la hauteur de son
prodigieux succès. Il n'était certes ni méchant, ni incapable, il n'était qu'un homme ordinaire. La nature l'avait
créé pour être un bon subalterne : les circonstances en
avaient fait un général et un homme politique. En lui vous
trouviez le militaire, le soldat intelligent, brave, expérimenté, excellent enfin, sans l'étincelle d'une vocation plus
haute : général d'armée, sur le champ de bataille et
partout ailleurs, du reste, il n'en venait à l'action qu'avec
une prudence extrême, et touchant presque à la pusillani-
mité. Il ne voulait frapper le coup décisif que quand il
avait la conscience de la plus écrasante supériorité. Son
éducation avait été celle de tous les Romains de son siècle.
Foncièrement homme d'épée, il ne marchanda aux rhéteurs
quand il vint à Rhodes, ni son tribut d'admiration, ni ses
dons. Il avait la probité du riche, sachant bien mener son
train de maison à l'aide de sa grande fortune, héritée ou
acquise : il ne dédaignait point de faire de l'argent selon
les méthodes en usage parmi les sénateurs : mais froid
par tempéramment, et aussi trop opulent, il n'allait pas
s'embarquer dans les spéculations dangereuses, et assumer
la responsabilité des gros scandales. Son renom de probité
et de désintéressement, renom mérité d'ailleurs à en juger
relativement, il le dut aux vices en vogue chez ses contemporains plus encore qu'à sa vertu personnelle. C'était
chose presque proverbiale que « l'honnête visage de
Pompée; » et même après sa mort, on vantait la sagesse
et la dignité de ses mœurs. En réalité, il fut bon voisin;
il ne s'adonna point à ces pratiques révoltantes des grands

de Rome, qui agrandissaient leurs domaines à coups de
ventes extorquées par la violence, ou à l'aide de pires
crimes commis envers les petits possesseurs limitrophes :
dans son intérieur, il se montra bon mari et bon père :
disons enfin à son honneur que quand il traîna dans ses
triomphes des rois et des généraux captifs, il ne les fit
point ensuite mettre à mort, suivant la barbare coutume
de ses prédécesseurs[1]. Mais dès que Sylla avait parlé, Sylla,
son seigneur et son maître, aussitôt il se séparait d'une
épouse aimée, dont le crime était d'appartenir à une
famille tombée en disgrâce : que Sylla clignât de
l'œil, et le héros faisait de grand sang-froid massacrer
sous ses yeux les hommes qui dans les temps difficiles
avaient marché à ses côtés (V, p. 342). Non qu'il fût cruel,
comme on le lui reprocha, mais, ce qui est pis, il était
froid, insensible, sans passion pour le bien ni pour le mal.
Si dans la mêlée il regardait intrépidement l'ennemi en
face, on le vit, dans la vie civile, pusillanime et rougissant
pour un rien, ne parlant en public qu'avec embarras,
anguleux surtout, empesé et gauche dans les relations du
monde. Avec toutes ses hauteurs jalouses, ainsi qu'il en va
souvent de ceux qui font parade de leur indépendance, il
ne fut qu'un instrument docile dans la main de quiconque
savait le prendre; il fut mené par ses affranchis et ses
clients, alors qu'il ne craignait point d'avoir à leur obéir.
Bref, il n'était point fait pour un rôle d'homme d'État.
Incertitude du but, indécision dans le choix de ses moyens,
étroitesse des vues dans les petites ou les grandes circonstances, que de causes de faiblesse! Il restait là, perplexe,
déguisant son irrésolution et son trouble sous le manteau
solennel du silence, et quand il voulait jouer au fin, il se
dupait lui-même en croyant tromper les autres. Sa situation militaire, ses relations dans la province, presque sans

---

[1] [Et comme firent César pour Vercingétorix (*infrà*, ch. VII), et
d'autres encore après César.]

qu'il y travaillât, lui valurent un parti considérable, dévoué
à sa personne, et propre à l'accomplissement des plus
grandes choses. Mais sous aucun rapport il ne sut jamais
ni réunir ni conduire un parti ; et si la réunion se fit un
jour, il n'y fut pour rien, les circonstances seules y pesant
de leur poids. En ceci, comme ailleurs, il me rappelle
Marius, Marius, le rude paysan, passionné et sensuel,
insupportable au même degré que cette raide et ennuyeuse
contrefaçon du grand homme. Dans la politique, la situation de Pompée était fausse à l'excès. Officier de l'armée
de Sylla, son devoir voulait qu'il luttât pour la constitution
restaurée : il n'en arriva pas moins à faire à Sylla une
opposition personnelle, à Sylla et à tout le régime sénatorial. Aux yeux de l'aristocratie, la famille des Pompéiens,
inscrite il y a quelque soixante ans, pour la première fois,
dans les fastes consulaires, n'est point encore pleinement
acceptée : le père de Gnæus, en face du Sénat, avait joué un
rôle odieux, équivoque (V, pp. 253, 314) ; et Pompée, lui-
même, ne l'avons-nous pas vu un jour dans les rangs des
Cinnaniens (V; p. 327)? On se taisait sur de tels souvenirs,
mais ils ne s'effaçaient pas. La haute fortune conquise par
Pompée sous Sylla, en même temps qu'elle le rattachait
au-dehors à la faction aristocratique, lui suscitait au-dedans
avec elle des antipathies non moins réelles. Il avait la
tête faible ; et porté vite et sans peine aux sommets de la
gloire, il fut aussitôt pris de vertige. Comme s'il eût voulu
bafouer sa propre et prosaïque figure, il osa la mettre en
parallèle avec celle du plus noble et du plus poétique des
héros : on le vit se comparer avec Alexandre le Grand : à
Pompée seul, à l'entendre, il eût été messéant de ne faire que
compter parmi les cinq cents sénateurs de Rome. Et pourtant nul plus que lui n'eût mieux convenu au rôle de
simple membre de l'assemblée dirigeante sous un pur
régime d'aristocratie. Que s'il eût vécu deux cents ans
plutôt, la dignité de son extérieur, son formalisme solennel,
sa bravoure individuelle, la probité de sa vie privée, tout

chez lui, tout, jusqu'au défaut d'initiative, lui aurait assuré
peut-être une honorable place à côté des Quintus Maximus,
et des Publius Decius ; et sa médiocrité même, la vraie
vertu de l'*optimate* romain, n'a pas peu contribué à l'affinité élective qui s'établit un jour entre lui et la masse du
peuple et du Sénat. Dans son siècle enfin, un rôle net et
important lui était destiné encore, s'il avait su se contenter
de n'être que le général du Sénat : là était sa vraie
destinée ! Mais son ambition allait plus loin ; et il tomba
de chute en chute, pour avoir voulu au-delà de ce qu'il
pouvait. Ne rêvant qu'à monter sur un piédestal,
il l'eut un jour devant lui, sans oser le gravir ; et sa
rancune fut amère et profonde, quand les hommes et les
lois ne se courbèrent point à merci devant lui. On ne l'en
vit pas moins partout affichant une modestie qui n'était
point simplement d'emprunt, simple citoyen parmi des
milliers d'égaux, et tremblant à la seule pensée d'une
démarche contraire à la constitution. Ainsi toujours en
froid avec l'oligarchie, et toujours son humble serviteur,
torturé sans cesse par une ambition qui s'épouvantait de
ses propres visées, Pompée était condamné par avance aux
contradictions continuelles et intérieures d'une vie sans
joie, laborieusement et inutilement agitée.

Pas plus que Pompée, on ne saurait classer Crassus Crassus.
parmi les adhérents purs de l'oligarchie. Il est aussi
l'une des plus caractéristiques figures du siècle. Comme
Pompée, dont il était l'aîné de quelques années, il appartenait au monde de la haute aristocratie romaine : il avait
reçu l'éducation habituelle à sa caste ; et comme Pompée
enfin, il avait, sous Sylla, combattu, non sans distinction,
dans la guerre d'Italie. Du côté des dons de l'esprit, de la
culture littéraire et des talents militaires, il restait loin en
arrière de beaucoup de ses pareils : il les dépassait par son
activité infatigable, par son ardeur opiniâtre à vouloir tout
posséder, et marquer en tout. Il se jeta à corps perdu dans
les spéculations. Des achats de terre pendant la révolution

furent la base de son énorme fortune, sans qu'il négligeât d'ailleurs les autres moyens de s'enrichir, élevant dans la capitale des constructions grandioses autant que prévoyantes; s'intéressant avec ses affranchis dans les sociétés et les compagnies commerciales; tenant banque dans Rome et hors de Rome, avec ou sans le concours de ses gens; prêtant son or à ses collègues du Sénat, et entreprenant pour leur compte et selon l'occasion, tantôt des travaux, tantôt l'achat des colléges de justice. Pourvu qu'il y eût gain, il ne faisait point le renchéri. Au temps des proscriptions de Sylla, il demeura un jour convaincu d'avoir falsifié les terribles listes; et le dictateur, à dater de ce moment, ne voulut plus l'employer dans les affaires d'État. Tel testament où il était nommé était-il de même entaché de faux notoire, il ne s'en portait pas moins héritier; et il fermait les yeux quand son régisseur avait expulsé ses riverains de leur terre par voie de fait ou d'usurpation tacite. Attentif d'ailleurs à ne point entrer en lutte ouverte avec le juge criminel, il savait vivre simplement, bourgeoisement, en vrai homme d'argent qu'il était. C'est ainsi qu'en peu d'années on le vit, naguère possesseur d'un patrimoine sénatorial ordinaire, amasser de monstrueux trésors: peu de temps avant sa mort, malgré des dépenses imprévues, inouies, on estimait encore son avoir à 170,000,000 sesterces (48,750,000 fr.). Il était devenu le particulier le plus opulent de Rome, et comptait comme une puissance politique. S'il était vrai, selon son dire, que celui-là seul pût se dire riche, qui pouvait, sur ses revenus, entretenir une armée sur le pied de guerre, il faut convenir qu'à l'heure même cet homme cessait d'être un simple citoyen. Et de fait, Crassus visa plus haut qu'à être le maitre du coffre-fort le mieux rempli de Rome. Il n'était point de peine qu'il ne se donnât pour étendre ses relations. Il savait appeler et saluer par leur nom tous les citoyens de la grande ville. Jamais il ne refusa le plaideur invoquant son assistance devant la justice. Qu'importe que la nature eût fait de lui

un mince orateur, que sa parole fût maigre, son débit mono-
tone, et son oreille dure! Tenace dans ses opinions, ne
s'effrayant d'aucun ennui, oublieux des plaisirs, il surmontait
tous les obstacles. Ne se laissant jamais surprendre et n'im-
provisant jamais, il était consulté à toute heure; à toute heure
il était prêt : bien peu de causes lui semblaient mauvaises,
mettant en jeu, pour enlever le succès, et les ressources de
la plaidoirie, et l'influence de ses relations, et au besoin
l'influence de son or sur les juges. La moitié des sénateurs
étaient ses débiteurs : il tenait une foule d'hommes considérables dans sa dépendance, ayant pour habitude d'avancer
sans intérêt des capitaux « à ses amis, » capitaux rembour-
sables à volonté. Homme d'affaires avant tout, il prêtait
sans distinction de partis, mettait la main dans tous les
camps, et donnait volontiers crédit à quiconque était sol-
vable, ou pouvait devenir utile. Quant aux meneurs, même
les plus hardis, quant à ceux dont les attaques n'épargnaient
personne, ils se seraient gardés d'en venir aux mains avec
Crassus : on le comparait au taureau du troupeau, qu'il y
a toujours péril à irriter. Il va de soi qu'un tel homme,
ainsi posé, n'aspirait point à un but modeste : bien plus
clairvoyant que Pompée, il savait exactement, comme le sait
tout bon banquier, et quel était le but de ses spéculations
politiques, et quels étaient ses partenaires. Depuis que
Rome était Rome, les capitaux y avaient joué le rôle d'une
puissance dans l'État : au temps actuel, on arrivait à tout
par l'or aussi bien que par le fer. Pendant la révolution,
l'aristocratie financière avait bien pu songer à renverser
l'oligarchie des antiques familles : Crassus, lui aussi, pouvait viser à mieux qu'aux faisceaux du licteur, ou qu'au
manteau brodé du triomphateur syllanien. Pour le moment,
il avait marché avec le Sénat : mais il était trop bon
financier pour se donner à un seul parti, et pour suivre
une autre route que celle de son intérêt personnel. Or,
pourquoi cet homme, le plus riche, le plus intrigant des
Romains, nullement avare d'ailleurs, et sachant aventurer

les gros enjeux, pourquoi n'eût-il pas de même spéculé en vue d'une couronne? Peut-être que réduit à lui seul, il ne lui était pas donné d'y atteindre : mais il avait souvent pratiqué les grandes affaires, les vastes associations : ne pouvait-il pas pour cette entreprise mettre la main sur un utile partenaire? Ce fut donc alors (signe trop caractérisque des temps!) que l'on vit un Crassus, orateur et capitaine médiocre, un politique ayant l'activité et non l'énergie, les convoitises et non l'ambition, ne se recommandant par rien, si ce n'est sa colossale fortune et son habileté commerciale, étendre partout ses intelligences, accaparer la toute puissante influence des coteries et de l'intrigue, s'estimer l'égal des plus grands généraux, des plus grands hommes d'État de son siècle, et lutter avec eux pour la palme la plus haute qui puisse attirer les convoitises de l'ambitieux!

Les chefs de la démocratie.

Dans le camp de l'opposition démocratique, chez les conservateurs libéraux, comme chez les *populaires,* la tempête révolutionnaire avait fait des vides effroyables. Parmi ceux-là, un seul personnage notable restait debout, *Gaius Cotta* (630 à 684 environ), l'ami et l'allié de Drusus.

124-73 av. J.-C.

91.

Banni pour ce motif en 663 (V, p, 210), les victoires de Sylla l'avaient ramené dans sa patrie (V, p. 360). C'était un homme prudent et un bon avocat, mais appelé tout au plus à faire honorablement figure au second rang, soit que l'on tînt compte de son parti, soit que l'on pesât sa valeur

César.

personnelle. — Parmi les démocrates de la jeune génération, un homme attirait les regards de tous, amis et enne-

102.

mis. *Gaius Julius Cæsar* (né le 12 juillet 652?) comptait vingt-quatre ans[1]. Son alliance avec Marius et Cinna (la

100.

44.

82.

65. 62. 59.

[1] D'ordinaire on place la naissance de César en 654, se fondant sur ce que Suétone (*Cæs.* 88), Plutarque (*Cæs.* 69) et Appien (*Bell. civ.* 2, 149) lui donnent 56 ans au moment de sa mort (15 mars 710), et en concordance avec le dire de Velleius Paterc. (2, 41), qui lui donne 18 ans au temps de la proscription de Sylla (672). Mais à adopter cette date, on tombe dans des contradictions inextricables. César fut édile en 689, préteur en 692, consul en 695 : or d'après

sœur de son père avait épousé Marius, et lui-même il
était le gendre de Cinna); son courageux refus, à peine
adolescent, d'envoyer à sa jeune épouse Cornélia la lettre
de répudiation que Sylla lui dictait, alors que Pompée

les *lois Annales* [*leges Annariæ* ou *Annales*] * il fallait, pour aborder
l'édilité, l'âge de 37-38 ans au moins, et celui de 40-41 ans, de 43-
44 ans pour la préture et le consulat (Becker, *Handb.* [*Manuel*], 2,
2, 24). On ne comprendrait pas comment il aurait pu se faire que
César eût occupé toutes les charges curules deux ans avant l'âge
légal, et encore moins comment on n'en trouverait mention faite
chez aucun auteur. De tout cela ressort bien plutôt la présomption
grave que son jour de naissance étant tombé le 12 juillet (on le sait
de source certaine), il serait né en 652, et non en 654 : qu'en 672,   102. 100. 82.
par suite, il aurait été âgé de 20-21 ans, et qu'il serait mort, non   av. J.-C.
dans sa cinquante-sixième année, mais ayant accompli 57 ans 8 mois.
Et à l'appui de cette conclusion dernière j'invoquerais une circonstance qui, chose curieuse, est le plus souvent citée par les partisans
de la thèse que je combats, sa promotion par Marius et Cinna, alors
qu'il était presque enfant (*pœne puer*, Vellei. 2, 43), au titre de
flamine de Jupiter. Marius en effet mourut en janvier 668, César   86.
étant alors âgé de 13 ans et 6 mois selon l'opinion commune, étant
non pas seulement « presque un enfant, » mais véritablement enfant
encore, et selon toute probabilité n'ayant point encore l'aptitude
requise pour exercer un tel sacerdoce. Que si, au contraire, c'est en
652 que se place sa naissance, il aurait été dans sa seizième année   102.
au moment de la mort de Marius : et alors, tout se concilie, et l'observation de Velléius, et la règle générale aux termes de laquelle on
ne pouvait pas entrer dans les emplois civiques avant d'avoir dépassé
l'âge de l'enfance. Ajoutons un dernier fait qui à lui seul nous con-
firmerait dans notre opinion, c'est que sur les *deniers* frappés par
César au début de la guerre civile on lit le chiffre LII, indiquant
vraisemblablement son âge : il avait donc un peu plus de 52 ans
quand cette guerre a éclaté. Et puis, quoi qu'il nous en semble à
nous, qui sommes habitués à un état civil des naissances régulièrement et officiellement tenu, qu'y a-t-il donc de si téméraire à accuser
ici nos auteurs d'erreur? Les quatre citations qui précèdent peuvent
très-bien avoir été puisées toutes à une source commune. Quoi
d'étonnant à ce qu'elles ne méritent point absolument crédit, si l'on
songe que dans les temps anciens, avant la création des *Acta diurna*,
l'on ne rencontre que confusions et que contradictions surprenantes
dans l'énoncé des dates de la naissance des Romains les plus illustres et les plus éminents, de Pompée par exemple? — Napoléon III,
dans sa *Vie de César* (t. I, liv. II, ch. I, p. 252, en note), combat
notre opinion, soit parce qu'en obéissant à la *loi Annale* il faudrait
reporter la naissance de César à l'an 651, et non à l'an 652 ; soit   103. 102.
surtout parce qu'on connaît de nombreux exemples où la loi n'a pas
été observée. Mais dans la première de ces assertions il existe une
méprise. L'exemple de Cicéron atteste que la loi annale n'exigeait
qu'une chose, c'est que la quarante-troisième année fût commencée

* [Paul. Diac., p. 27. — *Annaria lex dicebatur ab antiquis ex qua finiuntur
anni magistratus capiendi.*]

s'était aussitôt soumis à pareille exigence; sa téméraire persistance à garder le sacerdoce que Marius lui avait donné, et que Sylla encore lui retirait; sa vie errante pour échapper aux menaces de la persécution, dont le délivrèrent à grande peine les démarches et les sollicitations de sa famille *: sa bravoure dans les combats sous Mytilène et en Cilicie, bravoure à laquelle nul ne s'attendait, venant d'un jeune homme élevé dans les délicatesses de la vie et les habitudes

pour l'entrée en charge (dans le consulat), et non pas qu'elle fût accomplie [V. *de Leg. agr.* 2, 2, et Becker, *l. c.* 2, 2, p. 23]. Et quant aux exceptions auxquelles l'auteur de *César* se réfère, elles sont loin de se justifier toutes. Lorsque Tacite (*Ann.* II, 22)* dit que chez les ancêtres des Romains on ne se préoccupait guère de l'âge, et qu'on avait vu de tout jeunes gens aborder le consulat et la dictature, il fait allusion, les commentateurs le déclarent, à des temps antérieurs à la promulgation des lois annales, au consulat de *M. Valerius Corvus*, promu dans sa vingt-troisième année, et à des cas semblables. On cite bien Lucullus; mais il est inexact de dire qu'il ait pris le consulat avant l'âge légal : tout ce que l'on sait (Cic. *Acad. pr.* 1, 1), c'est que sur le fondement de je ne sais quelle disposition exceptionnelle, et à titre de récompense pour un exploit ou un service rendu quelconque, il a été dispensé de l'intervalle légal des deux ans entre l'édilité et la préture; et de fait, nous le voyons édile en 675, préteur en 677 (vraisemblablement) et consul en 680. Le cas est tout autre pour Pompée, qui ne le sait? Ne lisons-nous pas expressément dans plus d'un auteur (Cic. *de imp. Pomp.* [ou *pro leg. Man.*], 21, 62. App. *l. c.* 3, 88) que le Sénat lui accorda de formelles dispenses d'âge [*ex Scto legibus solutus consul ante fieret quam ullum alium magistratum per leges capere licuisset*]? On ne s'étonne point d'une telle exception faite pour Pompée, le général en chef victorieux, le triomphateur demandant le consulat à la tête d'une armée, et aussi, après sa lutte avec Crassus, à la tête d'un parti puissant. Mais on ne saurait assez s'étonner qu'elle ait eu lieu pour le jeune César alors qu'il briguait les charges mineures et qu'il n'avait pas d'autre importance que celle d'un débutant politique ordinaire. Et ce qui serait plus incroyable encore, tandis que nos sources mentionnent le fait, très-explicable en soi, de la dispense donnée à Pompée, elles sont muettes à l'égard de celle, bien extraordinaire, qui aurait été octroyée à César. Rappeler le cas eût été fort commode pourtant, lorsqu'un peu plus tard Octave fut fait consul à 21 ans (*cf.* par ex. App. 3, 88). — De tous ces exemples on a prétendu conclure qu'à Rome « on n'observait guère la loi quand il s'agissait d'hommes éminents » (*Vie de César, l. c.*). Je ne sache pas qu'on ait jamais rien dit de plus erroné sur Rome et les Romains. La grandeur de la République romaine, et aussi celle de ses généraux et de ses hommes d'état, repose avant toute chose sur l'entier empire des lois, même en ce qui concerne leur personne.

* *Apud majores virtutis id præmium (quæstura) fuerat, cunctisque civibus, si bonis artibus fiderent, licitum petere magistratus : ac ne ætas quidem distinguebatur quin prima juventa consulatum ac dictaturam inierent.*

efféminées d'un petit maître : le mot de Sylla, qui voyait
plusieurs Marius se cacher sous sa tunique mal rattachée [1],
tout cela le recommandait puissamment aux yeux des
démocrates. Mais César n'offrait encore de prise qu'aux
espérances, et dans l'avenir : pour le présent, les hommes
que leur âge ou leur position dans le Sénat eût appelés
à gouverner le parti et à se rendre maîtres du gouvernement, étaient tous morts ou en exil. A défaut d'homme
appelé à ce grand rôle, la conduite de la démocratie appartenait donc au premier qui voudrait se poser en représentant des démocrates opprimés ; et c'est ainsi qu'elle échut
à *Marcus Æmilius Lepidus,* ancien Syllanien, passé dans   Lépidus.
le camp populaire pour d'assez équivoques motifs. D'abord
optimate ardent, enchérisseur assidu aux ventes des biens
des proscrits, durant son proconsulat de Sicile il avait
commis d'ignobles rapines. Une accusation paraissant imminente, il se jeta, pour y échapper, dans l'opposition. Le
gain pour celle-ci était de valeur douteuse. Il lui apportait
sans doute le secours de son nom, de son importance, de
sa vive parole dans les luttes du Forum : il n'en était pas
moins un homme sans talent sérieux, une tête sans cervelle,
et ne méritait le premier rang ni à l'armée ni dans les
conseils de la cité. L'opposition le tint cependant pour le
bienvenu. Devant le nouveau meneur populaire, les accu-
sateurs effrayés reculèrent : l'accusation commencée tomba.
Il réussit même à se faire élire consul pour 676 : grâce à   78 av. J.-C.
son or extorqué en Sicile, grâce surtout à l'appui vraiment
étrange qu'il alla demander à Pompée ; il fit voir dans
cette occasion à Sylla et aux Syllaniens purs ce dont il
était capable. A l'heure où Sylla mourut, l'opposition avait
donc son chef en la personne de Lépidus ; et comme ce
chef en même temps occupait la magistrature suprême, on
pouvait prédire à coup sûr l'explosion prochaine d'une
révolution nouvelle dans la capitale.

---

[1] [*Ut male præcinctum puerum caverent* (Suet. *Cæs.* 42).]

Mais l'agitation des émigrés démocrates en Espagne avait devancé la révolte du parti dans Rome. Quintus Sertorius en était l'âme. Cet homme remarquable, né à *Nursia* [auj. *Norcia*] dans la Sabine, avait le cœur ouvert aux sentiments tendres, et cela même jusqu'à la faiblesse. Qui ne sait son amour enthousiaste pour sa mère *Rhæa*? En même temps sa bravoure chevaleresque lui avait valu de glorieuses cicatrices rapportées des guerres cimbriques, espagnoles et italiennes. Discoureur sans tradition d'école, il étonnait les avocats les plus habiles par le naturel facile et coulant de sa parole, et la sûreté émouvante de ses moyens oratoires. Dans la guerre de la révolution si misérablement, si absurdement conduite par les démocrates, il avait trouvé l'occasion de manifester, contraste éclatant et honorable, un génie éminent de capitaine et d'homme d'État: de l'aveu de tous, il était le seul officier du parti qui sût préparer et mener la guerre : il était le seul politique aussi qui s'opposât avec une sage énergie aux excès et aux fureurs démagogiques. Ses soldats d'Espagne le saluaient du nom de « nouvel Hannibal, » non pas seulement parce qu'il avait perdu un œil dans les combats, mais parce qu'en effet il faisait revivre la méthode ingénieuse et hardie tout ensemble du grand Carthaginois, sa merveilleuse adresse à nourrir la guerre par la guerre, son talent à entraîner les peuples étrangers dans ses intérêts, à les faire servir à son but, son sang-froid dans la bonne et la mauvaise fortune, sa rapidité inventive à tirer parti de ses victoires, ou à détourner les conséquences fatales de ses défaites. Il semble douteux que jamais homme d'État romain des siècles anciens ou contemporains ait égalé les mérites universels de Sertorius. Contraint par les généraux de Sylla à se réfugier en Espagne (V, pp. 340, 341), il avait mené d'abord une vie d'aventures, errant sur les côtes de la Péninsule et d'Afrique, tantôt en alliance, tantôt en guerre avec les pirates ciliciens établis aussi dans ces parages, et avec les chefs des tribus nomades de la Libye.

La restauration victorieuse l'était allé poursuivre jusque-là :
un jour qu'il avait mis le siége devant *Tingis (Tanger)*, un
détachement de l'armée d'Afrique, commandé par *Pacciæcus*, vint au secours du prince local. Sertorius le
battit à fond et prit Tingis. Au bruit retentissant de pareils
faits de guerre, les Lusitaniens, qui en dépit de leur soumission prétendue à l'empire de la République, n'en continuaient pas moins à défendre leur indépendance, et engageaient tous les ans le combat avec les proconsuls de
l'Espagne ultérieure, les Lusitaniens envoyèrent en Afrique
une ambassade au Romain fugitif, l'invitant à se rendre au
milieu d'eux, et lui offrant le commandement de leurs
milices. Sertorius, vingt ans avant, avait servi en Espagne
sous Titus Didius ; il connaissait les ressources du pays, et
se décida à répondre aux offres des Lusitaniens. Laissant
un petit poste sur la côte mauritanienne, il prit la mer
(vers 674); mais le détroit qui sépare l'Espagne et l'Afrique
était occupé par Cotta avec une escadre romaine. Impossible de se glisser au travers. Sertorius se fraya la voie par
la force, et aborda heureusement en Lusitanie. Vingt
cités seulement s'y rangeaient sous ses ordres; et quant
aux « Romains » il n'en put réunir que 2,600, transfuges
de l'armée de Pacciæcus pour le plus grand nombre, ou
Africains armés à la romaine. Avec son sûr coup-d'œil, il
jugea qu'il fallait tout d'abord donner pour point d'appui
aux bandes sans cohésion de ses *guerrillas* un noyau solide
de soldats disciplinés et organisés : à cet effet, il renforça
la petite troupe amenée d'au delà de la mer par une levée
de 4,000 fantassins et de 700 cavaliers : ce fut avec cette
légion unique et les essaims de ses volontaires espagnols
qu'il marcha en avant. L'Espagne ultérieure obéissait à
Lucius Fufidius, d'officier subalterne passé propréteur,
à cause de son dévouement absolu envers Sylla, dévouement éprouvé jusque dans les proscriptions. Il fut complétement battu sur le Bætis : 2,000 Romains restèrent sur le
carreau. On envoya en hâte des messagers à *Marcus Domi-*

tius Calvinus, gouverneur de la province de l'Ebre : il fallait à tout prix arrêter les progrès de Sertorius. Bientôt aussi (675) parut sur le théâtre de la guerre Quintus Métellus, général expérimenté, que Sylla envoyait dans l'Espagne du sud pour y suppléer à l'insuffisance du propréteur. Mais la révolte ne pouvait plus être domptée. Du côté de l'Ebre, un officier de Sertorius, *Lucius Hirtuléius*, son questeur, détruisit l'armée de Calvinus et tua celui-ci : puis à peu de temps de là, Lucius Manlius, proconsul de la Gaule transalpine, qui avait passé les Pyrénées pour venir au secours de son collègue, fut à son tour battu par le brave chef de partisans. Lui-même il n'échappa point sans peine, et gagnant *Ilerda* (*Lérida*) avec quelques hommes, s'en revint dans sa province. En marche, les peuplades aquitaniques tombèrent sur lui et lui enlevèrent tous ses bagages. Dans l'Espagne ultérieure, Métellus, sur ces entrefaites, poussa chez les Lusitaniens : mais bientôt, pendant qu'il tenait assiégée *Longobriga* (non loin des bouches du Tage), Sertorius attira dans une embuscade toute une division romaine et *Aquinus* son chef, forçant par là Métellus à lever le siége et à évacuer le territoire ennemi. Sertorius le suivit, battit le corps de *Thorius* sur l'*Anas* (*Guadiana*), et dans cette guerre toute d'escarmouches fit subir en détail d'énormes pertes au général en chef. Celui-ci, tacticien méthodique un peu lourd, était au désespoir. Il avait affaire à un ennemi qui se refusait au combat décisif, lui coupait tous les vivres et les communications, et voltigeait à toute heure, en tous lieux, sur ses flancs.

De tels et incroyables succès, obtenus à la fois dans les deux Espagnes, avaient d'autant plus d'importance qu'ils n'étaient point purement militaires, et que les armes seules ne les avaient point conquis. Les émigrés par eux-mêmes n'étaient point redoutables; et quant aux Lusitaniens, il n'eût pas fallu priser trop haut leurs coups de main heureux, remportés sous la conduite de tel ou tel chef étranger. Mais avec la sûreté de son tact d'homme politique et de patriote, Sertorius, au lieu de se faire simplement le *condottiere* des Lusitaniens, se géra partout et autant qu'il était en lui comme un général et un légat romain en Espagne : c'était en cette qualité d'ailleurs qu'il y avait été envoyé, vingt ans avant, par les puissants d'alors. Des chefs de l'émigration il composa un Sénat qui devait aller jusqu'à 300 membres, diriger les affaires selon les formes usitées à Rome, et nommer les magistrats[1]. Dans son armée il voyait une armée romaine : les grades y appartenaient tous à des Romains. De même, au regard des Espagnols, il était le proconsul de Rome, exigeant d'eux, en vertu de sa charge, et des hommes et des subsides. Seulement, au lieu d'administrer despotiquement, selon l'usage, il faisait tout pour attacher les provinciaux à Rome et à sa propre personne. Son humeur chevaleresque lui rendit aisé de se familiariser avec les mœurs espagnoles : il enflamma la noblesse du pays d'un vif enthousiasme pour l'admirable capitaine, l'élu de son choix : là, comme chez les Celtes, comme chez les Germains, la coutume voulant que le prince eût ses *fidèles*, on vit les plus illustres Espagnols jurer par milliers de suivre jusqu'à la mort leur général romain ; et Sertorius eut en eux des compagnons d'armes plus sûrs même que ses compatriotes et que les hommes de son parti. Loin de négliger les superstitions ayant cours parmi les rudes peuplades du pays, il en sut tirer bon parti. C'était Diane, à l'entendre, qui lui envoyait ses plans tout faits, par une biche blanche, sa messagère ! En somme il gouvernait avec douceur et justice. Aussi loin que son œil et son bras pouvaient atteindre, ses troupes étaient soumises à la plus sévère discipline : partout ailleurs n'infligeant que des peines allégées, il se

---

[1]. Il faut du moins rattacher les premiers jalons posés pour l'organisation de l'Espagne aux années 674, 675 et 676, alors même que l'exécution complète appartiendrait pour bonne partie aux années postérieures.

80. 79. 78
av. J.-C.

montrait inexorable envers le soldat coupable d'un forfait
en territoire ami. Il voulait sérieusement l'amélioration
durable du sort des provinciaux, abaissant les tributs,
obligeant ses troupes à se construire des baraquements
pour l'hiver, délivrant ainsi les villes du lourd fardeau des
cantonnements, et arrêtant du même coup une source
d'abus, d'insupportables tracasseries. Il avait fondé à Osca
(*Huesca*), pour les enfants des Espagnols de bonne famille,
une Académie, où ceux-ci recevaient l'instruction usuelle
de la jeunesse noble de Rome, où ils apprenaient à parler
le grec et le latin, et à porter la toge. Merveilleuse institution, qui n'avait point seulement pour objet d'assurer à
Sertorius, sous une forme plus douce, la possession d'ôtages
toujours nécessaires en Espagne, même au regard des alliés,
mais institution aussi s'inspirant de la grande pensée de
Gaius Gracchus et des hommes du parti démocratique, la
perfectionnant même, et ne tendant à rien moins qu'à
romaniser insensiblement les provinces! Pour la première
fois on entreprenait une telle œuvre, non en détruisant les
races indigènes, auxquelles se substituait la colonisation
italienne, mais en faisant passer les provinciaux à la
latinité. Les *optimates* à Rome n'avaient que moqueries
pour ces misérables émigrés, pour ces transfuges de l'armée
italienne, derniers débris des bandes de brigands de
Carbon : leurs sots dédains leur coûtèrent cher. On envoya
contre Sertorius des armées énormes, y compris les levées
en masse faites en Espagne, 120,000 hommes de pied,
2,000 archers et frondeurs, 6,000 cavaliers. Contre des forces
si démesurément supérieures, il sut se défendre par une
succession de combats heureux et de victoires : bientôt
même il était maître de la plus grande partie de l'Espagne.
Dans la province ultérieure, Métellus se vit réduit aux seuls
territoires sur lesquels ses troupes avaient le pied : dès
qu'ils le pouvaient, tous les peuples passaient à Sertorius.
Dans la citérieure, où Hirtuléius avait vaincu, il ne se
trouvait plus de soldats romains. Déjà les émissaires de

Sertorius parcouraient toutes les Gaules : déjà les races celtiques s'agitaient, et des bandes rassemblées dans les flancs des Alpes en rendaient les passages dangereux. La mer enfin appartenait aux insurgés autant qu'au gouvernement légitime : les corsaires, presque aussi forts que la flotte romaine dans les eaux espagnoles, faisaient cause commune avec les premiers. Sertorius leur avait construit une forteresse sur le *Promontoire de Diane* (en face d'*Iviça*, entre Valence et Carthagène). De ce poste, ils guettaient les vaisseaux de Rome arrivant en ravitaillement des ports et des armées de la République : là encore, ils recevaient ou vendaient les produits des territoires révoltés, et assuraient les communications avec l'Italie et l'Asie-Mineure. Quel danger pour Rome que ces entremetteurs actifs, toujours prêts à transporter ailleurs les feux de l'incendie! Quel danger, si l'on songe aux matières inflammables alors accumulées sur tous les points de l'empire!

La mort, sur ces entrefaites, emporta soudainement Sylla (676). Tant qu'était resté debout l'homme à la voix duquel se serait levée à toute heure une armée de vétérans éprouvés et sûrs, l'oligarchie pouvait ne voir qu'un accident passager dans cette révolution presque accomplie en Espagne au profit des émigrés, et dans le succès d'un chef des opposants porté dans la péninsule à la magistrature suprême de la République. Myope et imprévoyante, comme toujours, elle n'avait point pourtant tout-à-fait tort, quand elle se disait que de deux choses l'une, ou que les opposants n'oseraient point en venir au combat décisif, ou que, s'ils l'osaient, celui qui l'avait elle-même sauvée deux fois saurait assurer son salut une troisième. Cet homme ayant cessé d'être, la situation devenait tout autre. Les boute-feu du parti démocratique, dans la capitale, rongeant depuis longtemps leur frein, entraînés par les nouvelles retentissantes d'Espagne, précipitaient l'éruption prochaine; et Lépidus, en ce moment l'arbitre de la situation, se portait en avant avec le zèle du

78 av. J.-C.

Conséquences
de la mort
de Sylla.

renégat, avec l'ardeur et l'étourderie de son caractère. Il sembla que la torche qui mit le feu au bûcher des obsèques du régent allait du même coup allumer la guerre civile. Mais Pompée était là : son influence et l'esprit bien connu des vétérans arrêtèrent l'opposition : les funérailles s'achevèrent tranquillement. On n'en était.pas moins aux préludes manifestes de la Révolution prochaine. Tous les jours les accusations retentissaient dans le Forum contre « la caricature de Romulus » et ses séides. Renverser la constitution de Sylla, rétablir l'annone, restaurer les tribuns du peuple dans leurs anciens priviléges, ramener les exilés illégalement frappés, restituer les domaines confisqués, voilà ce que Lépidus et ses adhérents annonçaient hautement vouloir. Ils nouent des intelligences avec les bannis : Marcus Perpenna, préteur en Sicile au temps de Cinna (V, p. 340), reparaît dans la capitale. On invite à faire cause commune les fils des hommes condamnés pour haute trahison aux termes des lois Syllaniennes, ceux sur qui pèsent ces lois insupportables, et tous les hommes notables de l'ancien parti de Marius : ils accourent en grand nombre, et parmi eux le jeune *Lucius Cinna* : d'autres imitent Gaius Cæsar, lequel, à la nouvelle de la mort de Cinna et des préparatifs faits par Lépidus, s'est hâté d'arriver d'Asie, mais s'est tenu prudemment à l'écart dès qu'il a pu juger le mouvement et le caractère de son chef. En attendant les tavernes et les *lupanars* de Rome sont pleins : on y boit, on y intrigue pour le compte de Lépidus. La conspiration contre le nouvel ordre de choses éclate enfin parmi les mécontents d'Étrurie [1].

Tous ces événements se passaient sous les yeux du pouvoir. Catulus, le consul, et avec lui les optimates intelligents, voulaient immédiatement, énergiquement sévir,

[1] Le récit qui suit repose principalement sur les indications fournies par Licinianus : si fragmentaires qu'elles soient, elles ne laissent pas que de jeter la lumière sur les faits principaux de l'insurrection de Lépidus.

et étouffer la révolte dans son germe, mais la majorité
trop lâche ne put se décider à commencer le combat. On
tenta de se faire illusion aussi longtemps que possible, en
transigeant, en faisant des concessions. L'annone fut
rendue, sous la forme du rétablissement restreint des
anciennes distributions des Gracques : on rentra pour cela,
sans doute, dans les moyens termes des mesures pratiquées
au temps de la guerre sociale, c'est-à-dire que les partici-
pants à l'annone n'étaient point tous les citoyens indis-
tinctement, mais seulement les plus pauvres, au nombre
d'environ 40,000. Le taux des remises restant fixé, comme
sous les Gracques, à 5 *modii* par mois, pour le prix de
6 as 1/3 (2 3/4 *Silbergros.* = 35 à 40 centimes), le trésor
y perdait net 300,000 *Thalers* (1,125,000 fr.) par an[1].
Ces demi-mesures, loin de donner satisfaction aux exigences de l'opposition, ne firent qu'exciter son audace.
Dans la capitale, elle marcha la tête haute, et s'arma de la

[1] Licinianus rapporte sous l'année 676 (V, p. 415) que (*Lepidus*)
*legem frumentariam nullo resistente adeptus est, ut annonæ quinque
modi populo darentur.* Il ressort de là que ce n'est pas la loi des
consuls *Marcus Terentius Lucullus* et *Gaius Cassius Varus* (681), loi
mentionnée par Cicéron (*in Verr.* 3, 70, 136. 5, 21, 52), et par
Salluste (*Hist.* 3, 61, 19, éd. Dietsch), qui aurait la première rendu
les 5 boisseaux mensuels au peuple : elle n'aurait fait qu'assurer le
service des distributions en organisant les achats de blé en Sicile :
peut-être aussi a-t-elle innové dans les détails. Il est sûr que la loi
Sempronia (V, p. 53) permettait à tout citoyen domicilié à Rome de
prendre part à l'annone : mais plus tard, il faut bien qu'on se soit
écarté de ses dispositions ; car comme le blé à délivrer chaque mois
allait un peu au delà de 33,000 médimnes, ou 198,000 *modii*
[= 1,733,490 lit.] (Cic. *Verr.* 3. 30, 72), il en faut conclure que
40,000 citoyens seulement le recevaient : or, bien certainement le
nombre de ceux domiciliés dans la capitale était beaucoup plus considérable. Cette importante réduction provient assurément des lois
Octaviennes, qui à l'annone sempronienne abusive avaient substitué
« une largesse plus modérée, moins lourde pour les caisses de l'État,
» et tenant compte des nécessités du commun peuple » (Cic. *de Off.*
2, 21, 72 ; *Brut.* 82, 222. V. *suprà* V. p. 210) : la loi de 676 avait
aussi admis le même taux. Mais la démocratie ne se tint pas pour
satisfaite (Sall. *loc. cit.*). Quant à la perte qui résultait de là pour le
trésor, je l'évalue à la somme indiquée plus haut, en tenant compte
de ce que le blé avait au moins doublé de valeur (V, p. 53) ; et
quand la piraterie ou d'autres causes amenaient les hauts prix, le
dommage devait s'accroître dans une proportion plus grande encore.

78 av. J.-C.

73.

78.

violence : en Étrurie, l'éternel foyer des insurrections des
prolétaires italiens, la guerre civile fit explosion. Les
Fésulans expropriés se remirent à main armée en possession de leurs anciens biens, et dans l'échauffourée périrent
bon nombre des vétérans dotés par Sylla. A la nouvelle de
ces désordres le Sénat résolut d'envoyer les deux consuls
sur les lieux. Ils y devaient appeler les milices et écraser
les révoltés[1]. On ne pouvait plus maladroitement agir. A
rétablir les lois sur les céréales, le Sénat trahissait sa faiblesse et ses inquiétudes en face de l'insurrection : à vouloir écarter à tout prix les tumultes de la rue, il donnait
une armée au chef notoire de cette même insurrection.
Enfin n'allait-on pas jusqu'à faire jurer les deux consuls,
aux termes du plus solennel serment qui se pût imaginer,
de ne pas tourner l'un contre l'autre les armes que leur
confiait la République? Il fallait vraiment chez les oligarques toute leur incorrigible et diabolique perversion du
sens politique, pour oser se mettre à couvert derrière un
tel rempart! Naturellement Lépidus, en Étrurie, n'arma
point pour la République, mais pour la révolte, et ajoutant
l'ironie à la trahison, il s'écriait que son serment ne le
liait que pendant l'année courante. Le Sénat alors de mettre
en mouvement la machine aux oracles, pour lui ordonner
de revenir : il lui confère la présidence des élections consulaires prochaines. Mais Lépidus fait la sourde oreille, et

---

[1] On voit par une ligne des fragments de Licinianus (V, p. 415 [à
l'année 676]) que la résolution votée par le Sénat et enjoignant aux
consuls de partir (*uti Lepidus et Catulus decretis exercitibus matur-
rume proficscerentur* : Sall. *Hist.* 1, 44, Dietsch) ne peut s'entendre
d'un ordre donné aux consuls sortis de charge et allant dans leurs
provinces proconsulaires respectives : une telle injonction eût été
parfaitement inutile. Il s'agit ici de leur envoi en Étrurie, à titre de
consuls en charge, et contre les Fésulans révoltés, absolument comme
le consul Gaius Antonius y sera expédié plus tard contre les bandes
de Catilina. Que si Philippus, dans Salluste encore (*Hist.* 1, 48, 4),
dit de Lépidus que « *ob seditionem provinciam cum exercitu adeptus
est*, » il n'y a rien là qui soit contraire à notre opinion, le commandement consulaire *extraordinaire* en Étrurie constituant en réalité
une *province*, tout aussi bien que le commandement régulier pro-
consulaire dans la Narbonnaise.

pendant que les messages sénatoriaux vont et viennent,
pendant que l'année s'écoule en propositions d'arrangement, ses bandes ont grossi et forment une armée. Enfin
l'année suivante s'ouvre (677). L'ordre arrive au proconsul

77 av. J.-C.

de revenir immédiatement à Rome. Mais celui-ci refuse
nettement d'obéir : il faut d'abord, à l'entendre, qu'on
rétablisse l'ancien pouvoir tribunicien, qu'on restitue les
citoyens violemment exilés dans leurs droits politiques et
leurs biens. Lépidus enfin exige sa réélection au consulat
pour la présente année. Ce n'était rien moins que la
tyrannie sous une forme légale. La guerre est désormais

Explosion
de la guerre.

déclarée. Outre les vétérans de Sylla, dont Lépidus menaçait l'existence, le parti sénatorial pouvait compter sur les
troupes que le proconsul Catulus avait rassemblées. Les
plus clairvoyants, Philippus entre autres, ayant redoublé
leurs instances et leurs avertissements, on lui confie la
mission de défendre la capitale, et en même temps celle de
repousser en Étrurie le corps principal des démocrates :
Gnæus Pompée est, lui aussi, mis à la tête d'une armée. Il
aura à enlever à son ancien protégé la vallée du Pô, que
Marcus Brutus, général en sous ordre des opposants, s'est
hâté d'occuper. Pompée exécute rapidement sa tâche. Il
enferme et serre l'ennemi dans Mutine. Mais voici qu'à la
même heure, Lépidus paraît sous les murs de Rome,
essayant, à l'instar de Marius, de l'enlever d'assaut et de
la conquérir à la révolution. Déjà il est maître de toute la
rive droite du Tibre : déjà il a franchi le fleuve. La bataille
décisive se livra sur le champ de Mars, sous les murs mêmes
de la ville. Catulus fut vainqueur. Lépidus battu recula en

Lépidus
est battu.

Étrurie, pendant que Scipion, son fils, avec une division des
forces insurrectionnelles, allait se réfugier dans la forteresse
d'*Alba* [*Fucensis*]. Cette défaite était la fin de la révolte.
Mutine se rendit à Pompée, qui fit tuer aussitôt Brutus,
après lui avoir promis la vie sauve. Alba résista plus longtemps : la famine mit fin au siége, et Scipion fut aussi
exécuté. Pressé de tous côtés par Catulus et par Pompée,

Lépidus livra encore une bataille sur la côte étrurienne, dans le seul but d'assurer sa retraite, et s'embarquant à Cosa, il gagna la Sardaigne. De là il espérait pouvoir couper les vivres à Rome, et donner la main aux insurgés d'Espagne. Mais le préteur de l'île lui fit énergiquement résistance, et il mourut bientôt lui-même de consomption (677). Avec lui, la guerre prit fin en Sardaigne : partie de son armée se dispersa. Ramassant le gros des troupes et la caisse bien remplie de l'insurrection, le prétorien Marcus Perpenna réussit à passer en Ligurie, d'où il alla en Espagne joindre les Sertoriens.

L'oligarchie avait vaincu Lépidus : mais la guerre contre Sertorius prenait mauvaise tournure, et rendait nécessaires des concessions qui n'étaient compatibles ni avec la lettre ni avec l'esprit de la constitution de Sylla. Il fallait à tout prix envoyer en Espagne une armée puissante et un général capable; or Pompée donnait clairement à entendre qu'il désirait ou plutôt qu'il exigeait cette mission. Il y avait à cela présomption grande. N'était-ce point assez déjà que de s'être vu contraint, sous la pression de la révolte de Lépidus, à mettre encore une fois un commandement extraordinaire dans les mains de cet adversaire secret? N'y avait-il point un nouveau et plus grand danger à violer toutes les règles organiques de la hiérarchie syllanienne des magistratures, à donner à un homme qui n'avait encore revêtu aucune des charges civiles l'un des proconsulats ordinaires les plus importants, le dégageant en outre de l'échéance annale imposée par la loi? Outre les égards dus à Métellus, son général, l'oligarchie avait de sérieuses raisons de s'opposer à cette tentative nouvelle d'un jeune ambitieux qui ne voulait que se perpétuer dans son rôle exceptionnel : mais résister à Pompée n'était point facile. Tout d'abord il manquait un homme pour le poste difficile de général en Espagne. Les consuls de l'année ne montraient ni l'un ni l'autre l'envie d'aller se mesurer avec Sertorius; et il fallait bien recon-

naître pour vrai le dire de Lucius Philippus, s'écriant en
pleine Curie que parmi ⊀ant de sénateurs ayant un nom, il
ne s'en trouvait point un seul qui pût ou voulût prendre
la conduite d'une grande guerre. Peut-être encore eût-on
tourné la difficulté à la façon de l'oligarchie, et, à défaut
de candidat avouable, rempli la place avec un pis aller
quelconque. Mais Pompée ne désirait pas seulement le
commandement en Espagne, il le demandait à la tête de
son armée. Quand il était resté sourd déjà à l'invitation,
venue de Catulus, d'avoir à licencier ses troupes, pouvait-
on compter qu'une injonction du Sénat rencontrerait auprès
de lui meilleur accueil? Les suites d'une rupture semblaient
incalculables : le plateau de la balance portant l'aristocratie ne serait-il point bien vite emporté en l'air, quand
de l'autre côté pèserait l'épée d'un général renommé?
La majorité se résigna. Pompée reçut donc les pouvoirs
proconsulaires et le commandement de l'Espagne citérieure; il les reçut du Sénat, non du peuple, qui seul, aux
termes de la constitution, eût dû voter, s'agissant de la
promotion d'un simple citoyen à la fonction suprême.
Quarante jours après son investiture, au cours de l'été de
667, il franchissait les Alpes.

Dès son entrée dans la Gaule le nouveau général trouva
fort à faire. Non qu'une insurrection en forme y eût
éclaté; mais l'agitation régnait en maints endroits. Il se
vit forcé d'abord d'enlever leur indépendance aux cantons
des *Volces-Arécomiques* et des *Helviens* [au sud des
Cévennes] et de les faire sujets de Massalie. Puis construisant une nouvelle route de montagnes dans les Alpes Cot-
tiennes (III, p. 139), il relia la vallée du Pô et la terre des
Celtes par une voie de communication plus courte. Les
travaux prirent toute la belle saison, et ce ne fut qu'à
l'automne qu'il passa les Pyrénées. Pendant ce temps
Sertorius ne s'était point endormi. Hirtuléius, envoyé par
lui dans la province Ultérieure, y tenait Métellus en échec :
et lui-même, achevant de recueillir dans la Citérieure les

77 av. J.-C.

Pompée
en Gaule.

fruits de ses victoires décisives, se préparait à vigoureusement recevoir le général du Sénat. On le voit attaquer et
forcer l'une après l'autre les quelques villes celtibériennes
qui tiennent encore pour Rome. Au milieu de l'hiver
même, la forte *Contrebia* (au sud-est de Saragosse) tombe
la dernière. En vain toutes les cités menacées ont envoyé
à Pompée message sur message, rien ne fait, et leurs
supplications ne hâtent pas sa lenteur : il suit son ornière
habituelle. A l'exception des ports défendus par la flotte
romaine, et du district des *Indigètes* et des *Lalétans*
(dans l'angle nord-est de la péninsule), où Pompée, qui
vient enfin de franchir les Pyrénées, s'est retranché et
fait, durant la mauvaise saison, bivouaquer ses troupes non
aguerries encore aux fatigues, toute l'Espagne citérieure,
à la fin de cette même année 677, appartient à Sertorius
par les traités d'alliance ou par la force : à dater de ce
jour le pays du haut et du moyen Ebre sera le plus ferme
soutien de son empire. Tout profitait à l'armée insurgée,
jusqu'aux alarmes produites par l'arrivée d'une nouvelle
armée romaine, jusqu'au nom redouté de son chef. Marcus
Perpenna, l'égal de Sertorius par le rang, avait élevé
jusqu'alors des prétentions au commandement indépendant des troupes par lui amenées de Ligurie : à la nouvelle de l'entrée de Pompée en Espagne, ses soldats
l'obligent à se mettre sous les ordres de son collègue plus
capable.

Pour la campagne de 678, Sertorius oppose Hirtuléius
à Métellus : Perpenna, pendant ce temps, ira se poster
avec une forte division sur le bas Ebre, pour barrer ce
fleuve à Pompée au cas où, comme tout porte à le croire,
il voudrait tirer au sud et donner la main à Métellus, ou
au cas encore où il longerait la côte, dans l'intérêt d'un
ravitaillement plus facile. Le corps de Gaius Hérennius est
mis aussi à portée de Perpenna, qu'il devra soutenir :
enfin Sertorius lui-même se poste à l'intérieur sur le haut
Ebre, achevant la soumission des rares cantons demeurés

fidèles à Rome, et se tenant tout prêt, selon les circonstances, à voler au secours d'Hirtuléius ou de Perpenna. Comme toujours il veut éviter les grandes batailles, et user l'ennemi dans de nombreux petits combats, ou en lui coupant les vivres. Mais Pompée bientôt refoule Perpenna, passe l'Ebre, bat ensuite Hérennius et le détruit sous Valence, place importante dont il se rend maître.

Il est grand temps que Sertorius arrive, et, compensant par le nombre de ses soldats et l'effort de son génie la supériorité militaire des légions de son adversaire, rétablisse, s'il se peut, les affaires. La lutte se concentre et se prolonge autour de *Lauro* (sur le *Xucar,* au sud de Valence). Cette ville s'est déclarée pour Pompée, et Sertorius l'assiége. Pompée fait tout au monde pour la débloquer : il y perd en détail plusieurs de ses divisions successivement écrasées; et un jour arrive où le fameux général, qui s'imagine tenir les Sertoriens enveloppés, et invite déjà les assiégés au spectacle de la prise de toute l'armée de siége, se voit tout-à-coup débordé lui-même par la manœuvre savante de son adversaire. Pour n'être point enveloppé à son tour, il assiste, immobile dans son camp, à la capture et à l'incendie de la ville, son alliée, dont Sertorius fait emmener tous les habitants en Lusitanie. A la nouvelle de ce succès, une foule de cités de l'Espagne, du milieu et de l'est, se raffermissent dans leur foi auparavant ébranlée et reviennent aux insurgés.

Métellus, sur ces entrefaites, avait plus heureusement combattu. Après une chaude mêlée engagée imprudemment sous *Italica* (près de Séville) par Hirtuléius, et où les deux généraux en vinrent personnellement aux mains, Hirtuléius battu et blessé dut évacuer le territoire romain propre et se rejeter en Lusitanie. Cette victoire permit à Métellus de marcher, à l'ouverture de la campagne de 679, vers l'Espagne citérieure, afin de s'y réunir à Pompée aux environs de Valence, et d'aller ensuite tous les deux avec la masse de leurs forces présenter le combat

Pompée
est battu.

Victoires
de Métellus.

75 av. J.-C.

à la grande armée de l'insurrection. Hirtuléius, rassemblant en toute hâte des troupes nouvelles, se jeta sur sa route du côté de Ségovie : il fut battu une seconde fois, et resta sur le carreau avec son frère. Sa mort était une perte irréparable pour les Sertoriens. Impossible maintenant d'empêcher la réunion des deux Romains : mais pendant la marche de Métellus sur Valence, Pompée voulut réparer le malheur de Lauro, et avide de cueillir à lui seul les lauriers d'une sûre victoire, il engagea la bataille avec Sertorius. Celui-ci saisit avec joie l'occasion offerte avant l'arrivée de Métellus, et avant que la mort d'Hirtuléius ne s'ébruitât. Ce fut sur le *Sucro* (Xucar) que les armées se choquèrent. Pompée, à l'aile droite, fut défait après un rude combat : on l'emporta grièvement blessé du champ de bataille. Mais à l'aile gauche, *Afranius,* vainqueur, s'empara du camp des Sertoriens. Il était occupé à le piller quand Sertorius, tombant sur lui, le força à vider la place. Si le général des insurgés eût pu recommencer la bataille le jour suivant, c'en était fait peut-être de l'armée de Pompée. Métellus arrivait enfin : il avait passé sur le corps de Perpenna, qui lui fermait la route, et pris son camp. Sertorius était hors d'état, après leur jonction, de livrer bataille aux deux armées. Cette jonction heureusement opérée, la certitude du désastre d'Hirtuléius, impossible à cacher plus longtemps, l'inaction forcée de Sertorius après sa victoire de la veille, toutes ces circonstances jetèrent l'effroi dans ses bandes ; et comme il n'arrivait que trop souvent chez les Espagnols, la plus grande partie de ses soldats se dispersa sous le coup de ce revirement de la fortune. Mais le découragement cessant aussi vite qu'il était venu, la biche blanche, chargée de consacrer aux yeux de la foule les plans militaires du chef, redevint plus populaire que jamais, et bientôt Sertorius reprenait la campagne avec une armée nouvelle : il occupait le pays au sud de Sagonte (*Murviedro*), demeurée fidèle aux Romains : en même temps ses corsaires coupaient à ceux-

ci la mer, et la disette se faisait déjà sentir dans leur
camp. On en vint une seconde fois aux mains dans la
plaine du *Turia (Guadalaviar)*, et la bataille demeura
longtemps indécise. Sertorius avec sa cavalerie battit
Pompée, dont le beau-frère et questeur, *Lucius Memmius*,
officier intrépide, resta sur le terrain : mais Métellus battit
Perpenna, et repoussa victorieusement l'attaque de l'armée
principale des Sertoriens, non sans gagner lui-même une
blessure dans la mêlée. Les Sertoriens se dispersèrent de
nouveau. Valence, où Hérennius tenait pour Sertorius, est
prise et rasée. A ce moment les Romains purent espérer
en avoir fini avec l'insurgé. Il n'avait plus d'armée ; et les
légions pénétrant jusque dans le massif intérieur l'assiégeaient lui-même dans *Clunia*, sur le haut *Douro* [1].
Mais pendant qu'ils attaquent en vain ce rocher inacces-
sible, les contingents espagnols se rassemblent encore
sur un autre point : Sertorius s'échappe, et à l'heure où
se clôt cette année 679, si féconde en faits de guerre, il
rentre en scène à la tête d'une armée.

75 av. J.-C

Quoi qu'il en soit, on pouvait à Rome se dire satisfait
des événements. Les Espagnes moyenne et méridionale,
après l'anéantissement du corps d'Hirtuléius et les batailles
du Xucar et du Guadalaviar, étaient complètement évacuées.
Les villes celtibériennes de *Segobriga* (entre *Tolède* et
Cuença) et de *Bilbilis* (*Calatayud*), occupées par Métellus,
assuraient la reprise de possession de la République. La
lutte se concentrait désormais sur le cours de l'Ebre supérieur et moyen, autour des principales places d'armes des
Sertoriens, *Calagurris* (*Calahorra*), Osca (Huesca), Ilerda
(Lerida), et sur la côte autour de Tarraco (Tarragone). Les
deux généraux romains avaient vaillamment payé de leur
personne : mais les succès conquis étaient dus à Métellus,
et non point à Pompée.

Succès
des Romains.

Quelque considérables pourtant que fussent les résultats

---

[1] [*Coruna del Conde* (Vieille-Castille).]

obtenus, les Romains ne touchaient point encore le but ; et ils prirent leurs quartiers d'hiver, ayant devant eux la perspective peu consolante du renouvellement prochain et inévitable de leur travail de Sisyphe. Impossible de se cantonner dans la vallée de l'Ebre inférieur, vallée dévastée par tous, ennemis et amis. Pompée alla passer l'hiver dans le pays des Vaccéens (autour de *Valladolid*) ; Métellus alla en Gaule. Au printemps de 680, ils recommencent les opérations, renforcés qu'ils sont de deux légions fraîches venues d'Italie. De batailles, il n'en est pas livré à vrai dire : Sertorius se restreint à une lutte de *guerrillas* et de siéges. Dans le sud, Métellus réduit les cités qui tiennent encore, et pour supprimer jusqu'aux racines de la révolte, il emmène avec lui toute la population mâle. Sur l'Ebre Pompée eut plus de mal. Pallantia (*Palancia*, au-dessus de Valladolid) qu'il assiégeait, fut débloquée par Sertorius : Sertorius le battit devant Calagurris, et il dut quitter le haut pays, quoique Métellus l'eût rejoint pour investir à deux la place. — Métellus ayant été hiverner dans sa province, et Pompée dans la Gaule, la campagne qui s'ouvre en 681, suit les mêmes errements : toutefois Pompée peut se glorifier de quelques succès plus sérieux : il contraint bon nombre de cités à quitter le parti des insurgés.

La lutte contre Sertorius durait depuis tantôt huit ans, sans qu'on en pût entrevoir la fin. Elle faisait au Sénat un tort immense. La fleur de la jeunesse italienne allait s'anéantissant dans les misères et les fatigues des guerres d'Espagne. Le trésor public, loin de s'enrichir, comme jadis, des richesses produites par la péninsule, avait à lui envoyer tous les ans des sommes énormes, nécessaires à la paie et au ravitaillement des armées ; et ces sommes, on avait peine à les réunir. Quant à l'Espagne elle-même, il va de soi qu'elle s'appauvrissait et se changeait en désert : la guerre de l'insurrection, acharnée et cruelle, l'anéantissement quotidien de cités tout entières, y apportaient un arrêt désastreux à la civilisation romaine, si magnifique-

ment prospère naguère. Les villes, qui tenaient pour le
parti dominant dans Rome, souffraient pareillement d'indicibles maux : il fallait que la flotte latine convoyât le
nécessaire à toutes les places de la côte ; et à l'intérieur,
dans les cantons fidèles, la situation était à peu près
désespérée. Dans les Gaules, le sort des populations ne
valait guère mieux : là, les réquisitions en hommes de
pied et en cavalerie, en vivres et en argent, les lourdes
charges des cantonnements d'hiver des armées, charges
devenant écrasantes au lendemain des mauvaises récoltes
de 680, tout avait fait le vide dans les caisses des cités :   74 av. J.-C.
il avait fallu recourir aux banquiers de Rome, et s'imposer
par surcroît une lourde dette. Généraux et soldats ne se
battaient qu'à contre-cœur. Les généraux avaient affaire à
un adversaire bien au-dessus d'eux par le talent : ils se
heurtaient à une résistance patiente, opiniâtre, à une
guerre pleine de dangers, où les succès étaient difficiles
et sans gloire : on affirmait dans les camps que Pompée
songeait à provoquer son rappel, et à se faire donner
ailleurs un commandement plus à souhait. Les soldats de
même n'avaient point le cœur à cette guerre où ils ne
gagnaient que des coups, sans butin qui les récompensât,
sans même que leur solde leur fût régulièrement payée.
Durant l'hiver de 680 à 681, Pompée n'avait-il pas dû   74. 73.
faire savoir au Sénat que l'arriéré remontait à deux
années ; que l'armée menaçait de se débander, si l'on n'y
mettait ordre : alors seulement Rome avait envoyé l'argent.
Nul doute que la République n'eût pu éviter en grande
partie tous ces embarras : il eût suffi de pousser moins
mollement la guerre, pour ne pas dire avec moins de
mauvaise volonté. Reconnaissons d'ailleurs que la faute
n'était point toute du côté du pouvoir et des généraux.
La fortune les avait mis en face de Sertorius, d'un homme
supérieur par le génie, et qui sur un terrain éminemment
favorable aux luttes d'insurgés et de corsaires, pouvait
durant des années défier d'innombrables armées, et mener

sa petite guerre de partisans. A cette heure même, loin qu'on pût en entrevoir la fin, il semblait que l'insurrection sertorienne allait s'allier avec d'autres révoltes, et grandir encore par les dangers qu'elle ferait courir. A cette heure, Rome combattait, sur toutes les mers avec les flibustiers, en Italie avec les esclaves rebelles, en Macédoine avec les peuples du Bas-Danube, dans l'Asie-Mineure avec Mithridate, encore une fois en campagne. Sertorius avait-il noué des intelligences complètes avec les ennemis italiotes et macédoniens de la République? Rien ne l'établit d'une façon précise : ce qui est sûr, c'est qu'il correspondait tous les jours avec les Marianiens d'Italie: c'est que depuis longtemps il était en alliance ouverte avec les pirates et le roi de Pont! Avec ce dernier même, par l'intermédiaire des émigrés romains qui vivaient à sa cour, il avait conclu des arrangements : un traité récent et en bonne forme avait tout récemment consacré l'amitié réciproque du Pont et de l'Espagne. Sertorius laissait au roi les états-clients de l'Asie-Mineure, moins la province romaine d'Asie : il lui promettait un de ses meilleurs officiers pour.commander ses troupes, et même une division de ses soldats. Le roi, en revanche, s'engageait à fournir quarante vaisseaux et 3,000 talents (4,500,000 *thal.* $=$ 16,875,000 fr.). Déjà, dans la capitale, les fortes têtes politiques se rappelaient les temps où Philippe et Hannibal menaçaient l'Italie du côté de l'est et du côté de l'ouest : le nouvel Hannibal, disait-on, après avoir, comme l'ancien, subjugué l'Espagne par l'Espagne, n'allait-il pas bientôt, plus rapide que Pompée, descendre en Italie avec les hordes péninsulaires, appelant aux armes contre Rome et les Étrusques et les Samnites, comme l'avait fait jadis le Carthaginois?

Décadence rapide de la fortune de Sertorius.

Comparaisons plus ingénieuses que vraies, heureusement! Sertorius, il s'en fallait de beaucoup, n'était point assez fort pour recommencer l'œuvre de géant d'Hannibal. La terre d'Espagne, avec ses peuples et ses traditions, voilà le terrain de son succès : il était perdu s'il la quittait :

déjà même l'offensive ne lui appartenait plus. Tout son merveilleux génie ne pouvait rien pour changer la nature de ses soldats. La *Landsturm* [1] espagnole restait ce qu'elle avait été toujours, incertaine et fugace comme le flot et le vent, aujourd'hui s'amassant en armée de 150,000 têtes, demain se fondant en une poignée d'hommes; et quant aux émigrés romains, ils étaient tout indiscipline, tout orgueil, tout égoïsme. Les corps spéciaux, ceux qui, comme la cavalerie, veulent être tenus longtemps sous les armes, constituaient, on le pense bien, la partie défectueuse, insuffisante de ses légions. La guerre peu à peu avait emporté ses meilleurs généraux, le noyau de ses vétérans : fatiguées par les exactions des Romains, malmenées souvent par les officiers sertoriens, les cités les plus fidèles commençaient à donner des signes d'impatience et d'hésitation. Chose remarquable, Sertorius, en cela encore pareil à Hannibal, ne se fit jamais illusion sur l'issue sans espoir de son entreprise : toute occasion de compromis qui se pût rencontrer, il se garda de la laisser échapper, se montrant prêt à chaque heure à déposer les armes, en échange d'un sauf-conduit, qui lui permettrait de rentrer dans Rome et d'y vivre en paix. Mais les orthodoxes de la politique ne voulurent entendre parler ni de compromis ni de réconciliation. Sertorius ne pouvait ni reculer, ni s'effacer : il marcha en avant dans la voie déjà suivie, voie chaque jour plus étroite et plus semée d'abîmes. Enfin, comme ceux d'Hannibal, ses succès allaient aussi se rappetissant : on se mit à douter de son génie militaire : le Sertorius des anciens temps n'était plus, disait-on : le Sertorius d'aujourd'hui passait le jour en orgies de table et dans l'ivresse : il consumait follement les trésors et les heures! Le nombre croissait des transfuges et des cités qui l'abandonnaient. Bientôt vinrent jusqu'à lui des bruits

Dissensions intestines dans le camp sertorien.

---

[1] [*Sic* : le mot est juste et convient d'ailleurs à un écrivain prussien.]

de complots tramés contre la vie de leur chef dans les rangs mêmes des émigrés. Et ces bruits n'avaient rien que de très-croyable, quand l'on songe à tous ces officiers de l'armée de l'insurrection, à ce Perpenna surtout, furieux de rester en sous-ordre, et auxquels depuis longtemps les préteurs romains offraient l'amnistie et de grosses sommes en échange du sang du général ennemi. Sertorius prit son parti : il fut sévère, la nécessité lui en faisant une loi : il condamna plusieurs accusés à mort, sans assesseurs convoqués au jugement. Aussitôt les mécontents de redoubler leurs plaintes : le général désormais était un danger pour ses amis plus encore que pour ses ennemis. Une seconde conjuration est découverte au sein même de l'état-major : quiconque est inculpé prend la fuite ou meurt. Tous ne furent point dénoncés pourtant : les autres coupables, et parmi eux Perpenna, ne se montrèrent que plus ardents à en finir. On était au quartier général d'Osca.

Assassinat de Sertorius.

A l'instigation de Perpenna, on vint apporter à Sertorius la nouvelle d'une brillante victoire, que l'armée aurait ailleurs remportée. Pour la célébrer dignement, Perpenna donna une fête et un repas splendide. Sertorius y vint, accompagné, comme d'habitude, par ses gardes du corps espagnols. Contrairement aux traditions d'autrefois, la fête dégénéra bientôt en orgie : de brutales paroles s'échangeaient par-dessus les tables : il semblait évident que quelques-uns des convives cherchaient une querelle. Sertorius se rejeta sur son lit, comme s'il voulait n'en rien entendre. A ce moment une coupe tombe à terre et résonne : c'est le signal convenu que donne Perpenna. Le voisin de table de Sertorius, *Marcus Antonius*, lui porte le premier coup. Aussitôt celui-ci se retourne et veut se lever : mais l'assassin se jette sur lui et le retient : aussitôt les autres convives, affiliés tous à la conjuration, se jettent sur la victime qui lutte avec Antonius; et pendant qu'il est là sans défense, les deux bras comprimés, ils tuent Sertorius à coups de poignard (682).

72 av. J.-C.

Avec lui meurent ses fidèles. Ainsi finit l'un des plus grands hommes, sinon le plus grand homme qu'eût encore produit Rome. En de meilleures circonstances, il serait devenu peut-être le restaurateur de la patrie. Il périt misérablement trahi par ces bandes d'émigrés, qu'il était condamné à mener aux combats contre Rome. L'histoire hait les Coriolans : elle n'a point fait d'exception pour Sertorius, le cœur le plus haut entre tous, le plus vrai génie, le plus digne de regrets !

Les assassins se promettaient le partage de la succession. Mais Sertorius n'étant plus, Perpenna, le plus élevé en grade parmi les officiers romains de l'armée espagnole, revendiqua le commandement suprême. On se soumit avec méfiance et répugnance. Si l'on avait murmuré contre Sertorius debout, le héros mort rentra aussitôt dans ses droits, et l'irritation des soldats se fit jour en violentes clameurs, lorsqu'à la lecture publique de son testament, ils entendirent le nom de ce même Perpenna proclamé parmi ses héritiers. Une partie des troupes, les Lusitaniens surtout, se dispersa : les autres avaient le pressentiment que Sertorius n'étant plus au milieu d'eux, c'en était fait de l'âme et de la fortune de l'armée. A la première rencontre avec Pompée, les bandes désormais mal conduites et sans courage, sont rompues et écrasées : Perpenna est pris avec une foule d'autres chefs. Le malheureux, pour sauver sa tête, livre la correspondance de Sertorius, compromettante au plus haut point pour une foule d'hommes notables, en Italie : Pompée ordonne de brûler tous ces papiers, sans les lire ; et pour toute réponse livre le traître à l'exécuteur, lui et tous ses compagnons. Ceux des émigrés qui ont pu fuir, se réfugient pour la plupart dans les déserts de Mauritanie ou à bord des pirates. A quelques-uns, la loi *Plotia*, vivement appuyée par le jeune César, vint bientôt permettre de rentrer dans leur patrie : quant à ceux qui avaient trempé dans l'assassinat de leur général, tous ils moururent, sauf un seul, de mort violente. Osca et presque toutes les villes appartenant encore à Sertorius dans la Citérieure, ouvrirent volontairement leurs portes à Pompée : *Uxama (Osma)*, Clunia et Calagurris seules ne cédèrent qu'à la force des armes.

Aussitôt on réorganise les deux provinces. Dans l'Ultérieure, Métellus, au regard des cités plus coupables, élève le taux du tribut annuel : dans la Citérieure, Pompée agit en maître, il punit et récompense. Calagurris perd sa liberté : elle obéira désormais à Osca. Une troupe de Sertoriens s'est logée dans les Pyrénées : Pompée les dompte et les transporte au nord de la chaine, près de *Lugdunum (Saint-Bertrand de Comminges)*, où ils fondent la cité des « *Réfugiés (Convenæ)* [1]. » Les Romains dressent leurs monuments et leurs trophées au haut des passes des montagnes ; et à la fin de 683, Métellus et Pompée traversent en pompe les rues de Rome, portant au *Pater Jovis*, sur le Capitole, les remerciements de la nation demeurée victorieuse sur les Espagnols. La fortune de Sylla faisait vivre son œuvre au-delà du tombeau : elle savait mieux la défendre que les lâches et faibles gardiens qui lui avaient été donnés. L'opposition en Italie avait péri par l'incapacité et la précipitation de son chef : l'émigration se suicidait par ses querelles intestines. De telles défaites, dues à la sottise ou à la discorde des démocrates bien plus qu'aux efforts de l'oligarchie, n'en étaient pas moins un triomphe pour elle. Cette fois encore elle siégeait, consolidée sur ses chaises curules !

71 av. J. C.

---

[1] [*Fugitivi ab saltu Pyrenæo prædonesque* (Cæs. *Bell. civ.* 5, 19). D'autres désignent l'emplacement de *Bagnères de Bigorre*.]

CHAPITRE II

LA RESTAURATION SYLLANIENNE ET SON

GOUVERNEMENT

Après la défaite des révolutionnaires cinnaniens, qui menaçaient le Sénat dans son existence, et lorsqu'il redevint possible au pouvoir aristocratique restauré de porter son attention sur les choses touchant au salut de l'empire de Rome, au dedans et au dehors, on s'était heurté aussitôt à maintes questions dont la solution ne voulait pas être différée. A les oublier un seul instant on eût compromis les intérêts les plus graves, et transformé en danger pour l'avenir les embarras de l'heure présente. Outre la grosse affaire de l'insurrection espagnole, il fallait à tout le moins mettre à la raison, sans tarder, les barbares de la Thrace et des pays danubiens, que Sylla n'avait fait que châtier en passant, quand il avait traversé la Macédoine (V, p. 300): il fallait régler militairement la situation si embrouillée de la frontière septentrionale de la péninsule hellénique : il fallait balayer la piraterie, maîtresse sur les mers, surtout en Orient; et enfin, rétablir l'ordre une bonne

84 av. J.-C.
81.

fois dans les affaires si confuses de l'Asie-Mineure. La paix que Sylla avait conclue en 670 avec Mithridate, roi du Pont (V, pp. 299, 303), et dont le traité avec Muréna (673) (V, p. 344) n'avait fait que répéter les stipulations, était marquée au coin d'une œuvre provisoire, faite pour les nécessités seulement de l'heure présente. Quant aux relations de Rome avec Tigrane d'Arménie, avec qui pourtant l'on avait été réellement en guerre, cette même paix n'y avait pas touché. Tigrane, non sans raison, avait interprété son silence comme une permission à lui donnée de soumettre à son sceptre les possessions romaines d'Asie. Voulait-on ne pas les abandonner, on se trouvait nécessairement en face du nouveau Grand-Roi, qu'on agît ou non par les armes. Dans le chapitre qui précède, nous avons raconté les secousses imprimées par le mouvement démocratique de l'intérieur à l'Italie et à l'Espagne, et les révoltes vaincues par le pouvoir sénatorial : nous allons montrer ici comment ce pouvoir, reconstitué par Sylla, gouverna au dehors, ou plutôt comment il finit par ne pas savoir gouverner du tout.

Expédition en Dalmatie et en Macédoine. On sent encore la forte main du régent dans les mesures énergiques émanées du Sénat dans les derniers temps de la dictature, et dirigées tout à la fois contre les Sertoriens, contre les Dalmates et les Thraces, et enfin contre les pirates de Cilicie. L'expédition qu'on envoya contre la péninsule gréco-illyrienne, avait pour but la soumission ou le châtiment des hordes barbares, qui dans leurs courses continuelles dévastaient toute la région comprise entre la mer Noire et l'Adriatique, des *Besses* (du *Grand-Balkan*) notamment, flétris du nom de brigands parmi les brigands eux-mêmes. De plus, on voulait nettoyer le littoral dalmate des corsaires auxquels il donnait asile. Comme d'ordinaire l'attaque fut menée de front et par la Dalmatie, et par la Macédoine : dans cette dernière province une armée de cinq légions s'était à cet effet rassemblée. En Dalmatie commandait le prétorien *Gaius Cosco-*

nius. Il parcourut le pays en tous sens, et s'empara de la forteresse de *Salone*, après un siége de deux ans. En Macédoine, le proconsul *Appius Claudius* (676-678) se porta d'abord sur la frontière d'entre Thrace et Macédoine, pour conquérir la rive gauche du *Karasou*. Des deux côtés la guerre fut cruelle et sauvage : les Thraces détruisaient les places dont ils se rendaient maîtres, et massacraient leurs prisonniers : les Romains usaient de représailles. Nul résultat sérieux ne fut obtenu : les légions fondaient décimées par des marches pénibles, par des combats incessants avec les montagnards, nombreux et braves : le général mourut de maladie. *Gaius Scribonius,* son successeur (679-681), ne put surmonter les obstacles : arrêté même par une grave révolte de soldats, il laissa là la difficile entreprise tentée contre les Thraces et se maintint sur la frontière nord de là Macédoine, y soumettant les Dardaniens plus faibles (en *Serbie*), et poussant de ce côté jusqu'au Danube. Mais bientôt le brave et habile Marcus Lucullus (682-683) reprend la route de l'est, bat les Besses dans leurs montagnes, prend *Uscudama* ou *Philippopolis (Andrinople)* leur capitale, et les oblige à reconnaître la suzeraineté de Rome. *Sadalas,* roi des *Odryses,* et toutes les villes grecques de la côte orientale au nord et au sud du Balkan, *Istropolis, Tomi, Callatis, Odessos* (non loin de *Varna*), *Mésembrie* et bien d'autres encore [1] appartiennent désormais aux Romains; et la Thrace, où jusqu'alors ceux-ci n'avaient guère possédé que les territoires des Attalides dans la *Chersonèse*, la Thrace toujours indocile, il est vrai, fait partie maintenant de la province de Macédoine.

Les brigandages des Thraces et des Dardaniens ne dévastaient qu'un coin de l'empire : bien autres étaient les ravages des pirates. Organisés sur tous les points et

78-76av.J.-C.

75-73.

72-71.
La Thrace
soumise.

La piraterie.

[1] [Toutes ces villes, dont les géographes retrouvent plus ou moins exactement le site dans diverses localités modernes, étaient échelonnées sur la côte de Bulgarie au sud des bouches du Danube.]

gagnant tous les jours de proche en proche, ils causaient
d'immenses dommages et à l'État et aux particuliers. Ils
avaient accaparé tout le mouvement maritime de la Méditerranée. L'Italie ne pouvait plus exporter ses produits,
ni importer ceux des provinces; et pendant que là on
mourait de faim, ici l'agriculture s'arrêtait faute de débou-
chés. Plus d'envois d'argent, plus de voyages qu'on pût
faire en sûreté : le trésor public avait subi les plus sensibles pertes : les corsaires tenaient prisonniers un grand
nombre de nobles romains, contraints de payer de grosses
sommes pour leur rançon, quand encore, assaisonnant
leur justice de féroces saillies, les flibustiers n'aimaient
pas mieux leur infliger la peine du sang. Déjà les marchands romains, les corps de troupes même à destination
de l'Orient, choisissaient pour passer la mer la saison
mauvaise, redoutant moins les tempêtes que les corsaires :
ceux-ci d'ailleurs pendant l'hiver ne rentraient pas tous
au port. Mais quelque dommageable que fût le blocus maritime, encore le pouvait-on plus patiemment subir que
les descentes quotidiennes des bandits sur toutes les îles et
les côtes de la Grèce et de l'Asie-Mineure. Leurs escadres,
comme plus tard les flottilles des Normands, se montraient
devant toutes les places de mer, les forçaient à se racheter
à prix d'or, ou les assiégeaient et les enlevaient. Sous les
yeux mêmes de Sylla, après la paix conclue avec Mithridate,
ils avaient pillé Samothrace, Clazomènes, Samos, *Jassos*

(670). Je laisse à penser ce qu'il en advint quand il n'y
eut plus dans le voisinage ni flottes, ni armées romaines.
L'un après l'autre on vit dépouiller tous les temples opu-
lents des côtes grecques et d'Asie-Mineure : dans la seule
Samothrace, les pirates firent main basse sur un trésor de
1,000 talents (1,500,000 *thal.* = 5,625,000 fr.). « Ils ont
» réduit Apollon à la misère! » s'écrie un poète du temps :
« si bien que quand l'hirondelle le vient visiter, de tant de
» trésors il ne reste pas une piécette d'or à lui offrir! » On
comptait plus de 400 villes prises ou dévastées, et parmi

elles Cnide, Samos, Colophon : pour n'être point emmenée captive, la population en masse avait déserté bon nombre d'îles et de cités maritimes jadis florissantes. Mais voici qu'à l'intérieur du pays lui-même on n'avait plus la sécurité : les pirates s'y montrèrent, et firent irruption jusque dans les localités situées à deux journées de marche de la mer. A ces temps néfastes remonte pour les cités grecques l'immense dette qui les écrasa plus tard.

L'organisation de la piraterie s'était du tout au tout modifiée. Ce ne sont plus simplement comme naguère de hardis forbans battant les mers de Crète entre Cyrène et le Péloponnèse, « la mer d'or, » selon leur langage, et prélevant tribut au passage sur le grand trafic d'articles de luxe et d'esclaves qui s'écoule d'Orient en Italie : ce ne sont plus seulement ces chasseurs d'esclaves, armés jusques aux dents, et menant de front « la guerre, le commerce et » la piraterie » : aujourd'hui ils constituent toute une république, république de corsaires; ils ont à eux une pensée commune, une organisation forte et imposante, une même patrie. Ils ont enfin créé une sorte de *Symmachie*, encore à ses débuts, mais qui marche sans nul doute vers un but politique bien déterminé. Les flibustiers se donnaient le nom de Ciliciens : dans le vrai, leurs vaisseaux réunissaient les aventuriers, les désespérés de tous les pays, mercenaires licenciés, achetés jadis sur les marchés crétois de recrutement; citoyens bannis des villes détruites d'Italie, d'Espagne et d'Asie; soldats et officiers des armées de Fimbria et de Sertorius; enfants perdus de tous les peuples; transfuges et proscrits de tous les partis vaincus, tous ceux enfin que poussaient en avant la misère et l'audace; et dans ces tristes temps, où donc n'étaient pas le malheur et le crime? L'ancien ramas de brigands a disparu : il y a là maintenant un état, une puissance militaire : à défaut de nationalité, ces hommes se tiennent liés par la franc-maçonnerie de la proscription et du crime; et comme il est arrivé fréquemment, au sein même

Organisation
des pirates.

du crime, déjà ils s'avancent vers l'association meilleure
de l'esprit public. En un siècle infâme, où l'indiscipline
et la lâcheté allaient corrompant tous les ressorts de
l'ordre social, les républiques légitimes auraient dû prendre
à modèle cette république bâtarde, enfant de la détresse et
de la violence, où semblaient s'être réfugiés dans un
dernier asile le sentiment d'une inébranlable union et
d'une fidèle camaraderie, le respect de la parole donnée,
l'obéissance au chef élu par tous, la bravoure enfin, et
l'habileté politique. Sur leurs bannières, il avaient écrit,
je le veux, qu'ils tiraient vengeance de toute société régulière, coupable, à tort ou à droit, de l'exil de ses membres : mais franchement, la devise de ces pirates était-elle
pire que celle de l'oligarchie italienne, que celle du
sultanisme oriental, ces deux colosses, alors en train de se
partager le monde? Ils se sentaient les égaux de tout autre
état légitime. Les corsaires avaient la fière allure de leur
métier, son faste et sa fantaisie capricieuse : mainte
légende l'atteste, marquée au coin d'une folie insouciante
et d'un chevaleresque *banditisme!* Ils se croyaient, ils se
vantaient d'être en juste guerre avec le monde : leur gain,
c'était butin, et non vol; et si dans tous les ports romains,
la croix dressée attendait leur camarade d'armes prisonnier, ils se proclamaient en droit à leur tour de punir
tout Romain, fait captif, de la peine capitale. Leurs vaisseaux, ces « *barques-souris* [1] », comme on les appelait,
petites nefs, fines voilières et non pontées (ils n'avaient
qu'en petit nombre des birèmes et des trirèmes), marchaient
massés en escadres régulières derrière les barques ami-
rales, celles-ci éclatantes d'or et de pourpre. Un des leurs
était-il en danger, appelait-il à l'aide, tout inconnu qu'il
fût, leurs capitaines volaient à son secours : les contrats

---

[1] [*Myoparones*. Ce mot grec est employé par Cicéron (*Verr.* 2, 3,
80, 2, 1, 34). — On lit dans Festus (p. 147, éd. Müller) : *Myoparo,
genus navigii ex duobus dissimilibus formatum. Nam et myon et
paron per se sunt.* — V. aussi Dict. de Rich., v° *Myoparo.*]

conclus avec l'un d'eux, la communauté entière les tenait
pour inviolables : mais le dommage souffert était aussi
vengé par tous. Ils avaient pour vraie patrie la mer qui
va des colonnes d'Hercule aux plages de Syrie et d'Egypte
en terre ferme : ils avaient partout leurs lieux d'asile,
pour eux, pour leurs maisons flottantes, sur les côtes de
Mauritanie et de Dalmatie, dans l'ile de Crète, abrités
surtout derrière les nombreux promontoires et les réduits
couverts de la côte sud de l'Asie-Mineure, cette terre sans
maître, qui commandait les grandes routes du commerce
maritime. Ici, en effet, la fédération des villes lyciennes
ou pamphyliennes ne pouvait compter que pour peu : la
station romaine établie en Cilicie depuis 652 ne suffisait   102 av. J.-C.
pas, à beaucoup près, à protéger la longue ligne des
côtes : la domination syrienne n'avait jamais été qu'un
vain nom, dans ces contrées où depuis peu l'avait remplacée
la suzeraineté de l'Arménie. Ajoutons que le nouveau
Grand-Roi, dans l'apanage duquel elle était tombée, ne se
souciait guère du sceptre des mers, et les abandonnait
volontiers aux incursions des riverains. Aussi rien d'étonnant à ce que les pirates prospérassent sur cette terre! Ils
y possédaient sur les rivages des stations, des tours de
signal, et s'enfonçaient dans les réduits perdus de l'intérieur, au sein de l'impraticable et montueux massif de la
Lycie, de la Pamphylie et de la Cilicie. Là, ils avaient bâti
leurs châteaux au haut des rocs, y enfermant, pendant
qu'ils écumaient l'Archipel, leurs femmes, leurs enfants et
leurs trésors, et venant s'y mettre en sûreté au premier
danger qui menaçait. C'était surtout dans la *Cilicie rude*
[*Trachée*] qu'ils avaient leurs nids d'aigle; et comme les
forêts leur donnaient des bois excellents pour la construction des navires, ils y avaient aussi leurs principaux
chantiers et leurs arsenaux. Rien d'étonnant encore à ce
que leur république militaire fortement ordonnée eût su
ranger dans sa clientèle les places grecques maritimes
délaissées à elles-mêmes et se gouvernant tant bien que

mal. Le commerce les mettait en relations avec les pirates : des traités formels les rattachaient à cette nouvelle puissance amie, et elles refusaient d'obéir aux préteurs de Rome quand ils ordonnaient de leur faire la guerre. Bien plus, on les voyait, comme fit l'importante ville de *Sidé* en Pamphylie, ouvrir leurs ports aux corsaires, leur permettre d'y bâtir, ou d'y venir mettre en vente leurs prisonniers. — La piraterie ainsi organisée était devenue une puissance politique; elle se donnait et était tenue pour telle, surtout depuis le jour où le roi de Syrie Tryphon lui avait demandé aide, et avait appuyé sur elle son propre empire (IV, p. 371). Nous rencontrons les pirates en alliance avec Mithridate, roi du Pont, et les émigrés démocrates de Rome : nous les rencontrons se battant dans les eaux de l'est ou de l'ouest avec les flottes de Sylla. Nous rencontrons enfin des princes-corsaires, à qui obéissent bon nombre de forteresses échelonnées sur les côtes. Nous ne saurions dire à quel échelon du développement politique l'étrange système était parvenu à l'intérieur : impossible cependant de ne pas voir là en germe un empire maritime, cherchant, assurant déjà son assiette, et appelé à de durables destinées, si les circonstances veulent un jour se montrer favorables.

La police romaine des mers réduite à néant. Les progrès des pirates disent assez, ce que nous avons déjà fait voir ailleurs (IV, p. 369), comment les Romains maintenaient le bon ordre, ou mieux, comment ils ne le maintenaient point, sur ces mers qu'ils disaient « à eux » [*mare nostrum*]! La suzeraineté de la République sur les provinces consistait essentiellement dans la tutelle militaire : elle concentrait dans les mains de Rome la défense de terre et de mer, les provinciaux payant impôt et tribut à cette fin. Or si jamais tuteur a trompé indignement son pupille, tel fut assurément le rôle que joua l'oligarchie romaine au regard des sujets et clients. Au lieu d'avoir toujours prête une grande flotte d'empire, et de veiller de haut sur la police maritime, le Sénat n'avait rien

fait pour fonder une administration qu'il eût fallu une et
forte, sous peine de n'arriver à rien d'efficace : il laissait à
chaque préteur, à chaque État client le soin de se défendre,
comme il le pouvait, comme il le voulait. Au lieu d'accomplir une obligation sacrée, au lieu de soutenir l'établissement naval, soit de son or et de son sang , soit de l'or et
du sang des populations clientes gardant leur indépendance nominale, Rome avait laissé tomber la marine de
guerre italienne : elle se tirait d'affaire avec quelques
navires empruntés par réquisition aux villes marchandes,
ou le plus souvent avec quelques garde-côtes installés çà
et là, tous les frais, tous les ennuis retombant dans l'un et
l'autre cas sur les malheureux sujets. Heureux encore les
provinciaux quand le gouverneur romain appliquait vraiment à la défense du littoral les contingents par lui récla-
més, quand il ne détournait pas les fonds à son profit,
quand il ne s'en servait pas (le fait eut lieu souvent!) pour
payer aux pirates la rançon de tel haut personnage qu'ils
détenaient prisonnier. Ce qui s'était tenté d'utile, l'occupation de la Cilicie (652), par exemple, avait à coup sûr   192 av. J.-C.
été négligé dans l'exécution. Si, parmi les Romains
d'alors, il s'était trouvé un homme que n'aveuglât point
absolument l'illusion vulgaire de la grandeur nationale,
j'estime qu'il aurait voulu voir arracher les *rostres* de la
tribune aux harangues , pour n'avoir plus devant les
yeux les souvenirs des grandes victoires de mer remportées en des temps meilleurs.

Quoi qu'il en soit, Sylla, au cours de la première guerre   Expédition
contre Mithridate, avait pu suffisamment se convaincre   sur les côtes
                                                          d'Asie-Mineure.
des dangers que faisait courir l'abandon de l'établissement
naval, et déjà il avait pris diverses mesures pour parer
au mal. Mais s'il avait donné mission aux lieutenants qu'il
laissait en Asie de réunir à tout prix dans les ports une
flotte de combat contre les pirates, ses ordres avaient peu
servi. Muréna avait mieux aimé s'en aller en guerre contre
Mithridate (V, p. 343), et le préteur de Cilicie, *Gnœus*

Dolabella, n'avait fait preuve que d'incapacité. Aussi voit-on le Sénat (en 675) se décider à y envoyer un des consuls : le sort désigne le brave et actif *Publius Servilius*. Celui-ci livre un combat sanglant à la flotte des pirates, puis il se met à raser successivement toutes les villes de la côte d'Asie-Mineure, devant lesquelles ils viennent d'ordinaire jeter l'ancre et trafiquer. Ainsi tombent les citadelles de *Zénicètos*, l'un des puissants rois de mer, *Olympos*, *Corycos*, *Phaselis*, en Lycie orientale, *Attaléia*, en Pamphylie : Zénicètos lui-même périt dans l'incendie d'Olympos. Poussant plus loin ses succès, Servilius marche contre les Isauriens, peuple cantonné dans l'angle nord-ouest de la *Cilicie-Trachée*, sur les pentes septentrionales du Taurus, et se dérobant derrière tout un labyrinthe de montagnes escarpées, de rochers suspendus sur les abîmes, et de vallées profondes (cette région, de nos jours, garde partout les traces et les souvenirs des bandits des temps anciens). Pour monter jusqu'à ces aires d'aigle, derniers et sûrs asiles des flibustiers, Servilius franchit pour la première fois le Taurus avec les légions : il s'empare des forteresses de l'ennemi, d'*Oroanda*, d'*Isaura* même, l'idéal d'un nid de brigands, juchée au haut d'une montagne quasi impraticable, et planant au loin sur toute la plaine d'*Iconion*, qu'elle commandait. Cette rude campagne de trois années (676-678), durant laquelle Publius Servilius conquit pour lui et ses descendants lê surnom d'*Isauricus*, ne fut pas sans résultats : grand nombre de corsaires, avec leurs vaisseaux, étaient tombés au pouvoir des Romains : ils avaient dévasté la Lycie, la Pamphylie, la Cilicie occidentale, annexé à l'empire les territoires des villes détruites et agrandi leur province de Cilicie. Mais il allait de soi que la piraterie, loin de disparaître, ne ferait que changer de domicile, et qu'elle gagnerait l'antique refuge des corsaires de la Méditerranée, l'île de Crète (IV, p. 370). Pour y porter complètement remède, il eût fallu de toute nécessité des mesures répressives, avec l'ampleur et l'unité des desseins, ou, pour mieux dire, avec la création d'une haute police des mers.

A la guerre contre les pirates se rattachaient de près, sous bien des rapports, les intérêts du continent d'Asie-Mineure. La situation déjà si tendue entre Rome et les rois de Pont et d'Arménie n'avait fait que s'aigrir, loin qu'elle devînt meilleure. D'un côté, Tigrane l'Arménien avait poursuivi ses conquêtes, allant de l'avant sans rien respecter. L'empire des Parthes, déchiré alors par des troubles intérieurs, était pour ainsi dire à bas : attaqués incessamment par leur ennemi, ils se voyaient chaque jour repoussés plus loin dans les profondeurs de l'Asie. Parmi les territoires placés entre l'Arménie, la Mésopotamie et l'Iran, quelques-uns, comme la *Korduène* (*Gordyène* ou *Kurdistan septentrional*), et la Médie d'*Atropatène* (*Aderbidjan*), de royaumes-fiefs appartenant aux Parthes qu'ils étaient, s'étaient changés en royaumes-fiefs arméniens : de même le royaume de *Ninive* (*Mossoul*), ou l'*Adiabène,* avait dû, pour un temps, se courber sous la clientèle de Tigrane. Dans la Mésopotamie, à *Nisibis* [1], et autour de Nisibis notamment, la domination arménienne avait aussi pris racine : au sud seulement, le vaste désert qui fait la moitié du pays n'était qu'incomplètement possédé par le nouveau grand-roi : *Séleucie,* sur le Tigre, ne paraît pas lui avoir obéi. Il avait donné le royaume d'*Edesse* ou l'*Osroène* à une horde d'Arabes nomades, transplantés du sud de la Mésopotamie, et établis sur cette terre nouvelle à titre de gardiens des passages de l'Euphrate et de la grande route du commerce [2]. Mais il ne bornait nullement ses

Affaires d'Asie.

Tigrane.
Le nouveau
Grand-Royaume
d'Arménie.

---

[1] [*Antioche de Mygdonie,* auj. *Nisibin.*]

[2] Le royaume d'Edesse, dont les chroniques locales placent la fondation en 620 (IV, p. 366), tomba à peu de temps de là sous la domination d'une dynastie arabe à laquelle appartiennent *Abgar* et *Mannos* que nous y trouvons plus tard. Évidemment ce fait concorde avec l'établissement arabe créé par Tigrane le Grand dans les pays

134 av. J.-C.

conquêtes à la rive orientale de l'Euphrate. La Cappadoce était son but principal, et désarmée qu'elle était, elle tomba bientôt écrasée sous les coups de son trop puissant voisin. Tigrane lui arracha la province orientale de la *Mélitène*, et annexant celle-ci à la *Sophène Arménienne* qui lui faisait face, il était maître désormais des gués de l'Euphrate dans cette région, et de toute la grande voie du trafic entre l'Asie-Mineure et son royaume. Après la mort de Sylla, on vit encore ses armées pousser au cœur de la Cappadoce propre; elles emmenèrent en Arménie les habitants de *Mazaka*, la capitale (*Césarée* plus tard), et de onze villes appartenant à la civilisation grecque. L'empire des Séleucides, en pleine dissolution, ne pouvait lutter contre le nouveau grand-roi. Là, au sud, en allant de la frontière d'Égypte à la *Tour de Straton* (*Césarée de Judée*), régnait le prince juif *Alexandre Janeas,* qui, bataillant tous les jours avec ses voisins Syriens, Égyptiens, Arabes, et avec les villes royales, s'était pas à pas agrandi et fortifié. Les plus grandes cités du pays, *Gaza*, la Tour de Straton, Ptolémaïs, *Berœa*, s'érigeant en villes libres, ou placées sous le sceptre de tyrans locaux, tentaient de se défendre par elles-mêmes : entre toutes, Antioche, la capitale, s'était faite pour ainsi dire indépendante. *Damas* et les vallées du *Liban* obéissaient au prince nabatéen *Aretas* de *Petra*. En Cilicie commandaient les pirates, ou les Romains. Et quand leur couronne s'en allait ainsi en mille morceaux, comme s'ils

La Syrie conquise par Tigrane.

---

d'Édesse, de Callirrhoé, de Carres (Plin. *Hist. nat.* 5, 20, 85. 21, 86. 6, 28, 142), et au sujet duquel Plutarque (*Lucull.* 21) raconte que Tigrane, changeant les mœurs des *Arabes de la tente*, les fit asseoir plus près de son royaume, afin d'être par eux maître du commerce. Il faut sans doute entendre par là que les Bédouins, habitués auparavant à ouvrir les routes au commerce sur leurs territoires, et à prélever de fortes taxes au passage (Strabon, 16, 148), devinrent en quelque sorte les *douaniers* du Grand-Roi, et prélevèrent dorénavant pour son compte et le leur les taxes imposées à la marchandise au passage de l'Euphrate. Ces Arabes d'Osroène (*Orei Arabes*), comme Pline les nomme, sont les mêmes que les Arabes de l'*Amanus*, vaincus plus tard par *Afranius* (Plut. *Pomp.* 39).

prenaient à tâche de n'être plus que jouet et que scandale,
les Séleucides se querellaient incessamment entre eux.
Condamnés à d'éternelles luttes de sang, comme la
maison de Laius, quand ils voyaient tous leurs sujets
se détacher d'eux, ils s'amusaient à convoiter le trône
d'Égypte, délaissé sans héritier par le dernier roi,
Alexandre II.

Tigrane se jeta sur cette proie facile. Il enlève la Cilicie
orientale en un tour de main ; et, comme il avait fait des
Cappadociens, il emmène chez lui la population de *Soli*
[*Mézetlu*] et des autres villes. De même il soumet à main
armée toute la région de la haute Syrie, à l'exception de
Séleucie [*Seleucia Pieria*], située aux bouches de l'Oronte,
laquelle est vaillamment défendue : il soumet la plus grande
partie de la Phénicie. Vers 680, il prend Ptolémaïs, et déjà   74 av. J.-C.
menace sérieusement la ville des Juifs. Antioche, l'antique
capitale des Séleucides, n'est plus qu'une des résidences
du roi d'Arménie. A dater de l'an 674, les annales sy-   83.
riaques mentionnent Tigrane comme seigneur et maître
du pays : la Syrie, la Cilicie sont devenues une satrapie
arménienne, que *Magadatès* gouverne pour le compte du
Grand-Roi. Il semble que les temps de l'empire de Ninive,
que les temps de *Salmanassar,* de *Sanhérib* [*Sennachérib*]
recommencent. Comme aux jours de Tyr et de Sidon, le
despotisme oriental s'est de nouveau appesanti sur les
populations commerçantes des côtes de Syrie : l'Asie
centrale s'est de nouveau rejetée sur la région méditerranéenne, et les plages de Syrie et de Cilicie revoient des
armées asiatiques d'un demi-million d'hommes. De même
qu'autrefois Salmanassar et Nabuchodonosor ont emmené
les Juifs à Babylone, de même aujourd'hui les habitants
des pays frontières du nouvel empire, Gordiens, Adiabé-
niens, Assyriens, Ciliciens, Cappadociens, les citoyens
surtout des villes grecques ou à demi-grecques se voient
forcés, quoiqu'ils s'en défendent, et sous peine de confiscation de ce qu'ils laisseraient derrière eux, à émigrer

dans la nouvelle résidence royale, dans une de ces villes géantes, qui témoignent bien plus de la nullité des peuples que de la grandeur du souverain, et qui trop fréquemment, à chaque changement d'empire sur les bords de l'Euphrate, sortaient de terre à la parole du sultan nouveau. *Tigranocerte*, « la ville neuve de Tigrane, » située dans l'Arménie du sud, non loin de la frontière mésopotamienne [1], avait, comme Ninive et Babylone, des murs de cinquante coudées de haut, des palais, des parcs et des jardins, toutes les magnificences enfin dont s'entourent les pachas d'Orient. Tigrane, de son côté, ne donna point le démenti à son rôle : dans cet Orient, en éternelle enfance, les rois mêmes qui portent une vraie couronne ne savent pas échapper aux puériles idées populaires, et l'on voyait le monarque arménien paradant en public dans le splendide appareil d'un successeur des Darius et des Xerxès, orné du *caftan* de pourpre, de la tunique mi-partie blanche et rouge, des larges pantalons à plis, du haut turban et du bandeau royal : partout où il passait, il avait à ses côtés « quatre rois » pour l'accompagner et le servir.

Mithridate était plus modeste. Renonçant à attaquer l'Asie-Mineure, et se tournant du côté de la mer Noire, ce que les traités ne lui avaient pas interdit, il s'appliquait à consolider les fondements de sa puissance et à réduire peu à peu à une plus complète sujétion les contrées placées entre le Pont et le royaume du Bosphore, où son fils *Macharès* commandait alors en sous-ordre. En outre, il s'efforçait de son mieux à mettre sur un bon pied sa flotte et ses soldats, armant et organisant ces derniers à la romaine, et utilisant à cet effet les précieux services des émigrés venus en nombre à sa cour.

[1] Tigranocerte n'était point voisine de l'emplacement de *Diarbekir :* elle était plutôt située entre Diarbekir et le *lac de Wan*, plus près de celui-ci, sur les bords du *Nicéphorios (Jezidchanè Sou)*, l'un des affluents septentrionaux du Tigre [V. la carte n° XXXII de l'*Atlas antiquus* de Spruner].

Il ne convenait point aux Romains d'entrer plus avant qu'ils n'y étaient déjà dans les complications des affaires orientales. Leurs intentions à cet égard se manifestèrent clairement dans une grave circonstance. L'occasion s'offrait d'annexer amiablement l'Égypte à l'empire de la République : cette occasion, le Sénat n'en voulut pas. La descendance légitime de Ptolémée le Lagide venait de s'éteindre dans la personne d'Alexandre II, fils d'Alexandre I, et fait roi par Sylla à la mort de *Ptolémée Sôter II Lathyre*. Très-peu de jours après son avénement au trône, il avait péri dans une émeute, au milieu de sa capitale (673). Ce même Alexandre II avait, par son testament, institué la République son héritière [1]. Il est vrai que la sincérité du testament fut contestée : mais le Sénat le tint pour vrai, puisqu'il se fit remettre les sommes en dépôt à Tyr pour le compte du feu roi, ce qui ne l'empêcha pas de laisser deux fils notoirement illégitimes de Lathyre s'emparer, l'un de l'Égypte (on l'appelait Ptolémée XI, le *nouveau Bacchus*, ou l'*Aulète*, le *Joueur de flûte*), l'autre de Chypre (on l'appela *Ptolémée le Cypriote*).

---

[1] On diffère sur la question de savoir si ce testament vrai ou prétendu émanait d'Alexandre I († 666) ou d'Alexandre II († 673), et le plus souvent on tranche la difficulté en l'attribuant au premier. A mon sens, on se rend, en cela faisant, à des raisons insuffisantes : Cicéron (*de leg. agr.* 1, 4, 12. 15, 38. 16, 41) ne dit point que l'Égypte a été annexée en 666, mais bien qu'elle est échue à Rome en 666 ou après. De ce qu'Alexandre I est mort à l'étranger, tandis qu'Alexandre II périt dans sa capitale, on tire aussi la conclusion que les trésors déposés à Tyr, et dont le testament fait mention, appartenaient au père et non au fils. Mais on oublie que celui-ci fut tué dix-neuf jours après son arrivée en Égypte (Letronne, *Inscr. de l'Égypte*, 2, 20), et que sa caisse pouvait être encore à Tyr. La raison décisive, à mon sens, c'est qu'Alexandre II était le dernier représentant du sang des Lagides : toujours en cas pareil (ainsi en advint-il à Pergame, à Cyrène, en Bithynie), le dernier rejeton des souverains légitimes faisait la République son héritière. L'antique droit public, du moins au regard des États clients de Rome, semblait ne pas laisser au prince la libre disposition de son royaume par acte de dernière volonté, sauf au cas où il n'existait plus d'agnats au degré successible. — Mais le testament lui-même était-il vrai ou faux ? Je ne saurais le dire et je m'en inquiète assez peu : je ne vois pas d'ailleurs dans toute cette affaire de graves motifs de croire à une falsification.

Non que le Sénat les eût formellement reconnus : loin de là : mais on évita de les mettre en demeure de restituer. A quelle cause attribuer cette conduite ambiguë? Pourquoi tout au moins n'avoir point expressément renoncé à la possession de l'Égypte et de Chypre? Je n'hésite point à voir cette cause dans la rente sonnante que les deux rois *précaires* payaient aux chefs de coteries à Rome, pour que l'état de choses se continuât. Au fond, Rome avait de sérieuses raisons de ne pas toucher à l'appât qui s'offrait. Par sa position toute spéciale, par son organisation financière, l'Égypte eût mis dans la main d'un préteur romain la puissance de l'argent, la domination des mers et surtout une force indépendante! Comment admettre qu'une oligarchie soupçonneuse autant que faible pût jamais se prêter à l'édification d'un tel pouvoir? A ce point de vue encore, on comprend que Rome ne voulût pas de la possession immédiate des pays du Nil.

Non-intervention en Asie-Mineure et en Syrie.

L'inaction du Sénat, en présence des événements qui agitaient l'Asie-Mineure et la Syrie, ne saurait au contraire se justifier. La République ne reconnaissait pas au conquérant arménien les titres de roi de Cappadoce et de Syrie, je le veux : mais elle ne fit rien non plus pour le repousser dans ses limites, quelque facilité qu'elle eût de pénétrer en Syrie, par exemple à l'occasion de la guerre devenue nécessaire contre les pirates, en 676.

78 av. J.-C.

Pourtant tolérer l'occupation de la Cappadoce et de la Syrie sans déclarer la guerre, c'était non-seulement abandonner ses protégés, mais laisser s'écrouler les plus solides fondements de sa puissance extérieure. C'était chose grave déjà que de sacrifier, sur l'Euphrate et le Tigre, les établissements helléniques, ces ouvrages avancés de son empire : mais à permettre aux Asiatiques de prendre pied sur la Méditerranée, vraie base politique de l'empire oriental, on ne prouvait pas simplement son amour de la paix, on confessait en outre que pour être plus oligarchique qu'avant, l'oligarchie restaurée par

Sylla n'en était ni plus sage ni plus capable d'énergie, et que l'heure avait sonné du commencement de la fin du monde romain.

De l'autre côté, on ne voulait pas la guerre. Tigrane n'avait nul motif de la souhaiter, puisque Rome lui abandonnait ses clients sans prendre les armes. Mithridate, qui n'était rien moins qu'un pacha stupide, et qui dans ses jours de bonheur ou d'infortune avait expérimenté ses amis et ses ennemis, Mithridate savait très-bien qu'au cas d'une seconde guerre avec Rome, il serait seul encore, comme durant la première. Il n'avait donc rien de mieux à faire que de se tenir tranquille, et de se fortifier en silence. Ses protestations de paix étaient sincères, il l'avait bien montré dans sa rencontre avec Muréna (V, p. 343); et il continuait dans cette voie, évitant toute fausse démarche de nature à faire sortir la République de son attitude passive !

Mais de même que la première guerre avec le roi du Pont s'était à la fin engagée sans qu'aucun des belligérants la voulût en réalité, de même, à cette heure, les soupçons réciproques allaient croissant par l'effet des intérêts contraires. Les soupçons amenaient les préparatifs de défense ; et ceux-ci, pesant de leur poids, conduisaient à la rupture ouverte. Depuis longtemps Rome avait assez peu foi dans son effectif militaire et dans ses ressources immédiates de combat : quoi de plus naturel qu'une telle méfiance, chez qui n'entretient pas sur pied une armée permanente, et là où le gouvernement médiocrement conduit repose au sein d'une assemblée délibérante? Par suite il était passé en axiome dans la politique romaine que la guerre une fois entamée, il convenait de la pousser, non jusqu'à la défaite de l'ennemi, mais jusqu'à sa destruction. On s'était d'abord montré peu satisfait de la paix naguère conclue par Sylla, tout comme autrefois on avait regretté les conditions octroyées par Scipion l'Africain à Carthage. Tous les jours on manifestait des craintes à l'endroit du roi du Pont : on pronostiquait une seconde et prochaine attaque, et cela, non sans motif, les circonstances présentes étant les mêmes que celles d'il y avait douze ans. Avec les armements de Mithridate coïncidaient une guerre civile dangereuse, les incursions des Thraces en Macédoine, et celles des pirates, dont les flottes couvraient la mer. De même qu'autrefois s'étaient échangés les messages et les émissaires entre Mithridate et les Italiens, de même aujourd'hui on allait et venait du camp des émigrés romains d'Espagne à celui des réfugiés de la cour de Sinope. Déjà, au début de l'an 677, on s'était écrié en plein Sénat, que pendant la guerre civile italienne, le roi du Pont n'attendait qu'une occasion pour se jeter sur les terres romaines ; et l'on avait renforcé, pour parer aux éventualités, les corps d'armée des provinces d'Asie et de Cilicie.

77 av. J.-C.

Mithridate, de son côté, suivait avec une inquiétude croissante tous les mouvements de la politique des Romains. Il sentait bien que quelque répugnance qu'y montrât le Sénat dans sa faiblesse, ils ne pouvaient pas, à la longue, ne pas se mettre en guerre avec Tigrane ; et que lui-même, à son tour, il aurait à entrer en jeu. Au milieu du tumulte de la révolution lépidienne, il avait en vain tenté d'obtenir du Sénat l'instrument écrit de son traité de paix, qui lui faisait toujours défaut : il ne l'espérait plus, et voyait là le symptôme du renouvellement prochain de la lutte. Rome la commençait en quelque sorte, en guerroyant contre les pirates : les attaquer, c'était indirectement attaquer les rois d'Orient, leurs alliés. Les prétentions ambiguës de Rome sur l'Égypte et l'île de Chypre étaient une autre pierre d'achoppement. Le roi de Pont n'avait-il pas fiancé deux de ses filles, *Mithridatis* et *Nyssa,* à ces deux Ptolémées que le Sénat persistait à ne point formellement reconnaître ? Les émigrés poussaient à frapper un grand coup : enfin les succès de Sertorius en Espagne, succès dont s'enquérait le roi, au moyen de ses envoyés qui sui-

vaient le camp de Pompée sous de spécieux prétextes, lui
ouvraient l'avantageuse perspective de n'avoir plus dans la
prochaine guerre à lutter à la fois contre les deux partis,
et de pouvoir au contraire combattre l'un en s'appuyant
sur l'autre. Où trouver une heure plus favorable? Ne
valait-il pas mieux en fin de compte déclarer la guerre
avant que Rome la dénonçât?

Sur ces entrefaites (679), *Nicanor III Philopatór*, roi
de Bithynie, mourut. Il était le dernier de sa race, son fils
né de *Nysa* passant pour illégitime ou l'étant en effet.
Il laissait par testament son royaume aux Romains, qui
prirent sans tarder possession d'un pays limitrophe de
leur province, et depuis longues années visité par les magistrats et les trafiquants italiens. A la même époque,
Cyrène, qui leur était échue dès 658, est érigée aussi en
province : un préteur y est envoyé (679). Ces mesures
aussi bien que les attaques dirigées contre les pirates sur
la côte du sud de l'Asie-Mineure, surexcitaient les mé-
fiances de Mithridate. L'annexion de la Bithynie surtout,
la Paphlagonie ne pouvant compter, faisait des Romains
les voisins immédiats de son royaume pontique : c'était
là le dernier coup. Il prit son parti, et dans l'hiver de
679 à 680, déclara la guerre à la République.

Il eût volontiers demandé aide pour sa rude entreprise.
Son plus proche et plus naturel allié était le Grand-Roi
d'Arménie : mais celui-ci, politique à courtes vues, repoussa
les propositions de son beau-père. Restaient les insurgés
et les pirates. Mithridate eut soin de se tenir en communication avec les uns et les autres, et jeta de fortes escadres dans les eaux de Crète et d'Espagne. Avec Sertorius
il avait conclu, on l'a vu, un traité (p. 164) par lequel
Rome lui abandonnait la Bithynie, la Paphlagonie, la
Galatie et la Cappadoce, cessions purement nominales, il
est vrai, et que la fortune des champs de bataille pouvait
seule ratifier. Plus sérieuse était l'assistance qu'il recevait
du général des Espagnols par l'envoi d'officiers romains

75 av. J.-C.

La Bithynie
et Cyrène
deviennent
romaines.

96.

75.

Explosion
de la guerre.

75-74.

Armements
du Pont.

qui pourraient commander et conduire les armées et les
flottes pontiques. Sertorius avait nommé ses représentants
près la cour de Sinope les deux hommes les plus actifs
parmi les émigrés d'Orient, *Lucius Magius* et *Lucius
Fannius*. Chez les pirates aussi, Mithridate trouva du
secours. Ils s'étaient établis en nombre dans le royaume
pontique, et grâce à eux il semble qu'il lui avait été possible de constituer une force navale imposante, tant par le
nombre que par la bonté des vaisseaux. Quoi qu'il en soit,
son principal appui était dans sa propre armée : avec elle,
il lui était permis d'espérer qu'il serait maître des possessions romaines d'Asie bien avant l'arrivée des légions. Et
puis, tout ne favorisait-il pas l'invasion par les soldats du
Pont? Dans la province d'Asie les contributions imposées
par Sylla avaient fait la détresse de l'argent : la Bithynie
se regimbait contre la nouvelle administration romaine :
en Cilicie et en Pamphylie la guerre dévastatrice à peine
finie avait laissé un foyer tout prêt à se rallumer. Les munitions ne manquaient pas. Les greniers royaux renfermaient 2,000,000 de médimnes de blé. La flotte et les
soldats étaient innombrables et bien exercés. Les mercenaires Bastarnes, notamment, fournissaient une troupe
choisie, de force à tenir tête aux légionnaires italiens.
Donc cette fois encore, ce fut Mithridate qui prit l'offensive.
Un corps commandé par Diophantos entra en Cappadoce,
pour y occuper les places fortes et y fermer aux Romains
la route du Pont. Au même moment, un officier envoyé
par Sertorius, le propréteur *Marcus Marius*, entra en
Phrygie, accompagné d'un général pontique nommé
Eumachos : ils devaient soulever la province romaine et
les gens du Taurus : quant à l'armée principale, qui
comptait plus de 100,000 hommes avec 16,000 cavaliers,
et 100 chars à faux, *Taxile* et *Hermocrate* la conduisaient,
sous les ordres suprêmes du roi. Donnant la main à la
flotte de guerre formée de 400 voiles obéissant à *Aristonicos*, elle longeait la côte nord de l'Asie-Mineure, et

prenait possession de la Paphlagonie et de la Bithynie.

Du côté de Rome, on avait tout d'abord choisi pour général en chef le consul de l'an 680, *Lucius Lucullus*. Le gouvernement d'Asie et de Cilicie lui était donné avec le commandement des quatre légions campées en Asie-Mineure : il en amenait une cinquième avec lui d'Italie. Son armée comptait ainsi 30,000 hommes de pied, et 1,600 cavaliers. Il avait ordre de marcher sur le Pont, en traversant la Phrygie. Son collègue *Marcus Cotta,* avec la flotte et un autre corps d'armée, se dirigeait vers la Propontide, pour couvrir l'Asie et la Bithynie. Enfin le Sénat avait ordonné l'armement général des côtes, des côtes de Thrace surtout, plus particulièrement menacées par la flotte ennemie : en même temps et par extraordinaire, mission était donnée à un seul d'avoir à nettoyer toutes les mers et toutes les plages infestées par les pirates et leurs alliés du Pont. Le choix du Sénat tomba sur le préteur *Marcus Antonius,* fils de celui qui, trente ans plutôt, avait le premier châtié les corsaires de Cilicie (V, p. 89). De plus, on mettait à la disposition de Lucullus une somme de 72,000,000 de sesterces (5,500,000 *thal.* = 20,625,000 fr.), pour l'équipement d'une flotte, somme qu'il refusa d'ailleurs. Par où l'on voit que le gouvernement de la République constatait enfin que l'établissement naval négligé avait produit presque tout le mal, et qu'à l'avenir, autant du moins qu'il se peut faire à coups de décrets, on entendait sérieusement y pourvoir.

La guerre commença donc sur tous les points en 680. Par malheur pour Mithridate, au moment même où il la dénonçait, l'astre de Sertorius allait décliner, emportant avec lui l'une des grandes espérances de l'Asiatique, et laissant Rome libre de consacrer toutes ses forces aux expéditions maritimes et d'Asie-Mineure. Ici pourtant Mithridate recueillit d'abord les bénéfices de l'offensive et de la distance qui séparait les Romains du théâtre actuel de la lutte. Le propréteur de Sertorius avait immédiate-

ment pénétré dans la province: nombre de villes lui ouvrirent leurs portes: les familles romaines qui s'y étaient
fixées y furent passées au fil de l'épée, comme en 666 :
les Pisidiens, les Isauriens et les Ciliciens se levèrent. A ce
moment la République n'avait point de soldats sur les lieux
menacés. Quelques hommes plus déterminés tentèrent bien
par eux-mêmes d'empêcher les massacres. Ainsi, par
exemple, à la nouvelle de ces graves événements, le jeune
Gaius César quitta Rhodes, où il poursuivait ses études, et
se jeta, avec quelques troupes ramassées en hâte, au devant
des insurgés : mais que pouvaient ces trop rares volontaires? Si le brave tétrarque des *Tolistoboïes*, Gaulois
établis autour de Pessinonte, si *Déjotarus* n'avait pas pris
parti pour Rome, et combattu victorieusement les généraux de Mithridate, Lucullus, pour son début, aurait eu à
reconquérir sur l'ennemi tout le massif intérieur de la
province. Il n'en dut pas moins perdre un temps précieux
à y rétablir le calme, à refouler l'ennemi vers la frontière ;
et les modestes succès que put remporter sa cavalerie ne
compensèrent pas, tant s'en faut, ces premiers désavan-
tages. Sur la côte nord d'Asie-Mineure, les choses allèrent
plus mal encore qu'en Phrygie. Là la flotte et l'armée du
Pont étaient complètement maîtresses de la Bithynie : le
consul Cotta avec sa petite troupe et ses quelques vaisseaux
s'était réfugié à grande peine dans les murs et le port de
Chalcédoine, où Mithridate le tenait bloqué. Toutefois, de
cette situation fâcheuse sortit quelque chose d'heureux
pour les Romains. En occupant l'armée pontique devant
Chalcédoine, Cotta attirait Lucullus à son secours, et pro-
voquait ainsi la jonction de toutes les forces romaines.
La lutte pouvait se décider aussitôt sans avoir à pour-
chasser l'ennemi jusque dans des contrées reculées, impra-
ticables. Lucullus marcha en effet à Cotta. Mais celui-ci,
rêvant une victoire remportée à lui seul et avant l'arrivée
de son collègue, ordonne la sortie au chef de la flotte,
Publius Rutilus Nudus. Elle n'aboutit qu'à une sanglante

défaite : aussitôt les Pontiques d'attaquer le port, de
briser la chaîne qui le ferme, et d'y brûler tous les vaisseaux romains, soixante-dix environ en nombre. Lucullus
était sur le fleuve *Sangare* [*Sakarah*], lorsqu'il apprit ce
qui s'était passé. Il accéléra sa marche, au grand mécontentement de ses soldats, qui s'inquiétaient peu de Cotta
et eussent bien mieux aimé piller un pays sans défense,
que d'apprendre à vaincre à leurs camarades. La survenue
de Lucullus rétablit les affaires. Le roi leva le siége; mais
loin de s'en retourner dans le Pont, il s'étendit le long de
la Propontide et de l'Hellespont, occupa Lampsaque et
commença l'investissement de la grande et riche ville de
Cyzique [*Bal Kyz*].

C'était s'enfoncer dans un véritable cul-de-sac. Il eût
agi plus utilement pour sa cause en mettant la distance
entre lui et les Romains. A Cyzique, plus qu'en nulle autre
cité, s'étaient maintenus les anciennes traditions et le
savoir-faire helléniques : les habitants, bien que décimés,
soldats et vaisseaux, dans le double et désastreux combat
de Chalcédoine, fournirent une résistance opiniâtre. La
ville était bâtie sur une île toute voisine de la côte, avec
laquelle un pont la mettait en communication. Les assiégeants occupèrent d'abord les hauteurs de terre ferme
qui descendaient jusqu'au pont et au faubourg attenant:
sur l'île même ils couronnèrent la célèbre colline *Dindy-
ménienne* [1]; puis en terre ferme et dans l'île, les ingé-
nieurs grecs de Mithridate employèrent tous les moyens
de l'art pour rendre l'assaut praticable. Mais les assiégés
fermèrent durant une nuit la brèche, enfin ouverte à grande
peine, et les efforts de l'armée pontique se brisèrent
contre les murailles, aussi bien que la menace barbare du
roi, lequel avait annoncé aux Cyzicéniens qu'il ferait tuer
leurs frères captifs devant leurs portes, s'ils se refusaient

Mithridate
assiége Cyzique.

____

[1] [Strab. p. 575 : là était un temple de la Mère des Dieux, dite
de *Dindymon*.]

plus longtemps à les lui ouvrir. Les Cyzicéniens n'en persistèrent dans leur défense qu'avec plus d'énergie et de succès : il s'en fallut de peu qu'un jour, au cours du siége, ils ne fissent Mithridate lui-même prisonnier. Sur ces entrefaites, Lucullus s'était établi dans une forte position à l'arrière des assiégeants, et quoiqu'il ne pût directement secourir la ville, il coupait tous les vivres arrivant par terre à l'armée pontique. Cette armée immense, évaluée à 300,000 têtes y compris le train, ne pouvait plus ni marcher ni combattre, resserrée qu'elle était entre une place inexpugnable et les légions immobiles. Elle ne s'approvisionnait plus que grâce à sa flotte qui, heureusement pour Mithridate, commandait la mer. Vint la mauvaise saison : une tempête détruisit presque tous les travaux de siége : le manque de vivres, et surtout de fourrages, rendait la situation intolérable. Les animaux de charge et le train furent renvoyés sous l'escorte de la plus grande partie de la cavalerie : ils devaient à tout prix se glisser au travers de l'ennemi, ou s'ouvrir par la force un passage. Lucullus les atteignit sur le *Rhyndaque* [*Mohalidsch*], à l'est de Cyzique, et les anéantit. Une autre division, aussi de cavalerie, ayant *Métrophane* et Lucius Fannius à sa tête, erra longtemps par toute l'Asie-Mineure occidentale, et dut s'en revenir au camp devant Cyzique. La faim, la maladie faisaient d'effrayants ravages. Quand commença le printemps (684), les Cyzicéniens redoublèrent d'efforts et s'emparèrent des travaux élevés par Mithridate sur le mont *Dindymon* : il ne resta plus au roi qu'à lever le siége et à mettre sur sa flotte tout ce qu'elle pouvait prendre et sauver. Puis il fit voile vers l'Hellespont : mais pendant l'embarquement et pendant la route les tempêtes lui infligèrent de nouvelles pertes. La division de terre ferme, conduite par *Hermaeos* et Marius, leva aussi le pied pour aller se réfugier dans les murs de Lampsaque, et de là s'embarquer à son tour. Elle avait abandonné ses bagages, ses malades et ses blessés, que les Cyzicéniens

Destruction de l'armée du Pont.

73 av. J.-C.

exaspérés massacrèrent : et sur le chemin, au passage de l'*Æsepos* et du *Granique* [le *Boklou* et le *Khodja-sou*], elle eut affaire à Lucullus. Grandement diminuée de nombre, elle atteignit pourtant son but; et les vaisseaux du roi emmenèrent tout ensemble, hors de la portée des Romains, les derniers débris de la grande armée et les habitants de Lampsaque.

Lucullus s'était montré sage et habile dans la conduite de la guerre : il avait réparé les fautes de son collègue, et, sans livrer bataille, détruit l'élite de l'armée royale, 200,000 soldats, dit-on. Que s'il avait eu encore cette flotte, brûlée par les Pontiques dans le hàvre de Chalcé-doine, pas un de leurs soldats ne se serait échappé. Son œuvre était inachevée : en dépit de la catastrophe de Cyzique, il ne put empêcher les vaisseaux ennemis de se mettre en faction dans la Propontide, bloquant Périnthe et Byzance, sur la côte d'Europe, dévastant *Priapos*, sur la côte d'Asie, et couvrant le quartier-général du roi, établi dans Nicomédie. Bien plus, on vit une escadre de cinquante voiles qui portait dix mille hommes avec Marius et l'élite des émigrés, pénétrer jusque dans la mer Égée : le bruit courait qu'elle voguait vers l'Italie pour y opérer un débarquement et rallumer la guerre civile. Heureusement les navires demandés par Lucullus aux cités asiatiques au lendemain du désastre de Chalcédoine commençaient à entrer en campagne : une petite flotte put sortir et se mettre à la recherche de l'ennemi dans les eaux de l'archipel. Lucullus, marin éprouvé (V, p. 297), la commandait en personne. Devant le *Port des Achéens*, dans le canal qui sépare la côte troyenne de l'île de Ténédos, étaient cinq quinquérèmes qu'*Isidoros* condui-sait à Lemnos. Il les surprit et les coula. Un peu plus loin, dans la petite île de *Néa*, point peu visité entre Lemnos et Scyros, trente-deux autres navires pontiques étaient au repos, tirés sur le rivage : Lucullus tomba sur ces navires, sur les équipages épars, et captura tout. Là périrent en

La guerre
sur mer.

combattant, ou sous la hache du bourreau après le combat, Marius et les plus déterminés parmi les émigrés. Toute la flotte de la mer Égée était anéantie. Pendant ce temps, renforcés par des envois de troupes italiennes, et par une escadre telle quelle ramassée sur place, Cotta et les lieutenants de Lucullus, *Voconius*, *Barba* et *Gaius Valerius Triarius* avaient continué la guerre en Bithynie. A l'intérieur, Barba avait pris *Prusiade*, sous l'Olympe, et *Nicée* : Triarius avait pris *Apamée*, sur la côte [l'ancienne *Mirleia*), et *Prusiade sur mer* (l'ancienne Cius). Tous les généraux se réunirent ensuite et marchèrent ensemble contre Mithridate, toujours posté à Nicomédie : mais celui-ci, sans les attendre, s'enfuit sur ses vaisseaux et reprit le chemin du Pont. Encore ne put-il s'échapper que grâce au retard de Voconius, chargé avec son escadre de bloquer le port de cette ville. Chemin faisant, le roi s'était emparé d'Héraclée, que la trahison lui livrait : mais un orage survint, qui lui enleva soixante vaisseaux et dispersa le reste de sa flotte. Il rentra presque seul à Sinope. L'offensive par lui prise n'avait abouti qu'à la complète défaite de ses armées de terre et de mer, défaite inglorieuse, surtout pour le chef suprême !

Lucullus attaquait à son tour. Triarius prit le commandement de la flotte, avec mission de fermer l'Hellespont et de guetter au passage les vaisseaux pontiques revenant de Crète ou d'Espagne. Cotta entreprit l'investissement d'Héraclée : l'actif et fidèle chef galate et le roi de Cappadoce, *Ariobarzane*, se chargeaient de l'œuvre difficile du ravitaillement des Romains : enfin Lucullus lui-même,

à l'automne de 681, entra sur les terres pontiques, épargnées jusque-là, et dont nul ennemi depuis longtemps n'avait foulé le sol. Mithridate, décidé à ne plus faire que se défendre, recule sans combattre de Sinope à *Amisos*, d'Amisos à *Cabira* (plus tard *Néocésarée*, auj. *Niksar*), sur le *Lycus*, un des affluents de l'*Iris* : il se contente d'attirer le Romain au plus profond du pays pour couper ensuite ses vivres et ses communications. Lucullus le suit à marches forcées, laissant de côté Sinope ; et franchissant l'*Halys,* l'antique frontière de Scipion, il place un cordon de troupes autour des forteresses importantes d'Amysos, *Eupatoria* (sur l'Iris), *Themiscyra* (sur le *Thermodon*) : l'hiver seul met fin à ses progrès, mais non à l'investissement des villes. Les soldats murmurent contre ce capitaine, qui veut avancer toujours, avec qui jamais ils ne récoltent les fruits de leurs efforts ; ils répugnent à ces blocus établis sur une grande échelle, au cœur de la plus dure saison. Mais il n'était pas dans l'habitude de Lucullus d'écouter les plaintes : dès le printemps de 682, il pousse plus loin et arrive devant Cabira, laissant deux légions avec *Lucius Muréna* devant Amisos. Pendant l'hiver, Mithridate avait fait de nouvelles tentatives pour amener le Grand-Roi d'Arménie à še jeter dans la lutte, efforts vains, qui n'avaient produit que des promesses. Les Parthes, bien moins encore, se montraient enclins à venir en aide à une cause perdue. Cependant, à force d'activité et en enrôlant des soldats chez les Scythes, le roi avait pu réunir une armée considérable devant Cabira, sous les ordres de Diophantos et de Taxile. Les Romains, qui ne comptaient que trois légions avec une cavalerie bien inférieure à celle des Pontiques, ne pouvaient tenir la plaine : pour gagner Cabira, ils durent, non sans fatigues et sans pertes, suivre des sentiers plus longs et difficiles. Les deux armées restèrent quelque temps immobiles en face l'une de l'autre. On ne combattait guère qu'en fourrageurs, les vivres étant rares dans les deux camps : à cet effet, Mithridate avait organisé en corps volant l'élite de ses cavaliers et une division de fantassins commandés spécialement par les mêmes Taxile et Diophantos. Toujours en mouvement entre le Lycus et l'Halys, ils coupaient les transports expédiés de Cappadoce aux Romains. Mais un jour, un officier en sous-ordre de Lucullus, *Marcus Fabius Hadrianus,* chargé de l'escorte

72 av. J.-C.

d'un des convois, battit dans un défilé la troupe ennemie qui le guettait, au moment même où elle allait se jeter sur lui ; puis bientôt, renforcé par une division sortie du camp, il vainquit les généraux pontiques et les mit en fuite. Cette défaite était irréparable : la cavalerie du roi, le corps en qui il mettait toute sa confiance, n'était plus. Il apprit dans Cabira la désastreuse nouvelle par les premiers fuyards accourus du champ de bataille, lesquels n'étaient ni plus ni moins que Taxile et Diophantos eux-mêmes ; il l'apprit avant que Lucullus ne connût sa victoire, et se décida aussitôt à la retraite. Mais la connaissance de cette décision se répandit comme l'éclair parmi les intimes du roi, et les soldats prirent panique en les voyant plier bagage en toute hâte. Ce fut à qui ne serait pas le dernier à courir : petits et grands s'enfuyaient comme un gibier épouvanté : ils n'écoutent plus rien, pas même la voix du roi, et celui-ci est entraîné par le flot de l'irrésistible et confuse débandade. Lucullus averti arrive : les Pontiques se laissent massacrer presque sans résistance. Si les légions avaient gardé les rangs et maîtrisé leur ardeur de butin, pas un homme n'eût pu échapper, sans doute, et Mithridate eût été pris. Il gagna à grande peine *Comana* (non loin de *Tokat* et des sources de l'Iris) par la montagne, suivi de quelques hommes seulement. De là il s'échappa encore, poursuivi par *Marcus Pompeius* et un corps romain ; et enfin, passant la frontière avec 2,000 cavaliers environ, il entra, près de *Talauro*, dans la Petite-Arménie. Mais s'il trouva dans les états du Grand-Roi un asile, il n'y trouva rien de plus (fin de 682). Tigrane, affectant de traiter en roi son beau-père fugitif, se garda de l'inviter à sa cour, et le retint confiné sur une frontière perdue de ses états, dans une sorte de prison décente. Pendant ce temps les Romains parcouraient en vainqueurs tout le Pont, toute la Petite-Arménie : la plaine se soumettait sans résistance jusqu'à *Trapezus* [*Trébizonde*]. Les gardiens des trésors royaux se ren-

Victoire
de Cabira.

72 av. J.-C.

Le Pont conquis.

dirent à leur tour après plus ou moins d'hésitation, et livrèrent leurs caisses. Quant aux femmes du harem, sœurs, épouses et concubines sans nombre du roi, celui-ci n'ayant pu les emmener dans sa fuite, un de ses eunuques les avait toutes mises à mort à *Pharnacée* [*Cérasonte* [1]]. Les villes seules se défendirent opiniâtrement. Celles de l'intérieur, Cabira, *Amasée* [2], Eupatoria, ne purent longtemps tenir : mais il en fut autrement des grandes places maritimes. Amisos et Synope, dans le Pont, *Amastris*, en Paphlagonie, *Tios* [3] et Héraclée Pontique, en Bithynie, se défendirent en désespérées, soit dévouement envers le roi, ou attachement pour leurs franchises helléniques, que le roi leur avait maintenues, soit au contraire terreur des corsaires appelés par Mithridate. Sinope et Héraclée même armèrent des navires contre les Romains. L'escadre de la première s'empara d'une flottille romaine qui amenait des blés de la péninsule taurique à l'armée de Lucullus. Héraclée ne tomba qu'au bout de deux ans de siége, les Romains lui ayant coupé ses communications par mer avec les villes grecques et cette même péninsule, et la trahison s'étant mise dans la garnison. Amisos était réduite à la dernière extrémité : les soldats y mirent le feu, et, protégés par les flammes, s'embarquèrent sur leurs vaisseaux. A Sinope, où un hardi chef de pirates, *Séleucus*, et l'eunuque royal, *Bacchidès*, conduisaient la défense, la garnison pilla les maisons avant de quitter la ville et brûla les vaisseaux qu'elle ne put emmener : on raconte que Lucullus y trouva encore 8,000 corsaires et qu'il les fit passer au fil de l'épée : la majeure partie des défenseurs de la place avait cependant pris le large. Tous ces siéges durèrent deux années et plus, à dater de la bataille de Cabira (682-684). Lucullus les confia à ses principaux

---

[1] [Sur la côte, à mi-chemin entre Amisos et Trébizonde.]
[2] [*Amazea Gazacena*, sur l'Iris, au sud d'Amisos.]
[3] [Sur la côte à l'est d'Héraclée, chef-lieu de l'Amastriane, autrefois *Sesamos*. — *Tios* ou *Tium* entre Héraclée et Amastris.]

lieutenants : lui-même il présida à l'organisation de la province d'Asie, où de grandes réformes étaient nécessaires et furent pratiquées. L'histoire doit sans doute tenir note de la résistance si énergique des villes commerçantes du Pont, sans qu'il en sortît d'ailleurs rien de profitable à la cause ruinée de Mithridate. Tigrane, évidemment, n'avait point dessein pour l'heure de le ramener dans son royaume. L'émigration avait perdu ses meilleures têtes lors de la destruction de la flotte de la mer Égée : de ceux qui restaient, les chefs les plus actifs, Lucius Magius et Lucius Fannius avaient fait leur paix avec Lucullus ; enfin, la mort de Sertorius, arrivée dans l'année même de la déroute de Cabira, avait ôté aux émigrés leur dernière espérance. La puissance de Mithridate s'était écroulée tout entière. Ses derniers appuis tombaient l'un après l'autre. Une dernière escadre de soixante voiles, qui revenait d'Espagne et de Crète, fut attaquée et détruite par Triarius, sous Ténédos ; enfin, on vit jusqu'à son fils *Macharès*, préposé au royaume du Bosphore, déserter un beau jour, et, se faisant prince indépendant de la Chersonèse taurique, conclure la paix et l'amitié avec les Romains (684). Et lui, le roi, après avoir combattu sans gloire, il restait aujourd'hui enfermé dans je ne sais quelle forteresse lointaine, au fond des montagnes d'Arménie, exilé de ses états, presque le prisonnier de son gendre ! Quelques bandes de corsaires tenaient bien encore en Crète : ceux qui avaient fui de Sinope et d'Amisos avaient pu trouver asile sur la côte orientale de la mer Noire, sur les plages quasi inaccessibles des *Sanègues* et des *Lazes*. Lucullus n'en avait pas moins conduit la guerre en général habile : il n'avait point dédaigné de donner satisfaction aux justes plaintes des provinciaux : il avait reçu comme officiers dans son armée les émigrés repentants, et, délivrant l'Asie-Mineure à peu de frais, il avait mis le pied chez l'ennemi. Le royaume du Pont abattu était passé de l'état de pays client à celui de pays sujet. On n'attendait

70 av. J.-C.

plus que la commission sénatoriale, chargée de l'organiser en province, de concert avec le général en chef.

Restaient les différends avec l'Arménie. Rien n'était apaisé de ce côté. Nous avons vu déjà que les Romains auraient pu, à bon droit, déclarer la guerre à Tigrane : tout même commandait la rupture. Témoin des faits sur place, et de sens plus haut que la foule des sénateurs à Rome, Lucullus voyait clairement l'urgente nécessité de refouler l'Arménie dans ses limites et de reconstituer dans la Méditerranée la domination que la République y avait perdue. Dans la conduite des affaires d'Asie, on ne peut nier qu'il ne se conduisît en digne continuateur de Sylla, son maître et son ami. Philhellène autant que pas un des Romains d'alors, il avait le sentiment du devoir qui s'imposa à la République le jour où elle prit l'héritage d'Alexandre, à savoir, de se faire en Orient l'épée et le bouclier des Grecs. Joignez à cela peut-être la passion personnelle, le désir de cueillir des lauriers au-delà de l'Euphrate, une vive rancune contre ce Grand-Roi, qui lui écrivait sans le saluer du titre d'*imperator*. Pourtant, on serait injuste à ne chercher dans sa conduite que de mesquins et égoïstes motifs, alors que de grands et sérieux devoirs suffisent à l'expliquer.

En attendant, il n'y avait point à compter sur l'assemblée gouvernante à Rome. Craintive, négligente, mal au courant des faits, et par-dessus tout continuellement à court de ressources financières, comment croire qu'à moins d'y être forcée elle prendrait jamais l'initiative d'une expédition lointaine, vaste et dispendieuse ? Vers l'an 682, les représentants légitimes de la dynastie séleucide, *Antiochus*, surnommé l'*Asiatique*, et son frère, enhardis par l'heureuse tournure que prenait la guerre du Pont, étaient venus à Rome, sollicitant une intervention en Syrie, et accessoirement la reconnaissance de leurs prétentions à l'héritage du trône égyptien. Que si cette dernière demande ne pouvait être accueillie, encore est-il vrai de dire que jamais l'heure et l'occasion ne s'étaient présentées plus favorables de déclarer enfin à Tigrane une guerre depuis longtemps inévitable. Le Sénat avait proclamé les deux princes rois légitimes de Syrie, mais sans se décider à les appuyer par les armes. A vouloir saisir l'occasion et agir avec vigueur contre l'Arménien, il fallait donc que Lucullus ouvrît la guerre sans mission, de son seul mouvement, à ses risques et périls. Comme Sylla jadis, il se voyait dans la nécessité de prendre en main les intérêts les plus manifestes de la République, et d'aller de l'avant sans elle, je dirai même malgré elle. D'ailleurs, les rapports entre Rome et l'Arménie flottaient depuis longtemps entre la paix et la guerre, et ce qu'ils avaient d'ambigu venait en aide à Lucullus : il y trouvait et la raison de se décider et une couverture pour ses actes arbitraires. Les cas de guerre abondaient. En Cappadoce, en Syrie, que de causes de rupture! Déjà quand les Romains avaient poursuivi le roi du Pont, ils avaient violé le territoire du Grand-Roi. Donc, s'autorisant de sa mission contre Mithridate, et voulant n'en point sortir en apparence, il envoya un de ses officiers, *Appius Claudius*, à Tigrane, alors dans Antioche, et lui réclama l'extradition de l'ex-roi. Autant valait déclarer la guerre, et l'audace était grande, dans la situation des légions. Il fallait, pénétrant en Arménie, occuper fortement le vaste territoire du Pont, sans quoi les Romains eussent été coupés d'avec leur patrie ; et puis, il fallait prévoir un retour offensif du roi dans ses états. Or, l'armée à la tête de laquelle Lucullus avait mené à fin la guerre pontique ne comptait guère que 30,000 hommes. Évidemment, elle ne suffisait point à sa double tâche. Dans les circonstances ordinaires, un autre général aurait demandé et obtenu l'envoi par le gouvernement d'une seconde armée : mais voulant la guerre par-dessus la tête des sénateurs, et se croyant obligé même à ce coup d'audace, Lucullus renonça, bon gré mal gré, à s'appuyer sur un second corps ; il se contenta d'en-

rôler dans ses troupes les Thraces prisonniers, naguère à
la solde de Mithridate, et marcha sur l'Euphrate avec deux
légions seulement, 15,000 hommes au plus. Il y avait là
témérité sans doute : pourtant, l'exiguité du nombre pouvait en quelque sorte se compenser par la bravoure
solide d'une armée composée tout entière de vétérans. Le
vrai danger, c'était le fâcheux esprit du soldat : Lucullus en
tenait trop peu compte du haut de son orgueil de caste.

Général habile, et dans la mesure des idées aristocratiques homme probe et bien intentionné, il s'en fallait de
beaucoup qu'il se fît aimer de ses troupes. Il était impopulaire, en tant que partisan décidé de l'oligarchie :
impopulaire, parce qu'en Asie-Mineure il avait énergiquement réprimé les usures hideuses des capitalistes romains ;
impopulaire, à cause des travaux et des fatigues dont il
écrasait son armée, à cause de la sévère discipline à laquelle il tenait la main, à cause des villes grecques dont
il empêchait de toutes ses forces le pillage, tandis que pour
lui-même il faisait charger chariots et chameaux des
immenses trésors de l'Orient ; impopulaire ; enfin, à
cause de son élégance, de ses mœurs nobiliaires, de son
goût pour la Grèce, de ses façons hautaines surtout, et du
raffinement passionné de sa vie confortable. Rien en
lui de ce qui charme et entraîne, de ce qui rattache le
soldat à la personne du général. D'ailleurs ses vétérans,
pour la plupart, et précisément les plus solides, avaient
juste cause de se plaindre de la prorogation sans mesure
de leur temps de service. Ses deux meilleures légions
étaient venues en Orient (668) avec Flaccus et Fimbria   86 av. J.-C.
(V, p. 294) : et quoique tout récemment, au lendemain de
la bataille de Cabira, le congé leur eût été promis, congé
bien gagné par treize campagnes, voici que leur général les
emmenait au-delà de l'Euphrate, s'enfonçant à perte de
vue dans une guerre nouvelle. En réalité, les vainqueurs
de Cabira étaient plus maltraités que les vaincus de
Cannes (III, pp. 181, 240). N'y avait-il point témérité

grande à se lancer avec une telle armée, peu nombreuse à la fois et mécontente ; à s'en aller en expédition de guerre de son autorité privée, et, à vrai dire, en violation de la loi ; à pénétrer ainsi dans des régions lointaines, inconnues, pleines de torrents dévastateurs et de montagnes couvertes de neiges, et dont l'immense étendue était à elle seule un péril pour l'imprévoyant agresseur ? A Rome, les reproches ne furent pas épargnés à Lucullus, et cela non sans fondement : pourtant il eût mieux valu reconnaître que seule, l'incurable impéritie du gouvernement avait rendu nécessaire l'audacieux coup de tête du général en chef, et qu'à ne pouvoir l'innocenter complétement, on pouvait tout au moins l'excuser.

Lucullus passe l'Euphrate.

69 av. J.-C.

L'ambassade d'Appius Claudius, outre qu'elle menait à la guerre par les voies diplomatiques, avait encore eu pour objet de pousser les princes et les villes de Syrie à la révolte armée contre le Grand-Roi : au printemps de 685, l'attaque en règle se fit. Durant l'hiver, le roi de Cappadoce avait sans bruit réuni des embarcations. L'Euphrate, grâce à elles, est bientôt franchi : Lucullus traverse la *Sophène* en ligne droite, sans perdre son temps au siége des localités de mince importance, et marche sur Tigranocerte, où Tigrane lui-même, peu avant, était accouru du fond de la Syrie, ajournant, à cause de ses démêlés avec les Romains, la poursuite de ses plans de conquête dans la Méditerranée. A ce moment même, projetant l'invasion de l'Asie-Mineure romaine par la Cilicie et la Lycaonie, le Grand-Roi se demandait si les Romains n'allaient pas simplement évacuer l'Asie, ou si auparavant ils ne tenteraient pas, dans les environs d'Éphèse, peut-être, le sort d'une bataille. C'est alors qu'il apprend que Lucullus arrive. Furieux, il fait pendre le messager : mais la dure réalité commande ; il abandonne sa capitale et se rend dans l'Arménie intérieure pour y armer enfin, ce qui ne s'y était point fait jusqu'à cette heure. En attendant, *Mithrobarzane*, avec les troupes qu'il a sous la main, se concertera avec les Bédouins du

voisinage levés en hâte, et occupera Lucullus. Malheureusement l'avant-garde romaine disperse le corps de
Mithrobarzane, et les Arabes s'évanouissent devant un
détachement que *Sextilus* commande; et pendant qu'une
autre division, portée en avant et se cantonnant dans un
poste bien choisi, tient en échec, par d'heureux combats,
la grande armée que Tigrane est en train de réunir dans
les montagnes situées au nord-est de la capitale (autour de
Bitlis); Lucullus en pousse activement le siége. Une grêle
inépuisable de flèches tombe sur les Romains : l'huile de
naphte, jetée sur leurs machines, les enflamme. Rome
faisait le premier apprentissage des guerres avec l'Iran.
Un brave chef, *Mankéos,* défendit la ville. Il tint bon
jusqu'à l'arrivée de la grande armée de secours. Celle-ci,
rassemblée dans toutes les parties de l'immense royaume
et dans les contrées voisines ouvertes aux recruteurs
arméniens, se montre enfin au delà des passes des montagnes du nord. Taxile, le général expérimenté des guerres
du Pont, conseillait d'éviter le combat, d'entourer, avec la
cavalerie, et d'affamer la petite troupe des soldats de
Lucullus. Mais quand Tigrane a vu le Romain, désireux
de livrer bataille sans abandonner le siége, marcher avec
dix mille hommes seulement à la rencontre d'une armée
vingt fois supérieure, et passer hardiment le fleuve qui les
sépare; quand il voit, d'un côté, cette poignée d'hommes,
« trop nombreuse pour une ambassade, trop petite pour
» une armée, » de l'autre, ses troupes en multitude
immense, où les peuples de la mer Noire et de la mer
Caspienne se coudoient avec ceux de la Méditerranée et
du golfe Persique, ses redoutables lanciers à cheval, bar-
dés de fer, plus nombreux à eux seuls que tout le corps
de Lucullus, et ses fantassins, en bon nombre aussi, armés
à la romaine, il se décide à son tour à accepter sur l'heure
le combat offert par l'ennemi. Mais pendant que ses Arméniens prennent rang, Lucullus, de son sûr coup d'œil, a
déjà constaté que Tigrane a négligé une hauteur qui

Siége et bataille
de Tigranocerte.

domine toute la cavalerie arménienne : il l'occupe aussitôt avec deux cohortes, en même temps qu'une attaque
de flanc de sa petite cavalerie a détourné l'attention de
l'ennemi : puis, dès qu'elles ont atteint les cimes, ses
légionnaires tombent sur le dos des Arméniens. Les
chevau-légers de Tigrane se dispersent, se jettent sur l'infanterie, qui n'est point encore en ordre : celle-ci, à son
tour, s'enfuit sans avoir combattu. Lucullus écrivit son
bulletin de victoire dans le style de Sylla, son maître.
A l'entendre, contre 5 Romains tués, 100,000 Arméniens
auraient péri, et Tigrane, jetant son turban et son bandeau royal, se serait seul sauvé avec quelques cavaliers.
Ce qui est certain, c'est que la victoire de Tigranocerte
(6 octobre 685) reste l'une des plus glorieuses pages de
l'histoire des exploits guerriers de Rome; et comme elle
fut éclatante, elle fut de même décisive. Par l'effet de ce
désastre militaire, tous les territoires conquis sur les
Parthes et les Syriens sont perdus pour l'Arménie : presque
tous tombent, sans coup férir, dans la possession du vainqueur. La capitale toute neuve du grand royaume donne
le signal de l'écroulement. Les Grecs que Tigrane y avait
transportés et établis de force se révoltent et ouvrent aux
Romains les portes de la ville, que Lucullus leur donne à
piller. La Syrie et la Cilicie étaient vides d'ennemis, le
satrape *Mazadate* en ayant retiré toutes les troupes pour
renforcer la grande armée de secours, sous Tigranocerte.
Lucullus passe dans la *Commagène,* dépendante de la
Syrie du Nord, et prend *Samosate* d'assaut : il ne descend
pas jusque dans la Syrie propre; mais tous les dynastes,
toutes les cités jusqu'à la mer Rouge, Hellènes, Syriens,
Juifs, Arabes, lui viennent ou lui envoient prêter hommage, à lui et aux Romains, leurs nouveaux maîtres
suprêmes. Le prince de la Gordyène, pays à l'est de Tigranocerte, se soumet : seule, *Nisibis* ferme ses portes, et
d'autre part, *Guras,* frère du roi, se maintient en Mésopotamie. Lucullus, partout, se gère comme le suzerain

69 av. J.-C.

Les Romains
maîtres de tous
les pays conquis
par l'Arménie.

des princes et des cités helléniques : en Commagène, il
met sur le trône un Séleucide du nom d'Antiochus :
il reconnaît pour roi de Syrie Antiochus l'Asiatique, rentré
dans Antioche après que Tigrane en est parti : enfin il
renvoie dans leurs patries respectives les étrangers établis
par force dans Tigranocerte. Les approvisionnements et
les trésors du Grand-Roi étaient immenses : dans Tïgra-
nocerte seulement se trouvaient 20,000,000 de médimnes de blé [105,060,000 lit.], et 8,000 talents en or
(12,500,000 *thal.* == 46,875,000 fr.), avec lesquels
Lucullus put payer la guerre sans faire appel aux caisses
de la République, et gratifier chacun de ses soldats,
richement et copieusement entretenus d'ailleurs, d'un
honoraire de 800 deniers (240 *thal.* == 900 fr.).

Le Grand-Roi était profondément humilié. Caractère
faible, présomptueux dans les temps prospères, sans courage dans le malheur, si le vieux Mithridate n'eût point
été là, il est plus que probable qu'il se serait accommodé
avec Lucullus. Il avait toutes sortes de raisons pour acheter la paix au prix des plus grands sacrifices : Lucullus
même était disposé à l'octroyer à des conditions modérées. Mithridate n'avait point pris part aux combats de'
Tigranocerte. Au bout de vingt mois de véritable prison,
la brouille survenue entre le Grand-Roi et les Romains
lui avait valu sa liberté (milieu de 684) : il avait été
envoyé dans son ancien royaume avec 10,000 cavaliers
arméniens pour y menacer les derrières de l'ennemi.
Rappelé bientôt avant d'avoir rien pu faire, quand Tigrane
rassemblait tout son monde autour de sa nouvelle capitale, qu'il voulait à tout prix secourir, le roi de Pont
marchait sur Tigranocerte : il apprit le désastre de son
gendre par les fuyards rencontrés sur la route. Tout semblait perdu, et aux yeux du Grand-Roi et aux yeux du
plus mince des soldats. Toutefois si Tigrane faisait la
paix, Mithridate savait que non-seulement c'en était fait
de sa dernière chance de reconquérir son royaume,

Tigrane
et Mithridate.

70 av. J.-C.

mais que, de plus, son extradition personnelle serait la
première condition du vainqueur : Tigrane n'hésiterait
point à le traiter comme Bocchus avait fait Jugurtha.
Mithridate mit donc tout en jeu pour empêcher la paix,
pour décider la cour d'Arménie à continuer cette guerre
où, ayant lui-même tout à gagner, il n'avait rien à perdre :
fugitif et sans trône, il n'était pas sans grande influence
encore. Toujours imposant et physiquement vigoureux, on
le voyait, malgré ses soixante ans, sauter tout armé sur le
dos de son cheval, et au plus fort de la mêlée se compor-
ter en parfait soldat. Son courage s'était bronzé au contact
des années et du malheur : jadis il mettait ses affidés à la
tête de ses troupes, et ne prenait point part de sa personne
aux combats. Aujourd'hui qu'il a vieilli, il commande et
se bat tout à la fois. Après avoir, durant cinquante ans de
règne, subi les vicissitudes les plus inouïes, seul il ne
désespérait pas de la cause du Grand-Roi, abattue devant
les murs de Tigranocerte : bien plus, il soutenait que
Lucullus était en situation difficile, et même dangereuse,
pourvu que l'on ne demandât pas la paix et que l'on sût
gouverner la guerre.

La guerre recommence.　　C'est alors qu'on vit ce vieillard tant éprouvé par la
fortune prendre sur le Grand-Roi tout l'ascendant d'un
père, comme il en avait les dehors, et faire passer son
énergie dans le faible cœur de Tigrane. On décide que
la lutte continuera.. Mithridate en aura la direction militaire et politique. Au lieu d'une guerre de gouvernement
à gouvernement, la guerre sera nationale et asiatique : les
rois et les peuples d'Orient s'uniront contre la présomption
et l'excessive prépondérance de l'Occident. Et d'abord, on
tente par tous les moyens de réconcilier les Parthes avec
les Arméniens, et d'amener les premiers à entrer aussi
dans la lice. Sur l'avis de Mithridate, Tigrane offre à
70 av. J.-C.　　l'Arsacide *Phraate-le-Dieu* (sur le trône depuis 684) la
restitution des territoires naguère conquis par l'Arménie,
la restitution de la Mésopotamie, de l'Adiabène et des

« grandes vallées » : il y aura amitié et alliance entre eux.
Mais après ce qui s'était passé, on ne pouvait guère compter
sur le succès de ces tentatives. Phraate aima mieux tenir
des Romains, par la voie d'un traité, la frontière de l'Euphrate, que de la recevoir des Arméniens ; il avait tout
avantage à assister tranquille à ce grand duel entre un
voisin abhorré, et d'incommodes étrangers. Mithridate se
tournant alors vers les peuples orientaux réussit mieux
auprès d'eux qu'auprès des rois. Il ne lui fut pas difficile
de leur montrer dans la guerre actuelle la lutte des nations
de l'Orient contre les Occidentaux : le fait était vrai. Ce
fut même bientôt une guerre de religion; et le bruit se
propageait que l'armée de Lucullus allait marcher sur le
temple de la *Nanée* ou *Anaïtis* persique, dans l'*Elymaïde*
(le *Louristan,* auj.), le plus célèbre et le plus riche de
tous les sanctuaires des régions euphratéennes [1]. Les
Arabes, de près et de loin, vinrent en foule se presser sous
la bannière des deux rois, qui les appelaient à défendre
l'Asie et les dieux contre l'agression d'étrangers impies.
Mais l'événement avait fait voir qu'un simple ramas de
hordes sauvages, quelque énorme qu'il fût, n'était point
une force de combat; que loin de là, à les fondre dans
l'armée, il y avait embarras pour les soldats façonnés à la
bataille et à la marche, et que c'était là les vouer à une
commune destruction. Mithridate s'étudia principalement
à développer, à fortifier sa cavalerie, l'arme à la fois la
plus faible chez les Occidentaux, et la meilleure chez les
Asiatiques : la moitié de sa nouvelle armée d'élite était
donc montée. Pour l'infanterie, il tria avec soin dans la
masse des levées forcées ou des recrues volontaires les

---

[1] Cicéron (*de imp. Pomp.* 9, 23) n'a guère pu faire allusion à un
autre temple qu'à celui du pays d'Elymaïs, le but ordinaire des incursions et des *razzias* des rois syriens et parthes (Strab. 16, 744 :
Polyb. 31, 11 : I *Macchab.* 6 et *aliàs*) : ce temple était le plus riche
et vraisemblablement aussi le plus célèbre : en tous cas il ne saurait
être ici question du temple de Comana, ou de tout autre sanctuaire
appartenant au territoire pontique.

hommes les plus vigoureux, et les fit dresser par ses sous-officiers pontiques. D'ailleurs, les nombreuses troupes qui se trouvèrent bientôt réunies autour du Grand-Roi n'étaient point appelées à se mesurer sur le premier terrain favorable avec les vétérans de la République; elles n'avaient qu'à se tenir sur la défensive, et à faire la guerre d'escarmouches. Déjà durant sa dernière lutte avec les Romains, Mithridate avait toujours reculé, évitant à dessein d'en venir aux mains : cette tactique est encore aujourd'hui la sienne : il a choisi pour théâtre d'évolutions l'Arménie propre, le pays héréditaire de Tigrane, où l'ennemi n'a jamais mis le pied, et qui par sa conformation physique et l'ardeur patriotique des habitants se prête merveilleusement à la stratégie adoptée.

68 av. J.-C.

Mécontentement contre Lucullus à Rome et dans l'armée.

Quand l'année 686 s'ouvrit, la situation de Lucullus, difficile par elle-même, s'aggravait tous les jours. A Rome, malgré ses éclatantes victoires, il s'en fallait qu'on se montrât satisfait. Son indépendance d'allure froissait le Sénat : les financiers, qu'il avait blessés dans leurs intérêts, mettaient tout en œuvre, et l'intrigue et la corruption, pour faire ordonner son rappel. Le Forum retentissait sans cesse des accusations, justes ou injustes, lancées par tous contre le téméraire général, contre sa cupidité, contre ses opinions anti-romaines, contre sa trahison. On blâmait le Sénat d'avoir réuni dans la même main une puissance sans limites, deux provinces proconsulaires, et un commandement exceptionnel d'une telle importance. Le Sénat céda : il confia la province d'Asie à l'un des préteurs, la province de Cilicie, avec deux légions de levée nouvelle, au consul *Quintus Marcius Rex*, limitant l'*imperium* de Lucullus à l'expédition en cours contre Mithridate et Tigrane. Mais les clameurs qui s'élevaient à Rome avaient leurs dangereux échos jusque dans les camps sur l'Iris et le Tigre. Là même certains officiers, et jusqu'au beau-frère du général en chef, *Publius Clodius*, pratiquaient et soulevaient le soldat. C'était eux, sans doute, qui, pour l'exaspérer davantage, répandaient à dessein le bruit qu'à la guerre actuelle contre le Pont et l'Arménie se rattachait tout un plan d'invasion de l'empire parthique.

Ainsi menacé de rappel par le mauvais vouloir du Sénat, menacé d'une révolte par les rancunes du soldat, Lucullus poussa en avant dans l'emportement de ses victoires, en joueur qui jette son va-tout sur la table. Non qu'il songeât à marcher contre les Parthes. Mais ayant constaté que Tigrane ne demandait pas la paix, et que d'autre part il se refusait à livrer une seconde grande bataille, tant convoitée par lui, le Romain prit son parti, et, quittant Tigranocerte et passant par la région âpre et montueuse de la rive de l'est du lac de Wan, il pénétra dans la vallée du haut Euphrate oriental (l'*Arsanias*, auj. le *Monrad-Tchaï*). De là il voulait gagner l'*Araxe* et atteindre au pied de l'*Ararat* septentrional la grande ville d'*Artaxata*, capitale de l'Arménie propre, où le roi avait l'ancien château fort de ses pères et son principal harem. En menaçant la résidence héréditaire des souverains, il espérait obliger le Grand-Roi au combat, soit sur la route, soit au moins devant la place. Mais il fallait absolument laisser une division dans Tigranocerte : or, toutes les réductions à faire subir à l'armée de marche lui imposaient la nécessité d'affaiblir le corps qui gardait le Pont, et à en faire venir les soldats sous Tigranocerte. D'un autre côté, la grande difficulté dans l'entreprise actuelle tenait à la courte durée de l'été arménien. Sur les hauts plateaux d'Arménie, à plus de cinq mille pieds au-dessus de la mer, aux environs d'*Erzeroum*, le blé sort de terre au commencement de juin, et l'hiver commence en septembre, aussitôt la récolte faite : Lucullus n'avait que quatre mois devant lui pour arriver à Artaxata et mettre fin à la campagne.

Il part donc de Tigranocerte vers la mi-été (686), et remontant, sans nul doute, la vallée du *Karasou*, qui court du sud-est au nord-ouest, vient se réunir à la branche orientale de l'Euphrate, et forme l'unique lien de

Lucullus entre en Arménie.

68 av. J.-C.

la plaine de Mésopotamie avec les montagnes du massif d'Arménie, il arrive sur le plateau de *Mousch*, et de là à l'Euphrate. L'armée n'avait pu avancer que lentement, harcelée à chaque pas et fatiguée par les cavaliers de l'ennemi et par ses archers montés. Elle n'avait point pourtant rencontré de sérieux obstacles. Mais le passage du fleuve lui fut obstinément disputé : elle ne put le franchir qu'après un combat heureux, cette fois encore, contre la cavalerie, et Lucullus ne put amener les fantassins de Tigrane à descendre et à se mêler à la lutte. Arrivées sur les hauts plateaux, les légions s'enfoncèrent dans un pays totalement inconnu. Nul accident ne survint : c'était assez déjà de se voir constamment retardé par les inévitables difficultés du terrain et par les essaims des cavaliers armé-niens : tous avaient la conscience du danger. L'hiver arriva, qu'on était loin encore d'Artaxata : à la vue des neiges et des glaces amoncelées autour d'eux, les soldats italiens se soulevèrent, et la discipline, tendue à l'excès, se rompit. Lucullus dut ordonner la retraite, et l'exécuta avec son habileté ordinaire. Redescendu dans la plaine, où la saison permettait de tenter quelque revanche, le général passa le Tigre et se jeta, avec le gros de ses troupes, sur Nisibis, la capitale de la Mésopotamie armé-nienne. Le Grand-Roi la sacrifiait, instruit par l'expé-rience de Tigranocerte : les assiégeants la prirent d'assaut pendant une sombre et pluvieuse nuit ; et Lucullus y trouva, pour lui et les siens, des quartiers d'hiver et un butin non moins riche que dans la ville de Tigrane, l'année d'avant.

Pendant ce temps, tout le poids de l'offensive ennemie retombait sur les faibles détachements romains laissés dans le Pont et à Tigranocerte. Ici, Tigrane, attaquant Lucius Fannius, le même qui jadis avait servi d'intermé-diaire à Sertorius dans ses rapports avec Mithridate (pp. 187, 198), l'oblige à se jeter dans un fort où il l'assiége : là Mithridate, rentré sur son territoire avec 4000 cavaliers

arméniens et 4000 pontiques, libérateur et vengeur de son
peuple, l'appelle aux armes contre l'envahisseur. Tous
volent à lui : partout, les Italiens épars sont enlevés et
massacrés : le commandant romain Hadrianus (p. 195)
marche au roi ; mais parmi les soldats, il en est qui ont
appartenu à Mithridate ; ils passent en masse à l'ennemi
et avec eux tous les Pontiques attachés comme esclaves à
l'armée. Deux jours durant, se prolonge une lutte trop
inégale : si le roi, blessé à deux reprises, n'avait pas été
emporté du champ de bataille, le Romain n'eût pas pu
faire cesser une mêlée où l'avantage n'était pas pour lui,
et aller avec le reste de son monde se jeter dans Cabira.
Enfin un troisième lieutenant de Lucullus, ayant hardiment
rassemblé de nouvelles troupes, et livré au roi un second
combat, demeura trop faible pour le chasser du Pont, et
ne l'empêcha pas de prendre dans Comana ses quartiers
d'hiver.

La campagne se rouvrit au printemps de 687. L'armée
principale, réunie dans Nisibis, s'y était reposée aussi
pendant la mauvaise saison : mais son oisiveté même et
les fréquentes absences de son chef avaient été un aliment
nouveau pour l'indiscipline. Elle exigea tumultueusement
le retour : il était clair qu'en cas de refus, elle se mettrait
d'elle-même en retraite. Les approvisionnements étaient
rares. Fannius et Triarius, à bout de ressources, envoyaient
avec instance demander du secours à leur chef. Lucullus,
le cœur gros, cède devant la nécessité. Il abandonne
Nisibis, Tigranocerte, et renonçant aux perspectives brillantes de l'expédition d'Arménie, il se décide à repasser
sur la rive droite de l'Euphrate. Fannius put être dégagé :
mais pour reconquérir le Pont, déjà il était trop tard.
Triarius, hors d'état de tenir tête à Mithridate, avait pris
une forte position à *Gaziura* (*Tourksal*, sur l'Iris, à l'ouest
de *Tokat*), laissant ses bagages en arrière à *Dadasa*.
Mithridate aussitôt d'investir Dadasa, et les soldats
romains, inquiets pour leur hardes et leur butin, de forcer

67 av. J.-C.

Nouvelle retraite
vers le Pont.

Défaite
du corps d'armée
du Pont,
à *Ziéla*.

leur général à quitter son sûr asile, et à livrer au roi la bataille sur les hauteurs *Scotiques*, entre Gaziura et Ziéla (*Zilleh*). Il arrive alors ce que Triarius n'avait que trop prévu : en dépit d'une résistance acharnée, le roi, avec l'aile qu'il commande, parvient à rompre la ligne des Romains, et pousse leur infanterie dans un défilé bourbeux, où elle ne peut ni marcher en avant, ni se rejeter de côté : elle est massacrée sans pitié. Un brave centurion s'est dévoué et a blessé Mithridate presque mortellement : la défaite n'en est pas moins complète. Le camp romain est pris, l'élite des légionnaires, presque tout l'état-major avec les officiers de rang, couvraient le terrain : les cadavres restèrent gisant sans sépulture. Quand Lucullus arriva sur la rive droite de l'Euphrate, il apprit la funeste nouvelle, non par les siens, mais par les récits des gens du pays.

Ce désastre ne vint point seul. A la même heure éclatait une conspiration militaire. On apprenait au camp que le peuple avait décidé à Rome la mise en congé immédiat des soldats dont le temps de service était expiré, ou, si l'on veut, des légionnaires de Fimbria, et conféré le commandement du Pont et de la Bithynie à l'un des consuls de l'année. Le successeur de Lucullus, le consul *Manius Acilius Glabrio*, avait même déjà débarqué en Asie. Le licenciement des légions les plus braves et les plus indisciplinées, le rappel de Lucullus, l'impression produite par la défaite de Ziéla, tout venait à la fois mettre le comble au désordre, et le général n'avait plus d'autorité à l'heure même où il en était le plus besoin. Il se trouvait à Talaura, dans la petite Arménie, ayant devant lui une armée de Pontiques, commandée par *Mithridate le Mède*, gendre de Tigrane, et déjà victorieuse dans une escarmouche de cavalerie : d'un autre côté le Grand-Roi en personne arrivait de l'Arménie propre avec le gros de ses troupes. Lucullus fait demander du secours à Quintus Marcius, le nouveau préteur de Cilicie, lequel se rendant dans sa province, est déjà en Lycaonie avec trois

légions : Marcius répond que ses soldats refusent de
marcher. Il envoie dire à Glabrio qu'il ait à venir prendre
le commandement suprême qui lui appartient par le vote
du peuple : Glabrio ne se montre pas mieux disposé à se
charger d'une mission devenue par trop pénible et dangereuse. Bon gré mal gré, Lucullus reste donc à la tête des
troupes, et pour n'avoir pas à se battre à Talaura contre
les Pontiques et les Arméniens, à la fois, il donne le signal
de marcher contre l'armée arménienne qui s'avance. Les
soldats se mettent en mouvement; mais arrivés là où se   Nouvelle retraite
sur l'Asie
occidentale.
partagent les routes d'Arménie et de Cappadoce, ils
prennent en masse par cette dernière voie, et veulent
rentrer dans la province d'Asie. Ici les Fimbriens réclament
encore leur congé, et sur l'heure; et s'ils cèdent aux
instances du général et des autres corps, ce n'est qu'à la
condition qu'ils seront licenciés à l'entrée de l'hiver, à
moins que l'ennemi ne se montre. Ils firent ainsi, et ils
quittèrent l'armée. Mithridate put réoccuper presque tout
son royaume : ses cavaliers se répandirent dans toute la
Cappadoce et jusqu'en Bithynie : le malheureux roi
Ariobarzane appelait en vain à son aide et Marcius, et
Lucullus, et Glabrio. Telle fut l'issue étrange, incroyable
presque, de cette grande guerre, si glorieusement conduite
à ses débuts. A ne voir que les actes militaires, nul général
de Rome n'a peut-être autant fait que Lucullus avec d'aussi
minces moyens : l'élève de Sylla semblait avoir hérité du
talent et de la fortune du maître. Dans de telles conditions,
avoir ramené l'armée romaine intacte en Asie-Mineure,
c'est là, certes, un merveilleux exploit, et autant qu'il nous
est permis d'en juger, bien plus grand même que la
retraite des dix mille racontée par Xénophon. Il s'explique sans doute et par la solidité des soldats romains, et
par la pauvreté de l'organisation militaire chez les Orientaux : mais à tout prendre, il assure à l'homme qui
l'accomplit un rang honorable entre les plus illustres
capitaines. Que si le plus souvent on ne nomme point

Lucullus à côté d'eux, cela tient sans nul doute à ce qu'il ne nous est parvenu de ses campagnes aucun récit de quelque valeur, et aussi à ce que, en toutes choses et surtout en matière de guerre, rien ne vaut si ce n'est le résultat final : or, pour Lucullus, le résultat n'aboutit à vrai dire qu'à une complète défaite. Les dernières et malheureuses vicissitudes de son expédition, la révolte de ses soldats notamment, lui firent perdre tous les bénéfices d'une guerre de huit années : à l'entrée de l'hiver de 687 à 688, on était ramené au même point qu'au début de l'hiver de 679 à 680.

Sur mer, la guerre contre la piraterie, commencée en même temps que la guerre de terre ferme, et lui ressemblant par de nombreux côtés, n'avait pas mieux réussi. Nous avons dit (p. 189) qu'en 680, le Sénat, prenant la sage résolution de purger la Méditerranée, avait confié le commandement suprême à un amiral unique, le préteur Marcus Antonius. Malheureusement, on s'était tout d'abord trompé dans ce choix, ou plutôt ceux qui avaient provoqué la mesure, excellente en soi, n'avaient point calculé que dans le Sénat toutes les questions de personnes se décidaient alors sous l'influence de Céthégus (p. 133) et des intérêts de coterie. Puis, l'amiral choisi tant bien que mal, on avait négligé de lui mettre en main l'or et les vaisseaux nécessaires à l'accomplissement d'une aussi vaste mission : il lui fallut agir par voie de réquisitions énormes, et se rendre à charge aux provinciaux, autant que les corsaires eux-mêmes. Les résultats furent ce qu'on devait attendre. Dans les eaux de Campanie, la flotte d'Antonius captura quelques vaisseaux. Mais bientôt on eut affaire aux Crétois, amis et alliés des pirates, et qui, sommés d'avoir à rompre leur association criminelle, avaient fièrement répondu par un refus : le questeur essuya une défaite sous le vent de l'île, et les fers disposés à son bord pour enchaîner ses captifs ne servirent qu'à l'attacher lui-même, avec les autres Romains, aux mâts de ses propres vaisseaux : les amiraux *Lasthénès* et *Panarès* rentrèrent triomphants dans le port de *Cydonie*. Antonius avait consommé d'immenses trésors dans cette guerre follement conduite et stérile : il mourut en Crète en 683. Après lui, après sa tentative si malheureusement avortée, on ne nomma plus d'autre amiral en chef, soit qu'on fût découragé par l'insuccès, soit qu'on reculât devant la reconstruction coûteuse de la flotte, soit enfin que l'oligarchie répugnât encore à donner à un seul un commandement aussi étendu. On revint à l'ancienne méthode, laissant à chaque préteur le soin de combattre la piraterie dans sa province: ce fut ainsi, l'on s'en souvient, que Lucullus réunit un jour une escadre pour faire campagne dans la mer Égée (p. 193). En ce qui touche les Crétois pourtant, quelque dégénéré que fût le Sénat, on ne pouvait rester sous la honte du désastre de Cydonie : il fallait y répondre par une déclaration de guerre. Encore ne tint-il qu'à bien peu que les ambassadeurs crétois, venus en 684 à Rome, offrant la remise des prisonniers et le renouvellement de l'ancienne alliance, ne s'en retournassent avec un sénatus-consulte favorable : ce que la corporation du Sénat, prise en masse, appelait une honte, chaque sénateur en particulier y eût donné les mains, se vendant à beaux deniers sonnants. Un vote formel du Sénat mit ordre au scandale, et décida que les banquiers romains n'auraient point l'action en justice pour les emprunts souscrits par les envoyés. En rendant la corruption impossible, on s'en mettait à l'abri. Il fut ensuite décrété que les cités crétoises auraient à rendre les transfuges romains d'abord, puis les auteurs du crime de Cydonie, les amiraux Lasthénès et Panarès que les Romains puniraient comme ils l'avaient mérité, leurs vaisseaux et embarcations à quatre avirons et au-dessus, puis 400 ôtages, enfin une amende de 4000 talents (6,250,000 *Thal.* = 23,437,500 fr.). A ce prix la guerre ne les visiterait pas. Mais les envoyés s'étant déclarés sans pouvoirs pour accéder à de telles conditions, il fut ordonné

71 av. J.-C.

Guerre de Crète.

70.

que l'un des consuls de l'année suivante se rendrait en
Grèce à l'expiration de sa charge, pour y exiger satisfaction aux demandes de la République, ou entamer aussitôt
la guerre. Ce fut en vertu de ce décret qu'en 686 le proconsul *Quintus Métellus* se montra dans les eaux crétoises.
Les villes de l'île, et notamment les grandes cités de
Gortyne, de *Cnosse*, de Cydonie, avaient décidé qu'elles
se défendraient à outrance plutôt que de subir des conditions excessives. Les Crétois étaient un peuple dégradé et
pervers (IV, p. 370) : la piraterie était entrée dans leurs
institutions publiques et dans leurs habitudes privées,
comme le brigandage sur terre était dans la tradition commune des Étoliens : semblables aux Étoliens d'ailleurs par
beaucoup de côtés et aussi par la bravoure, seuls avec
eux, parmi les Grecs, ils luttèrent jusqu'au bout et non
sans gloire pour le maintien de leur indépendance. En
débarquant à Cydonie, avec trois légions, Métellus trouva
devant lui, pour le recevoir, Lasthénès et Panarès et
24,000 hommes : il y eut combat en rase campagne. Les
Romains demeurèrent vainqueurs après une chaude mêlée ;
mais les villes fermèrent leurs portes. Métellus dut les
assiéger les unes après les autres. Cydonie se rendit la
première : les débris de l'armée crétoise s'y étaient retirés :
l'investissement fut long. Enfin Panarès la rendit, contre
promesse de libre sortie. Lasthénès, quelque temps avant,
avait pu s'échapper : Métellus alla pour la seconde fois
l'assiéger dans Cnosse. Quand la ville fut sur le point de
succomber, il détruisit ses trésors, s'enfuit encore, et gagna
d'autres lieux fortifiés, comme *Lyctos* et *Eleuthera*. Il
fallut deux années entières à Métellus (686-687), pour
soumettre toute l'île. Enfin l'heure sonna où cette poignée
de terre grecque, encore libre, tomba sous l'irrésistible
domination de Rome : comme elles avaient devancé toutes
les autres cités helléniques dans l'établissement de leurs
franchises locales et de l'empire des mers, les cités crétoises furent aussi les dernières, parmi tous les États grecs

maritimes, à disparaître absorbées dans la puissance continentale de l'Italie.

Toutes les conditions étaient accomplies qui permettaient les solennités d'un grand triomphe traditionnel : là *gens* des Métellus était en droit de joindre aux surnoms du *Macédonique,* du *Numidique,* du *Dalmatique* et du *Baléarique*, le surnom nouveau du *Creticus* : Rome comptait une gloire militaire de plus !

Quoi qu'il en soit, jamais la puissance romaine n'avait été plus humiliée, jamais celle des pirates n'avait été plus grande sur la Méditerranée. Ciliciens ou Crétois, les flibustiers sur leurs brigantins (ils n'en comptaient pas moins de mille) se riaient des Servilius l'Isaurique (p. 178) et des Métellus le Crétique ! Nous avons raconté déjà avec quelle ardeur ils s'étaient jetés au plus fort de la lutte engagée par Mithridate ; comment les villes maritimes du Pont leur avaient demandé des moyens énergiques de combat, et les ressources de leur opiniâtre résistance. L'association avait en même temps, et pour son compte, opéré sur une non moins grande échelle. Presque sous les yeux de Lucullus et de sa flotte, le pirate *Athénodore* avait en 685 surpris Délos, rasé ses sanctuaires, ses temples fameux, et emmené tous les habitants en esclavage. L'île de *Lipara,* voisine de la Sicile, payait un gros tribut annuel pour n'avoir point à redouter de semblables descentes. Un autre chef, *Héracléon,* avait détruit, en 682, une escadre armée en Sicile et dirigée contre lui : avec quatre embarcations seulement, il avait osé pénétrer jusque dans le port de Syracuse. Deux ans après, *Pyrganion,* son camarade de rapines, se montre dans les mêmes eaux, débarque, se fortifie sur le même point, et envoie ses coureurs dans toute l'île : il ne faut rien moins qu'une expédition du préteur romain pour le contraindre à reprendre la mer. Dans toutes les provinces, il est désormais en usage d'avoir une escadre prête et des garde-côtes apostés, ou de payer pour les uns et les autres : ce qui n'empêche pas les corsaires

Les pirates
dans la
Méditerranée.

69 av. J.-C.

72.

d'arriver régulièrement, et de piller le pays, que les préteurs pillent aussi à l'envi[1]. Bientôt les audacieux forbans ne respectèrent même plus le territoire sacré de l'Italie : à Crotone, il enlèvent le trésor de *Hèra Lacinienne*[2]. Ils débarquent à Brundisium, à Misène, à Caiète, dans les ports d'Étrurie, et jusque dans celui d'Ostie : ils emmènent prisonniers les plus nobles officiers romains, le chef de la flotte attachée à l'armée de Cilicie, deux préteurs avec toute leur suite, avec les haches tant redoutées, les faisceaux et les autres insignes ; ils attaquent une *villa* près de Misène, et y enlèvent la propre sœur d'Antonius, l'amiral romain qui a charge de les détruire : enfin à Ostie, ils coulent à fond la flotte de guerre préparée contre eux, et que commande un consul. Le paysan du Latium, le voyageur sur la voie Appienne, l'élégant baigneur qui s'oublie dans le paradis terrestre de *Baia*, tous deviennent leur proie : nul n'est sûr un seul instant de sa propre existence : le commerce, les relations internationales s'arrêtent : la cherté la plus affreuse règne en Italie, et surtout dans Rome, qui ne vit que du blé d'au delà de la mer. Le monde contemporain et l'histoire retentirent des plaintes suscitées par l'intolérable disette : ce dernier trait complète le tableau !

Soulèvements des esclaves.

Nous avons passé en revue les actes du Sénat restauré par Sylla ; nous avons dit comment il sut pourvoir à la garde des frontières en Macédoine, à la discipline des rois clients en Asie-Mineure, et enfin à la police des mers. Quels tristes résultats, partout ! Ce gouvernement ne fut pas plus heureux dans une autre partie non moins périlleuse et urgente de sa mission, je veux parler de la sur-

---

[1] [V. Cicér. *pro lege Manil.* 6 : *...ejusmodi in provinciam homines cum imperio mittimus, ut, etiamsi ab hoste defendant, tamen ipsorum adventus in urbes sociorum, non multum ab hostili expugnatione differant.*]

[2] [La *Junon* du cap *Lacinium* avait son temple à six milles de Crotone, au milieu d'un bois de pins. Les Romains avaient hérité de la vénération des Grecs pour ce sanctuaire, respecté autrefois par Pyrrhus et Hannibal (V. Preller, *Myth.* v° *Juno*).]

veillance du prolétariat dans les provinces, et surtout en Italie. Le chancre de l'esclavage a rongé jusqu'à la moëlle les États de l'antiquité; et le mal était chez eux d'autant plus grand qu'ils avaient des fortunes plus hautes : la puissance et la richesse, dans les conditions de leur économie sociale, amenait aussitôt un accroissement démesuré de l'institution servile. Il est tout simple dès lors que Rome ait plus souffert par elle qu'aucun autre empire du monde ancien. Déjà, au vie siècle, le gouvernement avait dû faire marcher les légions contre les bandes révoltées des esclaves des champs et des pâtures. Le système des plantations ayant usurpé tout le terrain sous l'impulsion des spéculateurs italiens, la dangereuse armée s'était multipliée à l'infini : au temps des Gracques, au temps de Marius, et non sans relation intime avec les révolutions d'alors, les insurrections d'esclaves s'étaient produites sur de nombreux points du territoire romain. La Sicile avait été ravagée par deux sanglantes guerres (619 à 622 : 652 à 654 : V, pp. 16 à 19 : pp. 94 à 95). Les dix ans qui suivirent la mort de Sylla ont été l'âge d'or et des flibustiers sur mer et des brigands sur terre, dans la péninsule italienne surtout, mal organisée, mal régie jusqu'ici. La paix avait fui en quelque sorte. Dans Rome même, et dans les régions moins peuplées de l'Italie, tous les jours on volait, on assassinait tous les jours. C'est de ce temps que date, je suppose, un plébiscite spécial contre ces chasses armées qui s'attaquaient aux hommes libres et aux esclaves : une nouvelle procédure sommaire est édictée en matière d'usurpation violente des biens-fonds[1]. De tels crimes semblaient d'autant plus dangereux qu'ils étaient le plus souvent commis par les prolétaires : mais les hautes classes en étaient moralement les instigatrices, et prenaient

135.132 av. J.-C.
102. 100.

---

[1] [M. Mommsen fait ici allusion, je crois, à la *lex Aquilia* (Dig. IX, tit. 2), qui punissait les délits qualifiés *damnum injuria datum* (V. Rein, *Criminalr. der Rœm. (Droit crim. des Romains)*, p. 338 et suiv.). Ce plébiscite avait eu pour auteur un tribun du peuple du nom d'Aquilius.]

grosse part au profit. Les excès envers les hommes et les choses avaient presque toujours pour auteurs directs les intendants des grands domaines, à qui servaient d'instruments leurs troupeaux d'esclaves armés; et le citadin notable acceptait sans vergogne les gains conquis par un zélé régisseur. Celui-ci me rappelle Méphistophélès, s'emparant pour Faust des tilleuls de Philémon[1]. La situation se peut apprécier par l'aggravation de la peine en matière d'attentats à la propriété, commis par bandes et avec armes, aggravation édictée par l'un des plus honnêtes optimates, *Marcus Lucullus*, préteur urbain pour l'année 676[2]. En statuant ainsi, le juge exprimait sans détour son intention d'obliger les propriétaires des grandes troupes d'esclaves à les surveiller de plus près, sous peine de se voir eux-mêmes atteints et condamnés. Quoi qu'il en soit, tuant et pillant au profit des gens de haute volée, esclaves et prolétaires n'avaient plus qu'un pas à faire, et bientôt ils tueraient et pilleraient pour leur propre compte : qu'il tombât une étincelle, et le feu prenait, et tout le prolétariat se soulevait en armée rebelle! L'occasion ne manqua pas de se présenter.

78 av. J.-C.

Explosion de la guerre des gladiateurs.

Les gladiateurs, dont les combats tenaient le premier rang parmi les jeux publics en Italie, avaient de nombreuses écoles à Capoue et autour de Capoue. Là, vivaient rassemblés de nombreux esclaves, partie tenus en réserve, partie recevant les leçons du métier, destinés tous à frapper et à mourir pour l'amusement du peuple souverain, presque tous aussi prisonniers de guerre intrépides et qui n'oubliaient pas que jadis ils avaient combattu face à face

---

[1] [Voir les premières scènes du Ve acte de la IIe partie du *Faust* de Gœthe.]

[2] [Ce M. Lucullus était le frère du consul illustré par les guerres d'Asie. — V. Cic. *fragm.* du discours *pro Tullio*, 2 *et alias*. Il peint éloquemment ces crimes passés en coutume, et le remède légal apporté par l'édit du préteur.] Les dispositions de cet édit ont pour la première fois défini le *vol avec violence*, comme constituant un crime *sui generis* : dans l'ancien droit, il se confondait avec le *vol simple*. [V. Rein, *Bona vi rapta*, et *Rapina*, p. 326 et suiv.]

avec les Romains. Un jour une troupe de ces hommes déterminés brisa les portes d'une des écoles de Capoue (681), et se jeta sous le Vésuve. A leurs têtes étaient deux Celtes, qu'on nommait *Crixos* et *OEnomaos* de leur nom d'esclaves, et un Thrace, *Spartacus*, ce dernier, rejeton peut-être de la noble race des Spartacides, qui fut illustre dans la Thrace, sa patrie, et qu'on vit un instant assise sur le trône de Panticapée [*Kertch*, en Crimée]. Il avait servi dans le corps thrace auxiliaire : puis, désertant, il avait été à la montagne. Repris par les Romains, ceux-ci l'avaient destiné aux jeux de l'arène. La petite troupe des brigands ne comptait d'abord que 74 têtes ; mais elle se grossit rapidement de tous les transfuges accourus des alentours, et ses déprédations causèrent un tel mal aux riches propriétaires de la Campanie, qu'impuissants à se défendre, malgré tous leurs efforts, il ne leur resta plus qu'à implorer le secours de Rome. *Clodius Glaber* arriva avec une division de 3,000 hommes rassemblés à la hâte ; et occupant tous les accès du Vésuve, il crut prendre les esclaves par la famine. Mais ceux-ci, peu nombreux et mal armés qu'ils étaient, descendirent audacieusement des abruptes cratères de la montagne et tombèrent sur les postes romains : à la soudaine attaque de cette poignée d'hommes désespérés, la pauvre milice de tourner les talons, et de se disperser. Leur premier succès avait donné des armes et des recrues aux bandits. Une grande partie n'avait encore que des bâtons pointus à la main : et pourtant quand le préteur *Publius Varinius* marcha contre eux, avec un plus gros contingent de levées locales, deux légions au moins, il les trouva campés dans la plaine, à l'instar d'une armée régulière. Sa position à lui-même était difficile. Obligés de bivouaquer en face de l'ennemi, ses soldats fondaient sous les brouillards humides de l'automne : les maladies, et plus encore que l'épidémie, la lâcheté et l'indiscipline faisaient des trouées dans leurs rangs. Dès le début l'une de ses divisions se débanda, et les fuyards, au

73 av. J.-C.

Spartacus.

Commencement
de l'insurrection.

lieu de rejoindre le gros de l'armée, s'en retournèrent chez eux. Puis, quand l'ordre fut donné de marcher aux retranchements de l'ennemi et de monter à l'assaut, la plupart de ses gens se refusèrent net à suivre leur général. Varinius se mit en mouvement avec ceux qui lui restaient fidèles, mais il ne trouva plus les brigands là où il les cherchait. Ils avaient décampé en silence, et se dirigeant vers le sud, ils allèrent attaquer *Picensia* (*Vicenza* près d'*Amalfi*), où le préteur les joignit, sans pouvoir les empêcher de franchir le *Silarus* et de s'enfoncer jusque dans l'intérieur de la Lucanie, cette terre promise des pâtres et des bandits. Varinius les y suivit encore, et là cet ennemi, que l'on tenait pour méprisable, accepta enfin la bataille. Les choses tournèrent tout au désavantage des Romains. Les soldats, qui peu d'heures avant s'écriaient tumultueusement qu'ils voulaient se battre, se battirent mal. Varinius fut vaincu; son cheval et ses insignes tombèrent avec son camp aux mains de l'ennemi. Aussitôt tous les esclaves de l'Italie du sud, ceux surtout, plus braves et à demi sauvages, qui vivaient de la vie pastorale, accourent en foule autour du libérateur inattendu : selon les évaluations les plus modérées, les insurgés armés comptent déjà 40,000 hommes. Ils reprennent d'un seul coup la Campanie qu'ils avaient abandonnée, dispersant ou écrasant le corps romain laissé en arrière par Varinius, sous les ordres de *Gaius Thoranius,* son questeur. Dans le sud et le sud-ouest, tout le pays ouvert appartient aux chefs des bandes victorieuses : des cités importantes, Consentia dans le Bruttium, Thurii, Métaponte en Lucanie, Nola et Nucérie en Campanie, sont enlevées d'assaut et subissent toutes les horreurs que peuvent infliger les barbares demeurés les plus forts à des habitants civilisés sans défense, et les esclaves déchaînés à leurs anciens maîtres. Que dans cette lutte il n'y eût plus rien qui rappelât le droit de la guerre; qu'elle fût une boucherie et non la guerre, on le comprend de reste. Les maîtres, quand ils faisaient les bandits prisonniers, les mettaient en croix : ceux-ci à leur tour ne donnaient jamais quartier, et souvent par de railleuses et cruelles représailles, ils obligeaient les Romains captifs à s'entretuer comme des gladiateurs : on en vit un jour 300 soumis à la fois à cet odieux traitement, pour fêter les funérailles d'un chef tué dans le combat. A Rome, l'inquiétude était grande devant cet incendie, qui gagnait et dévastait. On décida pour l'année suivante (682) l'envoi des deux consuls contre le redoutable bandit. Un préteur, *Quintus Arrius*, lieutenant du consul *Lucius Gellius,* eut la bonne chance d'atteindre et de détruire, au pied du Garganus, en Apulie, une troupe de Gaulois qui, sous la conduite de *Crixos,* s'était séparée du gros de l'armée des révoltés. Mais Spartacus n'en remporta pas moins de grandes victoires dans l'Apennin et dans l'Italie du nord : là, le consul *Gnœus Lentulus,* au moment même où il pensait le tenir cerné et l'anéantir, puis bientôt son collègue Gellius, puis Arrius, le vainqueur du Garganus, puis près de Modène le proconsul de la Cisalpine, *Gaius Cassius* (consul de 681), et enfin le préteur *Gnæus Manlius,* succombèrent tous, les uns après les autres. Les hordes à peine armées étaient l'effroi des légions ; et cette longue série de désastres remettait en mémoire les premières années de la guerre contre Hannibal. On ne saurait dire, vraiment, ce qui aurait pu arriver, si au lieu de simples gladiateurs fugitifs, les bandits victorieux avaient eu à leur tête les rois des tribus des monts d'Auvergne ou du Balkan. Mais malgré leurs succès éclatants, ils n'en restèrent pas moins ce qu'ils étaient, une horde de brigands et de rebelles, destinés à périr bien moins sous les coups d'adversaires plus forts que par leurs propres discordes et leur manque de plan. L'unité contre l'ennemi commun, ce phénomène si remarquable des anciennes guerres serviles de Sicile, fit ici absolument défaut ; et la cause en est manifeste. Tandis qu'en Sicile les esclaves trouvaient un centre d'intérêt national dans la commu-

72 av. J.-C.

Grandes victoires de Spartacus.

. 73.

Décomposition intérieure chez les rebelles.

nauté de leur origine syro-grecque, en Italie au contraire
ils se séparaient en deux groupes, les helléno-barbares
et les celto-germains. La dissension s'était mise entre le
Gaulois Crixos et le Thrace Spartacus (OEnomaos avait
péri dans les premiers combats). Les querelles et les rancunes les empêchèrent de tirer profit de leurs premiers
succès, et ramenèrent souvent la victoire dans le camp des
Romains. Mais, je le répète, l'absence de plan et de but
plus encore que l'esprit d'indiscipline des Gallo-Germains,
fut la ruine de l'entreprise tentée par les esclaves. Spartacus, à en juger par le peu que nous savons de lui, était
de beaucoup supérieur à ses compagnons. Outre son génie
stratégique, il avait un talent d'organisation peu commun ;
et dès le début, sa justice dans le gouvernement de sa
bande et dans le partage du butin, au moins autant que
sa bravoure, avait attiré sur lui tous les yeux. Se voyant
presque sans cavalerie et sans armes, il avait, pour parer à
cette grave lacune, fait dresser des chevaux pris dans les
troupeaux des domaines de l'Italie du sud ; puis quand il,
se fut emparé du hâvre de Thurii, il s'y procura du fer et
de l'airain, sans doute par l'intermédiaire des pirates.
Malheureusement il avait affaire à des hordes sauvages, et
qu'il ne put jamais ni façonner, ni maintenir dans la voie
qui menait au but. Il aurait voulu empêcher ces bacchanales cruelles et folles, auxquelles s'adonnaient les bandits
dans les villes prises, et qui étaient le principal empêchement à ce qu'aucune cité italique fît volontairement cause
commune avec l'insurrection. L'obéissance, qu'il trouvait
chez ses hommes à l'heure du combat, cessait à l'heure de
la victoire : ses représentations, ses prières étaient peine
perdue. Après les victoires remportées dans l'Apennin en
682, son armée avait toutes les routes libres devant elle.
Alors, à ce que l'on croit, il aurait formé le dessein de
franchir les Alpes, s'ouvrant ainsi, à lui et aux siens, le
retour dans la patrie, dans la Gaule ou dans la Thrace.
Si la tradition dit vrai, elle montre par là combien, tout

72 av. J.-C.

vainqueur qu'il était, il faisait peu de cas de ses succès et
de sa propre puissance. Mais ses hommes ne voulurent pas
tourner si vîte le dos à l'Italie : et il prit la route de Rome,
ne songeant à rien moins qu'à l'investissement de la capitale. Entreprise logique, assurément, mais entreprise de
désespoir, ses bandes s'y refusèrent encore ; et contrai-
gnant ce chef qui voulait être général d'armée à rester
capitaine de brigands, elles se mirent à parcourir l'Italie
et à piller en tous lieux. Rome put s'estimer heureuse
d'en être quitte à ce prix : l'expédient n'en coûtait pas
moins bien cher. Les bons soldats, les généraux éprouvés
manquaient : Quintus Métellus et Gnæus Pompée étaient
occupés en Espagne, Marcus Lucullus en Thrace, Lucius
Lucullus en Asie-Mineure : on n'avait sous la main que
des recrues toutes neuves, et des officiers pour le moins
médiocres. Il fallut confier le commandement en chef en
Italie au préteur *Marcus Crassus*, capitaine de renom
plus que médiocre, mais qui pourtant avait servi sous
Sylla, non sans quelque honneur, et n'était point sans
énergie : on lui remit huit légions : c'était là une armée,
imposante par le nombre, sinon par la qualité. Un premier
corps ayant fui devant les bandits, en jetant ses armes, le
nouveau général usa de toute la rigueur des lois militaires, et le fit décimer : les légions firent effort sur elles-
mêmes: Spartacus, vaincu dans le combat qui suivit, recula
et prit le chemin de la Lucanie et de Rhegium. A ce moment les pirates étaient maîtres non-seulement des eaux de
la Sicile, mais encore du port de Syracuse (p. 217) : Spartacus, avec l'aide de leur flottille, espérait pouvoir jeter une
troupe dans l'île où les esclaves n'attendaient que ce secours
pour se mettre en révolte une troisième fois. La retraite
s'effectua sur Rhegium : mais les corsaires, tenus en échec
par les postes que le préteur Verrès avait disposés sur les
côtes de Sicile, et achetés par les Romains peut-être,
reçurent le prix du passage convenu avec Spartacus, puis
lui refusèrent leur assistance. Crassus, sur ces entrefaites,

avait suivi les bandits jusqu'à l'embouchure du *Crathis :* et imitant Scipion devant Numance, comme ses soldats ne se battaient point encore avec assez de courage, il leur fit construire une muraille fortifiée et retranchée, longue de 7 milles allemands [environ 44 lieues], qui sépara de l'Italie toute la presqu'île Bruttienne [1], ferma la route aux bandits qui s'en revenaient de Reggio, et leur coupa les vivres. Mais Spartacus força les lignes durant une nuit obscure d'hiver, et au printemps de 683 [2], il reprenait la campagne en Lucanie. Tout ce travail pénible de Crassus avait été fait en vain. Le Romain commence à désespérer d'accomplir seul sa mission, et demande au Sénat que les troupes de Macédoine avec Marcus Lucullus, que celles de l'Espagne citérieure avec Gnœus Pompée, soient appelées à son aide. Il n'était pas nécessaire pourtant d'en venir à ces extrémités : la désunion chez les bandits, et leur présomption folle suffirent pour annuler de nouveau leurs derniers succès. Gaulois et Celtes voulurent encore se tenir en dehors de l'alliance dont le Thrace était la tête et l'âme : réunis sous des chefs de leurs nations, *Gannicus* et *Castus*, ils allèrent se faire massacrer par les Romains. Une fois, non loin d'un lac en Lucanie, Spartacus les sauva, en se montrant à temps : ils plantèrent alors leur camp près du sien ; mais Crassus ayant pu occuper Spartacus avec leur cavalerie, enveloppa au même moment les Gaulois, les obligea à combattre séparés de leurs alliés, et les détruisit. Ils périrent tous au nombre de 42,300 après une vaillante lutte, tous blessés par devant, et sans reculer

---

[1] Les lignes de Crassus ayant 7 milles allemands de longueur (Sallust. *Hist.* 4, 19, éd. Dietsch : Plutarch. *Crassus*, 10), elles n'allaient point, comme on l'a dit, de *Squillace* au *Pizzo :* elles étaient plus au nord, du côté de *Castrovillari* et *Cassano :* là, la presqu'île, en ligne droite, n'est guère large que de 6 milles [12 lieues environ].

[2] Crassus avait pris le commandement dès 682 : on le voit par ce fait que les consuls avaient été laissés de côté (Plut. *Crassus*, 10) ; et la preuve que l'hiver de 682 à 683 se passa devant les lignes ressort de ce fait qu'elles furent forcées durant une « nuit neigeuse » (Plut. *loc. cit.*).

d'une semelle. Spartacus, alors, chercha à se jeter avec sa bande dans les montagnes de *Pétélia* (*Strongoli*, en Calabre) : il battit à plates coutures l'avant-garde romaine qui le suivait dans sa retraite. Victoire plus nuisible d'ailleurs au vainqueur qu'au vaincu. Énivrés par leur succès, les bandits ne veulent pas aller plus loin, et obligent leur chef à marcher de la Lucanie sur l'Apulie, où les attend un dernier et décisif combat. Spartacus, avant d'en venir aux mains, avait tué son cheval. Il était resté avec les siens dans la bonne et la mauvaise fortune : il voulut leur montrer que pour lui, que pour tous il y allait de la vie. Le combat commencé, il se jeta dans la mêlée avec le courage du lion : deux centurions tombèrent sous ses coups : blessé, genoux à terre, il frappait encore de sa lance l'ennemi qui le pressait. Ainsi finit ce grand chef de bandes, et avec lui, ses meilleurs compagnons : ils moururent de la mort des hommes libres et des vaillants soldats (683). La victoire avait été chèrement achetée. Alors commença par toute l'Apulie et la Lucanie, une chasse à outrance comme on n'en avait jamais vu, et de la part des légions victorieuses, et de la part du corps de Pompée, arrivé d'Espagne sur ces entrefaites, après la destruction des Sertoriens. On éteignit dans le sang les derniers brandons de l'incendie. Il se fit encore quelque agitation dans le sud, où une bande prit et pilla la petite cité de *Thempsa*, par exemple : dans l'Étrurie, si maltraitée naguère par les expropriations de Sylla, la paix n'était point entière : on put dire cependant qu'en somme et officiellement, elle régnait désormais dans la péninsule. Les aigles honteusement perdues étaient reconquises : la seule victoire remportée sur les Gaulois en avait rendu cinq ; et sur toute la voie qui va de Capoue à Rome, six mille croix, portant les cadavres des esclaves suppliciés, attestaient le triomphe de l'ordre et la suprématie du droit public de Rome sur l'esprit de rébellion et d'indépendance.

Jetons encore, en nous retournant en arrière, un regard

71 av. J.-C.

sur les événements des dix années qui suivirent la Restauration de Sylla. Ni dans ceux du dedans, ni dans ceux du dehors, rien, sans doute, qui atteignît le nerf vital de la nation romaine : rien qui nécessairement la menaçât d'un danger sérieux, ni dans l'insurrection de Lépide, ni dans l'entreprise des émigrés d'Espagne, ni dans les guerres de Thrace, de Macédoine ou d'Asie-Mineure, ni dans les incursions des pirates ou les révoltes des esclaves. Pourquoi donc sur presque tous les points l'état romain avait-il eu à lutter pour sa propre existence ? C'est que jamais quand le mal pouvait être facilement vaincu au début, on n'avait marché droit au mal : en négligeant les plus simples précautions, on avait laissé ouverte la porte aux mésaventures, aux revers les plus effrayants : des sujets et des rois les moins puissants on avait fait des adversaires aussi forts que soi. Rome avait vaincu la démocratie et les esclaves rebelles : mais ses victoires n'avaient ni relevé le moral du vainqueur, ni ajouté à ses forces matérielles. Les deux plus fameux généraux du parti au pouvoir avaient, durant huit ans, mené la guerre contre l'insurgé Sertorius; guerre signalée par plus de défaites que de triomphes. Était-il bien honorable de n'avoir pu venir à bout de lui et de ses guerrillas espagnoles, et de nè devoir qu'au poignard de ses affidés la fin de la lutte à l'avantage de la République? Où était la gloire pour Rome dans sa victoire sur les esclaves ? N'y avait-il pas honte plutôt de les avoir eus si longtemps en face, combattant à égalité de succès? Un peu plus d'un siècle seulement s'était écoulé depuis les guerres hannibaliennes, et voici que tout bon Romain se sentait la rougeur au front, en constatant l'effrayante et rapide décadence de la nation, à partir de cette grande époque. Alors, les esclaves avaient résisté comme des murs aux vétérans du Carthaginois : aujourd'hui devant les bâtons de valets en révolte, la milice italienne se dispersait comme folle paille. Alors, le moindre officier devenait général au besoin, et se tirait d'affaire, sinon heureusement, du moins toujours à son honneur! Aujourd'hui on a toutes les peines du monde à trouver dans le haut état-major un capitaine de quelque talent. Alors, la République allait prendre son dernier paysan à la charrue, plutôt que de renoncer à la conquête de la Grèce et de l'Espagne : aujourd'hui, on abandonnerait presque les deux territoires depuis long-temps conquis, pour ne plus songer qu'à défendre l'Italie contre une horde d'esclaves en révolte! Un Spartacus put un jour, comme un autre Hannibal, parcourir avec ses hommes armés toute la péninsule, du Pô au détroit de Sicile, battre deux consuls, menacer Rome du blocus! Pour attaquer la Rome d'autrefois, il avait fallu le plus grand capitaine de l'antiquité : aujourd'hui, il a suffi de l'audace d'un chef de bandits ! Faut-il s'étonner de ce qu'après ces tristes triomphes sur les rebelles et les bri-gands, rien ne se ravive ou rajeunisse dans la République? Parlerai-je des guerres extérieures ? Leurs résultats sont plus pauvres encore. La guerre de Thrace et de Macé-doine, sans couvrir les dépenses faites en hommes et en argent, et elles furent grandes, ne s'était point par trop mal terminée. Mais du côté de l'Asie-Mineure, mais dans ses expéditions contre les pirates, la République avait fait complet naufrage. La guerre asiatique avait amené la perte de toutes les conquêtes, fruit de huit campagnes : dans la guerre contre la piraterie, les Romains s'étaient vus chasser de « leur mer [*mare nostrum*] ». Jadis, confiante dans l'ir-résistible force de ses armées de terre, Rome avait étendu son empire jusque sur le deuxième élément. Aujourd'hui la grande République est devenue impuissante sur les mers, et elle semble à la veille de perdre ses conquêtes continentales en Asie. Sécurité des frontières, relations pai-sibles et respectées du droit des gens, protection de la loi, administration régulière, tous ces bienfaits que doit garan-tir l'État constitué semblent tous à la fois disparaître du milieu des peuples unis sous le sceptre de Rome : les dieux bienfaisants sont remontés dans l'Olympe, laissant cette terre de misère en proie aux pillards et aux bourreaux officiels ou volontaires. Et ce n'était pas seulement pour le citoyen, jaloux de ses droits, armé du sens politique, qu'une telle décadence était un malheur public. Par l'insurrection du prolétariat, par le banditisme et la piraterie organisés comme plus tard, au temps des *Ferdinands* du royaume de Naples, le sentiment du mal allait se propageant dans toute l'Italie, jusque dans les vallées les plus reculées, jusque dans les plus humbles huttes : quiconque se mouvait ou commerçait, quiconque achetait un boisseau de blé, subissait dans sa personne le contrecoup de la détresse générale.

Faut-il se demander à qui reporter la cause de ce mal inouï, incurable ? Combien étaient nombreux ceux qu'on eût pu accuser ! Possesseurs d'esclaves, ayant le cœur dans leur bourse ; soldats sans discipline, généraux lâches, ou incapables, ou téméraires, démagogues du Forum à la chasse de fausses idées, chacun d'eux avait part à la faute, ou plutôt qui donc n'en était point responsable ? On se disait instinctivement que ces malheurs, ces hontes et cet écroulement colossal ne pouvaient venir d'un seul. De même que la grandeur de la République romaine n'avait point été faite par quelques hommes d'un génie supérieur, et qu'elle sortait d'une agrégation civique organisée puissamment, de même la chute de l'édifice provenait, non des actes d'un petit nombre d'individualités funestes, mais du vice de la désorganisation générale. La grande majorité du peuple était pervertie ; chacune des pierres étant pourrie, contribuait pour sa part à la ruine de l'ensemble : les fautes commises par la nation entière, la nation entière les payait. On était injuste, quand voyant dans le pouvoir l'expression dernière et concrète de la cité, on le proclamait seul responsable de toutes les maladies, incurables ou non, du corps social : mais ce qu'il y avait de vrai, c'est que le pouvoir contribuait dans une proportion effrayante aux fautes de tous ! Dans la guerre d'Asie-Mineure, par exemple, où l'on ne vit aucun des principaux du Sénat engager plus particulièrement sa culpabilité propre, et où Lucullus même, en ce qui touche les faits militaires, fît preuve de talent, et acquit de la gloire, il apparut en plein jour combien l'insuccès avait tenu au système même du pouvoir, à l'abandon récent et par trop insouciant de la Cappadoce ou de la Syrie, à la situation mauvaise faite à un général habile, en face d'un conseil de gouvernement demeurant incapable de toute décision énergique. Dans la question de la police des mers, le Sénat avait eu la bonne pensée de donner aux pirates la chasse partout à la fois : mais cette pensée, mal exécutée, fut désertée bientôt, et l'on en revint à la vieille et absurde tactique, d'envoyer les légions contre « la cavalerie de mer ! » Ainsi furent entreprises les expéditions de Servilius et de Marcius en Cilicie, de Métellus en Crète : ainsi Triarius imagina d'envelopper Délos dans une muraille, pour la défendre des corsaires. Vouloir dominer la mer par de tels moyens, c'est agir comme le Grand-Roi des Perses, qui la fouettait, croyant ainsi l'assujettir. Le peuple romain avait donc jusqu'à un certain point raison quand il imputait au gouvernement la banqueroute politique de l'heure actuelle. Toujours avec le rétablissement de l'oligarchie, la mauvaise administration était rentrée dans Rome, après la chute des Gracques, après celle de Marius et celle de Saturninus. Et pourtant jamais l'oligarchie ne s'était montrée à la fois plus puissante et plus infirme, en même temps que corruptrice et corrompue. Le pouvoir cesse d'être légitime quand il ne sait plus gouverner ; et qui a la force de le renverser, en a aussi le droit. Un pouvoir incapable et criminel peut, cela est vrai malheureusement, fouler longtemps aux pieds l'honneur et la fortune du pays, avant que se rencontrent les hommes qui, s'emparant des armes terribles forgées par lui-même, les tournent aussi contre lui ; avant que les bons se soulèvent, et que la détresse des masses évoque enfin la révolution, cette fois juste !

Il est beau sans doute de se faire un jeu du bonheur des peuples, et ce jeu peut durer de longues années; mais l'heure traîtresse arrive où le joueur tombe dans l'abîme; et nul n'accuse la hache qui, frappant l'arbre aux fruits mauvais, en tranche aussi les racines! A Rome, l'heure de l'oligarchie avait sonné. Les guerres de Pont et d'Arménie, la lutte avec les pirates, voilà les dernières et prochaines causes de la chute de la restauration Syllanienne, et de l'avénement de la dictature militaire au lendemain d'une nouvelle révolution!

CHAPITRE III

CHUTE DE L'OLIGARCHIE. PRÉPONDÉRANCE

DE POMPÉE

La constitution donnée par Sylla se tenait encore debout. L'orage suscité par Lépidus et Sertorius avait été écarté sans de trop grandes pertes. Mais l'édifice conçu par l'énergique pensée du dictateur restait à demi construit, et le Sénat avait négligé de l'achever: C'est ainsi que sans abandonner formellement sa main-mise sur les terres destinées par Sylla aux allotissements, mais non encore divisées en parcelles, le gouvernement n'avait en aucune façon procédé à leur partage : bien plus il les laissait provisoirement, et sans régulariser les titres, dans la main des anciens propriétaires : ailleurs et sur des fonds domaniaux, de même impartagés, il tolérait que certains individus vinssent arbitrairement s'établir, en vertu de cette ancienne pratique de l'*occupation*, abolie pourtant de fait et de droit par la réforme des Gracques (V, p. 357).. Quant aux mesures diverses prises par le dictateur, on les ignore ou on les annule suivant qu'elles sont indifférentes

ou incommodes aux *optimates :* ainsi en arrive-t-il de la
privation des droits civiques , expressément prononçée
contre des cités entières ; ainsi, de la loi qui prohibe la
réunion dans la même main de plusieurs des nouveaux
lots ruraux ; ainsi encore de beaucoup de lettres de franchise données à certaines villes , naturellement sans que
jamais on leur restitue les sommes payées en échange de
leurs immunités. Néanmoins quelque atteinte qu'eussent
reçue les ordonnances du dictateur, quelque dommage
qu'il s'en suivît pour les fondements de son édifice, on peut
dire que les lois semproniennes étaient et demeuraient
abrogées dans toutes leurs plus essentielles parties.

Agressions de la démocratie. Ce n'est point qu'il manquât d'hommes songeant au
rétablissement des institutions des Gracques, et voulant
obtenir par la voie des réformes partielles et successives
les résultats que Lépidus et Sertorius avaient demandés à
la révolution. Déjà, au lendemain même de la mort de
Sylla (676), sous le coup de l'agitation fomentée par Lépidus, l'annone, restreinte il est vrai, avait été rendue ; et
le gouvernement employa tous ses efforts à donner satisfaction au prolétariat sur cette question vitale. Mais en
dépit des distributions de blé, la cherté se maintenait, à
cause de la piraterie : elle devint intolérable dans Rome, à
ce point qu'en 679 il y eut une violente émeute de rue.
On para aux plus urgents besoins par des achats extraordinaires de blé de Sicile, au compte de l'État ; et pour l'a-
venir, une loi d'annone votée sur la motion des consuls
de 684, réglementa les achats annuels de ce même blé, et
donna ainsi au gouvernement, à la vérité aux dépens des
provinciaux, le moyen de prévenir le mal. Mais il était
d'autres sujets graves de discorde. La réintégration de la
puissance tribunicienne dans tous ses anciens attributs, la
suppression des tribunaux sénatoriaux, restaient à l'ordre
du jour de l'agitation populaire : or ici, le Sénat gouvernant faisait une plus vigoureuse résistance. Dès l'an 678,
immédiatement après la défaite de Lépidus, la lutte se

rouvrit sur la question du tribunat. Un des tribuns, *Lucius
Sicinius*, descendant peut-être du Sicinius qui, plus de quatre cents ans avant, avait le premier revêtu la magistrature
populaire, vit sa motion repoussée, grâce surtout à l'opposition passionnée du consul *Gaius Curio*. En 680, *Lucius Quinctius* fait une nouvelle tentative ; mais le consul
Lucius Lucullus, dont l'autorité lui impose, le décide à se
désister. L'année suivante *Gaius Licinius Macer* entre dans
la lice. Celui-ci, plus ardent encore que ses prédécesseurs,
mêlait, chose caractéristique des temps, les études littéraires
aux travaux de la vie publique : les chroniques rapportent
qu'il alla jusqu'à donner au peuple le conseil de se refuser
à la conscription.

La mauvaise justice rendue par les jurés-sénateurs excitait aussi des plaintes et des clameurs fondées. Impossible,
ou peu s'en fallait, d'obtenir la condamnation d'un homme
influent. Le collègue n'avait que sympathie pour son collègue ; l'ancien accusé ou l'accusé futur se sentait ému en
faveur du pauvre pécheur mis en cause : l'achat du vote
était de règle dans le jury. Plus d'un sénateur avait été
judiciairement convaincu du crime de corruption. Les
principaux *optimates*, Quintus Catulus, par exemple,
avouaient tout haut, en pleine Curie, le bien fondé des
doléances publiques, et plusieurs scandales odieux, notamment en 680, avaient contraint le Sénat à délibérer sur
les mesures à prendre contre la vénalité des juges : seulement, comme on pense, la délibération avait duré tant
qu'avaient duré les rumeurs, puis bientôt on avait laissé
l'affaire tomber dans l'eau. La justice mal administrée
enfantait les plus déplorables conséquences, le pillage et
les plus intolérables persécutions contre les provinciaux,
au point que les crimes anciens, comparés à ceux du jour,
semblaient doux et modérés. L'habitude avait légitimé,
pour ainsi dire, le vol et la rapine ; et la commission des
concussions [*quæstio repetundarum*] n'était plus qu'une
machine à prélever impôt sur les sénateurs revenant des

grands gouvernements, au profit de leurs collègues demeurés dans la capitale. Mais lorsqu'on eut vu condamner
à mort tel notable siciliote, quoique absent et non entendu,
pour avoir refusé assistance au préteur dans la perpétration
d'un crime ; quand on eut vu menacer tel citoyen romain
des verges et de la hache, par cela seul qu'il n'était ni
chevalier ni sénateur ; quand l'on eut vu enfin l'oligarchie
·régnante fouler décidément aux pieds les droits les plus
saints et les vieilles conquêtes de la démocratie romaine,
la liberté individuelle et la sécurité de l'existence, le
peuple, sur le Forum, prêta l'oreille aux plaintes qui s'élevaient contre les gouverneurs des provinces et contre les
juges iniques, complices moraux de leurs méfaits. L'opposition, elle aussi, ne se fit point faute d'attaquer ses adversaires sur l'unique terrain qui lui restât, dans les prétoires des juges. Le jeune Gaius César, qui déjà, comme
le comportait son âge, s'était ardemment mêlé à la grande
agitation pour le rétablissement des pouvoirs tribuniciens,
César, dis-je, se porta accusateur en 677, contre *Gnæus*
Dolabella, consulaire et l'un des principaux sectateurs de
Sylla : puis l'année d'après contre *Gaius Antonius*, autre
officier du dictateur [1]. En 684, *Marcus Cicéron*, à son tour,
accusa *Gaius Verrès*, l'une des plus hideuses créatures de
Sylla et l'un des exécrables fléaux des provinces. Tous les
jours, le peuple au Forum entendait raconter les sombres
temps des proscriptions, les souffrances inouïes des provinciaux, les honteux abus de la justice criminelle, tout
cela dans le pompeux langage de la rhétorique italienne et
avec l'assaisonnement amer de la moquerie nationale. Le
puissant dictateur qui n'était plus et ses séides vivants
étaient en butte à toutes les colères et à tous les mépris.
Chaque jour les orateurs du parti populaire réclamaient à
grands cris et la restauration des pleins pouvoirs du tribunat, cette panacée sainte et magique d'autrefois qui seule

---

[1] [V. la *Vie de César*, 1, p. 266.]

pouvait ramener encore les jours de liberté, de grandeur et
de puissance, et la réinstitution des « sévères » tribunaux
équestres, et enfin la résurrection de la censure, naguère
abolie par Sylla, laquelle seule saurait purger les hautes
magistratures de toutes les corruptions funestes à la cité.

Ces efforts n'aboutirent pas. Beaucoup de bruit, beaucoup de scandale : mais à vilipender le pouvoir selon ses
mérites ou au-delà, on ne touchait point au but, tant
s'en faut. La force matérielle restait dans les mains du
peuple de Rome, tant que l'élément militaire ne s'immis-
çait pas dans les affaires ; et ce « peuple » lui-même, qui
se pressait dans les rues et sur le Forum, ne valait assurément pas mieux que le Sénat dirigeant. Une question
d'intérêt urgent était-elle soulevée, le pouvoir, il le fallait
bien, entrait en composition avec la multitude : ainsi fut
renouvelée la loi sempronienne de l'annone. Mais de là à
ce que la multitude prît au sérieux une idée politique
quelconque, ou une pensée utile de réforme, il y avait
loin. On eût pu justement dire des Romains de ce siècle
ce que Démosthènes avait dit des Athéniens, « citoyens
» zélés et actifs, quand ils se tiennent aux pieds de la tri-
» bune, et écoutent les plans de réforme : une fois rentrés
» chez eux, ils ne songent plus le moins du monde à ce
» qu'ils ont entendu sur la place publique! » Les meneurs
de la démocratie avaient beau attiser les flammes, le feu
ne prenait pas faute d'aliment. Le gouvernement le savait :
aussi ne se laissait-il point entamer dans les questions importantes et de principe : tout au plus s'il se prêta (vers 682) à
amnistier une partie des complices de Lépidus, qui avaient
dû fuir. Et quant aux rares concessions du Sénat, on en fut redevable bien moins à la pression exercée par les démocrates
qu'à l'esprit de conciliation des hommes modérés de l'aristocratie. Deux lois avaient été rendues, en 679, sur la motion de *Gaius Cotta*, l'unique chef qui restât à cette fraction
du parti des optimates : l'une avait trait aux tribunaux,
elle fut rapportée dans les années qui suivirent : la seconde

Insuccès
de l'opposition
démocratique.

72 av. J.-C.

75.

abrogeait le décret de Sylla, aux termes duquel l'entrée dans le tribunat créait à toujours l'inaptitude aux autres magistratures (V, p. 366), laissant d'ailleurs subsister toutes les autres limitations récemment introduites. Cette seconde loi n'était qu'une demi-mesure, et fut mal accueillie dans les deux camps [1]. La fraction des conservateurs-réformistes, qui bientôt perdit son chef de file (Cotta mourut en 684), allait s'effaçant de plus en plus, étouffée qu'elle était entre les deux partis extrêmes plus nettement dessinés de jour en jour. Mais, la fraction des gouvernementaux, si mauvaise et si énervée qu'elle se montrât, ne laissait pas d'avoir l'avantage sur une opposition également mauvaise, également énervée.

73 av. J.-C.

Toutefois, cet état de choses si favorable au pouvoir devait changer promptement : il suffisait pour cela du premier différend s'envenimant entre lui et ceux de ses partisans dont l'ambition visait plus haut qu'à un siége dans la Curie ou à la possession d'une aristocratique *villa*. Et tout d'abord, on avait à compter avec Gnæus Pompée : il était Syllanien ; mais nous avons montré déjà combien peu il se trouvait à l'aise au sein de son propre parti (p. 138), combien son origine, son passé, ses espérances le tenaient à distance de cette même noblesse, dont il était officiellement considéré comme l'épée et le bouclier. Pendant les guerres d'Espagne (677-683), la scission déjà entr'ouverte s'était incurablement élargie. Malgré ses répugnances, on lui avait imposé pour collègue Quintus Métellus, l'homme selon le cœur des gouvernants ; et il accusait à son tour, non sans fondement, le Sénat d'avoir, soit coupable négligence, soit mauvais vouloir, laissé dans l'abandon les armées de la République en Espagne : seul le Sénat avait à s'imputer leurs nombreux revers ; seul il avait compromis le sort de l'expédition. Aujour-

Tiraillements entre le gouvernement et Pompée.

77-71.

----

[1] [V. Cicér. *fragm. pro Cornel.*, et Sallust. *Hist. fragm.* III, p. 80, éd. Dietsch.]

d'hui ce même Pompée rentrait dans Rome, vainqueur de
de tous ses ennemis publics ou cachés, à la tête d'une
armée aguerrie, entièrement dévouée, demandant pour ses
soldats des terres, pour lui-même le triomphe et le consulat. Ici, ses exigences allaient à l'encontre de la loi.
Investi plusieurs fois déjà des pouvoirs les plus étendus,
mais à titre extraordinaire, Pompée n'avait jamais occupé
les magistratures, pas même la questure, et il n'était point
encore entré dans le Sénat : or, pour pouvoir briguer le
consulat, il fallait avoir passé par les charges inférieures;
pour obtenir le triomphe, il fallait avoir revêtu la haute
et suprême charge publique. Le Sénat était en droit de
renvoyer le candidat au consulat à solliciter d'abord la
questure ; et quand l'ex-général demandait le triomphe,
on lui remettait en mémoire le fait de Scipion, comme lui
conquérant de l'Espagne et renonçant à ces mêmes honneurs qu'il ne pouvait non plus réclamer. Pour les terres
domaniales promises à ses soldats, Pompée ne pouvait d'ailleurs rien espérer que de la bonne volonté du Sénat. Mais
admettant que celui-ci cédât, comme on pouvait l'attendre
de sa faiblesse, même irritée; admettant qu'on accordât le
triomphe, le consulat, les assignations de terres au général
victorieux pour prix de services rendus en se faisant le
séide de l'aristocratie contre les chefs démocrates, quel serait
encore le plus beau lot qui pût être fait à ce capitaine
de trente-trois ans? Allait-on l'enterrer honorablement
dans le *far-niente* de l'indolence sénatoriale, dans la foule
des *imperators* paisibles endormis dans la curie? Ce à
quoi il aspirait ardemment, le commandement de l'expédition contre Mithridate, il ne pouvait un seul instant
songer à l'obtenir du Sénat, si le Sénat agissait de son plein
gré. Dans l'intérêt bien entendu de sa propre cause, l'oligarchie ne pouvait lui permettre d'ajouter à ses trophées
d'Afrique et d'Europe des lauriers récoltés dans un troisième continent : ces lauriers faciles et commodes à cueillir,
les aristocrates les gardaient pour eux-mêmes. Donc, ne

trouvant point son compte à ne frayer qu'avec les partis
dominants, comme les temps n'étaient point mûrs pour
une politique personnelle, ouvertement dynastique, comme
lui-même il n'était point fait pour ce rôle, il ne lui resta
bientôt plus qu'à s'associer avec la démocratie. Aucun intérêt propre ne le liait à la constitution de Sylla : il lui
était loisible tout aussi bien, sinon mieux même, de
poursuivre sa fortune dans les rangs populaires. Là, il
trouvait tout ce dont il avait besoin. Les chefs actifs et
habiles du parti étaient prêts. Ils étaient hommes à le dé-
charger, lui, le héros gauche et gourmé, de tous les ennuis
du gouvernail politique : ils étaient trop peu forts pour
pouvoir ou vouloir disputer à un général illustre le premier rôle, et surtout le commandement des forces militaires. Le plus important d'entre eux, Gaius César, n'était
encore qu'un adolescent, pour ainsi dire, fameux par l'audace déployée dans ses voyages et par ses dettes élégantes,
plus encore que par l'ardeur de son éloquence de démagogue. Il s'estimerait très-honoré, si le glorieux Pompée
faisait de lui son adjudant politique. La popularité, chose
plus convoitée d'ordinaire qu'ils ne se l'avouent par les
hommes chez qui, comme chez Pompée, l'ambition dépasse
le génie, la popularité ne viendrait-elle pas au devant
du jeune général le jour même où, donnant les mains à la
démocratie, il lui apporterait la victoire jusque là inespérée ? Ne recevrait-il pas du même coup la récompense
qu'il réclamait pour lui et pour ses soldats ? L'oligarchie
à bas, nul autre dans l'opposition ne pouvant lui faire
concurrence, n'allait-il pas dépendre de lui seul de se
faire la situation qu'il lui plairait ? D'autre part, il était
manifeste que passer dans le camp ennemi, avec cette armée
revenue victorieuse d'Espagne, et tout entière rassemblée
en Italie sous la main de son chef, c'était renverser l'ordre
de choses existant. Pouvoir régnant, opposition, étaient
également sans force : mais si l'opposition ne combattait
plus seulement avec la parole, si elle mettait au service

de sa cause l'épée d'un général, d'un favori de la victoire, le pouvoir succombait, peut-être même sans coup
férir.

Par toutes les routes on arrivait donc forcément à la
coalition. Mais partout aussi se manifestaient les répugnances individuelles. Comment l'homme d'épée eût-il pu
aimer l'orateur de la rue? Comment demander à celui-ci
de faire joyeux accueil à ce nouveau chef, naguère le
bourreau de Carbon et de Brutus? Les nécessités politiques, sur le moment du moins, l'emportèrent : on fit
taire ses pensées et ses ressentiments. Mais au pacte d'alliance Pompée ne concourut point seul avec les démocrates. Marcus Crassus était là, dans la même situation
que lui. Ancien partisan de Sylla, Crassus n'avait comme
Pompée qu'une politique toute personnelle, absolument
étrangère aux intérêts de l'oligarchie régnante : comme
Pompée, il avait en Italie, derrière soi, une armée nombreuse et victorieuse, l'armée qui, sous ses ordres, venait
d'abattre la révolte des esclaves. Il avait le choix entre la
coalition, ou l'union avec les oligarques contre la coalition.
Il choisit la première et sans contredit la plus sûre voie.
Sa fortune colossale, son influence sur les clubs de la capitale, en faisaient, dans tous les cas, une précieuse recrue;
mais dans les circonstances présentes, il y avait bénéfice incalculable pour le parti agresseur à conquérir avec
Crassus l'unique armée qui, dans la main du Sénat, pouvait
aider à tenir tête à Pompée. Et les démocrates, que leur
pacte avec le présomptueux général ne laissait pas que
d'inquiéter, se complaisaient à voir à celui-ci, dans le nouveau venu, un contre-poids, un rival futur peut-être.
Ainsi fut conclue, durant l'été de 683, la première coalition, entre la démocratie d'une part, et les deux généraux
et anciens Syllaniens, de l'autre. Tous deux, ils adoptent
le programme du parti : on leur promet le consulat pour
l'année suivante: en outre Pompée aura le triomphe, les
lots de terre tant désirés pour ses soldats; et Crassus, le

vainqueur de Spartacus, aura tout au moins les honneurs d'une entrée solennelle dans la capitale.

Aux deux armées campées en Italie, à la haute finance et à la démocratie complotant ensemble le renversement de la constitution syllanienne, le Sénat n'avait au plus à opposer que la seconde armée d'Espagne, commandée par Quintus Métellus Pius. Mais Sylla l'avait bien prédit, ce qu'il avait fait ne devait pas se revoir; et Métellus, peu enclin à se jeter dans une guerre civile, avait, aussitôt les Alpes franchies, congédié ses soldats. L'oligarchie dut se résigner à son sort inévitable. Le Sénat accorde les dispenses nécessaires pour le consulat et le triomphe : Pompée et Crassus, sans rencontrer d'obstacles, sont élus consuls pour 684; et leurs troupes, soi-disant dans l'attente du jour triomphal, campent devant la ville. Avant même d'entrer en charge, dans une assemblée du peuple convoquée par le tribun *Marcus Lollius Palicanus*, Pompée se prononce publiquement et formellement pour la démocratie et son programme. C'était décider en principe les changements constitutionnels.

En effet, à dater de ce jour on fait le siége en règle de toutes les institutions de Sylla. Tout d'abord le tribunat reconquiert son importance des temps passés. C'est Pompée qui, en sa qualité de consul, propose la loi nouvelle rendant aux tribuns leurs attributions traditionnelles, et aussi l'initiative légiférante, étrange cadeau, venant de l'homme qui, plus qu'aucun autre alors vivant, avait contribué à enlever ses antiques priviléges à la cité. En ce qui touche les jurés, l'ordonnance de Sylla prescrivait de les prendre en suivant l'ordre des listes sénatoriales; cette ordonnance est abolie : seulement, on ne la remplace point purement et simplement par la restauration des tribunaux équestres des Gracques. A l'avenir, ainsi le veut la loi *Aurelia*, les jurys seront composés de sénateurs pour un tiers, et de juges du cens des chevaliers pour les deux autres tiers : de plus, parmi ces derniers,

moitié sera prise parmi les anciens présidents des tribus,
ou, comme on les appelait, parmi les *tribuns du trésor*
[*tribuni ærarii*], innovation qui renfermait en germe
une concession plus ample faite à la démocratie, puisque
par là le tiers au moins des jurés criminels de l'*album*,
à l'instar des jurés civils du tribunal des *centumvirs*, était
indirectement laissé au choix des tribus. Le Sénat dut
vraisemblablement à Crassus et à ses amis de n'être point
complètement expulsé de l'*album*. Il le dut aussi en partie
à l'entrée des sénatoriens du juste milieu dans la coalition.
La loi elle-même, il le faut dire enfin, avait été proposée
par le préteur *Lucius Cotta*, frère du chef du parti sénatorial, mort tout récemment.

Autre réforme considérable. Le système de l'impôt
asiatique, tel que Sylla l'avait organisé, est à son tour
abandonné (V, p. 359), dans cette même année, je suppose : le gouverneur provincial Lucius Lucullus est invité
à rétablir les fermes, cette création de Gaius Gracchus.
Ainsi se trouve rouverte pour la haute finance une source
abondante de puissance et de richesse. Enfin la censure est
non seulement réinstituée; mais, suivant toute apparence,
elle ressuscite sans l'ancienne limitation de la charge à
dix-huit mois de durée. Les censeurs, quand ils le juge-
ront nécessaire, pourront se continuer désormais durant
les cinq années du *lustre* [*lustrum*], ce qui s'était fait,
disait-on, au temps jadis, et ce qui s'était fait au début
pour les deux premiers censeurs, à en croire les annales,
falsifiées dans un intérêt démocratique. A l'élection, que
les consuls fixèrent à une époque rapprochée de leur
entrée en charge, on vit, comme pour bafouer le Sénat,
sortir les noms des deux consuls de l'an 682, Gnæus
Lentulus Clodianus, et Lucius Gellius. Ils avaient, on se
le rappelle, misérablement conduit la guerre contre
Spartacus (p. 223), si bien qu'alors il avait fallu les éloigner
de l'armée. Évidemment, dans la main de tels hommes,
tous les moyens, tous les leviers de l'austère magistrature

Rétablissement
des fermes
en Asie.

Restauration
de la censure.

72 av. J.-C.

allaient être mis au service des puissants du jour, ou dirigés contre le régime sénatorial. Ils rayèrent des listes de la Curie la huitième partie de ses membres, pour le moins, au nombre de soixante-dix : on comptait parmi les exclus ce Gaius Antonius, jadis inutilement accusé par César (p. 236), le consul de l'an 683, *Publius Lentulus Sura,* et probablement aussi quantité des créatures exécrées de Sylla.

Ainsi, pour les institutions les plus essentielles, l'année 684 ramenait au système qui avait précédé les ordonnances de Sylla. Comme autrefois, la multitude romaine était nourrie aux frais du trésor public, c'est-à-dire, aux frais des provinces : comme autrefois, le tribunat donnait lettre de marque à tout démagogue pour courir sus au régime politique : comme autrefois, l'aristocratie de l'argent, maîtresse de la ferme des impôts, pesant par le contrôle judiciaire sur les gouverneurs des provinces, et plus forte que jamais, portait haut la tête à côté du pouvoir : comme autrefois enfin, le Sénat tremblait devant le verdict des jurés de l'ordre équestre, et devant le blâme censoral. Les démolisseurs avaient renversé à terre le système fondé par Sylla sur l'annulation politique de l'aristocratie marchande et de la démocratie, et sur la toute-puissance de la noblesse! A l'exception de quelques détails secondaires, auxquels il ne fut touché que plus tard (citons le droit de cooptation que Sylla avait rendu aux colléges sacerdotaux: V, p. 364), il ne restait plus rien de l'organisation politique du dictateur, si ce n'est les concessions qu'il avait spontanément faites à l'opposition, comme l'appel de tous les Italiques en masse au droit de cité romaine; si ce n'est encore certains arrangements sans couleur de parti, auxquels, pour cette raison, les démocrates intelligents ne pouvaient rien trouver à redire, tels que les restrictions apportées aux affranchissements, la répartition des *provinces* de magistrature, et les innovations matérielles dans le droit criminel.

Les coalisés étaient d'accord sur les questions de principe que soulevait la révolution à l'ordre du jour : dès qu'on en vint aux questions de personnes, il n'en fut plus de même. Naturellement les démocrates ne se contentaient pas d'avoir leur programme admis en théorie : ils voulaient aussi leur restauration à eux, les honneurs rendus à leurs morts, la punition des meurtriers, le rappel des exilés, l'abolition des incapacités politiques pesant sur les enfants des proscrits, la restitution des biens confisqués par Sylla ; ils voulaient enfin une indemnité à la charge des héritiers et complices du dictateur, toutes choses qui n'eussent été que la conséquence logique d'une réelle victoire de la démocratie. Mais telle n'était point, à beaucoup près, la victoire de la coalition de 683. Si la démocratie apportait son nom et son programme, la force qui peut et qui exécute appartenait à Pompée et aux officiers venus à elle de la veille. Ni maintenant, ni jamais, ceux-ci ne donneraient les mains à une réaction qui, n'amenant que de nouvelles et de profondes convulsions, se tournerait contre eux-mêmes en fin de compte. Tout le monde ne savait-il pas, de récente mémoire, de quels hommes Pompée avait versé le sang, et sur quels fondements Crassus avait bâti son immense fortune? On s'explique ainsi, et c'est là la preuve de la faiblesse des démocrates, comment la coalition de 683 ne fit rien ni pour la vengeance ni pour la réhabilitation du parti. Citerons-nous, à titre d'exception, la loi qui porte le nom du censeur Lentulus? Elle exigeait la rentrée du prix des biens confisqués par Sylla et vendus à l'enchère, soit qu'un arriéré restât dû, soit que le dictateur eût fait remise de ce prix? Mais qu'on y songe, s'il y avait là un dommage personnel pour bon nombre de Syllaniens, la mesure leur assurait un titre définitif sur la chose confisquée.

Ainsi périt l'œuvre de Sylla. Qu'allait-on mettre à la place? La question se posait, bien plus qu'elle n'était vidée. La coalition devait se maintenir tant qu'on aurait un but commun, le renversement de la restauration : ce but atteint, elle allait se disssoudre d'elle-même, sinon quant au nom, du moins dans le vrai des choses. De quel côté passeraient alors la force et la puissance? Ici, tout marchait à une solution à la fois rapide et violente. Les armées de Pompée et de Crassus campaient toujours devant les murs. Le premier avait bien promis de licencier ses soldats aussitôt après son triomphe (dernier jour de décembre 683) ; mais cette promesse était à vau-l'eau. Pour accomplir la révolution sans obstacle, ne fallait-il pas peser sur le Sénat par la crainte qu'il avait de l'armée d'Espagne, réunie en vue de Rome? Ou bien avec l'armée de Crassus, aussi gardée sous les armes, n'en arriverait-on point au même résultat? Mais la révolution une fois faite, les deux armées ne furent pas davantage congédiées. Tout semblait présager que l'un des deux généraux, alliés à la démocratie, allait prendre bientôt la dictature militaire, et enchaîner ensemble oligarques et démocrates. Or, ce dictateur ne pouvait être que Pompée. Dès l'origine, Crassus n'avait joué dans la coalition qu'un second rôle : il n'était arrivé qu'en solliciteur, et il devait son élection au consulat principalement à la fière attitude de Pompée. Celui-ci, de beaucoup le plus fort, dominait visiblement la situation : s'il allait de l'avant, il ne pouvait manquer de se faire le régent absolu du plus puissant état du monde civilisé. Déjà, l'instinct des masses lui prêtait ce rôle. Déjà, la foule des serviles se ruait au devant du futur monarque. Déjà ses faibles adversaires cherchaient un moyen extrême de résistance dans une coalition nouvelle. On voyait Crassus, poussé par sa jalousie d'ancienne et récente date contre un rival plus jeune et de beaucoup supérieur à lui, se rapprocher du Sénat, s'essayer à capter la multitude romaine par ses prodigalités inouïes : comme si l'oligarchie qu'il avait aidé à abattre, comme si la multitude éternellement ingrate, eussent pu lui donner l'ombre d'un appui contre les vétérans de l'armée d'Espagne! Un

moment, il sembla que les soldats de Crassus et de
Pompée en viendraient aux mains devant les portes de
Rome.

Les démocrates empêchèrent la catastrophe à force de
prudence et de souplesse. A eux aussi, tout autant qu'au
Sénat et à Crassus, il importait que Pompée ne pût saisir
la dictature : leurs meneurs, sagement avisés, cherchèrent
leur salut dans leur propre faiblesse et dans le caractère
bien connu de leur puissant adversaire. Il ne manquait à
Pompée, pour mettre la main sur la couronne, qu'une
seule condition, la première de toutes, l'audace qui fait
les rois. Nous avons dépeint l'homme ailleurs (p. 135), avec
ses aspirations qui le portaient à la fois vers un républi-
canisme loyal et vers la tyrannie, avec l'incertitude et
les vacillations de sa volonté, avec sa docilité grande qui
se cachait derrière ses bravades d'indépendance dans les
décisions. Il était au jour de la première grande épreuve
que lui eût apportée la fortune : il n'en sut pas sortir en
vainqueur. En ne licenciant pas son armée, il donnait pour
prétexte à son refus sa méfiance à l'endroit de Crassus :
il ne voulait point désarmer le premier. Aussitôt les démocrates de pousser et décider Crassus à prendre lui-
même les mesures dont il s'agit, et d'offrir devant tous la
main à son collègue : en public comme en secret ils l'as-
siégent de leurs instances : au double service de vaincre
un ennemi de la patrie et de réconcilier les partis, il en
joindra un troisième et le plus grand, celui d'avoir assuré
la paix au dedans, et fait reculer le menaçant fantôme de
la guerre civile! Tout ce qui pouvait avoir action sur le
héros vaniteux, malhabile, hésitant : flatteries diplomatiques, appareil théâtral de l'enthousiasme patriotique,
tout fut mis en mouvement pour atteindre au but : mais
déjà, ce qui, au surplus, était le principal, les concessions
opportunes de Crassus avaient produit ce résultat, qu'il
fallait ou que Pompée se fît hardiment le tyran de Rome,
ou qu'il reculât. Il battit en retraite, et accorda le licencie-

ment de ses troupes. Il n'avait plus à ambitionner le commandement de l'expédition contre Mithridate, sur lequel il avait certainement compté, quand il s'était fait élire consul pour 684 : la campagne de Lucullus en 683 équivalait à la fin de la guerre ; et quant à prendre le gouvernement de la province consulaire à lui attribuée par le Sénat, aux termes de la loi Sempronienne, il jugeait la chose au-dessous de lui. Crassus, en cela, suivait son exemple. Donc, quand vint le dernier jour de l'année (684), Pompée sortit de charge, se retira des affaires publiques, et déclara sa ferme intention de vivre à l'avenir dans le repos, en simple citoyen. Il s'était mis dans la situation d'avoir à s'emparer de la couronne ; puis, ne l'ayant point fait, de rester sans autre rôle à jouer que celui d'un candidat au trône qui s'est laissé évincer.

L'homme à qui les événements avaient fait la première place se retirant de la scène, les partis se retrouvaient comme ils étaient, à peu près, au temps des Gracques ou de Marius. Sylla n'avait point donné le gouvernement au Sénat : il ne l'avait que fortifié dans ses mains ; et le pouvoir restait encore à ce grand collége, même après la chute des boulevards élevés par le dictateur. D'autre part, la constitution avec laquelle on gouvernait n'était autre, pour le fond, que la constitution des Gracques, toute pénétrée d'un esprit hostile à l'oligarchie. La démocratie avait ramené les institutions de Gaius Gracchus ; mais celles-ci, sans un Gracque, n'étaient qu'un corps sans tête : cette tête, ni Pompée ni Crassus ne pouvaient longtemps l'être, le fait était clair, et les derniers événements ne le montraient que trop. Un chef lui faisant défaut qui prît en main le gouvernail, il ne restait plus à l'opposition démocratique qu'à gêner et à contrarier à chaque pas le gouvernement du jour. Mais entre l'oligarchie et la démocratie, le parti financier reprenait son ancienne importance : durant la dernière crise, il avait fait cause commune avec les démocrates : aujourd'hui il semblait vouloir se retirer sous sa tente, et les oligarques s'efforçaient de le gagner à tout prix, ne fût-ce que comme contre-poids. Ainsi recherchés des deux côtés, les financiers tirèrent profit en toute hâte des avantages de leur position : ils se firent rendre par un plébiscite exprès (687) leurs quatorze bancs réservés au théâtre, le seul de leurs anciens priviléges qu'ils n'eussent point jusqu'ici reconquis. D'ailleurs et à tout prendre, sans rompre carrément avec la démocratie, ils se rapprochaient davantage des hommes du gouvernement. A ce mouvement déjà se rattachait l'entente accomplie entre le Sénat et Crassus avec toute sa clientèle. Mais bientôt un grave incident vint consommer l'alliance entre les optimates et l'aristocratie de l'argent : je veux parler du sénatus-consulte qui, sur les instances des capitalistes qu'il avait grièvement lésés, retira en 686 à Lucius Lucullus, l'un des plus éminents parmi les généraux sénatoriens, la province d'Asie, qui tenait tant à cœur aux chevaliers (p. 203).

Pendant que les factions, dans Rome, poursuivaient leurs querelles habituelles, sans jamais pouvoir aboutir à une solution vraie, les événements se succédaient dans l'Est, descendant une pente fatale, comme nous l'avons montré plus haut ; et réagissant sur la marche hésitante de la politique intérieure, ils poussaient à l'inévitable crise. Sur terre et sur mer, la guerre avait pris la plus défavorable tournure. L'armée romaine du Pont battue, l'armée d'Arménie en voie de dissolution et en pleine retraite, les pirates absolument maîtres de la mer, les blés montant à un prix si haut en Italie qu'on redoutait une complète famine : tel est le tableau qui s'offrait aux yeux, au commencement de l'an 687. Certes le mal tenait beaucoup, nous l'avons dit, aux fautes des généraux, à l'incapacité totale de l'amiral Marcus Antonius, à la témérité de Lucius Lucullus, homme de valeur pourtant : la démocratie et ses excès avaient principalement causé la désagrégation de l'armée d'Arménie : mais le pouvoir à

Rome payait pour tout le monde, pour ses propres fautes, et pour les désastres imputables à d'autres. La foule affamée et rugissante n'attendait que l'occasion d'en finir avec le Sénat.

Pompée
rentre en scène.
La crise éclata décisive. Si abaissée et désarmée qu'elle fût, l'oligarchie se tenait debout encore, la direction des affaires publiques continuant d'appartenir au Sénat : mais elle devait nécessairement tomber le jour où ses adversaires s'empareraient du gouvernement, et notamment de la haute gestion des affaires militaires. Or, aujourd'hui c'était chose devenue possible. Si devant les comices, des motions étaient portées tendant à donner une impulsion meilleure à la guerre continentale et maritime, ce qu'on pouvait facilement prévoir dans l'état des esprits, les sénateurs restaient impuissants à empêcher le vote et l'immixtion du peuple dans les matières de la haute politique, et c'était du même coup la destitution du Sénat et la translation du pouvoir aux mains des chefs de l'opposition. Dans cet enchevêtrement des questions pendantes, Pompée redevenait maître de la solution. Depuis plus de deux ans, l'illustre capitaine vivait dans Rome, loin des affaires. Rarement il se faisait entendre au Forum ou dans la Curie : ici, on ne le voyait que d'assez mauvais œil et sans lui laisser d'influence : là, il se trouvait mal à l'aise au milieu des orages des partis. Quand il se montrait, pourtant, c'était avec tout l'appareil de ses grands et petits clients lui faisant cortége; et sa retraite affectée en imposait à la foule. L'éclat de ses grandes victoires ne s'était point effacé : qu'il s'offrît à aller en Orient, et le peuple aussitôt, lui donnant ce qu'il demandait, l'investirait de la toute-puissance politique et militaire! Pour l'oligarchie, qui voyait dans la dictature militaire populaire sa ruine certaine, et dans Pompée,

71 av. J.-C.
après la coalition de 683, son plus redoutable ennemi, c'eût été là le coup de la mort; et quant aux démocrates, ils n'auraient point eu lieu, non plus, d'en être satisfaits.

Quelque désirable qu'il fût à leurs yeux de mettre fin au-
gouvernement sénatorial, une telle révolution apportait
bien moins la victoire à leur parti que le triomphe à leur
trop puissant allié. Ne pouvait-il pas facilement se changer
en un ennemi mille fois plus dangereux que les sénateurs?
En poussant, deux ans avant, au licenciement de l'armée
d'Espagne et à la retraite du général, on n'aurait donc
conjuré les périls du moment que pour les voir ressus-
citer plus grands, plus imminents, avec ce même Pompée
devenu le commandant en chef des armées d'Orient.

Quoi qu'il en soit, Pompée, cette fois, mit la main sur
le pouvoir, ou laissa ses amis agir pour lui. L'année 687
vit proposer deux lois : l'une, outre le licenciement, depuis
longtemps réclamé par les démocrates, de tous les soldats
de l'armée d'Asie qui avaient fait leur temps, exigeait le
rappel du général Lucius Lucullus, et son remplacement
par l'un des consuls du moment, *Gaius Pison*, ou *Manius
Glabrio;* l'autre reprenait, en leur donnant plus d'extension, les projets agités sept ans avant dans le Sénat,
pour balayer la piraterie. Elle ordonnait que le Sénat
désignât un général unique choisi parmi les consulaires,
ayant seul le commandement suprême des mers méditerranéennes, depuis les colonnes d'Hercule jusqu'aux rivages de Syrie et de Pont, et sur toutes les côtes jusqu'à
50 milles (10 milles allemands = 20 lieues) dans les
terres, en y exerçant ses pouvoirs de concurrence avec
les gouverneurs locaux. Il serait nommé pour trois ans. Il
aurait un état-major tel qu'on n'en avait jamais vu,
vingt-cinq lieutenants, tous sénatoriens, tous ayant les
insignes et les attributions des préteurs, et deux caissiers
d'armée ayant les droits des questeurs. Les choix appartenaient exclusivement au général en chef. On l'autorisait
à lever jusqu'à 120,000 fantassins, 7,000 cavaliers, 500
vaisseaux de guerre; à user sans contrôle, à telles fins,
de toutes les ressources des provinces et des pays clients :
de plus on lui confiait sur l'heure toute la flotte actuel-

67 av. J.-C.

Chute du pouvoir
sénatorial.
Pompée
redevient
le maître.

lement prête, et des troupes déjà nombreuses. On mettait à son service toutes les caisses publiques dans Rome et dans les provinces, toutes les caisses des cités sujettes; et, malgré la détresse financière du moment, on lui versait comptant 144,000,000 de sesterces (11,000,000 de *thal.* = 41,250,000 fr.).

De tels projets de loi, celui surtout qui avait trait à la guerre contre les pirates, entraînaient la ruine du gouvernement sénatorial. Dans le cours ordinaire des choses, les hauts magistrats, régulièrement élus par le peuple, étaient en même temps les généraux de ses armées; et quant aux magistrats extraordinaires, il leur fallait aussi, dans la règle stricte, l'assentiment populaire pour exercer le commandement : mais, dès qu'il s'agissait de l'*imperium* unique, les comices n'avaient plus l'autorité directe constitutionnellement parlant ; et il avait fallu jusqu'ici pour qu'ils intervinssent de façon ou d'autre, ou une motion du Sénat, ou une motion de l'un des magistrats que leur fonction appelait aussi au commandement militaire : alors seulement, ils avaient voté sur la collation des pouvoirs exceptionnels. Depuis la fondation de la République, le Sénat en cas pareil avait toujours eu le premier et le dernier mot; et avec le cours des siècles sa prérogative s'était confirmée et fait accepter. La démocratie avait eu beau résister : dans les circonstances mêmes les plus graves, lorsqu'il s'était agi, par exemple, de conférer le commandement de la province d'Afrique à Gaius Marius (647 : V, p. 112), la loi constitutionnelle avait été suivie, et l'on avait vu le magistrat régulier appelé au généralat par une loi régulière, et chargé par elle de la conduite spéciale de l'expédition alors projetée. Aujourd'hui c'était un simple particulier que le peuple allait, à titre extraordinaire, investir de la puissance suprême, en lui assignant une compétence que seul il réglait. En la forme, et par mode d'atténuation, il était bien dit que la nomination serait faite par le Sénat et dans les rangs des consulaires : mais si on lui laissait le

107 av. J.-C.

choix, c'est qu'il n'y avait pas de choix à faire! En face
de cette multitude ameutée, à qui donc le Sénat pouvait-il
conférer le commandement des mers et des côtes maritimes, sinon à Pompée? Dans cette seule nomination, il y
avait en principe la négation du gouvernement sénatorial :
ce pouvoir s'évanouissait vraiment devant la création
d'une magistrature ayant dans les finances et dans la
guerre une compétence sans limites. Jadis l'*imperium*
prenait fin avec l'année de charge; il était circonscrit dans
sa province; les moyens militaires et financiers lui étaient
exactement mesurés : aujourd'hui la mission nouvelle et
extraordinaire conférée à Pompée lui demeure assurée
pour trois ans, sans exclure une plus longue prorogation,
comme bien on pense : Pompée aura sous ses ordres
presque toutes les provinces, et même l'Italie, toujours
en dehors, auparavant, du proconsulat militaire : il pren-
dra arbitrairement et sans compter soldats, vaisseaux et
argent du trésor! Nous rappelions plus haut l'antique
et fondamentale règle du droit public de la République
romaine, laquelle prohibait la collation de la fonction
suprême militaire et civile sans le vote préalable du
peuple : cette règle on va la violer en faveur du général
en chef; et la loi nouvelle, en donnant les attributions et
le rang des préteurs aux vingt-cinq lieutenants qu'il
sera libre de se choisir [1], subordonne du même coup la

---

[1] Aux termes du droit public de Rome, l'*imperium* extraordinaire
(*pro consule, pro prœtore*) se conférait de trois manières. — 1° Ou
bien il avait pour point de départ la règle appliquée à l'office de
magistrature extra-urbaine, règle selon laquelle la charge prenant
fin à son échéance légale, l'*imperium* se prorogeait jusqu'à l'arrivée
du successeur : c'est là le cas le plus ancien, le plus simple et le
plus fréquent. — 2° Ou encore l'*imperium* sortait d'un vote des
organes constituants, des comices notamment, et du Sénat plus tard,
qui nommaient tel haut magistrat en dehors des prévisions constitutionnelles; celui-ci ayant les mêmes pouvoirs que le magistrat ordinaire, mais portant dans son titre même le signe distinctif de sa
mission extraordinaire : « *pro-préteur, pro-consul.* » A la même classe
appartiennent aussi les questeurs nommés en la forme accoutumée,
mais en outre pourvus d'attributions prétoriennes ou même consulaires (*quœstores pro prœtore* ou *pro consule* : Becker-Marquardt, 3,

magistrature souveraine de la Rome républicaine à la
fonction de création nouvelle. Mais de quel nom appeler
cette fonction? A l'avenir il appartiendra de le deviner et
de le dire : au fond, elle renferme assurément la monarchie. Donc derrière la motion proposée, il y avait le
renversement complet de l'ordre de choses préexistant.

Pompée et la loi
Gabinia.

Toutes ces mesures, de la part d'un homme qui, la
veille, avait donné la preuve frappante de sa faiblesse,
étonnent par leur énergie et leur ampleur même. Mais
on s'explique aisément que Pompée cette fois ait marché
d'une allure plus décidée que durant son consulat. Il s'a-
gissait moins pour lui de se proclamer autocrate, que de
préparer l'autocratie par un régime militaire et d'exception. Si révolutionnaire qu'il fût dans le fond, il revêtait
et respectait les formes constitutionnelles, et allait toucher enfin au but où avaient tendu tous ses vœux, au
commandement de l'expédition projetée contre Mithridate
et Tigrane. D'autres et non moins sérieuses convenances
préparaient aussi l'émancipation du pouvoir militaire.
Pompée pouvait-il oublier que peu d'années avant une
expédition combinée dans de semblables conditions, et en

75 av. J.-C.
65.
58.

89-87.

1, 284) : ce fut en cette qualité que *Publius Lentulus Marcellinus*
fut envoyé à Cyrène (679 : Sallust. *Hist.* 2, 39, Dietsch), que *Gnœus
Pison* alla en Espagne citérieure (689 : Sallust. *Catil.* 19), *Caton* en
Chypre (696 : Vellei. 2, 45). — 3° Enfin, l'*imperium* extraordinaire
peut aussi être *délégué* par le magistrat suprême. Tel est le cas lorsque ce dernier s'absente de sa province ou est empêché : alors, il
peut se nommer un *lieutenant*, qui prend le titre de *legatus pro
prœtore* (Sall. *Jugurtha*, 36, 37, 38), ou, si son choix tombe sur un
questeur, celui de *quœstor pro prœtore* (Sall. *Jug.* 103). De même,
lorsqu'il n'a point de questeur avec lui, il en peut confier les attributions à un officier de sa suite, qui s'appelle alors le *legatus pro
quœstore :* nous rencontrons pour la première fois cette dénomination
sur un *tétradrachme* macédonien de *Sura*, lieutenant du préteur de
Macédoine (665-667). — Mais ce qui contrariait tous les principes
en matière de délégation, ce que n'eût pu faire le magistrat suprême
sous l'ancien droit public, c'était de le voir, alors qu'il n'éprouvait
aucun empêchement dans sa fonction, et au plein début de sa charge,
conférer d'avance l'*imperium* délégué à un ou plusieurs de ses subor-
donnés : sous ce rapport, les « *lieutenants pro-préteurs* » que va
nommer le proconsul constituent une innovation : ces lieutenants
déjà ne sont autres que ceux qui joueront un si grand rôle au temps
des empereurs.

vue de détruire la piraterie, avait avorté par le fait de la
déplorable administration du Sénat ; que la guerre d'Espagne avait failli mal finir, parce que le Sénat avait négligé
les armées et détestablement conduit les finances ? Il ne
pouvait pas ne pas voir quelle était l'attitude des aristocrates envers lui-même, le transfuge du camp des Syllaniens, et quel sort lui serait réservé s'il se laissait envoyer
en Orient, simple commandant d'armée au service du
régime actuel, et sans autres pouvoirs que ceux des
proconsuls ordinaires. On comprend donc pourquoi,
comme condition de son acceptation, il voulait avoir son
indépendance absolue au regard du Sénat : on comprend
aussi comment le peuple aquiesça à son désir. Et puis, il
est plus que probable qu'impatienté par sa reculade d'il
y a deux ans, son entourage cette fois le poussa à agir
plus vigoureusement et plus vite. La motion sur le rappel
de Lucullus et sur l'expédition nouvelle contre les pirates
fut portée devant le peuple par le tribun *Aulus Gabinius,*
homme perdu de mœurs et de la bourse, au demeurant
habile entremetteur, orateur hardi et brave soldat. Si peu
sérieuses que fussent les assurances de Pompée, affectant
de ne point désirer le commandement des mers et de l'expédition contre les pirates, ou de n'aspirer qu'au repos de la
vie privée, on ne peut mettre en doute que l'audacieux et
remuant client, familier de la maison du chef et de ses
intimes, n'ait fini par entraîner son patron, toujours indécis,
toujours à court de vues, ou n'ait pris même la décision
dernière en quelque sorte par dessus sa tête.

Quant à la démocratie, ses chefs, tout en couvant leur
méccontentement en silence, demeuraient hors d'état de
combattre publiquement la motion. Suivant les apparences,
ils n'eussent pas pu en empêcher le vote, et n'auraient
fait que se brouiller avec Pompée, l'obligeant peut-être à
se rapprocher de l'oligarchie, ou à poursuivre sans nul
scrupule, entre les deux partis extrêmes, la seule voie de
sa politique personnelle. Ils n'avaient pas le choix : il leur

Les partis
en face de la loi
Gabinia.

fallait encore rester ses alliés, si creuse que fût l'alliance : du moins l'occasion s'offrait de renverser enfin le Sénat, et cette fois pour toujours. Cessant d'être l'opposition pour devenir le pouvoir, ils comptaient sur l'avenir pour le reste, et aussi sur la faiblesse de caractère de Pompée. On vit donc se remuer en faveur du projet de loi tous les principaux du parti, et le préteur *Lucius Quinctius*, le même qui, sept ans avant, avait travaillé au rétablissement de la puissance tribunicienne (p. 235), et *Gaius César*, depuis peu sorti de la questure [1].

Les classes privilégiées étaient furieuses, non pas seulement la noblesse, mais encore l'aristocratie marchande, car celle-ci voyait de même ses priviléges menacés par une révolution aussi fondamentale, et elle eût voulu rentrer sous la clientèle protectrice du Sénat. Quand Gabinius, sa motion faite, revint dans la Curie, il s'en fallut de peu que les pères conscrits ne l'étranglassent de leurs propres mains, oubliant dans leur colère quel mal pouvait sortir de ce mode sommaire de discussion. Le tribun s'enfuit au Forum, et déjà il excitait la foule à prendre la Curie d'assaut : heureusement la séance avait été levée. Le consul Pison, le champion de l'aristocratie, tomba sous la main des émeutiers. Ils l'auraient sacrifié à leur rage si Gabinius, qui survint, craignant de compromettre son succès certain par un attentat hors de saison, ne l'eût pas aussitôt délivré. L'irritation du peuple n'en continua pas moins, trouvant même un aliment nouveau dans la cherté des blés, dans les nombreuses et folles rumeurs qui couraient. On se racontait que Lucius Lucullus, détournant l'argent destiné à la guerre d'Asie, en avait placé à Rome, partie à gros intérêt, et tenté d'en employer partie à corrompre le préteur Quinctius, et à le détacher de la cause du peuple. On racontait que le Sénat préparait à Pompée, « au second Romulus, » le sort du

____

[1] [V. la *Vie de J. César*, I, p. 294.]

premier [1]; je fais grâce du reste. Sur ces entrefaites, Vote de la loi.
arriva le jour du vote. Les têtes se pressaient sur le
Forum : sur les toits des édifices on voyait les groupes
entassés, les yeux tournés vers la tribune aux harangues :
tous les collègues de Gabinius avaient promis leur intercession au Sénat ; mais intimidés par cette foule soulevée et
bruyante, ils se turent, sauf un seul, *Lucius Trebellius*,
qui s'était juré à lui-même et aux sénateurs de mourir
plutôt que de céder. Il intervint ; aussitôt Gabinius,
arrêtant le scrutin, demanda au peuple assemblé qu'il fût
fait envers son collègue récalcitrant comme jadis envers
Octavius, sur la motion de Tibérius Gracchus (V, p. 30),
c'est-à-dire qu'il fût destitué sur place. Le peuple vota sur
cette motion, et la lecture des tablettes de vote commença.
Déjà on avait proclamé les votes des seize premières
tribus : vint le tour de la dix-septième, qui se prononça, elle
aussi, affirmativement. Une seule voix encore, et la majorité
était atteinte. A ce moment, Trébellius prit peur, et faus-
sant son serment, retira son intercession. En vain *Othon*,
un autre tribun, lutta avec énergie, demandant au moins
qu'il pût être nommé deux généraux au lieu d'un seul,
deux *duumvirs* de la flotte, comme autrefois (II, p. 234).
En vain le vieux Quintus Catulus, l'homme le plus respecté
du Sénat, épuisa les forces qui lui restaient, demandant
que le choix des lieutenants ne fût point laissé au général,
mais revînt au peuple. Au milieu des cris furieux de la
foule, Othon ne fut pas entendu. Grâce à Gabinius, le
peuple eut des égards calculés pour le vieux sénatorien,
et l'écouta respectueusement et en silence ; mais ses paroles étaient peine perdue. Le projet fut converti en loi
sans un seul amendement : de plus, ce que Pompée désirait instamment, la sanction, lui fut sur l'heure et pleinement donnée.

Les deux généraux nouveaux, Pompée et Glabrion

---

[1] [On sait que selon la tradition le roi Romulus aurait été mis en
pièces par les sénateurs.]

Succès
de Pompée
en Orient.

(p. 242), partirent pour leurs commandements, laissant derrière eux l'espérance et l'impatience : aussitôt le vote de la loi Gabinia, le cours des blés était retombé au taux ordinaire, preuve manifesté de la confiance qui s'attachait à la grande expédition et à son illustre chef. Nous raconterons ailleurs comment cette confiance fut justifiée, et même dépassée : en trois mois la mer était nettoyée. Depuis les guerres contre Hannibal, jamais la République n'avait déployé une telle énergie au dehors : succédant à l'administration molle et incapable des oligarques, l'opposition démocratique et militaire avait brillamment saisi et conduit les rênes de l'État. Le consul Pison, dans la Narbonnaise, essaya bien de jeter quelques obstacles sous les pas de Pompée, et de gêner ses préparatifs, il ne fit qu'irriter davantage la multitude contre son parti, et l'enthousiasme alla croissant pour l'heureux général : sans son intervention personnelle l'assemblée du peuple eût sur le champ déposé le consul.

Pendant ce temps le désordre était plus grand que jamais sur le continent d'Orient. Glabrion, qui devait prendre, à la place de Lucullus, le commandement des troupes envoyées contre Mithridate et Tigrane, n'avait pas bougé de l'Asie occidentale : ses proclamations avaient soulevé les soldats contre Lucullus. Mais comme il n'avait pas rejoint l'armée, celui-ci était forcément resté à leur tête. Contre Mithridate on n'avait plus rien fait, et les cavaliers pontiques pillaient impunément et sans crainte la Bithynie et la Cappadoce. La guerre contre les pirates ayant conduit Pompée avec son armée jusqu'en Asie-Mineure, rien ne semblait plus simple que de le préposer aussi à la guerre du Pont et de l'Arménie, dont il avait si longtemps convoité le commandement. Mais on le sent, les démocrates à Rome n'entraient point dans les vœux du général et n'auraient à aucun prix saisi l'initiative. Très-probablement, Gabinius avait eu sa leçon faite, et c'était à dessein que dans sa rogation il n'avait point compris à la fois et la guerre contre Mithridate, et la guerre contre les pirates, Glabrion demeurant chargé de la première. Pompée n'était-il pas trop puissant déjà pour qu'on voulût encore le grandir et l'éterniser? Mais voici que surgit un certain *Gaius Manilius*, homme de rien, insignifiant s'il en fût, tribun du peuple pourtant, et que ses rogations maladroites avaient à la fois brouillé avec l'aristocratie et la démocratie. Espérant se hisser jusque sous l'auréole du général, s'il lui faisait obtenir ce que chacun savait être l'objet de son ardent désir, bien qu'il n'osât le demander, Manilius propose au peuple de rappeler Glabrion de Bithynie et du Pont, ainsi que Marcius Rex de Cilicie. A leur place, le proconsul des mers et des côtes sera, par surcroît, chargé de toute la guerre en Orient, sans limite de temps, avec droit absolu de conclure la paix et les traités d'alliance (commencement de 688). Mieux que jamais on put voir quel coup terrible avait été porté au mécanisme de la constitution romaine, le jour où l'initiative appartenant désormais au premier démagogue venu, et le vote à la foule encore mineure, le pouvoir légiférant avait aussi mis la main sur l'administration. La motion manilienne ne plaisait à aucun des partis : et pourtant elle ne rencontra pour ainsi dire pas de résistance. Les meneurs de la démocratie n'osèrent pas y faire opposition, la subissant comme déjà ils avaient dû subir la loi Gabinia : ils renfermèrent en eux-mêmes leur mécontentement et leurs inquiétudes, et allèrent jusqu'à parler en faveur de Pompée. Quant aux aristocrates modérés ils tinrent un semblable langage : après le vote de la rogation de Gabinius, la lutte n'était plus possible, et quiconque voyait plus loin, reconnaissait déjà que la vraie conduite à tenir pour les sénatoriens, était au contraire le rapprochement avec Pompée, et même dans la prévision de sa rupture prochaine avec les démocrates, une complète alliance avec lui. Enfin les partisans de la politique de bascule bénissaient l'heure où ils pouvaient se donner les apparences d'une opinion qui leur fût propre, et se dessiner hardiment, sans se compromettre avec aucune des factions. Notons le fait : c'est pour défendre le projet de Manilius que Cicéron monta pour la première fois à la tribune politique [1]. Seuls, quelques optimates plus austères, A. Catulus, à leur tête, gardèrent leurs couleurs, et parlèrent contre la loi. Naturellement le peuple la vota à une majorité voisine de l'unanimité. Ainsi Pompée à son commandement, déjà immense, allait ajouter le gouvernement des provinces d'Asie-Mineure, si bien que, dans le vaste empire de la République, il n'était plus à peine un pouce de terrain qui ne lui obéît. Il avait à diriger une guerre dont on pouvait dire, comme des expéditions d'Alexandre, qu'on savait bien où elle commençait, sans savoir ni où ni comment elle finirait. Jamais, depuis la fondation de Rome, une telle puissance n'avait été concentrée dans la même main.

Révolution démocratique et militaire. Le vote des lois Gabinia et Manilia termine la lutte entre le Sénat et le parti populaire, lutte qui débuta soixante-sept ans avant, par le vote des lois semproniennes. Celles-ci avâient constitué le parti révolutionnaire à l'état d'opposition politique : par les lois Gabinia et Manilia, il passe de l'opposition au pouvoir ; et de même qu'à un moment solennel, l'inutile intercession d'Octavius avait amené la première brèche faite à la constitution, de même l'heure était grave où la retraite de Trébellius donnait le signal de la chute du dernier rempart du gouvernement sénatorial. Des deux côtés on avait la claire vue des choses : aussi, dans ce duel à mort, les plus indolents

---

[1] [Tout le monde a lu le *pro lege Manil.*, cette harangue *déclamatoire* qui renferme de beaux passages de style. Déjà dans le procès contre Verrès, appartenant, il est vrai, au genre judiciaire, il avait touché à la politique. En lisant le discours sur *la rogation de Manilius*, on ne peut accorder au grand orateur, alors *préteur urbain*, ni beaucoup de prévoyance, ni beaucoup de désintéressement politique. A peu de temps de là, il sortait de charge et défendait sans succès le même Manilius, accusé de péculat. — V. Forsyth, *Life of Cicero*, I, p. 81, et autres.]

mêmes d'entre les sénateurs étaient entrés en tressaillement.
La guerre constitutionnelle finit d'ailleurs autrement et
bien plus mal qu'elle n'avait commencé. C'était après
tout un jeune homme noble en toutes choses que celui
qui avait ouvert la révolution : elle était close, au contraire,
par des intrigants et des démagogues de la pire espèce. Au
commencement, les optimates avaient mis de la mesure
dans leur résistance, alors même qu'ils luttaient opiniâtrement encore pour la défense de positions perdues : à la
fin de la crise, ce sont eux qui prennent l'initiative de la
force brutale : leur faiblesse se venge en gros mots, et
ils violent misérablement leurs serments. Le but que jadis
on ne pouvait entrevoir que dans le plus téméraire des
rêves, on y touche aujourd'hui. Le Sénat a cessé de régner.
De rares vieillards vivaient encore, qui avaient assisté aux
premiers orages de la révolution, et avaient entendu la
voix des Gracques : que s'ils comparaient ces temps avec
le temps actuel, ils devaient voir que tout était changé, le
pays et le peuple, le droit public et là discipline militaire,
la vie et les mœurs; et, quand ils rapprochaient les réa-
lités du jour de l'idéal jadis entrevu par les fils de Cornélie, ils se prenaient d'un triste et ironique sourire ! Mais
leurs réflexions appartenaient au passé. Dans le temps
présent et dans l'avenir, la chute de l'aristocratie était
un fait accompli. Les oligarques ressemblaient à une
armée en débandade, et dont les corps s'en vont renforcer
d'autres troupes, sans pouvoir par eux-mêmes tenir la
campagne ou tenter pour leur compte le sort des combats.
Cependant, l'ancienne guerre ayant pris fin, déjà il s'en
préparait une nouvelle : la guerre entre les deux forces
un moment alliées pour renverser la constitution aristocratique, entre l'opposition démocratique et la puissance
militaire, ambitieuse et prédominante. La situation exceptionnelle faite à Pompée par la loi Gabinia, et plus
encore par la loi Manilia, ne pouvait se concilier avec
l'ordre de choses républicain. La première, disaient non

sans raison ses adversaires, l'avait nommé *régent*, et non simple amiral. Un Grec, bien renseigné sur l'état des affaires d'Orient, l'appelle « le roi des rois! » Qu'il revienne, une fois encore, victorieux et rehaussé par la gloire, ses caisses remplies d'or, escorté de ses soldats aguerris et dévoués, qu'il ait la tentation de poser la main sur la couronne, se trouvera-t-il un homme qui l'arrête? Contre le premier général du siècle et ses légions éprouvées, le consulaire Quintus Catulus se lèvera-t-il avec les sénateurs? Ou bien sera-ce Gaius César, cet édile désigné, qui mène derrière lui la plèbe romaine, à laquelle il donnait hier en pâture trois cent vingt couples de gladiateurs aux armures d'argent? « Bientôt encore », s'écrie Catulus, « il faudra s'aller réfugier sur le rocher du Capitole, pour sauver la liberté! » Prophète qu'il est, là où il se trompe, il n'est point en faute! Peut-il deviner que ce n'est pas de l'Orient que viendra la tempête? Les destins accompliront sa prédiction à la lettre, et plus complètement même qu'il ne l'a pressenti : mais c'est de la terre des Gaules qu'ils apporteront la ruine !

CHAPITRE IV

On a vu dans quel état déplorable étaient les affaires de Rome en Orient, et sur terre, et sur mer, quand au commencement de 687 Pompée, investi de pouvoirs illimités, s'en vint reprendre la guerre contre les corsaires. Il commença par diviser son immense *province* en treize circonscriptions, chacune placée sous le commandement d'un de ses lieutenants, qui y levait hommes et vaisseaux, parcourait la côte, faisait main-basse sur les brigantins des corsaires, ou les poussait dans les filets du voisin. Quant à lui, se mettant à la tête de la plus grande partie des navires disponibles, au milieu desquels se distinguait encore la marine de Rhodes, il prit la mer de bonne heure, et tout d'abord balaya les eaux de Sicile, d'Afrique et de Sardaigne, afin de rétablir immédiatement les importations de blé de ces provenances à destination de l'Italie. A la même heure, ses lieutenants accomplissaient pareille besogne sur les côtes de la Gaule et des Espagnes. C'était dans cette occasion que le consul Gaius Pison avait, depuis

Rome, tenté d'empêcher les levées que le légat *Marcus Pomponius* faisait dans la Narbonnaise pour le compte de son général (p. 258), tentative mal venue contre l'exécution de la loi Gabinia. Pompée reparut un instant dans Rome pour y mettre ordre, et aussi pour contenir dans les limites légales la juste irritation du peuple contre Pison (p. 256). Au bout de quarante jours la navigation était libre dans tout le bassin occidental de la Méditerranée. Le général partit alors pour la mer d'Orient avec ses soixante meilleurs navires, et fit voile droit sur l'antique et principal repaire des flibustiers, la côte de Lycie et de Cilicie. A la nouvelle de l'approche de la flotte romaine, ceux-ci disparurent complètement de la haute mer, et les forteresses lyciennes de *Kragos* et d'*Antikragos* se rendirent sans faire résistance. La douceur calculée de Pompée, plus encore que la crainte, lui avait ouvert les portes de ces deux places maritimes presque inabordables. Ses prédécesseurs mettaient en croix tous les pirates captifs : il leur fait quartier à tous, il montre surtout une indulgence inaccoutumée envers les simples rameurs trouvés à bord de l'ennemi. Seuls, les hardis rois ciliciens de la mer essayent, dans leurs propres eaux, de lutter contre les armes de Rome : femmes, enfants, trésors, ils ont tout caché dans leurs châteaux du Taurus, et ils attendent la flotte italienne à la hauteur de *Koracesium*, sur la côte ouest de Cilicie. Mais les navires de Pompée sont chargés de soldats, et pourvus de tout l'arsenal des engins de guerre : ils remportent une victoire signalée. Puis, le général débarque sans obstacles et va assaillir et détruire les châteaux, offrant en même temps la vie et la liberté à ceux qui se soumettront. Le plus grand nombre demanda grâce, désespérant de tenir plus longtemps dans ses forts et ses montagnes. Quarante-neuf jours après s'être montré sur la mer orientale, Pompée avait dompté la Cilicie et fini la guerre. Grand succès d'allégement sans nul doute, mais non grand exploit ! Il avait été fait appel sans

compter aux ressources immenses de l'état romain, et les
corsaires ne pouvaient pas plus se mesurer avec lui
que la bande de voleurs dans une grande ville ne peut
entrer en lutte contre une bonne police. Mais si l'on
songe au mal qui durait depuis si longtemps, à l'accroissement illimité qu'il prenait tous les jours, on comprend
que la destruction incroyablement rapide des bandits
tant redoutés ait fait sur le public une impression puissante. C'était là d'ailleurs la première épreuve par laquelle
passait le pouvoir concentré dans une seule main : tous
les partis se demandaient anxieusement s'il en sortirait
mieux à son honneur que le gouvernement collectif. Environ 400 vaisseaux ou bateaux, dont 90 véritables navires
de guerre pris ou livrés, 1,300 autres coulés à fond, les
arsenaux pleins et les magasins d'armes livrés aux flammes,
10,000 pirates tués, plus de 20,000 tombés captifs aux
mains du vainqueur, *Publius Clodius*, l'amiral de la
flotte romaine permanente de Cilicie, et avec lui une foule
d'autres prisonniers que l'on croyait depuis longtemps
morts, rendus tout-à-coup à la liberté : tels étaient les
résultats. Dès l'été de 687, trois mois après les opérations 67 av. J.-C.
commencées, le commerce avait repris dans toutes les
mers ses anciennes allures, et l'abondance remplaçait en
Italie la famine.

Cependant un fâcheux intermède se jouait en Crète, et Querelle en Crète
faisait ombre un peu aux succès des armes de la Répu- entre Pompée
blique. Depuis deux ans Quintus Métellus était dans cette et Métellus.
île, occupé à achever sa conquête déjà aux trois quarts
accomplie (p. 246), quand Pompée arriva dans les
eaux d'Orient. Une collision devenait imminente : car la
loi Gabinia, concurremment avec le commandement de
Métellus, avait aussi étendu celui du général en chef sur
cette longue terre, qui nulle part ne compte 50 milles
de largeur. Pompée, par prudence, n'y avait envoyé
aucun de ses lieutenants. Mais les cités crétoises insou-
mises avaient vu Métellus traiter leurs compatriotes

vaincus avec la plus cruelle rigueur, et apprenant au contraire les conditions indulgentes octroyées par Pompée aux villes du sud de l'Asie-Mineure qui s'étaient rendues à merci, elles préférèrent se donner à lui en masse. Leurs envoyés le trouvèrent en Pamphylie. Il accepta la soumission offerte, et expédia avec ceux-ci son lieutenant *Lucius Octavius*, chargé de montrer à Métellus les traités conclus, et de prendre possession de l'île. Ce n'était point là sans doute agir en bon collègue; mais à la rigueur le droit était du côté de Pompée, et Métellus se mettait évidemment dans son tort si, voulant ignorer les arrangements souscrits par le général, il continuait à traiter les villes crétoises en ennemies. En vain Octavius proteste; en vain, débarqué lui-même sans soldats, il appelle à son aide le lieutenant de Pompée en Achaïe, *Lucius Cisenna*. Métellus, sans prendre souci ni d'Octavius ni de Cisenna, assiége *Eleutherna*, prend d'assaut *Lappa*, où Octavius tombe dans ses mains : il le laisse partir sous le coup de cet affront, et livre au bourreau tous les Crétois captifs. Alors commence une véritable guerre entre ses soldats et ceux de Cisenna, qui meurt bientôt, mais à la tête desquels Octavius s'est mis lui-même, et quand ils s'en retournent par ordre en Achaïe, Octavius encore continue la guerre, de société avec le crétois *Aristion* : enfin *Hierapytna*, où ils se sont tous les deux retranchés, est emportée par Métellus après une vive résistance. En réalité Métellus, optimate ardent, en luttant contre la démocratie et son général en chef, avait de sa main ouvert la porte à la guerre civile; et chose qui prouve l'indescriptible désordre des temps, 'ces graves événements n'eurent d'autres conséquences qu'un amer échange de correspondance entre les deux capitaines, qu'on verra, deux ans après, paisiblement et « amicalement » assis l'un près de l'autre dans la Curie!

Pendant que ces faits se passaient, Pompée était en Cilicie, préparant en apparence pour l'année suivante une expédition contre les Crétois, ou plutôt contre Métellus; n'attendant en réalité qu'un signe pour se jeter au milieu des affaires embrouillées du continent Asiatique. Le peu qui restait de l'armée de Lucullus, après tant de pertes subies, et après le licenciement des légions de Fimbria, restait inactif sur le haut Halys, dans le pays des Trocmes, à deux pas de la frontière du Pont. Lucullus était resté quelque temps encore à leur tête, son successeur nommé, Glabrion, s'attardant en Asie occidentale. Les trois légions placées en Cilicie sous les ordres de Marcius Rex, ne bougeaient pas non plus. Le Pont était tout entier retombé au pouvoir de son roi Mithridate : et celui-ci avait tiré une expiation sanglante de quiconque, hommes ou cités, comme *Eupatoria*, par exemple, avait fait défection. Du reste les monarques d'Orient ne prirent pas hardiment l'offensive contre les Romains, soit que tel ne fût pas leur plan, soit que le débarquement de Pompée en Cilicie leur ôtât l'envie de pousser plus avant les hostilités. Tout-à-coup survint la loi Manilia, laquelle exauçait, plus tôt qu'il n'y avait compté, les espérances secrètes du général. Glabrion et Marcius Rex sont rappelés : les gouvernements du Pont, de la Bithynie, de la Cilicie, le commandement des troupes qui s'y trouvent, la guerre pontique et arménienne, le droit de faire à son gré paix, guerre ou alliance avec les dynastes d'Orient, tout est donné à Pompée. En face de telles perspectives d'honneurs et de richesses, quoi d'étonnant s'il négligea de châtier l'*optimate* maussade et jaloux qui gardait pour lui seul les minces lauriers cueillis en Crète? Il laisse là les préparatifs de descente dans l'île et la chasse à donner aux pirates qui restent encore : il détourne jusqu'à sa flotte, et veut qu'elle appuie, elle aussi, son attaque contre les rois du Pont et de l'Arménie. La guerre continentale, pourtant, ne lui fait pas absolument oublier les flibustiers, toujours prêts à relever la tête. Avant de quitter la province d'Asie (694), il y fait armer un nombre suffisant de

Pompée prend le commandement de l'expédition contre Mithridate.

63 av. J.-C.

vaisseaux pour les tenir en bride : dès l'année précédente pareille mesure avait été prise en Italie, sur sa demande, et le Sénat avait voté les fonds nécessaires. Des garnisons volantes de cavalerie et de petites escadres couvraient les côtes : en un mot, si, comme nous le verrons plus tard, en nous occupant des expéditions de Chypre (696) et d'Égypte (699), la piraterie n'a pas été totalement détruite, du moins, à dater de la campagne de Pompée, au milieu même des vicissitudes et des temps de crises que Rome aura à traverser, jamais elle ne ressuscitera en force, jamais la mer ne redeviendra inhospitalière, comme elle le fut un jour sous le règne d'une oligarchie corrompue.

Le nouveau général en chef, dans son activité infatigable, consacra à ses préparatifs militaires et diplomatiques le peu de mois qui lui restaient avant l'ouverture des opérations en Asie-Mineure. Ses envoyés se montrèrent chez Mithridate, moins pour tenter un accommodement sérieux, que pour reconnaître la situation. A la cour de Pont, on espérait qu'alléché par les derniers et importants succès des alliés, le roi des Parthes, *Phraate*, se laisserait gagner à la coalition du Pont et de l'Arménie. Pour combattre ce plan, d'autres envoyés romains furent dépêchés à la cour de Ctésiphon. Les discordes intérieures qui déchiraient la famille royale d'Arménie leur vinrent d'ailleurs en aide. Tigrane avait un fils, du même nom, qui se mit contre lui en pleine révolte, soit qu'il ne pût attendre la mort du vieux roi, soit qu'en butte à des soupçons que plusieurs de ses frères avaient déjà payés de leur tête, il vît dans l'insurrection ouverte l'unique voie de salut. Vaincu par son père, il se réfugia à la cour de l'Arsacide avec un certain nombre d'Arméniens notables, et là, recommença ses intrigues. Les arrangements conclus par Phraate furent en partie son œuvre: des deux côtés on offrait à ce roi la Mésopotamie pour prix de son alliance : il aima mieux les sûretés promises par les Romains, renouvela avec Pompée le traité signé par Lucullus au sujet de la frontière de l'Euphrate (p. 207), et s'engagea même à coopérer avec les occidentaux contre l'Arménie. C'était un grand dommage, déjà pour les deux rois, que les Parthes, à l'instigation du jeune Tigrane, se jetassent ainsi dans l'alliance de la République : Tigrane le jeune fit plus encore, et sa révolte amena la division entre son père lui-même et Mithridate. Le roi d'Arménie soupçonnait en secret son beau-père d'avoir fomenté sous main le crime de Tigrane le jeune, lequel était petit-fils de Mithridate par sa mère Cléopâtre ; et s'il n'alla pas jusqu'à la complète rupture, la bonne entente entre les deux rois ne s'en refroidit pas moins, à l'heure même où elle leur devenait le plus nécessaire.

Désaccord
entre Tigrane
et Mithridate.

Pendant ce temps Pompée armait sans relâche. Les cités alliées ou clientes eurent ordre d'envoyer leurs contingents fixés par les traités. Des affiches placardées en public invitèrent les vétérans licenciés de Fimbria à reprendre du service comme volontaires : les promesses faites, le nom de Pompée, en décidèrent bon nombre qui répondirent à l'appel. En y comprenant les corps des peuples auxiliaires, les forces réunies par le général s'élevèrent bientôt à 40,000 ou 50,000 hommes [1].

Au printemps de 688, Pompée se rendit en Galatie, pour s'y mettre à la tête des troupes de Lucullus, et entrer avec elles sur le territoire pontique, où les légions de Cilicie avaient ordre de venir le joindre. Les deux généraux se rencontrèrent à *Danala*, chez les Trocmes : leurs amis communs avaient espéré une réconciliation qui n'eut point lieu. On débuta par la courtoisie réciproque, à laquelle bientôt firent place les explications amères et les dures paroles : on se sépara plus en froid que jamais.

66 av. J.-C.

Pompée
et Lucullus.

---

[1] Pompée distribua à ses soldats et officiers, à titre d'*honoraire*, 384.000.000 de sesterces (= 16.000 talents : App. *Mithr.* 116) : les officiers en reçurent 100,000,000 (Plin. *Hist. nat.* 2, 16), chaque soldat 6.000 (Plin. App. *loc. cit.*) : d'où l'on peut conclure qu'au jour où Pompée mena son triomphe, l'armée comptait environ quarante mille hommes.

Lucullus, comme s'il était encore en charge, continuait de donner le *cadeau* aux soldats, de leur partager des terres : Pompée déclara nuls tous les actes de son prédécesseur à dater de son arrivée en Galatie. A la rigueur il était dans son droit : or, il ne fallait pas lui demander le tact et les ménagements envers un rival illustré par ses services et grièvement froissé lui-même.

Marche sur le Pont.

Dès que la saison le permit, les troupes romaines passèrent la frontière, ayant en face d'elles Mithridate avec 30,000 hommes de pied et 3,000 chevaux. Abandonné par son allié, attaqué par Rome avec des forces et une énergie doublées, il fit une tentative en vue de la paix : mais quand Pompée demanda une soumission sans conditions, il ne voulut plus rien entendre. Une guerre malheureuse ne pouvait lui apporter pis. Pour ne point livrer son armée, archers et cavaliers pour la plupart, aux coups irrésistibles de l'infanterie romaine, il rétrograda lentement, forçant l'ennemi à le suivre dans ses mouvements à droite, à gauche, en tous sens, faisant tête dans l'occasion avec sa cavalerie, supérieure à celle de Pompée, gênant ses approvisionnements, et préparant ainsi de cruelles souffrances à ses légions. Pompée impatienté se fatigua de faire ainsi la conduite à l'armée pontique, et laissant là le roi, ne s'occupa plus qu'à soumettre le pays : il poussa jusqu'au haut Euphrate, le franchit et mit le pied dans les provinces orientales du Pont. Mais Mithridate à son tour le suivit par la rive gauche du fleuve. Arrivé dans la région *Anaïtique,* ou de l'*Acilicène*, il put tout à coup lui fermer le passage en se jetant dans *Dastira,* citadelle puissante, bien pourvue d'eau. De là, avec ses troupes légères, il commandait la plaine environnante. Pompée n'avait point encore ses légions de Cilicie, il n'était point en état de se défendre. Il repasse l'Euphrate et va dans les forêts de l'Arménie pontique, coupée d'abîmes, de vallées profondes et de rochers, se mettre à l'abri des archers et des cavaliers du roi. Enfin le corps de Cilicie arrive : rede-

venu le plus fort, il peut reprendre l'offensive. Il marche de
nouveau en avant, enferme le camp royal dans une chaîne
de postes de près de 4 milles [allemands = 8 lieues] de longueur, le bloque, et pendant ce temps il lance partout des
détachements qui ravagent le pays. La détresse était grande
chez les Pontiques : déjà ils ont tué toutes leurs bêtes d'atte-
lage : après quarante-six jours de souffrances, ne pouvant
ni sauver ses blessés et malades, ni les laisser aux mains
de l'ennemi, Mithridate les fait tous massacrer, et pendant
la nuit noire prend en silence la route de l'Est. Pompée
le poursuit au travers d'un pays inconnu où il ne marche
qu'avec prudence : il est proche des régions où se place
la frontière entre le roi de Pont et Tigrane. Ayant reconnu
que Mithridate ne veut pas livrer la bataille décisive sur
son territoire, mais qu'il a dessein de l'entraîner dans les
profondeurs sans fin de l'Est, il se décide à l'en empêcher
à tout prix. Les deux armées campaient tout près l'une
de l'autre. Pendant la sieste du midi, les Romains se
lèvent tout à coup à l'insu de l'ennemi, l'enveloppent et
occupent les hauteurs de la rive droite du *Lycus* (*Jéschil-
Irmak*), qui commandent un défilé par où il lui faut passer,
non loin de l'emplacement actuel d'*Endérès*, là où plus
tard *Nicopolis* sera bâtie. Le matin venu, les Pontiques se
mettent en route comme de coutume, et croyant encore
l'ennemi derrière eux, ils plantent leurs tentes, leur étape
finie, dans la vallée même dont les Romains tiennent
tous les sommets. Tout à coup, dans le silence de la nuit,
le cri de guerre redouté des légions retentit autour d'eux :
de tous côtés les traits pleuvent : soldats et hommes du
train, chars, chevaux, chameaux s'agitent pêle-mêle, et
dans les ténèbres la mort frappe à coup sûr au milieu de
leurs masses épaisses, effarées. Les Romains, leurs armes
de jet épuisées, et alors que la lune se levant leur fait voir
leurs victimes, tombent des hauteurs sur les bandes sans
défense. Tout ce qui ne périt pas par le fer de l'ennemi meurt
écrasé sous les pieds des chevaux ou les roues des chars.

Retraite
de Mithridate.

Bataille
de Nicopolis.

Ainsi finit le dernier combat où le vieux roi lutta en personne contre les Romains. Il s'enfuit, lui quatrième, suivi par deux cavaliers et une concubine, habituée à l'accompagner partout en costume d'homme et à combattre à ses côtés. Il se réfugie à *Sinoria*, où quelques affidés le rejoignent. Il partage entre eux les trésors qu'il y a déposés, 6,000 talents en or (11,000,000 *thal.* = 41,250,000 fr.), leur remet et prend sur lui du poison; puis remontant l'Euphrate avec les quelques troupes qui lui restent, il va rejoindre son allié le Grand-Roi d'Arménie.

Tigrane se tourne contre Mithridate. Là encore son espoir est déçu: en prenant la route d'Arménie, le roi du Pont a compté sur une alliance dont il ne reste déjà plus rien. Pendant qu'il luttait contre Pompée avec l'insuccès que nous savons, le roi parthe, poussé par les Romains, et cédant surtout aux conseils du prince d'Arménie fugitif, avait envahi le royaume de Tigrane à main armée, et Tigrane était contraint de battre en retraite vers les montagnes inaccessibles du pays. L'armée envahissante mit aussitôt le siége devant la capitale Artaxata : puis ce siége traînant en longueur, Phraate s'éloigna avec la plus grande partie de ses troupes. Là dessus, Tigrane reparut, culbuta le corps d'armée parthe laissé devant la place ainsi que les émigrés arméniens que commandait son fils : il est de nouveau le maître dans toute l'étendue de son royaume. On comprend que dans les circonstances actuelles, le roi se sentait peu enclin à faire la guerre aux Romains une seconde fois victorieux, encore moins à se sacrifier pour Mithridate en qui il avait foi moins que jamais, depuis qu'il savait que son fils rebelle voulait aller rejoindre son grand-père. Il entama donc des négociations avec les Romains, demandant une paix séparée; et sans attendre la conclusion du traité, il rompit son alliance avec Mithridate. Celui-ci arrivait à la frontière d'Arménie. Il apprend tout à coup que le Grand-Roi a mis sa tête au prix de 100 talents [150,000 thal. = 562,500 fr.], qu'il a arrêté ses envoyés et les a livrés aux Romains. Le vieux monarque voyait son royaume occupé par les légions, son allié en train de s'entendre avec l'ennemi : ne pouvant plus continuer la guerre, il s'estimera heureux s'il trouve un dernier asile sur les côtes de l'est et du nord de la mer Noire. Là, il aura sans doute à combattre son fils Macharès, rebelle aussi, et pactisant avec les Romains (p. 198) : il le chassera du royaume du Bosphore, et sur les bords du *Palus Mæotides* il recommencera ses infatigables projets. Il prend donc la route du Nord. Quand il a franchi le Phase, dernière frontière de l'Asie-Mineure, il est hors d'atteinte, et Pompée même cesse aussi de le poursuivre : mais au lieu de revenir vers les sources de l'Euphrate, le Romain se jette sur la contrée de l'Araxes, et veut en finir avec Tigrane. Il arrive, sans presque rencontrer de résistance, jusque dans les environs d'Artaxata (non loin d'*Erivan*) et plante son camp à 3 milles [allemands = 6 lieues] de la ville. Tigrane le jeune s'y présente à lui, espérant que son père tombé, les Romains lui remettraient le diadème, et essaye de tous les moyens pour empêcher la conclusion de la paix entre eux et le Grand-Roi. Mais celui-ci n'en était que plus empressé à l'acheter, à quelque prix que ce fût. Un jour il se présenta à la porte du camp, à cheval, mais sans manteau de pourpre, portant le bandeau et le turban royal, et demandant à être conduit devant Pompée. Après qu'il eut remis aux licteurs, comme le voulait la consigne du camp, son cheval et son épée, il alla, selon l'usage des Barbares, se jeter aux pieds du proconsul, et déposa dans ses mains, en signe d'absolue soumission, son diadème et sa tiare. Pompée, joyeux de sa victoire plus que facile, relève ce roi qui s'humilie, lui rend les insignes de sa dignité et dicte les termes de la paix. Tigrane versera 600 talents (9,000,000 thal. = 33,750,000 fr.) pour la caisse de l'armée, chaque soldat recevant un don de 50 deniers (15 thal. = 56 fr. 25 cent.) : il rendra toutes ses conquêtes de Phénicie, de Syrie, de Cilicie, de Cappadoce : il restituera même ses possessions sur la rive droite de l'Euphrate, la Sophène et la Gordyène ; bref, il rentrera dans les limites de l'Arménie propre : c'en est fait du Grand-Royaume. Au commencement de 688, nul soldat romain n'avait encore franchi la limite des anciennes possessions de la République : à la fin de cette même année le roi Mithridate erre fugitif et sans armée dans les gorges du Caucase, et Tigrane d'Arménie n'est plus le roi des rois ; il est abaissé à la condition de vassal. Toute la région de l'Asie-Mineure à l'ouest de l'Euphrate obéit à la domination romaine ; et l'armée victorieuse prend ses quartiers d'hiver à l'est du fleuve, en territoire arménien, et dans la partie du cours supérieur, jusqu'aux rives du *Kour*, où pour la première fois les Italiens ont abreuvé leurs chevaux.

Toutefois, en mettant le pied dans ces pays nouveaux, les Romains éveillaient de nouveaux ennemis. Les peuples belliqueux du Caucase moyen et oriental s'irritèrent à la vue des occidentaux campés au milieu d'eux. Les plateaux fertiles et arrosés de la Géorgie actuelle étaient habités par les *Ibères*, nation brave, régulièrement organisée, adonnée à l'agriculture, et dont les tribus ayant leurs anciens pour chefs, cultivaient leurs terres en commun, sans pratiquer la propriété privée. Là, armée et peuple ne faisaient qu'un : à leur tête étaient les chefs des *clans*, et parmi ceux-ci, le plus ancien, vrai roi de toute la nation, ayant au-dessous de lui son second par l'âge, lequel disait la justice et commandait l'armée : les Ibères avaient aussi leurs familles sacerdotales, auxquelles appartenait la connaissance des traités internationaux, et leur observation fidèle. Les hommes non libres étaient hommes de corps du roi. Au delà des Ibères, vers l'est, on rencontrait les *Albaniens* ou *Alains*, bien plus sauvages qu'eux : ils résidaient sur le Kour inférieur, jusqu'à la mer Caspienne. Ils menaient une vie quasi-pastorale, conduisant à pied et à cheval leurs immenses troupeaux au milieu des grasses plaines du *Schirwan* moderne, et cultivant leurs champs avec le rude araire en bois, sans le soc de fer des occidentaux. Ils ignoraient la monnaie, et ne savaient pas nombrer au-delà de *cent*. Chacune de leurs peuplades (on n'en comptait pas moins de vingt-sept) avait son chef et son dialecte. Bien plus nombreux que les Ibères, les Albaniens n'eussent pu, néanmoins, se mesurer avec leurs courageux voisins. D'ailleurs, même manière de se battre chez les deux nations : ils se servaient des flèches et autres armes légères de jet, qu'ils lançaient comme les Indiens sur l'ennemi, en se dérobant derrière les arbres, ou perchés au sommet des branches. Les Albaniens avaient aussi des cavaliers nombreux, recouverts, comme les Mèdes et les Arméniens, de lourdes cuirasses, de brassards et de jambières. Les deux peuples vivaient au milieu de leurs champs, de leurs pâturages, dans la plus complète indépendance, et cela depuis un temps immémorial. La nature a placé le Caucase, ce semble, entre l'Europe et l'Asie, comme une digue contre les déluges des peuples : là, s'étaient arrêtées jadis les armes de Cyrus et celles d'Alexandre : là, les Romains avaient devant eux la grande muraille que ses habitants se disposaient à bravement défendre. Les Albaniens apprennent avec effroi qu'au prochain printemps le général de la République veut franchir leurs montagnes, et poursuivre au-delà le roi du Pont, car Mithridate, dit-on, passe l'hiver à *Dioscuriade* (*Iskouriah* entre *Soukoum-Kaléh* et *Anakli*) sur la mer Noire. Aussitôt, sous la conduite de leur prince *Oroïzès*, ils s'ébranlent en plein hiver (688-689), franchissent le Kour, et se jettent sur les Romains, alors partagés en trois divisions pour vivre plus facilement, et commandés par *Quintus Metellus Celer*, par *Lucius Flaccus* et par Pompée en personne. Celer, sur qui tombe la principale attaque, tient vigoureusement; et Pompée, après s'être débarrassé des hordes qui se sont attaquées à lui, poursuit jusque sur le fleuve les Barbares partout battus. Le roi des Ibères, *Artocès*, se tient coi, et promet aux Romains

Victoire de Pompée sur les Albaniens.

66-65 av. J.-C.

Victoire
sur les Ibères.

65 av. J.-C.

paix et amitié; mais Pompée sait qu'il arme en secret, et qu'il se propose de l'attaquer dans les défilés du Caucase. Dès les premiers jours du printemps de 689, avant de se remettre à la poursuite de Mithridate, il marche sur les deux citadelles d'*Harmozica* (*Horoumzich* ou *Armazi*) et de *Seusamora* (*Tsoumar*), situées à une lieue l'une de l'autre, et qui commandent, un peu au-dessus de l'emplacement actuel de *Tiflis*, les deux vallées du Kour et de l'*Aragua*, son affluent, en même temps qu'elles ferment l'unique passage allant d'Arménie en Ibérie. Artocès, surpris par l'ennemi à l'improviste, brûle les ponts au plus vite, et tout en négociant se retire dans l'intérieur. Pompée s'empare des deux forteresses, et donne la chasse aux Ibères jusque sur l'autre rive, espérant les contraindre à mettre aussitôt bas les armes. Mais Artocès recule toujours : il ne fait halte que sur les bords du *Péloros* : là, il lui faut ou se rendre ou se battre. Contre le choc des légions, les archers ibères ne tiennent pas pied un moment : le Péloros est franchi; alors Artocès subit les conditions dictées par le Romain, et envoie ses enfants comme ôtages. Ces choses faites, Pompée, conformément à son plan, se rend du pays du Kour dans la vallée du *Phase*, par le col de *Sarapana* [*Charapani*, en *Imérilie*], et de là longeant le fleuve, arrive à la mer Noire, où la flotte de Servilius l'attend sur la côte de Colchide. C'était une témérité presque sans but, que de conduire et l'armée et les vaisseaux vers ces rivages légendaires. Les marches que l'on venait de faire dans des pays inconnus, au milieu de peuplades presque toutes hostiles, n'étaient rien, comparées à celles que l'on avait devant soi. Admettant que l'on réussit à franchir les longues étapes qui séparent l'embouchure du Phase de la Crimée, au travers de nations barbares, aussi pauvres que guerrières, soit sur des eaux inhospitalières et non fréquentées, soit le long d'une côte, où parfois les montagnes tombent à pic dans la mer, et où il eût fallu, bon gré mal gré, remonter sur

Pompée
en Colchide.

les vaisseaux, admettant que l'expédition réussît, plus difficile peut-être que les grands voyages militaires d'Alexandre et d'Hannibal, à quel résultat menait-elle, au bout de tant de fatigues et de dangers ? Je le veux, la guerre n'était point finie tant que le vieux roi vivait : mais où voyait-on que la royale bête fauve, objet de cette chasse prodigieuse, tomberait enfin sûrement dans les filets ? Dût-on même craindre que Mithridate ne rentrât un jour en Asie, la torche de guerre à la main, ne valait-il pas mieux cesser de le poursuivre, la poursuite n'offrant que des dangers et nul avantage ? Des voix nombreuses s'élevaient dans l'armée, des voix plus nombreuses encore dans Rome poussaient le général à aller de l'avant : mais elles venaient ou de têtes chaudes et folles, ou d'amis faux, désireux de tenir à tout prix éloigné le puissant proconsul, et de le savoir engagé au fond de l'Orient dans des entreprises à perte de vue. Pompée avait trop d'expérience et de prudence pour compromettre son armée et sa gloire dans une expédition absurde ; et à ce moment, une révolte des Albaniens sur ses derrières lui fournissant un plausible prétexte, il abandonna la poursuite de Mithridate, et ordonna la retraite. La flotte eut ordre de croiser dans la mer Noire, de couvrir la côte nord d'Asie-Mineure contre toute attaque ennemie, et de fermer le Bosphore cimmérien, sous menace de mort contre tout navigateur essayant de forcer le blocus. Puis s'en revenant par la route de terre, et repassant par les régions colchiques et arméniennes, Pompée s'en retourna vers le Kour inférieur, le traversa, et campa dans les plaines d'Albanie. L'armée eut bien des jours de souffrances, marchant par une suffocante chaleur dans ces campagnes rases et souvent sans eau ; elle ne rencontra pas un ennemi : mais arrivée à la rive gauche de l'*Abas* (l'*Alazonios* autrefois, aujourd'hui sans doute l'*Alasan*), elle vit en face d'elle les hordes albaniennes que commandait *Cosès*, frère du roi Oroïzès. Elles ne comptaient pas moins de 60,000 hommes de

Nouveaux combats avec les Albaniens.

pied, et de 12,000 cavaliers, y compris les contingents venus des steppes d'au-delà du Caucase. Les Albaniens, du reste, croyaient n'avoir à faire qu'à la cavalerie romaine, sans quoi ils n'eussent point osé combattre : mais Pompée avait masqué son infanterie par sa cavalerie, et celle-ci s'effaçant, on vit tout-à-coup derrière elle les masses profondes des légions. La mêlée fut courte; l'armée des Barbares se dispersa dans les bois, que Pompée fît envelopper et incendier. Les Albaniens alors de demander la paix : puis, à l'exemple des autres peuples plus puissants, toutes les tribus d'entre le Kour et la mer Caspienne concluent aussi leur traité avec Pompée. Pour un moment, l'on vit les Albaniens, les Ibères et les autres nations vivant au pied ou à l'intérieur du Caucase méridional, entrer dans la dépendance de Rome. Mais quant à celles d'entre le Phase et le *Mæotis*, Colchidiens, *Soanes, Hénioques, Jazyges, Achéens;* quant aux Bastarnes, placés plus loin, bien que leurs noms figurent dans la liste des peuples soumis par Pompée, il est manifeste qu'on ne put prendre leur soumission au sérieux. Le Caucase avait retrouvé sa place dans l'histoire universelle; il marquait la limite de l'empire romain, comme jadis il avait été celle de l'empire perse et hellénique.

Mithridate était laissé à lui-même et à sa destinée. De même qu'autrefois son aïeul, le fondateur du royaume du Pont, échappé aux séides d'Antigone, avait mis le pied en fugitif sur les terres de son empire futur, de même le petit-fils avait franchi sa frontière, tournant le dos à ses conquêtes et à celles de ses pères. Mais les destinées sont rapides et variables en Orient au-delà de toute mesure; et nul plus souvent que le vieux sultan de Sinope n'avait gagné et perdu au jeu de dés capricieux de la fortune. Sur le soir de sa vie, pourquoi ne se serait-il pas flatté d'un nouveau retour rendant l'essor à sa grandeur? La seule chose stable n'est-ce point le perpétuel changement? Les orientaux avaient jusqu'au fond du cœur l'antipathie de la domination romaine : bon ou cruel, Mithridate, à leurs yeux, ne cessait pas d'être le vrai roi : ne pouvait-il pas tirer parti de la mollesse des sénatoriaux dans l'administration des provinces, et des discordes des partis politiques dans Rome, toujours en fermentation, toujours à la veille d'une guerre civile? Ne pourrait-il pas attendre et saisir l'occasion, et remonter pour la troisième fois sur son trône? Avec ses espérances et ses projets, durables autant que sa vie, tant qu'il n'était point mort il restait aussi dangereux, vieux roi déchu et exilé, qu'au jour où à la tête de 100,000 hommes il était entré en guerre pour arracher aux Romains la Hellade et la Macédoine. En 689, infatigable malgré le poids de l'âge, il quitte Dioscuriade, et gagne au travers de mille obstacles, tantôt par mer et tantôt par terre, le royaume de Panticapée. Par son seul ascendant, et grâce à sa suite imposante, il jette à bas Macharès, son fils rebelle, et le force à se donner la mort. Puis il tente encore d'entrer en rapport avec les Romains. Il demande qu'on lui rende son royaume héréditaire ; se disant prêt à reconnaître la suzeraineté de la République, et à payer le tribut de vassalité. Pompée refuse net. A peine remonté sur son trône, Mithridate jouerait son ancien jeu : il faut qu'il fasse purement et simplement sa soumission. Mais celui-ci, loin de consentir à se livrer aux mains de l'ennemi, entasse des plans nouveaux et plus que jamais gigantesques. Il ramasse toutes ses ressources, les derniers débris de ses trésors, les derniers contingents de ses états : il arme une armée de 36,000 hommes, esclaves pour la plupart, qu'il équipe et exerce à la romaine : il prépare une flotte de guerre : il ne médite rien moins, dit-on, que de se jeter dans l'ouest, par la Thrace, la Macédoine et la Pannonie; puis, entraînant comme alliés les Scythes des steppes sarmates, les Celtes du Danube, il ira déchaîner sur l'Italie toute une avalanche de peuples. Le projet a paru colossal, et quelques-uns ont comparé les plans de

65 av. J.-C.

Ses derniers armements.

guerre du roi du Pont à la grande expédition d'Hannibal. Comme si une telle pensée, héroïque chez l'homme de génie, n'était point folie chez tout autre homme ! Les orientaux envahissant l'Italie, ce n'était là qu'une ridicule menace, qu'une infime et chimérique imagination du désespoir ! Le sang-froid et la prudence du général de Rome ne s'y trompèrent pas ; et les Romains se gardèrent de courir en aventuriers après leur aventureux adversaire. Pourquoi s'en aller dans les régions lointaines de Crimée, au devant d'une attaque qui ne pouvait manquer de s'épuiser sur place, et que d'ailleurs on serait toujours à temps de repousser au pied des Alpes ? En effet, tandis que Pompée, sans se préoccuper davantage des menaces du géant impuissant, préside à l'organisation des territoires conquis, les destinées du vieux roi s'achevaient toutes seules au fond des contrées du nord. Ses armements écrasaient les peuples et révoltaient les riverains du Bosphore, dont il démolissait les maisons, ou faisait enlever et tuer les bœufs à la charrue, pour s'approvisionner de tendons et de bois destinés aux machines de guerre. Les soldats ne voulaient point davantage d'une marche désespérée sur l'Italie. Toujours, le roi avait vécu entouré de soupçons et de trahisons : il n'avait pas le don d'éveiller chez les siens l'amour ou la fidélité. Jadis il avait contraint Archélaos, son meilleur général, à chercher un asile jusque dans le camp des Romains : pendant les campagnes de Lucullus, ses officiers les plus dignes de confiance, Dioclès, Phœnix, et les plus fameux parmi les émigrés romains, avaient dû l'abandonner pareillement : aujourd'hui que son étoile a pâli, et que malade, toujours irrité, il ne se laisse plus voir qu'à ses eunuques, les défections se succèdent plus vite encore autour de lui. Castor, commandant de la place de *Phanagoria* (sur la côte d'Asie, en face de *Kertsch*), donne le premier le signal de la révolte : il proclame que la cité est libre, et remet aux Romains les fils du vieux sultan, qui y sont

Révolte contre Mithridate.

enfermés avec lui. L'insurrection se propage dans toutes les villes du Bosphore : *Chersonèse* (non loin de *Sébastopol*), *Théodosia* (*Kaffa*), et d'autres encore se joignent aux Phanagorites : Mithridate, pendant ce temps, lâchait la bride à son humeur soupçonneuse et cruelle. Sur la dénonciation de quelques vils eunuques, il fit mettre en croix ses affidés les plus intimes : ses fils, moins que les autres, étaient sûrs de vivre. L'un d'eux, *Pharnace*, le favori de son père, et probablement celui qu'il destinait à lui succéder, prit une résolution extrême et se mit à la tête des insurgés. Les sbires lancés pour s'assurer de sa personne, les troupes envoyées contre lui, passèrent à ses gages; et tout le corps des transfuges italiens se donna à lui. Ce corps était peut-être le noyau le plus solide de l'armée; mais rien aussi ne lui souriait moins que la perspective d'une expédition en Italie. Enfin les autres troupes et la flotte le suivirent dans sa défection. Abandonné de tous, et par le pays et par les soldats, Mithridate apprend que Panticapée, sa capitale, a ouvert ses portes aux rebelles, et qu'enfermé dans son palais, il va leur être livré. Du haut des murs il implore son fils, lui demandant de le laisser vivre, de ne pas tremper ses mains dans le sang d'un père : cette prière sonnait mal dans sa bouche ! N'avait-il pas lui-même les mains souillées du sang de sa mère? Tout récemment encore n'avait-il pas versé le sang de *Xipharès*, son fils innocent? Pharnace, d'ailleurs, dépassait Mithridate en dureté de cœur et en cruauté. La dernière heure ayant sonné pour le vieux roi, il voulut du moins finir comme il avait vécu : femmes, concubines, filles, et parmi celles-ci les jeunes fiancées des rois d'Égypte et de Chypre, il les condamna toutes à subir les horreurs de la mort. Elles vidèrent la coupe empoisonnée, avant qu'il ne la prît lui-même; et comme le breuvage n'agissait pas assez vite, il tendit la gorge à un soldat celte, *Bituit*, qui l'acheva. Ainsi mourut (694) *Mithridate Eupator* dans la soixante-huitième année de son âge,

Mort
de Mithridate.

63 av. J.-C.

dans la cinquante-septième de son règne, vingt-six ans
après son premier combat contre les Romains. Pharnace
envoya le cadavre à Pompée, en preuve du service rendu
et de sa loyauté d'allié : Pompée le fit placer dans les
caveaux royaux à Sinope.

La mort de Mithridate était pour la République l'équi-
valent d'une grande victoire : et comme s'il y eût eu
victoire en effet, les courriers porteurs de la nouvelle,
couronnant leur tête de lauriers, se montrèrent au camp,
devant *Jéricho*, où se trouvait alors le général en chef.
Dans la personne du roi du Pont, un des grands ennemis
de Rome était descendu au tombeau, le plus grand de
tous ceux qu'elle avait jamais rencontrés dans les molles
contrées de l'Orient. L'instinct de la foule ne s'y trompait
pas : comme autrefois Scipion, au jour du triomphe,
était aux yeux de tous le vainqueur d'Hannibal, et non
pas seulement le vainqueur de Carthage, de même devant
la mort de Mithridate s'effaçaient les conquêtes faites sur
les peuples nombreux de l'Orient et sur le Grand-Roi
d'Arménie lui-même; et quand Pompée célébra dans Rome
son entrée solennelle, ce qui attira le plus les regards,
c'étaient les tableaux peints qui montraient le vieux roi
fugitif, menant son cheval par la bride, et ceux encore où
il gisait étendu et rendant l'âme au milieu des cadavres
de ses filles. Quelque jugement qu'on porte sur sa
personne, Mithridate est une grande et historique figure,
dans tout le sens du mot. Non que je l'admire comme un
vaste génie, comme une riche et haute nature : mais il
eut la vertu très-imposante de la haine, et cette haine l'a
soutenu non sans honneur, quoique sans succès, pendant
tout un demi-siècle d'une lutte inégale, contre un ennemi
démesurément supérieur. La place que lui a faite l'histoire
a d'ailleurs grandi l'importance de l'homme. Sentinelle
avancée de la réaction nationale en Orient contre les
occidentaux, il a rouvert le duel entre les deux mondes;
et vainqueurs aussi bien que vaincus, tous avaient à sa

chute le pressentiment qu'on assistait au début, et non à
la fin du drame.

Cependant, après avoir mené à fin la guerre du Caucase
(689), Pompée, revenu dans le Pont, y avait forcé les
derniers châteaux qui tenaient encore; puis, pour enlever
aux brigands leurs repaires, en avait rasé les donjons, et
bouché les puits en y roulant des blocs de rochers. L'été
de 690 commençait : il se rendit en Syrie, où l'appelaient
bien des affaires à régler. Il serait difficile d'esquisser le
tableau de l'état des choses en ce pays; tout y marchait
vers la dissolution. A la vérité, en suite de l'attaque de
Lucullus contre l'Arménie, le satrape de Tigrane, Magadatès (p. 204), avait évacué les provinces syriennes (685);
et les Ptolémées, bien que, comme leurs prédécesseurs,
ils rêvassent encore l'annexion des côtes phéniciennes à
leur royaume, avaient, par peur de Rome, reculé devant
toute tentative nouvelle d'occupation : Rome, d'ailleurs,
n'avait point encore régularisé leurs titres de possession,
plus que douteux en Égypte même : enfin les princes syriens,
de leur côté, s'étaient plus d'une fois adressés à elle,
demandant d'être reconnus comme les légitimes héritiers
des Lagides. Mais quoique à ce moment les grandes
puissances se tinssent en dehors des événements locaux,
le pays aurait moins souffert du fléau d'une grosse guerre
qu'il ne souffrait en réalité des éternelles et inutiles querelles des princes, des seigneurs et des villes. Les vrais
maîtres du royaume des Séleucides étaient alors les
Bédouins, les Juifs et les *Nabatéens*. On sait quel immense
désert de sable, inhospitalier, sans arbres et sans eau,
s'étend de la péninsule arabique jusqu'à l'Euphrate et
au-delà, touche à l'ouest à la chaîne des montagnes de
Syrie et à son étroite plage, et va se perdre à l'orient
dans les riches plaines basses du Tigre et de l'Euphrate
inférieur. Le *Sahara* d'Asie est l'antique et primitive
patrie des enfants d'Ismaël : du jour où la tradition parle
à l'histoire nous y rencontrons le « *bédawin* » ou « fils

du désert. » Là, il dresse sa tente, et pait ses chameaux :
là, monté sur son coursier rapide, il donne la chasse à
l'ennemi de sa race, et au marchand voyageur. Favorisés
par Tigrane, qui les utilisait pour sa politique commerciale (p. 180), puis bientôt enhardis par l'état de la Syrie
abandonnée à elle-même, les enfants du désert s'étaient
avancés jusque dans la région septentrionale : déjà, au
contact de la civilisation syrienne, ils avaient acquis les
rudiments d'une vie sociale régulière, et politiquement
parlant ils jouaient le premier rôle. On citait comme le
plus important de leurs *Emirs, Abgar,* chef de la tribu
arabe des *Mardans;* Tigrane l'avait installé dans la haute
Mésopotamie, autour d'Edesse et de Carrhes (p. 179);
puis, à l'ouest de l'Euphrate se tenaient : *Sampsikérame,*
émir des Arabes de *Hémésa* (*Homs*) entre Damas et
Antioche, et maître de la forte citadelle d'*Arethusa : Aziz,*
chef d'une autre horde errante dans ces mêmes contrées :
Alchaudonios, prince des *Rhambæens,* avec qui Lucullus
avait eu des rapports, et une foule d'autres. A côté des

Chevaliers
pillards.

chefs bédouins on rencontrait partout de hardis compagnons, égalant ou dépassant même les fils du désert dans
le noble métier de détrousseurs de route : tel était
Ptolémée, fils de *Mennæos,* le plus puissant, peut-être,
de tous ces chevaliers bandits, et l'un des plus riches
hommes de son temps. La contrée des *Ityréens* (aujour-
d'hui des *Druses*) lui obéissait : il commandait dans la
plaine de *Massyas* au nord, avec les villes d'*Héliopolis*
(*Baalbek*) et de *Chalcis,* et menait 8,000 cavaliers à sa
solde. Tels encore *Dyonisios* et *Cyniras,* possesseurs des
villes maritimes de Tripoli (*Tarablouz*) et *Byblos* (entre
Tarablouz et *Beyrouth*), et enfin le juif *Silas,* maître de
la forteresse de *Lysias,* non loin d'Apamée sur l'Oronte.

Les Juifs.

    En revanche et dans le sud le peuple des Juifs semblait
en voie de consolidation politique. Hardis et pieux défenseurs du vieux culte national, que les rois de Syrie menaçaient d'écraser sous un héllénisme niveleur, les *Hasmo-*

néens ou *Macchabées* [les *Marteaux*] étaient arrivés au principat héréditaire; puis insensiblement aux honneurs royaux (IV, pp. 354, 355); puis, devenant conquérants, les grands-prêtres rois avaient arrondi leur empire au nord, au sud et à l'est. Quand mourut le belliqueux *Alexandre Jannaï* [ou *Jochanan*] (675), le royaume juif avait absorbé tout le pays des Philistins, jusqu'à la frontière égyptienne au midi : au sud-est, il confinait au royaume des Nabatéens de *Pétra*, diminué de tous les pays que Jannaï avait conquis sur la rive droite du Jourdain et de la mer Morte : au nord, il embrassait Samarie et la *Décapole* jusqu'à la mer de *Génésareth;* et si la mort ne l'avait prévenu, le prince hasmonéen se disposait à investir aussi *Ptolémaïs (Saint-Jean d'Acre)* et à refouler les Ityréens en arrière de la ligne par eux envahie. La côte appartenait aussi aux Juifs depuis le mont Carmel jusqu'à *Rhinocorura (Koulat el Arisch)*, y compris l'importante place de Gaza, Ascalon seule restant encore libre, si bien que la Judée, jadis séparée de la mer, comptait aujourd'hui parmi les lieux d'asile de la piraterie. Au moment où l'intervention de Lucullus (p. 202) détourna soudain et à point la tempête venant d'Arménie, et qui déjà menaçait les Juifs, les princes hasmonéens n'auraient pas manqué de porter leurs armes plus loin encore, si des dissensions intestines n'avaient pas détruit dans son germe la puissance promise à l'ambition du nouvel et remarquable état. Le sentiment de l'indépendance religieuse et celui de la nationalité, à l'heure de leur énergique alliance, avaient suscité l'empire des Macchabées : mais bientôt ils se désunissent, et arment l'un contre l'autre. La nouvelle secte juive, fondée au temps des Macchabées, le *pharisaïsme* (c'était son nom) laissant en dehors le gouvernement temporel, ne tendait à rien moins qu'à constituer une communauté judaïque, formée de tous les orthodoxes, dans toutes les régions obéissant à des maîtres divers. Son système ostensible se

79 av. J.-C.

Les Pharisiens.

concentrait dans l'impôt du temple de Jérusalem versé par la piété de chaque Juif, dans les écoles religieuses et les tribunaux sacerdotaux. Il avait enfin pour tête de doctrine le grand consistoire hiérosolymitain, reconstitué dès les premiers temps des Macchabées, et comparable, quant à sa compétence, au collége des pontifes de Rome.

Les Sadducéens. A l'encontre de l'orthodoxie, qui tous les jours allait se pétrifiant dans la nullité de sa pensée théologique et de son pénible cérémonial, l'opposition des *Sadducéens* levait la tête. Ces novateurs combattaient le pharisaïsme au point de vue du dogme : ils ne voulaient obéir qu'aux livres sacrés, n'accordant que l'autorité, et non la canonicité, aux pouvoirs des « *scribes-docteurs* [*Sopherim*], » ces maîtres de la tradition canonique, selon les Pharisiens [1]. Ils se combattaient sur le terrain politique, quand au lieu de l'attente fataliste dans le bras fort et secourable du dieu *Sabaoth*, ils invitaient le peuple à s'aider des armes de ce monde, à fortifier au dedans et au dehors le royaume de David, glorieusement restauré par les Macchabées. Mais les orthodoxes avaient leur point d'appui dans le sacerdoce et dans la multitude, et luttaient contre les hérétiques méchants avec cette haine irréconciliable, absolue, qui est le propre des dévots marchant à la conquête des biens de la terre. Les hommes de la nouvelle science donnaient gain de cause, au contraire, à l'intelligence s'émouvant au contact de l'hellénisme : ils s'ap-

---

[1] C'est ainsi que les Sadducéens repoussaient les dogmes des anges et des esprits, et de la résurrection des morts. Mais les principaux points où Sadducéens et Pharisiens n'étaient point d'accord, selon la tradition, se réfèrent à des questions secondaires de rituel, de jurisprudence et de calendrier. On en a la preuve dans ce fait que les Pharisiens l'ayant emporté, ils portèrent sur la liste des jours de fêtes et commémoratifs de la nation ceux précisément à l'occasion desquels ils avaient eu décidément la victoire dans la controverse, et ceux où ils avaient chassé du consistoire suprême tous les membres entachés d'hérésie. — [V. sur les Sadducéens et Pharisiens, et sur la période historique des Hasmonéens, un article neuf et intéressant de M. Albert Réville, d'après les livres importants des docteurs Jost et Grætz (*Revue des deux Mondes*, septembre 1867).]

puyaient sur l'armée, où servaient en grand nombre des Pisidiens et des Ciliciens, et sur les *rois* de Judée, hommes habiles, qui tenaient tête à la puissance spirituelle, comme mille ans plus tard les *Hohenstauffen* tiendront tête à la papauté. Jannaï, de sa forte main, avait pesé sur les prêtres; mais après lui, sous ses deux fils (685 et suiv.), éclata une guerre civile et fratricide, où les Pharisiens ligués contre l'énergique *Aristobule* s'efforcèrent d'arriver à leur but sous le nom du débonnaire et indolent *Hyrcan II*. Cette querelle fut la fin des agrandissements de la Judée : elle fournit aux étrangers l'occasion d'intervenir, et de s'emparer ainsi de la suprématie dans la Syrie méridionale. Les Nabatéens se montrèrent les premiers. On confond souvent ce remarquable peuple avec ses voisins de l'est, les Arabes nomades : mais il appartient au rameau araméen bien plus qu'aux descendants directs d'Ismaël. La tribu araméenne, ou, comme les orientaux l'appellent, la tribu *syrienne* des Nabatéens, aurait eu la contrée de Babylone pour sa demeure primitive; et dans les temps reculés, elle aurait, en vue du commerce, envoyé une colonie à la pointe nord du golfe Arabique : ce fut là, dans la péninsule du Sinaï, entre les branches de *Suez* et d'*Aïla* et dans le pays de *Petra (Ouadi Mousa)*, que grandit la nation nouvelle. Par ses mains se faisait l'échange des marchandises de la Méditerranée et de l'Inde. La grande route du sud des caravanes, allant de Gaza aux bouches de l'Euphrate et au golfe Persique, passait par Pétra, sa capitale. Là, de splendides palais, de vastes hypogées, bien mieux qu'une tradition presque oubliée, attestent encore de nos jours la grandeur d'une civilisation disparue. Le parti pharisien, selon la coutume de tout parti sacerdotal, ne crut pas acheter trop chèrement sa victoire au prix de l'indépendance et de l'intégrité de la patrie. Il appela à son secours contre Aristobule le roi nabatéen *Arètas,* promettant la restitution de toutes les terres conquises sur lui par Jannaï. Aussitôt Arètas

69 av. J.-C.

Les Nabatéens.

de s'avancer en Judée avec 50,000 hommes environ : puis, renforcé par le contingent des Philistins, il tient Aristobule assiégé dans Jérusalem.

Les villes syriennes.

Pendant que la force et la discorde régnaient ainsi d'un bout de la Syrie à l'autre, les grandes villes, Antioche, Séleucie, Damas, ne pouvaient pas ne pas souffrir, elles dont les habitants voyaient leur commerce coupé, et par terre et par mer. Les gens de Byblos et de Béryte *(Beyrouth)* ne pouvaient défendre ni leurs champs ni leurs vaisseaux contre les Ityréens, qui du haut des châteaux dans la montagne ou sur les escarpements de la côte, jetaient au loin l'effroi. Ceux de Damas enfin, pour échapper aux incursions des Ityréens et de Ptolémée, fils de Mennée, se donnaient aux rois plus éloignés des Nabatéens ou des Juifs. A Antioche, Sampsicérame et Aziz se mêlaient aux querelles intestines du peuple; et il s'en fallut de peu que la grande ville grecque ne devint dès lors la résidence d'un émir arabe. La situation rappelle les tristes interrègnes du moyen-âge, en Allemagne, alors que *Nuremberg* et *Augsbourg*, n'ayant plus pour les protéger le droit et la justice du *roi des Romains*, s'abritaient isolées derrière leurs murailles. Les citadins marchands des villes de Syrie attendaient avec une impatience fiévreuse un bras fort qui leur rendît et la paix, et la sûreté du commerce.

Les derniers Séleucides.

Non qu'il manquât de rois légitimes : on en comptait deux ou trois. Lucullus avait installé en Commagène, à l'extrémité septentrionale de la Syrie, un Séleucide du nom d'Antiochus (p. 205). Après le départ des Arméniens, Antiochus l'Asiatique, dont le Sénat aussi bien que Lucullus avaient admis les prétentions au trône (pp. 199, 205), était un jour rentré dans Antioche, et s'y était fait saluer roi. Mais voici qu'aussitôt surgit un troisième candidat de la maison de Séleucus, *Philippe* : alors, la population de la capitale, mobile et amoureuse d'opposition autant que les Alexandrins, prend parti pour et contre; et en même temps, l'un et l'autre des émirs voisins se jettent dans la querelle de famille, apanage perpétuel du trône de Séleucus. Aux yeux des sujets pouvait-il y avoir autre chose que jouet ou dégoût dans la légitimité du prince? Les soi-disant rois de droit étaient dans le pays moins puissants que les petits princes et les chefs de bandes.

Pour remettre l'ordre dans ce chaos, il n'était besoin ni des conceptions du génie, ni d'un grand déploiement de puissance : il suffisait de voir clair dans les intérêts de Rome et de ses sujets, et les institutions nécessaires se présentant d'elles-mêmes, de les remettre sur pied et de les maintenir avec toutes leurs conséquences. Assez et trop longtemps le Sénat avait prostitué sa politique au service de la légitimité : aujourd'hui le général porté au pouvoir par l'opposition avait à s'inspirer d'autres idées que de l'idée dynastique : il n'avait qu'une chose à faire, c'était d'empêcher que le royaume syrien, au milieu des luttes des prétendants et des convoitises de ses voisins, ne fût un jour soustrait à la clientèle de la République. La marche était toute tracée pour envoyer sur les lieux un satrape italien, et, par lui, saisir énergiquement les rênes que les princes de là maison régnante avaient laissé tomber de leurs mains par leur propre faute, bien plus que par le malheur des temps. Pompée n'hésita pas dans cette voie. Antiochus l'Asiatique lui avait écrit, demandant d'être reconnu à titre de dynaste héréditaire. La réponse de Pompée fut celle-ci : « jamais je ne replacerai » sur le trône un roi qui ne sait ni régner ni défendre » son royaume, ses sujets allassent-ils jusqu'à le réclamer, » encore moins quand leurs vœux déclarés lui sont déci- » dément contraires ! » Cette lettre du proconsul romain était le congé définitif de la maison des Séleucides : la couronne lui avait appartenu pendant 250 ans. A peu de temps de là, Antiochus perdit la vie dans une embuscade tendue par Sampsicérame, dont il n'était plus que le client dans Antioche ; et après lui, l'histoire ne dit plus rien de ces ombres de rois, et de leurs prétentions. Mais pour

Annexion
de la Syrie.

introduire en Syrie le nouveau gouvernement de la République, et pour réorganiser tant bien que mal des affaires si embrouillées, il fallait y venir à la tête d'une armée, et effrayer ou abattre avec l'aide des légions tous ces destructeurs de la paix publique, qui grandissaient partout à la faveur d'une anarchie de quatre années. Déjà, pendant ses campagnes du Pont et du Caucase, Pompée avait tourné de ce côté ses regards, et ses lieutenants avec leurs corps d'armée s'étaient portés là où il était besoin.

65 av. J.-C. En 689, Aulus Gabinius, celui qui, tribun du peuple, avait fait envoyer Pompée en Orient, avait marché vers le Tigre, puis, traversant la Mésopotamie, était entré en Syrie, pour aller mettre fin aux différends des Juifs. Lollius et Métellus avaient à leur tour occupé Damas que l'ennemi serrait de près. A peu de temps de là paraît en Judée un autre lieutenant de Pompée, *Marcus Scaurus* : la discorde y a rallumé l'incendie que sa présence suffira pour éteindre. Lucius Afranius commandant du corps d'Arménie, pendant que Pompée guerroyait dans le Caucase, s'était porté de la Gordyène (le Kurdistan septentrional) dans la haute Mésopotamie : là, s'appuyant sur les Grecs émigrés à Carrhes, qui lui prêtèrent une énergique assistance, il avait pu heureusement franchir le désert et ses dangers, et soumettre les Arabes de l'Osroène.

64. Enfin, dans les derniers jours de l'an 690 [1], Pompée parut en personne et séjourna chez les Syriens jusque dans l'été de l'année suivante, tranchant partout et agissant d'autorité, et réglant les intérêts de l'avenir aussi bien que

---

65-64.
64.

64.

64-63.

[1] Il avait passé l'hiver de 689-690 dans le voisinage de la mer Caspienne (Dion Cass. 37, 7). En 690, on le voit encore dans le Pont, réduisant les derniers châteaux forts qui tiennent encore : puis, arrangeant partout les affaires sur sa route, il descend lentement vers le sud. La preuve qu'il commença dès l'an 690 à opérer en Syrie, c'est que l'*ère provinciale syrienne* débute par cette même date : Cicéron la mentionne aussi à propos de la Comagène (*ad Q. fratr.* 2, 12, 2; cf. Dion, 37, 7). Pompée paraît avoir eu son quartier général à Damas pendant l'hiver de 690-691 (Joseph. 14, 3, 1, et 2; il y a là d'ailleurs bien de la confusion : Diodor. *fr. Vatic.* p. 139).

ceux du présent. Il y eut une restauration complète de l'état des choses au temps de la puissance florissante des Séleucides : toutes les usurpations disparurent : les chefs de bandits durent capituler avec leurs châteaux-forts : les scheïks arabes rentrèrent dans le désert ; et les cités obtinrent, chacune en particulier, des arrangements définitifs. Les légions étaient prêtes à donner main forte aux injonctions sévères du général en chef : contre les hardis chevaliers bandits, leur intervention fut parfois nécessaire. Sila, le tyranneau de Lysias, *Dionysios* à Tripoli, et *Cinyras* à Byblos, sont faits prisonniers dans leurs castels et mis à mort : les châteaux des Ityréens, en montagne ou sur la mer, sont rasés : Ptolémée, fils de Mennée, rachète sa liberté et ses domaines moyennant rançon de 1,000 talents (1,827,000 *thal.* = 6,854,250 fr.). Ailleurs les ordres du nouveau maître s'exécutèrent sans résistance. Seuls les Juifs hésitaient. Les médiateurs que Pompée avait envoyés avant lui, Gabinius et Scaurus, corrompus, dit-on, à prix d'or, avaient tous deux donné raison à Aristobule dans sa querelle avec Hyrcan, son frère. Contraint par eux à lever le siége de Jérusalem, le nabatéen Arétas avait, de son côté, repris la route de ses états ; et Aristobule marchant à sa poursuite, l'avait battu complètement. Mais à son arrivée en Syrie, Pompée annule les arrangements pris par ses lieutenants, prescrit aux Juifs le rétablissement de la vieille constitution théocratique, telle que le Sénat l'avait reconnue en 593 (IV, p. 365), l'abolition du principat et l'abandon de toutes les conquêtes des Hasmonéens. Les Pharisiens avaient tout fait. Deux cents des leurs, allant au devant du général, avaient réclamé et obtenu la suppression des rois, sans avantage pour leur nation, mais tout à l'avantage de Rome. Naturellement quand la République ramenait en Syrie le régime du temps des Séleucides, elle ne devait pas tolérer, à l'intérieur du royaume, l'existence d'une puissance conquérante, telle que Jannaï l'avait un jour

Les chefs pillards abattus.

Négociations et combats avec les Juifs.

161 av. J.-C.

constituée. Aristobule se demandait lequel valait mieux, ou de se soumettre à l'inévitable sort, ou de lutter jusqu'au bout les armes à la main : tantôt il semblait prêt à céder à Pompée, tantôt au contraire, il appelait le parti national à la guerre contre les Romains. Enfin, les légions campant déjà devant les portes, il fit sa soumission : mais l'armée juive comptait dans ses rangs bon nombre de soldats fanatiques et décidés, qui refusèrent d'obéir à leur roi captif. Jérusalem se rendit : mais, trois mois durant, la bande des exaltés défendit le rocher escarpé du temple, et leur obstination brava la mort. Enfin, pendant que les assiégés fêtaient le repos du *Sabbat*, les assiégeants donnent l'assaut, et bientôt maîtres du sanctuaire, ils font passer sous la hache des licteurs tous ceux des défenseurs de la place, que l'épée a épargnés jusque là durant cette lutte du désespoir. Ainsi finit la résistance nationale dans les pays nouvellement annexés à l'empire de Rome.

Situation nouvelle faite à Rome en Orient.

Pompée avait achevé l'œuvre commencée par Lucullus : l'annexion des états nominalement indépendants, Bithynie, Pont et Syrie, achevait la transformation, depuis plus de cent ans reconnue nécessaire, du système impuissant des clientèles politiques. Désormais Rome allait exercer la souveraineté immédiate sur les grands territoires qui relevaient d'elle (V, pp. 309 et s.), et cette révolution se consommait juste à l'heure où, le Sénat étant abattu, le parti héritier des Gracques avait mis la main sur le gouvernail. La République acquérait en Orient de nouvelles frontières, de nouveaux voisins, des relations d'amitié et des inimitiés nouvelles. Le royaume d'Arménie, les principautés du Caucase entraient à leur tour dans le territoire médiat de Rome; et plus loin le royaume du Bosphore cimmérien, mince débris des vastes conquêtes de Mithridate Eupator, aujourd'hui régenté par Pharnace, son fils et son assassin, subissait également la clientèle de l'Italie : seule la ville de Phanagoria, dont le commandant, Castor, avait le premier donné le signal de la révolte contre le roi

Guerre contre
les Nabatéens.

du Pont, avait été déclarée libre et indépendante. Du côté des Nabatéens, les succès étaient moins décisifs. Arètas, leur roi, obéissant aux injonctions des Romains, avait évacué la terre juive : mais Damas restait dans ses mains, et nul soldat de la République n'était encore entré dans la région nabatéenne. Soit que de ce côté aussi Pompée nourrît une pensée de conquête, soit que tout au moins il voulût faire voir à ce nouveau voisin placé dans la région arabique que désormais les aigles romaines dominaient sur l'Oronte et le Jourdain, et que les temps n'étaient plus où chacun pouvait impunément ravager la Syrie comme une terre sans maître, il dirigea, en 694, 63 av. J.-C. une expédition sur Pétra. Mais pendant qu'il est en marche, voici que les Juifs se révoltent : il laisse alors, et probablement sans trop de regret, le commandement à Marcus Scaurus, qui lui succédera dans la difficile entreprise tentée contre la ville nabatéenne, au loin perdue dans les déserts [1]. Celui-ci, à son tour, se vit bientôt forcé à revenir en arrière, sans avoir rien fait. Il se contenta de guerroyer dans le désert sur la rive gauche du Jourdain, où il avait l'appui des Juifs : ses succès d'ailleurs ne furent d'aucune importance. En fin de compte, *Antipater l'Iduméen*, l'habile ministre de Judée, sut persuader à Arètas d'acheter à prix d'or, au légat romain, son maintien en possession de toutes ses conquêtes, y compris même Damas : la paix fut conclue, et les médailles de Scaurus représentent le roi nabatéen tenant un chameau par la bride, et offrant à genoux la branche d'olivier au général de Rome.

---

[1] Orose (6, 6) et Dion (37, 15), tous deux selon Tite Live évidemment, mènent Pompée jusqu'à Pétra, dont il s'empare, et ensuite jusqu'à la mer Rouge : mais Plutarque (*Pomp.* 41, 42), confirmé en cela par Florus (1, 39) et par Josèphe (14, 3, 3 et 4), enseigne au contraire qu'ayant reçu la nouvelle de la mort de Mithridate alors qu'il était en marche sur Jérusalem, il quitta la Syrie pour revenir dans le Pont. Le roi Arètas figure aussi parmi les vaincus dans les *bulletins* de Pompée, ce qui s'explique par le fait de la retraite à laquelle il fut contraint après la levée du siége de Jérusalem.

Demêlés avec
les Parthes.

L'occupation de la Syrie, en créant à la République tant de contacts nouveaux avec des peuples sans nombre, Arméniens, Ibères, Bosphoriens et Nabatéens, lui créait un voisinage bien autrement sérieux, je veux parler du royaume des Parthes. La diplomatie romaine s'était montrée facile avec Phraate, quand les États pontique et arménien étaient debout et puissants; Lucullus et Pompée lui-même avaient, sans difficulté, reconnu à ce roi la possession indisputée des pays d'au-delà de l'Euphrate (pp. 206, 269) : Rome n'en était pas moins une menace pour les Arsacides. En vain Phraate, à la façon des rois, se rejetait dans l'oubli de ses fautes, il entendait retentir à ses oreilles ces paroles prophétiques de Mithridate : « l'alliance du Parthe avec les Occidentaux, en préparant » la ruine des empires des peuples de sa race, prépare » aussi la sienne! » Unis entre eux, les Romains et les Parthes avaient abattu l'Arménie : mais cela fait, Rome, fidèle à sa vieille politique, allait changer de rôle, et favoriser l'ennemi humilié aux dépens de son puissant complice. Ainsi s'expliquent les prévenances étranges de Pompée envers le vieux Tigrane : son fils, l'affidé et le gendre du roi des Parthes, est au contraire le prétexte d'une injure directe : par ordre du proconsul, il est arrêté avec tous les siens, et on ne le rend point à la liberté, même quand Phraate s'interpose auprès du général, son ami, en faveur de sa propre fille et de l'époux de celle-ci. Ce n'est pas tout : Phraate aussi bien que Tigrane élevaient des prétentions sur la Gordyène : Pompée la fait occuper par les soldats romains dans l'intérêt de Tigrane : il expulse au-delà des frontières du pays les Parthes qui s'y trouvent établis, et les fait poursuivre jusqu'à *Arbelles* en Adiabène, sans prêter même l'oreille aux observations du

65 av. J.-C.

cabinet de Ctésiphon (689). Chose bien plus grave encore, il semble ne plus vouloir respecter la ligne de l'Euphrate, que les traités ont reconnue. Tous les jours les divisions romaines, en marchant d'Arménie en Syrie, passent au travers de la Mésopotamie : l'émir arabe de l'Osroène, Abgar, est reçu aux plus douces conditions parmi les clients de Rome, et la place d'*Orouros,* dans la haute Mésopotamie, entre Nisibis et le Tigre, à 50 milles [allemands = 100 lieues] environ à l'est des gués de l'Euphrate en Commagène, est proclamée la limite orientale de l'empire de la République, de l'empire médiat, sans doute, car les Romains ont donné à l'Arménien avec la Gordyène la plus grande et plus fertile moitié de la Mésopotamie septentrionale. Ainsi ce n'est plus l'Euphrate, c'est le grand désert syro-mésopotamien qui sépare maintenant les Romains d'avec les Parthes ; et encore il semble que ce ne soit que pour un temps. Aux ambassadeurs de ces derniers qui venaient demander l'observation du traité de frontière, traité resté purement verbal, Pompée ne répond que par une équivoque : « l'empire de Rome » s'étend aussi loin que son droit ! » Et le commentaire de cette réponse, bientôt on le trouve dans l'incroyable façon d'agir du proconsul au regard des satrapes de Médie et de la province plus éloignée d'Elymaïs (entre la *Susiane,* la Médie et la Perse, dans le *Louristan* actuel) [1]. Les gouverneurs de cette dernière région, montueuse, belliqueuse et écartée, avaient toujours visé à l'indépendance au regard du Grand-Roi : en recevant l'hommage que lui offrit à ce moment le dynaste local, Pompée

---

[1] Notre récit se base sur celui de Plutarque (*Pomp.* 36), lequel est corroboré par les détails fournis par Strabon (16, 744) sur la situation du satrape d'Elymaïs. Mais c'est ornement pur que de faire figurer la Médie et *Darius,* son roi, sur la liste des rois et pays vaincus par Pompée (Diodor. *fr. Vatic.* p. 140 ; App. *Mithrid.* 117) : de là aussi le conte de la guerre de Pompée avec les Mèdes (Vellei. 2, 40 ; App. *Mithrid.* 106, 114) et de sa marche sur Ecbatane (Orose, 6, 5). Impossible d'admettre qu'il y ait eu confusion avec la ville fabuleuse du même nom située sur le Carmel. Je ne vois là qu'une de ces exagérations par trop malsonnantes auxquelles ont donné naissance les bulletins pompeux et équivoques à dessein de Pompée, lesquels transformèrent sa *razzia* au pays des Gétules (V, p. 342) en une expédition sur la côte de l'ouest de l'Afrique (Plut. *Pomp.* 38), sa marche avortée contre les Nabatéens en une pointe conquérante sur Pétra, et son arbitrage relatif aux frontières d'Arménie en un report des frontières romaines jusque par delà Nisibis.

commettait une offense gratuite et pleine de menaces.
Autre symptôme non moins grave : les Romains jusqu'alors n'avaient point refusé au monarque des Parthes
son titre officiel de « roi des rois » : aujourd'hui ils l'appellent roi tout simplement. Là aussi, la blessure faite à
l'étiquette était moindre que la menace pour l'avenir. Il
semblait que Rome, héritière des Séleucides, voulût saisir
l'occasion favorable d'en revenir aux temps anciens où
la Tourane et l'Iran avaient obéi aux ordres partis d'Antioche, aux temps où l'empire parthe n'étant point né, il
n'y avait encore qu'une simple satrapie parthique. Ainsi
la cour de Ctésiphon ne manquait point de motifs de
commencer la guerre; et la guerre sembla s'ouvrir avec
Rome, quand en 690, le Parthe la déclara un jour à
l'Arménie au sujet des frontières. Pourtant le cœur
manqua à Phraate : en voyant le général tant redouté,
campé à deux pas de son royaume à la tête d'une armée
puissante, il recula devant une rupture ouverte. Pompée
alors envoya ses commissaires pour régler à l'amiable
le différend entre la Parthie et l'Arménie : Phraate se
résigna et subit l'arbitrage forcé de Rome, dont la sentence
restitua à l'Arménie la Gordyène et la Mésopotamie du
nord. A peu de temps de là, sa fille, le fils et l'époux de
sa fille allaient orner le triomphe de l'*imperator* romain.
Les Parthes aussi tremblaient devant la puissance écrasante de Rome : si à la différence des Pontiques et des
Arméniens, elle ne leur avait point fait sentir le poids de
ses armes, c'est qu'eux-mêmes ils n'avaient point osé
descendre dans l'arène.

Il restait au proconsul à régler les affaires intérieures
des pays nouvellement acquis à la République, et d'y
effacer, si faire se pouvait, les traces d'une guerre désastreuse de treize ans. Il fut donné à Pompée d'achever
l'œuvre d'organisation commencée en Asie par Lucullus
et la commission que le Sénat lui avait adjointe, et
ébauchée en Crète par Métellus. L'Asie, embrassant

naguère la Mysie, la Lydie, la Carie et la Lycie, devenait, de province frontière, simple province intérieure : on créait la province nouvelle de Bithynie et de Pont, formée de tout l'ancien empire de Nicomède et de la moitié occidentale de l'ancien État pontique, jusqu'à l'Halys et même au-delà. Celle de Cilicie, plus ancienne déjà, recevait des accroissements en rapport avec son titre : après sa réorganisation, elle embrassait la Pamphylie et l'Isaurie. Venaient enfin les provinces de Syrie et de Crète : non qu'on pût, tant s'en faut, considérer ces immenses conquêtes comme des possessions territoriales, dans le sens actuel du mot. L'administration, dans son ensemble et dans sa forme, demeura à peu près ce qu'elle était avant : la République se contenta de prendre la place de l'ancien monarque. Après comme avant, les pays d'Asie composèrent une singulière bigarrure de domaines fiscaux, de territoires de villes, celles-ci autonomes de fait et de droit, de principautés et de royaumes laïques ou sacerdotaux, tous plus ou moins laissés maîtres du gouvernement local à l'intérieur, tous placés de même, à des conditions plus ou moins douces ou sévères, dans la dépendance de Rome et de ses proconsuls, comme jadis ils avaient eu au-dessus d'eux le Grand-Roi et ses satrapes.

Au premier rang des dynastes vassaux, par son titre du moins, on rencontrait le roi de Cappadoce, dont Lucullus avait arrondi les états en lui donnant l'investiture du pays de *Mélitène* (autour de *Malatia*), jusqu'à l'Euphrate. Pompée, après Lucullus, avait annexé à la Cappadoce, vers la frontière de l'ouest, un certain nombre de districts ciliciens, allant de *Kartabala* jusqu'à *Derbé*, non loin d'*Iconion* : et vers celle de l'orient, toute la Sophène, située sur la rive gauche de l'Euphrate en face de la Mélitène, et d'abord destinée au prince d'Arménie, Tigrane le jeune : ces arrangements mettaient dans la main du roi vassal les plus importants passages de l'Euphrate. Quant au petit pays de Commagène, entre la

Rois vassaux : —de Cappadoce.

La Commagène. Syrie et la Cappadoce, il resta, avec sa capitale (*Samosata, Samsat*), entre les mains du séleucide Antiochus, déjà nommé plus haut [1]. On adjoignit à son royaume l'importante place de Séleucie (près *Biradjik*), laquelle commandait aussi plus au sud les passages de l'Euphrate, et les districts voisins sur la rive gauche. Par là, le fleuve, avec ses gués principaux, et des territoires suffisants à l'est de sa vallée, étaient mis dans les mains de deux dynastes absolument dépendants.

Galatie. En Asie-Mineure, un monarque nouveau, *Déjotarus*, voisin des rois de Cappadoce et de Commagène, mais bien plus puissant qu'eux, avait aussi la faveur de Rome. Tétrarque du peuple gaulois des Tolistoboïes, établis autour de Pessinonte; appelé par Lucullus, puis par Pompée, à marcher derrière les légions avec les autres clients de Rome, Déjotarus, à la différence des soldats efféminés de l'Orient, s'était distingué dans les guerres par sa fidélité et sa vaillance; et les généraux romains, à son patrimoine de Galatie et à ses domaines dans la riche région située entre Amisos et les bouches de l'Halys, avaient ajouté la moitié orientale du ci-devant royaume du Pont, y compris les villes de Pharnacia et Trapezus, et l'Arménie pontique, jusqu'aux confins de la Colchide et de la grande Arménie. Devenu roi de l'*Arménie-Mineure* (tel était son titre), il s'était encore étendu par la prise de possession du pays des Trocmes, aussi de Galatie, dont il avait refoulé la plupart des tétrarques. Le mince vassal d'autrefois était aujourd'hui l'un des plus puissants monarques d'Orient, et Rome lui pouvait en toute sûreté confier la garde de sa ligne frontière sur ce point.

Venaient ensuite les vassaux moindres, comme les

---

[1] La guerre prétendue que cet Antiochus aurait faite à Pompée (App. *Mithrid.* 106, 107) ne se concilie pas avec le traité que Lucullus lui aurait, dès avant, consenti (Dion, 36, 4), et avec le fait de sa paisible maintenue : ici encore, l'assertion a son origine dans un fait déjà constaté ailleurs : Antiochus de Commagène figurait sur la liste des rois soumis par Pompée.

nombreux tétrarques de Galatie. L'un d'eux, *Bogodio-tarus*, prince trocme, allié fort actif des Romains dans la guerre contre Mithridate, avait reçu de Pompée la ville de *Mithridation*, jadis frontière. Venaient ensuite le prince de Paphlagonie, *Attale,* qui avait ramené sa maison sur l'ancien trône des Pilæménides ; *Aristarque* et quelques petits dynastes de Colchide ; *Tarchondimotos,* qui commandait dans les défilés de l'*Amanus*, en Cilicie ; Ptolémée, fils de Mennée, toujours maître de Chalcis, dans le Liban ; le roi nabatéen Arétas, toujours maître de Damas ; enfin les émirs arabes dans les pays d'en deçà et d'au-delà de l'Euphrate, Abgar en Osroène, que les Romains s'efforçaient par tous les moyens d'attirer dans leurs intérêts, afin de s'en faire une sentinelle avancée contre les Parthes, Sampsicérame à Hémésa, Alchaudonios le Rhambéen, émir aussi à *Bostra* [dans le *Hauran*]. Mentionnons encore les chefs spirituels à qui souvent en Orient peuples et pays obéissaient comme à des potentats temporels. Les Romains, dans cette terre promise du fanatisme, se gardèrent prudemment de toucher à leur autorité solidement enracinée, comme ils se gardèrent de toucher aux trésors des temples : tels étaient le grand-prêtre de la déesse-mère à Pessinonte, et les deux grands-prêtres de la déesse *Ma,* dans la Comane cappadocienne (sur le haut *Saros*), et dans la ville pontique de *Comana (Gümenek,* près de *Tokat)* : dans le lieu de leur résidence, ils ne le cédaient qu'au roi en pouvoir ; et l'on conte que chacun d'eux, dans des temps bien postérieurs, possédait encore de grands domaines avec droits de justice, et quelque six mille esclaves. Pompée donna la grande prêtrise de la ville pontique à Archélaos, fils de ce général du même nom qui, fuyant Mithridate, avait jadis été joindre les Romains. Dans le district cappadocien de la *Morimène* [sur l'Halys], on rencontrait aussi à *Vénasa* le grand pontife de Jupiter, dont les revenus se montaient à 15 talents par an [23,300 *thal.* = 87,375 fr.]. N'oublions ni « l'*archiprétre* et *seigneur* » de la partie de la Cilicie Trachée, où *Teucros*, fils d'*Ajax* avait jadis élevé à Jupiter un temple, dont ses descendants avaient gardé héréditairement le sacerdoce, ni enfin « l'*archiprétre* et seigneur du peuple des Juifs, » à qui Pompée, après qu'il eut rasé les murs de sa ville, les châteaux royaux et les châteaux-trésors du pays, avait rendu le pouvoir sur sa nation, avec injonction sévère de se tenir en paix, et de s'abstenir de toute tentative conquérante.

Les cités.

A côté des dynastes temporels et spirituels il y avait aussi les villes asiatiques, associées souvent en de grandes fédérations, et jouissant d'une indépendance relative; citons la ligue des vingt-trois villes lyciennes, ligue bien ordonnée, et qui se tint constamment étrangère à la piraterie. Quant aux autres cités isolées, et on en comptait bon nombre, alors même qu'elles avaient obtenu leurs lettres de franchise, elles tombèrent directement sous la main des préteurs et légats italiens. Les Romains ne méconnaissaient pas que devenant les représentants de l'hellénisme en Orient, et se donnant la mission d'y faire respecter et d'étendre les limites de l'empire d'Alexandre, leur premier devoir était de favoriser l'essor des villes. Partout, en effet, les villes sont les agents et les organes nés de la civilisation; mais en Asie, plus particulièrement là où se dressait dans toute sa force l'antagonisme entre Orientaux et Occidentaux, la société fondée sur la cité helléno-italienne, industrieuse et commerçante, n'était-elle pas l'adversaire le plus énergique de la hiérarchie féodale, militaire et despotique des pays de l'est? Si peu que Lucullus et Pompée eussent songé à passer le niveau sur tout l'Orient; si porté, d'autre part, que fût Pompée à blâmer dans les questions de détail, ou à changer les arrangements de son prédécesseur, tous deux pourtant ils se rencontrèrent dans cette pensée, qu'il fallait, à tout prix se montrer favorable aux villes de l'Asie-Mineure et de la Syrie. Cyzique, illustrée par son énergique défense

L'essor des villes libres favorisé.

durant la dernière guerre, l'écueil où s'était brisé le
premier effort de Mithridate, Cyzique avait reçu de Lucullus
un territoire considérablement accru. Héraclée-Pontique,
qui, elle aussi, avait énergiquement résisté, aux Romains
cette fois, s'était vu restituer son port, ses terres, et, le
Sénat avait sévèrement blâmé les traitements barbares
infligés par Cotta à ses malheureux habitants. Lucullus
s'était plaint tout haut et sincèrement de ce que le sort
ne lui avait point permis de préserver Sinope et Amisos
des dévastations de la soldatesque pontique et aussi de
celles commises par leurs propres garnisons. Du moins
il avait fait tout son possible pour réparer le mal, agran-
dissant leur territoire, les repeuplant soit avec les anciens
habitants, qui sur son invitation revinrent en foule dans
leurs foyers aimés, soit avec de nouveaux émigrants de
race grecque, veillant enfin à la reconstruction des
édifices détruits. Le même esprit guida Pompée, qui put
agir sur une plus grande échelle encore. Vainqueur des
pirates, au lieu de mettre en croix ses captifs (on en
comptait plus de 20,000), ainsi que l'avaient fait ses
prédécesseurs, il les avait établis dans les villes dépeuplées
de la Cilicie plate, à *Mallos*, à *Adana*, à *Épiphanie*, à
Soli surtout, qui depuis lors prit le nom de *Pompéiopolis*.
Il en avait envoyé même à *Dymé,* en Achaïe, et jusqu'à
Tarente. Coloniser les pirates, quel sujet de blâme aux
yeux d'un grand nombre de Romains! [1] Les brigands
étaient donc récompensés pour leurs crimes! En attendant,
la conduite de Pompée se justifiait par de bonnes raisons
politiques et morales. Dans les conditions sociales de
l'époque, la piraterie était autre chose que le brigandage
ordinaire; et il convenait de n'appliquer aux captifs que
les lois les moins acerbes du droit de la guerre. Nous

[1] Cicéron lui-même en fait le reproche (*de Off*. 3, 12, 49) : *pira-
tas immunes habemus, socios vectigales.* Pompée aurait donc été
jusqu'à donner l'immunité d'impôts à ses colonies de pirates, tandis
que, comme on le sait, les villes provinciales dans la dépendance de
Rome (*alliées*) payaient régulièrement tribut.

avons dit ailleurs que le Pont n'avait presque pas de villes (V, p. 265) : un siècle plus tard, on n'en rencontrait pas davantage dans la plupart des districts de la Cappadoce : quelques châteaux seulement au haut des montagnes, servaient d'abri en temps de guerre aux agriculteurs de la plaine ; et, dans toute l'Asie-Mineure orientale, on peut affirmer qu'il en était de même, sauf pourtant les rares colonies grecques espacées sur les côtes. Pompée, dans toutes ces régions et y compris les établissements ciliciens, ne fonda pas moins de trente-neuf villes, dont plusieurs arrivèrent à un haut degré de prospérité. Citons parmi les plus importantes dans l'ancien empire pontique, *Nicopolis* « la ville de la victoire, » érigée sur l'emplacement même où Mithridate avait subi sa dernière et décisive défaite [sur le Lycus, p. 271], le plus beau et le plus durable des trophées de l'illustre capitaine : *Mégalopolis*, nommée d'après le nom de son fondateur, et située sur les confins de la Cappadoce et de la petite Arménie (plus tard elle fut *Sébastéia*, aujourd'hui *Siwas*) : Ziéla, où les Romains avaient livré un combat malheureux (p. 242) : la population s'y était rassemblée autour d'un temple d'Anaïtis, ayant son grand-prêtre tranchant du souverain local. Pompée lui donna une constitution et une charte de cité : *Diospolis,* jadis Cabira et plus tard *Néocésarée* (aujourd'hui *Niksar*), aussi sur un champ de bataille des guerres pontiques : *Magnopolis* ou *Pompéiopolis*, l'Eupatoria ancienne restaurée [*Boghar-Kaleh*], au confluent du Lycus et de l'Iris (*Kisil-Irmak*, et *Germéni-Tschaï*). Mithridate l'avait construite, puis rasée, à cause de sa défection (p. 267) : *Néopolis,* autrefois *Phazémon,* entre Amasée et l'Halys. Ces villes, pour la plupart, ne reçurent pas de colons venus de loin : on se contenta d'abattre les villages d'alentour et d'en rassembler les habitants dans l'enceinte nouvelle : à Nicopolis seule, Pompée avait casé ses invalides et ses vétérans, qui aimèrent mieux s'y faire immédiatement une patrie, que d'attendre un établissement promis pour plus tard en Italie. Au signal du puissant proconsul il s'éleva sur d'autres points encore des cités, foyers de la civilisation grecque. En Paphlagonie, une troisième *Pompéiopolis* marqua la place où l'armée de Mithridate avait, en 666, remporté une grande victoire sur les Bithyniens (V, p. 284). Dans la Cappadoce, qui plus qu'aucune autre contrée avait souffert de la guerre, *Mazaca*, l'ancienne résidence (plus tard *Césarée*, aujourd'hui *Kaisarieh*), et sept autres localités furent rétablies et érigées en villes. En Cilicie et en Cœlésyrie, vingt autres villes surgirent. Dans les districts évacués par les Juifs, *Gadara* [1], de la Décapole, sortit de ses ruines à la voix du proconsul, et *Séleucis* fut fondée. Tous ces établissements absorbèrent nécessairement la majeure partie des terres disponibles du domaine en Asie : mais en Crète, où le proconsul ne fit rien ou ne fit que peu de chose, ce même domaine, au contraire, s'accrut considérablement. En même temps qu'il créait des cités nouvelles, Pompée réorganisait les anciennes, ou leur donnait l'impulsion. Il détruisit partout les abus invétérés et les usurpations : ses édits soigneusement rédigés, et spéciaux pour chacune des provinces, y réglèrent le système des municipalités. Il dota les principales villes de nouveaux priviléges. C'est ainsi qu'il accorda leur autonomie à Antioche sur l'Oronte, capitale, à vrai dire, de l'Asie romaine, et restant bien peu en arrière de l'égyptienne Alexandrie ou de la Séleucie du royaume parthique, ce Bagdad des anciens ; à la voisine d'Antioche, *Séleucie Piérienne*, qui fut récompensée de sa belle défense contre Tigrane ; à Gaza, à toutes les villes enlevées à la domination juive ; enfin à Mitylène, dans l'Asie occidentale, et à Phanagorie, sur la mer Noire.

88 av. J.-C.

Ainsi se complétait l'édifice de l'empire romain d'Asie. Avec ses rois feudataires et ses vassaux, avec ses prêtres-princes, et toute la série de ses villes libres ou à demi

Résultats
généraux.

---

[1] [Auj. *Om Keisch*, au sud de l'*Yermak* et du lac de Tibériade, célèbre autrefois par ses bains et ses·eaux thermales.]

indépendantes, il rappelle trait pour trait le Saint-Empire d'Allemagne. Rien de merveilleux d'ailleurs dans cette construction sous le rapport de la difficulté vaincue, ou de la perfection du système : rien de merveilleux, malgré tous les grands mots dont on se montra prodigue à Rome, les aristocrates envers Lucullus, et la foule envers Pompée. Quant à ce dernier, il fit célébrer sa gloire et la célébra si haut lui-même, qu'en vérité on l'eût pu croire plus faible de tête encore qu'il ne l'était en effet. Quand les Mytilénéens lui élevaient une statue, à lui, le sauveur et second fondateur de leur ville, le héros qui sur terre et sur mer avait mis fin aux guerres déchaînées dans le monde, un tel hommage pouvait ne point sembler excessif, étant rendu au destructeur des pirates, au conquérant des royaumes orientaux. Mais les Romains allèrent bien plus loin que les Grecs. Les inscriptions triomphales de Pompée énuméraient les 12 millions d'hommes par lui subjugués, les 1,538 villes et châteaux conquis (la quantité remplaçant ici la qualité) : elles étendaient le champ de ses victoires de la mer Mœotique à la mer Caspienne, de la Caspienne à la mer Rouge, alors qu'il n'en avait vu aucune de ses yeux ; et s'il n'alla pas jusqu'à en faire jactance, il laissa croire au public que par l'incorporation de la Syrie, cet autre exploit sans péril et sans gloire, l'empire de Rome embrassait désormais tout l'Orient jusqu'aux confins de la Bactriane et de l'Inde. Tant, à suivre les récits de ses conquêtes, on allait se perdre dans les plus nuageux lointains ! La servilité démocratique, rivale de la flatterie des cours, ne tint pas davantage contre ces grossiers emportements du vertige. Ce ne fut point assez pour elle des pompes d'un cortége triomphal 61 av. J.-C. (28 et 29 septembre 693) se déroulant dans les rues de Rome le jour où « Pompée le Grand » atteignait sa quarante-sixième année, exposant devant tous et les joyaux sans nombre et les insignes de la couronne du Pont, et les enfants des trois plus puissants monarques de l'Asie, de Mithridate, de Tigrane, de Phraate : l'*imperator*, vainqueur de vingt-deux rois, reçut à son tour des honneurs vraiment royaux en récompense de ses hauts faits : là couronne d'or, les marques de la magistrature suprême et à vie lui furent données. Les médailles frappées à son nom montrent le globe de la terre enveloppé du triple laurier des trois mondes, et au-dessus cette même couronne d'or, votée par ses concitoyens au héros triomphateur des guerres d'Afrique, d'Espagne et d'Asie. Puérils hommages, et qui se heurtaient aussi à maintes protestations ! Dans les hautes classes de Rome, on ne se faisait pas faute de dire que c'était à Lucullus que revenait en toute justice l'honneur de la conquête de l'Orient; que Pompée n'était allé en Asie que pour l'y supplanter, et pour mettre sur son front les lauriers déjà cueillis par un autre. Exagération et fausseté des deux côtés ! C'était Glabrion, et non Pompée, qu'on avait envoyé en Asie pour remplacer Lucullus; et des conquêtes de ce dernier lui-même, si bravement qu'il eût combattu, à l'heure où Pompée avait pris le commandement, il n'est que vrai de dire qu'il ne restait plus rien, et que Rome ne possédait plus un pouce de terrain dans le Pont. Plus juste et plus fine était la moquerie des citadins de Rome, quand s'attaquant au puissant vainqueur du monde, ils lui accolaient les noms des grands états par lui conquis : quand ils le saluaient des titres de « vainqueur de *Sâlem*, » d'émir arabe (*Arabarchès*), ou de « *Sampsicérame romain !* » Pour nous, qui jugeons sans prévention les choses, ne soyons ni flatteurs, ni détracteurs excessifs. Pour n'avoir été ni des héros, ni des fondateurs d'états dans leurs campagnes d'Asie et dans l'organisation des pays vaincus, Lucullus et Pompée se sont comportés en généraux et en politiques à la fois sagaces et énergiques. Lucullus fut un capitaine au-dessus du commun; il eut foi en lui-même jusqu'à en devenir téméraire : Pompée déploya un vrai coup-d'œil militaire, une modération rare et contenue : jamais général ayant dans les mains de telles forces, ayant une liberté d'action absolue, n'a montré plus de sagesse et de prudence. De tous les côtés s'ouvraient à lui les plus éclatantes perspectives : il pouvait s'enfoncer dans le Bosphore cimmérien, ou marcher vers la mer Rouge : l'occasion s'offrait de déclarer la guerre aux Parthes : les provinces insurgées de l'Égypte l'invitaient à jeter à bas du trône le Ptolémée que Rome n'avait pas reconnu, mettant par ce dernier acte à complète exécution le testament d'Alexandre de Macédoine ! Il n'alla pourtant ni à Panticapée, ni à Pétra, ni à Ctésiphon, ni à Alexandrie, et ne voulut récolter que les fruits en quelque sorte placés sous sa main. Ses batailles sur terre et sur mer, il ne les engagea jamais qu'ayant pour lui la supériorité écrasante des forces. Sa modération ne fut-elle que déférence exacte pour les instructions venues de Rome, ainsi qu'il s'en vanta souvent? Obéissait-il à la sage conviction qu'il y avait nécessité de poser enfin la limite aux conquêtes de la République, mise en danger par ses agrandissements sans fin ? S'il en était ainsi, l'histoire lui en ferait gloire, et le mettrait par là au-dessus même des plus habiles capitaines. Mais nous connaissons l'homme; et sa modération pour nous n'est point autre chose qu'incertitude dans les décisions, et qu'absence d'initiative. Chose singulière, dans les circonstances actuelles, Rome tira plus d'avantage des lacunes de son caractère que des qualités contraires les plus brillantes chez ses prédécesseurs. D'ailleurs, et Lucullus et Pompée avaient tous les deux commis de graves fautes. Lucullus en fut aussitôt puni : ses imprudences lui firent perdre tout le gain de ses victoires: pour Pompée, ce fut sur les hommes qui vinrent après lui qu'il rejeta le fardeau de sa fausse politique au regard des Parthes. Deux partis étaient à prendre, ou leur faire la guerre, s'il se croyait de force à la conduire, ou conclure avec eux la paix, et par suite proclamer définitive la frontière de l'Euphrate. Mais, trop pusillanime pour

porter plus loin ses armes, trop vaniteux pour traiter, il
aima mieux user de perfidie; il commit les empiétements
les plus abusifs; et rendant impossibles les relations de
bon voisinage que souhaitait la cour de Ctésiphon, dans
lesquelles elle entrait d'elle-même, il permit en même
temps à l'ennemi qu'il exaspérait de choisir à son aise et
l'heure de la rupture, et celle des représailles. Le proconsulat d'Asie valut à Lucullus une fortune plus que
princière; et Pompée à son tour, pour prix de l'organisation nouvelle des provinces, reçut du roi de Cappadoce,
de l'opulente ville d'Antioche et d'autres princes et
villes, de grosses sommes d'argent ou des titres de
créance encore plus considérables. Tout cela ressemblait
fort à des exactions; mais l'exaction était passée en tribut
usuel, et sans vendre directement leur concours dans les
questions importantes, les deux généraux ne laissèrent
pas que de le faire payer par tous ceux dont l'intérêt
coïncidait avec celui de Rome. En somme et eu égard
aux temps, leur administration fut, relativement parlant,
digne d'éloges : ils eurent en vue d'abord le bien de la
République, et ensuite celui des provinciaux. Pour les
maîtres comme pour les sujets c'était un grand bonheur
que la transformation des pays clients en pays soumis,
que la meilleure délimitation des frontières d'Orient, que
l'établissement d'un gouvernement un et fort en Asie.
Quant à Rome, ses finances y gagnèrent dans une proportion incalculable : les nouveaux impôts directs payés
dorénavant par tous les princes et prêtres, et par toutes
les villes, sauf celles fort rares qui avaient la franchise,
élevèrent bientôt les revenus de la République à la moitié
en sus de l'ancien produit. A la vérité l'Asie souffrit
beaucoup. En argent monnayé et en bijoux, Pompée versa
dans les caisses du fisc environ 200,000,000 de sesterces
(15,000,000 *thal.* = 56,250,000 fr.), et distribua 16,000
talents (29,000,000 *thal.* = 108,750,000 fr.) à ses officiers
et à ses soldats. Ajoutez à ces chiffres les sommes énormes

rapportées par Lucullus, ajoutez-y les exactions non officielles prélevées par les légionnaires et les dommages
directs de la guerre, et vous aurez facilement l'idée de
l'épuisement financier du pays. Les contributions frappées
sur l'Asie par la République, dans leur somme et leur
mode, n'aggravaient en rien sans doute les rigueurs
fiscales des régimes antérieurs, mais elles avaient cela
de désastreux pour les territoires orientaux que leur
produit s'en allait tout à l'étranger, qu'il n'en revenait
qu'une très-mince portion en Asie, et que dans les
nouvelles comme dans les anciennes provinces l'impôt
était toujours le dépouillement organisé des sujets au
profit de la ville souveraine. Ne l'imputons point tant à
faute aux généraux qu'aux partis politiques dans Rome,
avec lesquels il leur fallait bien compter : il en prit mal
à Lucullus d'avoir vigoureusement lutté contre les excès
usuraires des financiers romains : leurs rancunes furent la
cause principale de sa chute. Lucullus et Pompée voulaient
sérieusement la restauration et la prospérité des pays
conquis; et leurs efforts le prouvent partout où ils
n'avaient plus les mains liées par les nécessités de parti :
dans l'affaire de la réorganisation des villes asiatiques,
par exemple, alors que pendant bien des siècles les ruines
de telle ou telle bourgade remettront en mémoire les
temps de la grande guerre, Sinope relevée et florissante
datera de Lucullus son ère nouvelle, et à l'intérieur du
Pont presque toutes les cités importantes auront pour
Pompée leur fondateur un culte de reconnaissance. Avec
bien des lacunes et des vices non méconnaissables, l'œuvre
de Lucullus et de Pompée dans l'Asie romaine n'en reste
pas moins une œuvre louable et intelligente; et quelques
lourds embarras qui s'attachassent au régime inauguré
par eux, il dut être le bienvenu pour ces peuples d'Asie
tant et tant de fois flagellés : il leur apportait du moins,
au dedans comme au dehors, la paix que leurs cris de
douleur appelaient depuis des siècles.

L'Orient eut la paix, en effet, jusqu'au jour où les maîtres de Rome, coalisés en triumvirat, reprirent, avec une énergie plus grande, mais aussi pour leur malheur, la pensée timidement éclose chez Pompée de rattacher les pays trans-euphratéens aux frontières de l'Empire. Il eut la paix jusqu'au jour, trop tôt venu, où la guerre civile renaissante emporta les provinces de l'est avec toutes les autres dans son tourbillon fatal. Dans l'intervalle, l'histoire n'a pas à relater les continuels combats des préteurs de Cilicie avec les montagnards de l'Amanus, des préteurs de Syrie avec les hordes du désert, et les collisions, souvent malheureuses, des troupes romaines avec les Bédouins. La résistance de l'opiniâtre nation juive veut, au contraire, être mentionnée. Tantôt c'est Alexandre, fils du roi dépossédé Aristobule, tantôt c'est Aristobule lui-même, échappé bientôt de sa prison, qui donne à faire au proconsul Aulus Gabinius (697-700). Trois fois ils ressuscitent la révolte, et, sans le bras de Rome, le grand-prêtre Hyrcan, institué par elle, serait impuissant à se soutenir. Ce n'était point simplement une opinion politique qui poussait les Orientaux à se regimber sous l'éperon : mieux que cela, une répugnance invincible leur faisait rejeter un joug contre nature ; et la dernière et la plus dangereuse de ces insurrections, faisant explosion au moment même où, sous le coup de la crise d'Egypte, l'armée d'occupation quittait la Syrie, débuta par le massacre de tous les Romains résidant en Palestine. Le proconsul eut mille peines à sauver les quelques Italiens échappés à la mort et qui s'étaient d'abord réfugiés sur le mont *Garizim*, où les révoltés les bloquaient. Il lui fallut, pour réduire ceux-ci, livrer de sanglants combats et mettre longuement le siége devant leurs villes. Après quoi, la monarchie sacerdotale est supprimée : la Judée, comme autrefois la Macédoine, est divisée en cinq cercles indépendants, gouvernés chacun par un conseil souverain pris dans l'aristocratie locale. *Samarie* et les autres capitales, jadis détruites par les Juifs, se relèvent et font contrepoids à Jérusalem : enfin un gros tribut est édicté, à l'instar de celui qui pèse sur les autres sujets de Syrie.

L'Egypte.   Jetons aussi un regard du côté de l'Egypte, du côté de l'île de Chypre, son annexe et la dernière des vastes conquêtes des Lagides lui restant encore. De tout l'Orient hellénique, l'Egypte seule a gardé, nominalement tout au moins, son indépendance. De même qu'autrefois, quand les Perses occupaient toute la région orientale de la Méditerranée, ils n'ont visité le Nil qu'à la dernière heure, de même les puissants triomphateurs venus d'Occident n'ont point eu hâte d'incorporer à l'empire cette terre féconde et semblable à nulle autre. Pourquoi ? Nous l'avons dit déjà. Non qu'une résistance quelconque fût à craindre, ou que les motifs et l'occasion eussent fait défaut. L'Egypte

81 av. J.-C.   était aussi faible que la Syrie. Déjà, en l'an 673, elle était échue à Rome par droit héréditaire (p. 183) : à la cour, les gardes du corps étaient maîtres absolus, faisant et défaisant à leur gré les ministres, et parfois même disposant de la couronne, prenant pour eux tout ce qui leur plaisait, tenant le monarque assiégé dans son palais, lorsqu'il leur refusait une augmentation de solde. Détestés dans le pays, ou plutôt dans Alexandrie, — car le pays comptait peu avec sa population d'esclaves attachée à la glèbe, — ils avaient contre eux tout un parti qui souhaitait l'incorporation de l'Egypte à l'empire de Rome, et travaillait à l'amener. Mais si les rois égyptiens ne pouvaient songer à une lutte armée contre la République, l'or qu'ils répandaient à flots les protégeait encore contre la menace d'une annexion. Ne sait-on pas que, sous le régime de décentralisation communiste et despotique en vigueur en Egypte, les revenus de la couronne d'Alexandrie égalaient à peu près ceux du fisc romain, même après les dotations dont Pompée l'avait récemment enrichi ? En outre, les jalousies soupçonneuses de l'oligarchie romaine s'étaient soulevées toujours à la seule pensée de

confier à un simple citoyen une mission de conquête ou
d'administration sur les bords du Nil ! Les maîtres de fait
de l'Egypte et de Chypre, à force de corruptions pratiquées
sur les membres influents du Sénat, avaient donc réussi,
comme par atermoiement, à conserver la couronne bran-
lant sur leurs têtes ; et le Sénat leur avait rendu leur titre
de roi à beaux deniers comptant. Encore étaient-ils loin
du but. Il eût fallu, pour satisfaire au droit public, un
vote formel du peuple ; jusque là, demeurant à la merci
d'un caprice du premier meneur venu de la démocratie,
les Ptolémées avaient aussi à livrer à ce parti les batailles
de la corruption : comme il était plus puissant, il se mettait à plus haut prix. L'issue ne fut pas la même dans
les deux pays. En 696, le peuple, ou plutôt les chefs de
la démocratie romaine, ordonnèrent l'incorporation de
l'île de Chypre, saisissant pour prétexte les secours que
les Cypriotes auraient donnés à la piraterie. Marcus Caton,
chargé par ses adversaires politiques de l'exécution du
plébiscite, descendit dans l'île sans armée [V. *infra*,
ch. VI, *in fine*] : il n'en avait pas besoin. Le roi prit du
poison : les habitants se soumirent à l'inévitable sort, sans
faire de résistance, et furent placés sous l'autorité du préteur de Cilicie. En même temps, la République mit la
main sur un immense trésor, 7,000 talents (près de
13,000,000 de *thal.* = 48,750,000 fr.), sur lesquels le
monarque, avare autant qu'amoureux de sa couronne,
n'avait pas su prélever un peu de ce métal corrupteur qui
l'eût sauvé : son or alla remplir à souhait les caves alors
vides de l'*œrarium*.

Son frère, le monarque d'Egypte, fut plus heureux. Il
obtint un plébiscite, payé 6,000 talents (11,000,000 de
thal. = 41,250,000 fr.) aux maîtres nouveaux qui dominaient à Rome, et la reconnaissance de son titre (695).
Mais le peuple, mal disposé depuis longues années contre
ce bon « joueur de flûte (*Aulète)* » et mauvais roi, exaspéré
d'une autre part à cause de Chypre perdue, écrasé d'im-

58 av. J.-C.

Incorporation
de Chypre.

Ptolémée
est reconnu
en Egypte.

59.

pôts allant croissant et intolérables en suite de la transaction conclue avec Rome (696), son peuple le chassa. Là-dessus Ptolémée de se tourner vers ses vendeurs, comme en cas d'*éviction :* et ceux-ci, pris de scrupule, considèrent qu'il est de leur probité commerciale de restituer le roi sur son trône : seulement ils ne sont plus d'accord dès qu'il s'agit du choix de leur mandataire. A qui donner, en effet, l'important commandement d'une armée d'occupation en Egypte ? A qui procurer l'immense cadeau que le roi destine à son sauveur ? Cette affaire ne put être réglée qu'après les conférences de Lucques [V. *infra,* ch. VIII] et la consolidation du triumvirat, qu'après promesse par le Ptolémée d'un nouveau versement de 10,000 talents (18,000,000 de *thal.* = 67,500,000 fr.). Aussitôt, le proconsul de Syrie, Aulus Gabinius, recevra des triumvirs l'ordre de faire le nécessaire pour le ramener dans ses Etats. Mais, dans l'intervalle, le peuple alexandrin a mis la couronne sur la tête de Bérénice, fille aînée du roi expulsé, et lui a choisi un époux parmi les princes sacerdotaux de l'Asie romaine, dans la personne d'Archélaos, grand-prêtre de Ma à Comana (p. 299). Celui-ci, pour aller s'asseoir sur le trône des Lagides, avait quitté un poste à la fois sûr et important. En vain il tente de gagner les hommes tout-puissants à Rome : puis, en désespoir de cause, il ose leur disputer son nouveau royaume, les armes à la main. Gabinius n'a pas pouvoir exprès de faire la guerre à l'Egypte, mais il a l'ordre d'agir des maîtres de la République ; il saisit aussi le prétexte de la piraterie que favoriseraient les Egyptiens, de la construction d'une flotte par Archélaos ! Il se montre tout à coup sur la frontière (699), traverse heureusement les déserts de sables qui séparent Gaza de Péluse, où tant d'invasions jadis étaient venues échouer, et il doit son succès principalement aux rapides et habiles mouvements du chef de sa cavalerie, *Marcus Antonius.* La place frontière de Péluse se rend avec sa garnison juive, sans se défendre. Plus loin, les Romains rencontrent les Egyptiens, les battent (là encore se distingua Marc-Antoine), et, pour la première fois, les aigles romaines se montrent sur les bords du Nil. Gabinius avait en face la flotte et l'armée d'Archélaos, rangées pour la dernière et décisive bataille. Il est de nouveau vainqueur : Archélaos tombe les armes à la main avec bon nombre des siens. La capitale se rend, et désormais toute résistance cesse. Le malheureux royaume est rendu à son tyran légitime. Déjà, dans Péluse, sans l'intervention généreuse d'Antoine, Ptolémée eût célébré sa restauration par des supplices en masse. Aujourd'hui, il va bride lâchée ; il pend, il coupe les têtes ; et sa propre fille, innocente victime, monte la première sur l'échafaud. Mais quand il fallut payer la récompense convenue avec les triumvirs, les efforts du roi se heurtèrent contre l'impossible. Le pays, épuisé, n'avait plus de quoi fournir l'énorme somme, même en prenant la dernière obole du pauvre. Du moins, le peuple fut maintenu calme : il restait, à cette fin, dans Alexandrie, toute une garnison d'infanterie romaine, avec de la cavalerie gauloise et germaine. Les troupes de la République avaient chassé les *prétoriens* indigènes, et malheureusement se conduisaient comme eux. A dater de ce jour, l'hégémonie de Rome se transforme, en Egypte, en une occupation militaire indirecte ; quant à la royauté nominale qui s'y continue, elle constitue bien moins un privilége qu'une double oppression pour le pays.

Une garnison
romaine
dans Alexandrie.

CHAPITRE V

L'aristocratie vaincue.

Avec la loi Gabinia les rôles étaient changés parmi les partis. L'élu de la démocratie ayant le pouvoir de l'épée, sa faction ou le groupe qui passait pour tel, avait aussi la toute-puissance dans Rome. La noblesse se tenait encore compacte, comme par le passé ; et de la machine des comices, il ne sortait que des consuls, « désignés dès les langes de l'enfance, » selon l'expression des démocrates : les maîtres de Rome eux-mêmes, n'auraient su ni commander aux votes, ni briser l'influence des anciennes familles. Mais juste à l'heure où s'est consommée l'exclusion presque entière des « hommes nouveaux, » voici que le consulat à son tour pâlit devant l'astre croissant du pouvoir militaire extraordinaire. L'aristocratie sentit la blessure, alors même qu'elle ne se l'avouait pas, et elle désespéra de son salut. A côté de Quintus Catulus qui, restant à son poste ingrat et luttant avec une honorable

60 av. J.-C. constance, demeura jusqu'à la mort (694) le champion d'une cause vaincue, on ne rencontre plus dans les rangs

nobles un seul optimate, qui mette quelque courage et
quelque fermeté au service des intérêts aristocratiques. On
vit alors les hommes les plus habiles et les plus célèbres
du parti, Quintus Métellus Pius et Lucius Lucullus, abdi-
quer réellement, et, dès qu'ils le purent faire avec décence,
se retirer dans leurs villas, oubliant le Forum et la Curie
au milieu de leurs jardins, auprès de leurs bibliothèques, de
leurs volières et de leurs viviers. Naturellement la génération plus jeune de l'aristocratie se précipite dans la même
voie : tout adonnée au luxe, aux loisirs littéraires elle s'efface, ou se prosterne devant le soleil levant. Un seul fait
exception : c'est *Marcus Porcius Caton* (né en 659). Homme
d'honnête vouloir et d'une abnégation peu commune, il
est bien l'une des apparitions les plus romanesques et les
plus étranges dans ce siècle fertile en bizarres figures. Plein
de loyauté et de constance, sérieux dans ses pensées et ses
actes, attaché à sa patrie et à la constitution léguée par
les ancêtres, avec cela d'intelligence lourde et lente, sans
ardeur des sens ou du cœur, il eût pu faire un bon
trésorier d'état. Malheureusement il devint l'esclave « de
la Phrase ; » et soit qu'il obéît à la rhétorique du Portique,
à ses abstractions stériles, à ses dogmes chauves et dé-
cousus alors en grande faveur dans les cercles de la haute
société, soit qu'il imitât l'exemple de son arrière grand-
père, se croyant vraiment appelé à le recommencer, il se
mit à parcourir les rues de la grande ville pécheresse,
jouant au citoyen modèle et au miroir de vertu, s'en
prenant, comme Caton l'ancien, au siècle et aux mœurs ;
marchant à pied au lieu d'aller à cheval, prêtant sans
intérêt, refusant les décorations militaires, et croyant
ramener le bon vieux temps, quand il se montrait sans
tunique, à l'instar du roi Romulus. Singulière caricature
de son grand ancêtre, du rustique barbon que la haine et
la colère firent un jour orateur, qui sut manier également
l'épée et la charrue, et qui frappait juste toujours avec
son gros bon sens, original et sain pour étroit qu'il était,

95 av. J.-C.

Caton.

on vit le jeune Caton, docte et froid philosophe, distillant de ses lèvres les axiomes de l'école, toujours assis un livre à la main, ne sachant ni la guerre ni métier quelconque, et voyageant dans les nuages de la sagesse contemplative. Ce fut ainsi pourtant que lui arriva l'influence morale, et par elle l'influence politique. En ces temps misérables et lâches, son courage, ses vertus négatives imposèrent à la foule : il fit école à son tour ; et plus d'un — tel modèle, telles copies ! — s'ajustant sur l'échantillon vivant, l'imita jusqu'à la charge. Dans la politique il pesa par les mêmes moyens. Il était le seul conservateur ayant un nom, chez qui à défaut de pénétration et de talent on pût à toute heure faire appel à l'honneur et au courage. Toujours prêt, qu'il en fût ou non besoin, à payer de sa personne, il devint bientôt le chef reconnu des optimates, alors que ni son âge, ni son rang, ni ses capacités ne justifiaient un tel choix. La circonstance n'exigeait-elle que la résistance opiniâtre d'un seul homme, Caton était là, et fixait le succès : dans les questions de détail, dans les questions de finances, il se montrait actif et utile : il ne manquait pas une séance au Sénat. Sa questure fut célèbre : tant qu'il vécut, il épluchait le budget des dépenses publiques, et, comme bien on pense, guerroya sans cesse contre les fermiers du fisc. D'ailleurs n'ayant rien, mais rien de l'homme d'état, impuissant à discerner devant lui le but politique ou à embrasser les situations : ne sachant, pour toute tactique, que faire front devant quiconque rompait ou semblait rompre avec le catéchisme traditionnel des mœurs et des idées oligarchiques ; par suite, frappant aussi souvent que sur l'ennemi sur ceux de son bord, enfin, le vrai Don Quichotte du parti, il fit voir, par toute sa conduite et ses actes, que s'il existait encore une aristocratie dans Rome, la foi politique aristocratique n'était plus rien qu'une chimère.

A continuer le combat contre un ennemi à terre, l'honneur eût été mince désormais. Pourtant, les démocrates,

on s'y attend bien, n'en continuèrent pas moins leurs
attaques. Comme on voit les valets d'armée se jeter sur un
camp pris d'assaut, la meute populaire se précipita sur
les débris de la noblesse ; et, tout au moins à la surface,
l'agitation politique soulevait les flots bouillonnants du
torrent. La multitude suivit ses chefs, d'autant plus
volontiers, qu'ils la tenaient en belle humeur. Gaius César,
entre autres, déploya le faste d'un prodigue dans ses jeux
(689), où brillait partout l'argent massif. Les cages des
bêtes féroces étaient aussi d'argent. Les largesses princières
de l'édile dépassèrent toute mesure, d'autant plus fas-
tueuses que César ne les faisait que sur emprunt. La
noblesse est assaillie de mille côtés à la fois. Les abus
du régime aristocratique y fournissant ample matière,
magistrats, avocats libéraux ou de couleur libérale, Gaius
Cornélius, Aulus Gabinius, Marcus Cicéron, continuent à
dévoiler systématiquement les vices criants et honteux
du régime oligarchique, et proposent les lois qui achèvent
sa défaite. Il est décrété qu'à l'avenir, le Sénat recevra
les ambassadeurs étrangers à jours déterminés [1], voulant
par là mettre un terme à l'usage des remises abusives
d'audience. L'action en justice est déclarée non recevable
pour les prêts faits dans Rome à ces mêmes ambassadeurs,
moyen violent et unique de couper court aux corruptions
passées à l'ordre du jour dans le Sénat (687) [2]. Une autre
loi restreint les droits du Sénat en matière de *dispenses
légales* (687) [3]. Un Romain de haut rang avait-il des

L'agitation démocratique.

65 av. J.-C.

67.

67.

---

[1] [Loi *Gabinia, de Senatu legatis (quotidie) dando* (Cic. *ad Quint.
fratr*. II, 13). Ces audiences étaient fixées du 1 février au 1 mars,
sauf exception pour les jours de comices (*Lex Pupia :* Cic. *eod. loc.*
V. aussi *ad fam*. I, 4).]

[2] [C'est encore une loi *Gabinia* qui refusa l'action quand l'intérêt
annuel dépassait 12 %. G. Cornelius, alors tribun, avait aussi pro-
posé d'interdire tous les prêts, quels qu'ils fussent. — V. dans Cic.
(*ad Attic*. V, 21, VI, 1, 2) l'historiette du prêt fait par *Scaptius* et
Brutus aux Salaminiens.]

[3] [Loi *Cornelia : ut nemo legibus solveretur*. Elle voulait que deux
cents sénateurs au moins eussent voté la dispense. — Cornélius,
accusé après son tribunat pour avoir lu sa rogation lui-même, malgré

affaires privées qui l'appelaient dans les provinces, il ne s'y rendait le plus souvent, que revêtu par le Sénat d'un caractère public [1]. Un tel privilége était un mal; on y voulut parer (694). On aggrava aussi les peines encourues par l'achat des voix et l'intrigue électorale (687, 691) [2] : à cet égard, les excès dépassaient toute mesure, surtout de la part des anciens sénateurs, qui rayés jadis des listes (p. 244), tentaient par leur réélection aux fonctions publiques, de se faire rouvrir les portes de la Curie. Enfin, une disposition légale expresse confirma la règle jusque là traditionnelle, qui astreignait les préteurs à se conformer dans leurs jugements aux termes de l'*Edit*, publié par eux, suivant l'usage, à leur entrée en charge (687) [3].

Ce ne fut pas tout : on voulut compléter l'œuvre de la restauration démocratique, et réaliser les grands principes des Gracques, dans chacune des parties de la constitution. Sylla, on s'en souvient, avait (V, p. 364) aboli la loi de *Gnœus Domitius* (V, p. 469) sur l'élection sacerdotale :

l'intercession de *Globulus*, son collègue, fut défendu par Cicéron. Il reste quelques fragments du plaidoyer *pro Cornel.*, fameux dans l'antiquité et que Quintilien loue en termes magnifiques (*Inst. orat.* 8, 3).]

[1] [C'est ce qu'on appelait la *legatio libera*. Le citoyen muni de ce privilége était défrayé par la province comme un ambassadeur, et rien ne fixait la durée de son voyage. Cicéron, durant son consulat, fit limiter à un an la *legatio libera :* mais bientôt César la prolongea jusqu'à cinq (Cic. *de legib.* III, 8; *de leg. agr.* 1, 3; *pro Flac.* 34; *Philipp.* 1, 2; *ad Attic.* XV, 11. — V. aussi Ascon. *in Cic. pro Cornel.*).]

[2] [Loi *Acilia Calpurnia* (687) et loi *Tullia* (691) *de ambitu*, celle-ci votée sous le consulat de Cicéron : la première prononçait l'amende, l'exclusion du Sénat et l'incapacité des fonctions publiques : la seconde y ajouta l'exil pendant dix ans. Elle fut suivie en 699 par la loi *Licinia, de sodalitiis*, tendant aussi à la répression de l'incurable délit (V. Dio Cass. XXXVI, 21. — Cic. *pro Muren.* c. 23; *pro Planc.* 18. — Dict. de Smith, v° *Ambitus*).]

[3] [Loi *Cornelia : « ut prœtores ex edictis suis perpetuis jus dicerent. »* On sait que l'édit du préteur, cette « *viva vox juris civilis* », avait pour objet « *adjuvandi vel supplendi vel corrigendi juris civilis gratia propter utilitatem publicam* » (Dig. 1, tit. I, § 7). Or il arrivait souvent que, corruption ou autre prévarication, le préteur se permettait de juger autrement que selon son édit, qu'il aurait dû suivre dans tous les cas *(perpetuum)* (V. Ascon. *in Cic. pro Corn.* — Dio Cass. XXXVI, 23).]

un plébiscite du tribun *Titus Labienus* la rétablit (694) [1].
On parlait souvent de l'annone : faisant voir combien on
restait loin encore du bon temps des lois frumentaires
semproniennes, oubliant à dessein les temps changés, les
finances publiques obérées, le nombre immensément accru
des citoyens romains, toutes circonstances qui rendaient
impossible le retour pur et simple à l'ancienne institution.
En même temps, on entretenait l'agitation dans le pays
d'entre le Pô et les Alpes, lequel voulait être mis sur le
même pied que le reste de l'Italie. Déjà en 686, Gaius
César y avait fait un voyage, s'arrêtant de ville en ville;
en 689, Marcus Crassus, alors censeur, avait voulu inscrire en bloc tous les Transpadans sur les listes civiques:
l'opposition de son collègue l'avait seule arrêté, et sous
les censeurs qui lui succédèrent, la même tentative se
répéta. De même qu'autrefois les Gracchus et les Flaccus
s'étaient faits les patrons des Latins, de même aujourd'hui
les chefs de la démocratie prennent en main l'intérêt de
la Gaule Transpadane; et il en coûta cher à *Gaius Pison*
(consul en 687) pour s'être un jour attaqué à l'un des
clients de César et de Crassus [2].

Par contre, ces derniers ne voulurent en aucune façon
élever la voix en faveur des affranchis, et solliciter pour
eux l'égalité politique. Le tribun *Gaius Manilius* [3], ayant,
dans une assemblée du peuple peu nombreuse (31 décembre
687), fait voter le renouvellement de la loi *Sulpicia* qui
leur conférait le droit de suffrage (V, pp. 238 et s.), les
meneurs désavouèrent net celui-ci, et dès le lendemain

---

[1]. [Ce *Labienus*, tribun pendant l'année du consulat de Cicéron,
fut l'accusateur de Rabirius (Cic. *pro Rab.*); il s'illustra plus tard
comme lieutenant de César dans les Gaules.]

[2] [Il s'agit ici de *G. Calpurnius Pison*, l'aristocrate, l'adversaire de
la loi *Gabinia* et de Pompée (pp. 255 et s.). On sait qu'il fut accusé
de déprédations commises au préjudice des Allobroges, pendant son
proconsulat dans la Narbonnaise (688, 689), et d'avoir injustement
fait mettre à mort un Gaulois transpadan. Cicéron le défendit (691).]

[3]. [C'est le tribun de la loi *Manilia*, votée en faveur de Pompée
(p. 259).]

de son adoption, la motion était, de leur propre assentiment, cassée par le Sénat. De même, en 689, un plébiscite expulsa de Rome tous les étrangers qui ne possédaient ni la cité, ni le droit des Latins[1]. Par où l'on voit que les successeurs des Gracques n'échappaient pas plus que les Gracques eux-mêmes aux inconséquences de leur doctrine politique : d'une part, ils faisaient entrer les exclus dans les rangs des privilégiés, et de l'autre ils maintenaient à ceux-ci leurs priviléges. Aux Transpadans César et ses amis montraient la cité romaine en perspective. Mais pour les affranchis ils ne voulaient rien faire ; et les rejetant dans leur infériorité politique, ils étouffaient en barbares la concurrence industrielle et commerciale que le génie des Grecs et celui de l'Orient venaient faire en Italie même aux Italiens.

Autre symptôme caractéristique. La démocratie voulut aussi revenir à l'ancienne juridiction des comices en matière criminelle [*judicia publica*]. Sans la supprimer absolument, Sylla l'avait en fait remplacée par les commissions du *meurtre* et de la *haute trahison* (V, p. 376) ; et nul ne pouvait sérieusement penser au rétablissement d'un système de procédure suranné, condamné d'ailleurs par ses propres vices pratiques longtemps avant le dictateur. Pourtant la souveraineté du peuple réclamant, tout au moins en principe, la consécration de l'autorité des citoyens dans le jugement des causes criminelles, le tribun

Titus Labiénus imagina d'accuser, en 691, un vieillard, qui trente-huit ans auparavant, avait tué ou passait pour avoir tué le tribun Lucius Saturninus (V, p. 182). Il le traduisit devant cette haute justice à qui, selon la légende, le roi Tullus avait autrefois déféré le jeune *Horace*, meurtrier de sa sœur. L'accusé était un certain *Rabirius*. Il n'avait point porté le coup de la mort à Saturninus :

---

[1] [Il s'agit ici de la loi *Papia, de peregrinis*. Son auteur, *C. Papius*, tribun du peuple, n'avait fait que renouveler les dispositions de la loi de *M. Junius Pennus* (628).]

mais il avait colporté sa tête autour des tables des aristocrates : en outre ses cruautés sanglantes et ses chasses
aux hommes lui avaient fait une notoriété honteuse parmi
les grands propriétaires d'Apulie. Ni son accusateur, ni
ceux plus sages qui se tenaient derrière lui, n'avaient
intérêt à ce que le misérable expirât sur la croix [1]. Aussi
laissa-t-on, sans trop s'élever là-contre, le Sénat apporter
en la forme un adoucissement au titre de l'accusation :
puis bientôt, les comices assemblés pour le jugement ayant
été congédiés sous un prétexte quelconque, le procès
lui-même tomba. Du moins on avait affirmé et soutenu le double *palladium* de la liberté romaine, l'appel au
peuple et l'inviolabilité du tribunat; et la démocratie remettait, pour ainsi dire, à neuf ses franchises judiciaires.

La réaction démocratique, dans toutes les questions où
étaient en jeu les personnes, se déchaîna plus passioné-
ment encore, dès qu'elle y trouvait jour et matière. Elle
n'osa pas, la prudence l'en empêchait, solliciter ou appuyer la restitution à leurs anciens propriétaires des biens
confisqués par Sylla : c'eût été là faire la guerre à ses
propres alliés, entrer en lutte avec les intérêts matériels :
or une telle lutte, la simple politique de tendance est rarement de force à l'engager. Et puis, en revenant sur les
biens confisqués, on ramenait à l'ordre du jour la question
du rappel des émigrés, alors hautement inopportune. En
revanche on fit de grands efforts pour rendre leurs droits
politiques aux enfants des proscrits (691). En même
temps, les principaux d'entre les sénatoriaux se voyaient
incessamment poursuivis et atteints dans leurs personnes.
Gaius Memmius, en 688, fit à Marcus Lucullus [2] un

Attaques contre
les personnes.

63 av. J.-C.

66.

---

[1] [L'*arbor infelix* était le supplice de la *perduellio*. — Sur le procès
de Rabirius, voir le plaidoyer de Cicéron, qui le défendit avec Hortensius, et le récit de Dio Cass. XXXVII, 26-28. — V. aussi Drumann,
III, p. 163 et s., et enfin Mérimée, *Etudes sur l'hist. rom.* II, p. 99
et suiv. — Rabirius eût été condamné si le préteur Métellus Céler
n'eût tout à coup enlevé le drapeau qui flottait au haut du Janicule.
Les comices furent aussitôt dissous.]

[2] [Il avait été questeur sous Sylla, et c'était pour des actes illégaux

procès d'opinion. Trois ans durant, on fit attendre aux portes de la ville, son frère, l'illustre, avant de lui accorder les honneurs du triomphe (688-691). Quintus Rex et Quintus Métellus, le conquérant de la Crète, essuyèrent pareille insulte. Une autre affaire fit grand bruit. L'un des chefs du parti, le plus jeune, Gaius César, en 691, osa disputer les fonctions du Grand-Pontife aux deux hommes les plus importants de la noblesse, Quintus Catulus, et Publius Servilius, le vainqueur de l'Isaurie; et le peuple consacra ses prétentions en le nommant [1]. Les héritiers de Sylla, son fils Faustus surtout, étaient sous le coup de menaces incessantes; on leur réclamait les sommes que le régent aurait détournées au préjudice du trésor. On ne parlait de rien moins que de reprendre les procès faits par les démocrates sur le fondement de la loi *Varia*, procès suspendu depuis l'an 664 (V, pp. 209, 222). Quant aux hommes compromis dans les rangs des *proscripteurs* du temps de Sylla, naturellement ils étaient chaque jour et avec acharnement traduits en justice. Quand l'on voit Marcus Caton, alors questeur, se tourner tout le premier contre eux, et dans son honnêteté maladroite (689) ré-clamer la remise des salaires du sang, comme un bien mal acquis et appartenant à l'État, on ne s'étonnera plus de voir, l'année d'après (690), César, en sa qualité de prési-dent du tribunal criminel [*duumvir perduellionis*] ne tenir aucun compte de l'ordonnance de Sylla, qui déclarait non punissable le meurtre du proscrit, et traduire devant les jurés et condamner souvent les plus fameux parmi les séides du dictateur, *Lucius Catilina, Lucius Bellienus, Lucius Luscius* [2].

Le jour se levait enfin où l'on pouvait de nouveau pro-noncer haut les noms des héros et des martyrs de la

et de couleur ultra-aristocratique, commis en cette qualité, qu'il se vit un jour recherché. Il fut acquitté.]

[1] [V. *Hist. de César*, I, p. 317.]

[2] [Catilina fut absous. — V. *Hist. de César*, I, p. 303.]

cause, et fêter leur mémoire. Les démocrates n'y man- Saturninus
et Marius
réhabilités.
quèrent point. Nous venons de dire comment Saturninus
avait été réhabilité par le procès fait à son prétendu,
meurtrier. Le souvenir de Marius était bien autrement
retentissant, et faisait battre les cœurs : or, il se trouvait
que ce même homme, qui naguère avait sauvé l'Italie
envahie par le flot des barbares du Nord, avait aussi pour
neveu le chef actuel du parti. La foule éclata en transports, quand, en 686, César, malgré la défense de l'édit, 68 av. J.-C.
montra un jour en plein Forum, aux funérailles de la
veuve de Marius, les traits vénérés du vainqueur de
Verceil. Un matin, trois ans après (689), on revit appendus 65.
au Capitole, étincelants d'or et de marbre, et à la place
même où Marius les avait dressés, les trophées que Sylla
avait fait abattre : aussitôt les vétérans, les invalides des
guerres d'Afrique ét cimbrique d'accourir, de se presser,
les larmes aux yeux, autour de l'image du chef aimé : ce
fut pour les masses un jour d'allégresse, et le Sénat n'osa
pas renverser ces insignes proscrits, qu'une main hardie
osait relever, au mépris des lois [1].

Néanmoins, toute cette agitation, ces querelles, et tout Insignifiance
des résultats.
ce bruit, n'avaient qu'une mince importance, à les juger
en homme d'état. L'oligarchie était bien vaincue, et la
démocratie tenait le gouvernail. L'ennemi gisant à terre,
tous, jusqu'aux derniers des plus petits, se précipitaient
et donnaient leur coup de pied : les démocrates repre-
naient possession de leur terrain, et relevaient leurs autels
et leurs dogmes : les doctrinaires du parti n'avaient point
de cesse qu'ils n'eussent rétabli de toutes pièces les priviléges populaires, et poussaient leur principe jusqu'au
ridicule, comme les ultra-légitimistes ne manquent jamais
de le faire. Tout cela va de soi, et peu importe, d'ailleurs.
Mais de cette agitation sans but, que pouvait-il sortir ? Elle
trahissait manifestement l'embarras des meneurs, cher-

[1] [V. *Hist. de César*, I, p. 301.]

chant en vain où se prendre, alors qu'en face d'eux ils n'avaient plus que des questions ou vïdées, ou purement secondaires.

Collision prochaine entre les démocrates et Pompée.

Dans la lutte contre l'aristocratie, la démocratie l'avait emporté : toutefois elle n'avait point vaincu seule; et elle avait à passer encore par l'épreuve du feu. Un compte lui restait à régler, non avec son ennemi, mais bien avec son allié plus puissant, avec l'homme qui lui avait procuré la victoire, avec celui qui tenait d'elle, alors qu'elle n'avait pas osé le lui refuser, un pouvoir politique et militaire, jusque-là sans précédents. A ce moment, le général, préposé aux affaires de l'Orient et des mers, était occupé à faire ou défaire les rois ; nul, si ce n'est lui, ne pouvait dire, combien de temps il demeurerait loin de Rome, à quelle heure il déclarerait finies les guerres par lui entamées. Comme tout le reste, l'époque de son retour, et aussi la décision dernière, reposaient dans ses mains. Pendant ce temps les partis attendaient, immobiles. Quant aux optimates, ils ne redoutaient point trop son retour : ils avaient tout à gagner, et rien à perdre, à la rupture visiblement prochaine de Pompée et de la démocratie. Les démocrates, eux, veillaient anxieux, et voulant parer à l'explosion imminente, ils disposaient leurs contre-mines durant le temps que

Projet d'établissement d'une dictature militaire démocratique.

l'absence du proconsul leur laissait encore. Ils s'abouchèrent avec Crassus; à celui-ci, pour combattre un rival haï et envié, nul autre moyen ne restait ouvert qu'une nouvelle et plus étroite alliance avec eux. Déjà, lors de la première coalition, César et Crassus, comme étant les moins forts, s'étaient tenus ensemble: aujourd'hui leur intérêt commun et un commun danger accroissent leur intimité: l'homme le plus opulent et l'homme le plus endetté de Rome scellent alors un pacte étroit. Tout en affectant d'appeler Pompée la tête et l'orgueil de leur parti, et de n'avoir plus de traits à lancer que contre les aristocrates, ils arment en silence contre

l'absent. Aux yeux de l'historien, leurs efforts pour
échapper à la dictature militaire dont ils sentent la
menace, sont autrement significatifs que l'agitation
bruyante menée contre la noblesse, masque habile dont
ils couvrent leurs desseins. Ils se remuaient, il est vrai,
comme derrière un nuage, et les traditions et les sources
ne s'éclairent à ce moment que par de rares échappées :
à jeter les ténèbres sur les événements, l'ère postérieure
aussi bien que les temps présents avait ses bonnes
raisons. Dans l'ensemble, les tendances, la marche des
faits, le but, tout est manifeste. Au pouvoir militaire on
ne pouvait faire efficacement échec que par une seconde
dictature militaire. Les démocrates voulurent donc, à
l'instar de Marius et de Cinna, s'emparer des rênes du
gouvernement; ils voulurent donner à l'un de leurs chefs,
soit la conquête de l'Égypte, soit la régence de l'Espagne,
soit tout autre commandement ordinaire ou extraordinaire, et dans ce général nouveau et dans son armée,
opposer un fort contrepoids à Pompée et à son armée.
Mais pour en arriver là, il leur fallait une révolution, en
apparence dirigée contre le gouvernement nominal, en
réalité contre Pompée, contre le *monarque* désigné [1] :
cette révolution, tous y travaillèrent avec ardeur, et du
jour où furent votées les lois Gabinia et Manilia, jusqu'à
celui du retour de Pompée (688-692), la conspiration fut   66-62 av. J.-C.
en permanence dans Rome. La capitale était en proie à la
fièvre : la colère sourde des gens d'argent, les paiements
arrêtés, les nombreuses banqueroutes, tous ces avant-

---

[1] Quiconque embrasse et étudie la situation politique du moment,
n'aura pas besoin de preuves spéciales et directes pour se convaincre
que le but final des machinations démocratiques de 688 et des années   66.
suivantes n'était point tant le renversement du Sénat que celui de
Pompée. Ces preuves d'ailleurs ne manqueront pas. Les lois Gabinia-
Manilia avaient porté un coup mortel à la démocratie. Salluste
l'atteste (*Catil.* 39) : il est aussi attesté que la conspiration de 688-   66.
689, et que la rogation de Servilius n'en voulaient qu'à Pompée (*Cat.*   65.
19; Valer. Max. 6, 2, 4; Cic. *de leg. agr.* 2, 17, 46). Enfin, le rôle
de Crassus dans la conjuration montre assez que c'était à ce dernier
qu'on s'attaquait.

coureurs de l'orage annonçaient la voie nouvelle où s'engageaient les partis. Le complot démocratique, allant chercher Pompée par dessus la tête du Sénat, amenait forcément la réconciliation du Sénat et de Pompée. Mais lorsqu'ils voulaient à la dictature pompéienne opposer celle de l'un de leurs favoris, les démocrates, à le prendre au vrai, se jetaient à leur tour dans les bras du pouvoir militaire ; pour chasser le démon, ils appelaient Béelzébub [1] : les principes, dans leurs mains, n'étaient plus qu'une question de personnes.

Alliance
des démocrates
avec
les anarchistes.

A cette révolution ainsi préparée par les meneurs du parti, et au renversement du régime actuel il y avait un préliminaire nécessaire, l'insurrection des conjurés faisant explosion dans Rome. Or, chose triste à dire, la matière inflammable était partout entassée, sur les hauteurs et dans les bas fonds sociaux. Inutile de revenir ici sur le tableau du prolétariat libre ou servile. Déjà, s'était fait entendre cette grave parole, que « seul, le pauvre peut représenter le pauvre ! » Déjà se faisait jour la maxime que la foule pauvre peut aussi bien que la riche oligarchie se constituer en puissance indépendante, et cessant de subir la tyrannie, jouer au tyran à son tour. Ces dangereuses opinions trouvaient écho jusque parmi la jeunesse des hautes-classes. Les raffinés de la mode, en même temps qu'ils dissipaient leurs fortunes, avaient tué en eux-mêmes les forces du corps et de l'esprit. Sous ce monde élégant, à la chevelure parfumée, portant barbe et manchettes taillées au dernier goût, adonné à la danse, à la cithare, et vidant les coupes du matin jusqu'au soir, s'entr'ouvrait un effrayant abime de corruption morale et sociale, de désespoir bien ou mal dissimulé, de projets, enfants du délire ou de l'étourderie. Là, tout haut, on soupirait après le retour des temps de Cinna, de l'ère des

---

[1] [Allusion au verset 27, XII, Évang. St Mathieu : « Et si c'est par Béelzébub que je chasse les démons, par qui vos enfants les chassent-ils ? » (Lem. de Sacy.)]

proscriptions, des confiscations, de la radiation des dettes :
là, se trouvaient des hommes, dont plusieurs de noble
extraction et de facultés peu communes, qui n'attendaient
qu'un signal pour tomber en brigands sur la société civile,
et regagner, par le pillage, les richesses dévorées par la
débauche. Jamais chef ne manque à voleurs qui se mettent en bande : ceux-ci eurent aussitôt leurs capitaines.
Un ex-préteur, *Lucius Catilina*, un questeur, *Gnæus
Pison*, se distinguaient entre tous par leur haute naissance et leur condition. Derrière eux, ils avaient brisé les
ponts : pleins de talents autant qu'effrontément dépravés,
ils dominaient leurs complices. Catilina surtout, fut l'un des
plus scélérats dans ce siècle fécond en scélératesses. Ses
tours de jeunesse appartiennent aux greffes criminels,
plutôt qu'à l'histoire : tout son extérieur, sa face blême,
son œil égaré, sa démarche moitié paresseuse et moitié
hâtive, trahissaient un sinistre passé. Il possédait à un
haut degré les qualités du chef de bande : sachant
jouir et sachant se priver ; ayant le courage, la connaissance des hommes, l'énergie du crime, et maniant en
maître l'épouvantable enseignement du vice, qui pousse
les faibles à leur chute, et après la chute au forfait. Avec
de tels éléments, c'était chose facile à des hommes, ayant
l'argent et l'influence, que d'ourdir un complot contre
l'ordre de choses actuel. Catilina, Pison et leurs pareils
se prêtaient volontiers à toute combinaison qui leur offrait
en perspective les proscriptions et l'annulation des dettes.
Catilina, d'ailleurs, haïssait l'aristocratie qui l'avait écarté
du consulat, comme corrompu et dangereux. Affidé de
Sylla, jadis il avait à la tête de ses Gaulois, donné la
chasse aux proscrits : il avait de ses mains tué un vieillard,
son propre beau-frère : aujourd'hui, passant dans l'autre
camp, il est tout prêt à y rendre de semblables services.
Un pacte secret est conclu. Les conjurés y entrent au
nombre de plus de quatre cents ; ils ont de nombreux
affiliés dans toutes les régions, dans toutes les villes

d'Italie. Il va de soi, d'ailleurs, qu'en écrivant sur le drapeau de l'insurrection le mot de leur programme, la suppresion des dettes, ils verront accourir en foule les recrues fournies par une jeunesse totalement dépravée.

En décembre 688, ainsi le disent les récits du temps, les chefs du complot crurent saisir l'occasion d'éclater. Les deux consuls élus pour 689, *Cornélius Sylla*, et *Publius Autronius Pœtus* venaient d'être convaincus en justice du crime de corruption électorale; et aux termes de la loi, ils avaient encouru la déchéance de leur expectative. Ils entrent tous deux dans la conspiration. Les conjurés décidèrent que ces hommes, de gré ou de force, monteraient sur les siéges consulaires : ce qui, pour les démocrates, revenait à s'emparer du pouvoir suprême. Ils devaient donc, le 1er janvier 689, jour où les nouveaux consuls inaugureraient leur magistrature, assaillir en armes la Curie, massacrer les consuls sortants et tous les autres personnages marqués pour l'hécatombe, et proclamer Sylla et Pœtus, après annulation par le peuple de la sentence qui les condamnait. Crassus alors prendrait la dictature : César serait fait maître de la cavalerie, avec mission, sans doute, de mettre sur pied une force militaire imposante, pendant que Pompée était au loin, guerroyant dans le Caucase. Capitaines et soldats, tous étaient achetés, tous avaient le mot d'ordre. Catilina, posté au jour fixé en un lieu voisin de la Curie, n'attendait plus que le signal que César, sur un mouvement de Crassus, allait soudain lui transmettre. Il attendit en vain : Crassus ne parut pas à la séance où tout se devait décider, et cette fois l'insurrection projetée avorta. On arrêta un nouveau plan de meurtre, et sur une plus vaste échelle, pour le 5 février: il ne put s'exécuter davantage: Catilina, dit-on, aurait donné le signal avant que les bandits commandés pour le massacre ne fussent tous arrivés. Le complot transpirait. Le gouvernement n'osait point attaquer les conjurés face à face : il se contenta de donner des gardes aux consuls; et à l'armée révolutionnaire, il opposa des bandes payées par l'État. On voulut éloigner Pison. La motion fut portée de l'envoyer en qualité de questeur *avec pouvoirs prétoriaux* dans l'Espagne citérieure; et Crassus donna les mains à sa nomination, espérant gagner par lui à l'insurrection une province importante et un utile secours. Il se fit d'autres propositions plus énergiques encore : mais elles tombèrent devant l'opposition des tribuns.

Tel est le récit traditionnel venu jusqu'à nous. Il reproduit, cela est clair, la version qui circulait parmi les hommes du gouvernement. Est-il vrai, et mérite-t-il créance jusque dans les moindres détails? C'est ce que, dans l'absence de moyen de contrôle, nous ne pouvons absolument décider. Sur la question capitale de la participation de César et de Crassus au complot, le témoignage accusateur de leurs adversaires politiques n'est point, sans doute, une preuve suffisante. On ne peut nier pourtant que dans leurs actes ostensibles, à ce même moment, on ne rencontre une frappante et exacte concordance avec les menées secrètes que les aristocrates leur imputent. Est-ce que déjà, Crassus n'agissait pas en révolutionnaire, quand, censeur dans cette année, il tentait d'inscrire les Transpadans sur les listes civiques (p. 349)? Que penser de lui quand on le voyait dans son même office, s'apprêter à porter et Chypre et l'Égypte sur les registres du domaine du peuple romain [1]? Et César, vers le même temps (689 ou 690), n'était-ce point à son

65. 64 av. J. C.

---

[1] Plutarch. *Crass.* 13; Cic. *de leg. agr.* 2, 17, 44. A cette même année 689 se place le discours de Cicéron *de rege Alexandrino*, qu'on a à tort, selon nous, rattaché à l'an 698. Cicéron y combat, les fragments qui nous restent le font voir, l'opinion de Crassus, lequel soutenait que par le testament du roi Alexandre l'Égypte était devenue *propriété* du peuple romain. En 689, la question pouvait se discuter. et dut être discutée : en 698, elle n'avait plus d'intérêt : la loi *Julia* de 695 avait tout tranché. D'ailleurs il s'agissait, en 698, non de savoir à qui appartenait l'Égypte, mais de rétablir le roi qu'une révolte avait chassé : toute cette affaire nous est bien connue, et Crassus n'y joue aucun rôle. Ajoutons qu'après la conférence de Lucques, Cicéron n'était plus en situation de lutter sérieusement contre aucun des triumvirs.

65.
56.

65.
56.
59. 56.

instigation que plusieurs tribuns allèrent demander au peuple de l'envoyer en Égypte pour y remettre sur le trône le roi Ptolémée, chassé par les Alexandrins? Ces manœuvres ont un air de parenté non méconnaissable avec les accusations du parti noble. Je n'affirme rien comme chose certaine : mais je tiens pour vraisemblable que Crassus et César s'étaient concertés; qu'ils voulaient, pendant l'absence de Pompée, s'emparer de la dictature militaire; qu'à cette dictature démocratique l'Égypte devait servir de piédestal; que l'insurrection avortée de 689 devait procurer la réalisation de ces projets; et qu'enfin Catilina et Pison n'étaient point autre chose que des instruments dans la main de Crassus et de César[1].

Le complot s'arrêta pour un temps. Les élections pour 690 se firent, sans que Crassus ni César renouvelassent leur tentative de main-mise sur le consulat : disons-le pourtant, leur abstention tint sans doute, en partie, à la candidature de Lucius César, parent du chef des démocrates, homme faible et se mouvant au gré de ce dernier. Sur ces entrefaites, les bulletins venus d'Orient précipitaient les choses. Déjà Pompée avait tout réorganisé en Asie-Mineure et en Arménie. Les stratéges de la démocratie avaient eu beau démontrer qu'on ne pourrait considérer la guerre du Pont comme finie, que quand Mithridate serait captif; qu'il fallait dès lors lui donner la chasse autour de la mer Noire, et se bien garder, surtout, d'aller au loin, s'engager en Syrie (p. 277) : Pompée, sourd à tous les commérages, avait quitté l'Arménie dès le printemps de 690, et était descendu vers les terres syriennes. Choisissant l'Égypte pour son quartier général, la démocratie n'avait plus de temps à perdre : rien de plus facile à Pompée que d'arriver sur le Nil avant César. La conspiration de 688, debout tout entière, au

65 av. J.-C.

64.

La conspiration recommence.

64.

66.

---

[1] [L'auteur de l'*Hist. de César* cherche à disculper son héros (I, p. 304). Sa tâche est difficile. Elle le deviendra davantage encore après l'explosion de la conspiration.]

lendemain des mesures plus que mollement prises pour
la réprimer, se remit à l'œuvre, aux élections consulaires
pour l'an 691. Les rôles étaient sans doute les mêmes,   63 av. J.-C.
et le plan n'avait en rien été changé. Comme la première
fois, les meneurs se tinrent en arrière. Les candidats
étaient Catilina lui-même, et *Gaius Antonius* [1], le plus
jeune fils d'Antonius l'orateur, et le frère de l'officier
revenu si mal famé de Crète. Sur Catilina on savait
pouvoir compter. Quant à Antonius, syllanien d'abord
comme Catilina, comme lui traduit plus tard en justice
par les démocrates, et expulsé du Sénat (pp. 236, 244),
au demeurant homme sans énergie, sans importance,
n'ayant rien des qualités du commandement, perdu de
dettes et insolvable, il se fit volontiers l'humble serviteur
du parti, moyennant qu'il obtînt le consulat et tous les
avantages inhérents à cette magistrature. Par ces deux
hommes, les chefs de la conjuration croyaient se rendre
maîtres du pouvoir, arrêter comme otages les enfants de
Pompée demeurés dans la capitale : ils armeraient ensuite
contre le proconsul en Italie et dans les provinces. Le
propréteur Pison, à la première nouvelle du coup frappé
à Rome, devait lever en Espagne citérieure l'étendard de
l'insurrection. Si l'on ne pouvait communiquer par mer
avec lui, Pompée fermant la Méditerranée, on comptait
sur le concours des Transpadans, ces vieux clients de la
démocratie, alors en fermentation violente, et qui naturellement auraient le droit de cité romaine pour récompense : on comptait aussi sur d'autres tribus gauloises [2].
Le complot étendait ses fils jusqu'en Mauritanie. Un des
conjurés, gros négociant, *Publius Sittius* de Nucérie, que
ses affaires embarrassées forçaient à rester loin de l'Italie,
avait ramassé dans ce pays et en Espagne une troupe

---

[1] [Surnommé *Hybrida : homo semiferus*, dit Pline (*Hist. nat.* 8, 53).]
[2] Les *Ambrans (Ambrani*, Suet. *Cæs* 9) ne sont point les *Ambrons*
de Ligurie (Plutarch. *Mar.* 19) : peut-être y a-t-il là une leçon corrompue, et s'agit-il des Arvernes.

armée d'enfants perdus ; et devenu chef de partisans, il parcourait l'Afrique occidentale, où son commerce lui avait fait des relations.

Election des consuls.

Mais ce fut dans les élections consulaires que le parti déploya toutes ses forces. Crassus et César, prodiguant l'argent, argent à eux ou d'emprunt, et mettant en mouvement, tous leurs amis, s'efforcèrent d'enlever la nomination de Catilina et d'Antonius : les compagnons de Catilina, attelés à sa candidature, firent de leur côté l'impossible pour porter au gouvernail celui qui leur promettait toutes choses, les charges publiques et les sacerdoces, les palais et les villas des aristocrates, l'abolition des dettes, principalement, et qui ayant promis, tiendrait sa parole, ils n'en doutaient pas. L'aristocratie était en grande détresse, ne pouvant mettre la main sur des candidats à elle. Se porter, c'était jouer sa tête. En d'autres temps, le péril eût attiré les citoyens. Aujourd'hui l'ambition se taisait devant la crainte. Les nobles eurent recours aux expédients des faibles : ils s'ingénièrent à combattre la brigue au moyen d'une loi nouvelle contre la vénalité des votes. Leur loi échoua par l'intercession d'un tribun. De guerre lasse, ils réunirent leurs voix sur un citoyen qui, sans leur agréer, n'était pas du moins homme à

Cicéron élu au lieu de Catilina.

faire le mal. Ce candidat n'était autre que Marcus Tullius Cicéron, bien connu pour nager entre deux eaux [1][2] ; en coquetterie tantôt avec les démocrates et

64 av. J.-C.

[1] Nul ne le montra mieux et plus naïvement que son propre frère *Quintus (de petitione consul.* 1, 5, 13, 51, 53, de l'an 690). En veut-on une preuve de plus ? Qu'on lise sans parti pris le second discours contre la loi agraire de Rullus : on y verra, non sans y prendre intérêt, comment le « premier consul qu'aient eu les démocrates » [*consul popularis*] sait mener son cher public par le nez de façon vraiment réjouissante, et lui enseigne la « vraie démocratie ! » [V. le début de ce discours, 1-5 et *passim.*]

[2] [M. Mommsen est sévère pour Cicéron dès qu'il le rencontre sur la scène politique. Cette sévérité choquera souvent les admirateurs du prince de l'éloquence latine, du philosophe honnête et du grand moraliste qui a écrit le traité des *Devoirs.* Pourtant, en politique, on ne peut nier que Cicéron n'ait eu ni ligne de conduite ni constance : la vanité, la faiblesse l'ont égaré bien des fois. Ballotté de

tantôt avec Pompée; faisant aussi les doux yeux et de loin à l'aristocratie; mettant son talent d'avocat au service de tout accusé important, sans distinction de parti ou de personne (n'avait-il pas eu un jour Catilina pour client [p. 322]?) : au fond n'appartenant à aucun parti, ou ce qui revient au même, fidèle au parti des intérêts matériels, lequel avait la haute main dans les prétoires, et accordait faveur à l'artisan de plaidoyer disert, à l'homme spirituel et de bonne compagnie! Dans Rome et hors de Rome, ses nombreuses relations lui donnaient des chances en face du candidat malheureux des démocrates : les Pompéiens, et la noblesse, celle-ci d'assez mauvaise humeur, votaient pour lui. Il fut élu à une grande majorité. Les deux candidats démocratiques obtinrent un nombre presque égal de voix : Antonius, grâce à sa famille, mieux posée, l'emporta de quelques unités seulement sur son concurrent. L'événement tournait contre Catilina, et délivrait Rome de la menace d'un second Cinna. Quelque temps avant, Pison, à l'instigation, du moins on le disait, de Pompée, son ennemi politique et son ennemi personnel, avait été massacré en Espagne, par son escorte d'indigènes [1]. Avec l'autre consul Antonius tout seul, impossible de rien entreprendre. Avant même leur entrée commune en charge, Cicéron sut rompre le faible lien qui rattachait son collègue au complot; et renonçant en sa faveur à son droit de tirage au sort des provinces consulaires, il le laissa, obéré qu'il était, prendre pour lui le riche et productif gouvernement de la Macédoine. Ainsi pour la seconde fois, le coup échouait, dès les actes préparatoires.

Pendant ce temps les affaires marchaient en Orient,

Pompée à César, du camp du peuple à celui de l'aristocratie, il a des puérilités d'ambition qui irritent; il se prosterne devant telle idole qu'il a insultée la veille. Il n'importe : Cicéron était patriote sincère et est mort pour la liberté. Sa fin absout et grandit sa vie.]

[1] Voici son inscription tumulaire, jadis retrouvée à Rome : *Cn. Calpurnius Piso quæstor pro pr. ex S. c provinciam Hispanium citeriorem obtinuit.* [*C. I. Lat.* de Mommsen, n° 598, p. 174]

Nouveaux
projets
des conjurés.

et l'orage s'y amassait, menaçant pour la démocratie. La réorganisation de la Syrie se faisait rapidement : déjà partaient d'Égypte de nombreux avis sollicitant l'intervention de Pompée,.et l'incorporation à l'empire romain : tous les jours on craignait d'apprendre que le proconsul n'allât de sa personne prendre possession de la vallée du Nil. C'est pour cette raison que César, sans doute, avait tenté de s'y faire envoyer directement par le peuple, avec mission de prêter aide au roi égyptien contre ses sujets révoltés (p. 330) : il échoua, lui aussi contre la répugnance de tous, grands et petits, à rien faire contre l'intérêt de Pompée. Celui-ci allait arriver bientôt, et avec lui la catastrophe probable : si souvent qu'eût été brisée la corde, il fallait encore tendre l'arc. La ville était en sourde fermentation : les meneurs tenaient de fréquentes conférences, attestant quelque nouvelle trame. Tout-à-coup,

64 av. J.-C.

Motion agraire
de
Servilius Rullus.

le 10 décembre 690, jour de l'entrée en charge des tribuns du peuple, ils se démasquèrent. L'un des tribuns, *Publius Servilius Rullus*, proposa une loi agraire qui devait placer les chefs du parti dans la situation si grande que les lois Gabinia et Manilia avaient faite à Pompée. L'objet apparent de la rogation était celui-ci : fonder en Italie des colonies, dont le territoire ne serait point acquis par voie d'expropriation, tous les droits privés demeurant garantis, au contraire, et les occupations illégitimes récentes elles-mêmes (p. 233) recevant le titre de la pleine propriété. Seul, le domaine affermé de Campanie serait découpé en parcelles et colonisé : pour le surplus des assignations, la République achèterait les terres nécessaires en la forme du droit commun. Mais pour ces achats il fallait de l'argent. On battrait donc monnaie, en vendant successivement ce qui restait encore de terres domaniales en Italie, et d'abord toutes celles du domaine extra-italique, c'est-à-dire, les anciennes possessions de la *mense royale* en Macédoine, dans la Chersonèse de Thrace, la Bithynie, le Pont, la Cyrénaïque,

et les territoires des villes complètement-incorporées de
par le droit de la guerre, en Espagne, en Afrique, en
Sicile, en Grèce, en Cilicie. On vendrait aussi tout ce que
l'État avait acquis, biens meubles ou immeubles, depuis
l'an 666, et qui restait encore disponible : la motion, ici,
avait principalement en vue Chypre et l'Égypte. Toutes
les cités sujettes, à l'exception de celles du droit latin et
des autres villes libres, seraient, aux mêmes fins, chargées
de lourdes taxes et de dimes. Enfin, et toujours pour
subvenir aux achats, il leur serait affecté le produit des
taxes frappées sur les nouvelles provinces, à dater de
692, et celui de tout le butin non encore régulièrement
employé : par cet article, Rullus mettait la main sur
toutes les sources de l'impôt ouvertes en Orient par les
victoires de Pompée, et sur tous les deniers publics restés
dans ses mains ou dans les mains des héritiers de Sylla.
Pour l'exécution, il serait nommé des *décemvirs* avec
juridiction et *imperium* spécial, lesquels demeureraient
cinq ans en charge, et auraient sous leurs ordres deux
cents officiers pris dans l'ordre équestre : ne pourraient
être nommés décemvirs que les candidats qui se présente-
raient en personne ; enfin, de même qu'aux élections sacerdotales (p. 64), sur les trente-cinq tribus, il n'y en aurait
plus que dix-sept d'appelées au vote, après désignation par
le sort. Sans beaucoup de clairvoyance, on comprend que
le futur collége décemviral était la copie du grand commandement Pompéien, avec une couleur moins exclusivement militaire, et à la fois plus démocratique. Il lui
fallait la puissance de juridiction, ayant à décider entre
autres la question de l'Égypte : il lui fallait la puissance
militaire, ayant à armer contre Pompée. Par l'exclusion
de la candidature des absents, on excluait celle de Pompée :
par l'amoindrissement du nombre des tribus votantes,
par le tirage au sort adroitement manœuvré, on mettait
l'élection dans la main de la démocratie.

Telle était la tentative de Rullus. Elle manqua complètement son effet. La multitude trouvait plus commode de recevoir à l'ombre, sous les portiques de Rome, l'an-none mesurée dans les magasins publics, que de s'en aller labourer la terre à la sueur de son front : elle fit à la rogation un accueil des plus froids. Elle sentit aussitôt que jamais Pompée n'accepterait un plébiscite qui le léserait à tous égards; et qu'il y avait péril, peut-être, à se donner à un parti à bout de voies, qui jouait son va-tout sur de telles offres. Dans ces conjonctures, le gouvernement fit tomber la motion sans trop de peine : Cicéron, le nouveau consul, saisit l'occasion et fit valoir son talent à enfoncer les portes ouvertes [1] : les autres tribuns n'eurent pas même à intervenir : l'auteur du projet le retira (1 janv. 691). Dans cette troisième campagne, la démocratie n'avait rien gagné qu'une leçon apprise à ses dépens : amour ou crainte, les masses tenaient toujours pour Pompée, et toute motion devait succomber sûrement, par cela seul qu'elle lui était reconnue hostile.

Fatigué de ses candidatures stériles et de tant de complots avortés, Catilina résolut de brusquer les choses, et d'aller droit au but. Il prit au cours de l'été toutes ses mesures pour commencer la guerre civile. *Fæsulæ* (*Fiesole*), forte place située au milieu de l'Étrurie, toute remplie d'hommes ruinés et de conspirateurs, et quinze ans avant, déjà, le foyer de la révolte de Lépidus, Fæsulæ sera de nouveau le quartier général insurrectionnel. On y envoie de grosses sommes d'argent, grâce surtout à l'assistance des nobles dames de Rome affiliées en nombre au complot : on y rassemble et des soldats et des armes : un ancien officier de Sylla, *Gaius Manlius*, brave et sourd

63 av. J.-C.

Armements anarchiques en Etrurie.

---

[1] [Nous avons, en tout ou en partie, trois des quatre discours prononcés par Cicéron, le premier devant le Sénat, les trois autres devant le peuple. Le second surtout est un chef d'œuvre d'art. Peut-être M. Mommsen va-t-il un peu loin. La porte à enfoncer n'était point toute ouverte : on le voit bien aux ménagements de l'orateur pour les Gracques (*de leg. agr.* 2, 5) dès qu'il n'a plus affaire au Sénat, mais au peuple.]

à tout scrupule de conscience autant que le fut jamais soldat de fortune, y prend le commandement à titre provisoire. Sur d'autres points de la péninsule il est fait de semblables et non moins grands préparatifs. Les Transpadans surexcités semblent n'attendre pour éclater qu'un signal. Dans le Bruttium, sur la côte orientale de l'Italie, à Capoue, partout où sont agglomérés les troupeaux d'esclaves, il semble qu'une seconde rébellion va tout-à-coup se déchaîner, pareille à celle de Spartacus. Dans Rome même, il se trame manifestement quelque chose : à voir l'arrogance provoquante des débiteurs quand, assignés en justice, ils comparaissent devant le préteur urbain, on se rappelle en frémissant les scènes qui jadis ont précédé le meurtre d'*Asellio* (V, p. 237). Une panique sans nom règne parmi les financiers : on juge nécessaire d'interdire de plus fort l'exportation de l'or et de l'argent et de faire bonne garde dans les principaux ports. Les conjurés s'étaient promis, venant les élections prochaines pour l'an 692, où Catilina se présentait encore, de tuer sans plus de façon le consul directeur du vote et tout compétiteur incommode, et d'enlever enfin à tout prix la nomination de Catilina, dût-on faire entrer dans Rome, s'il le fallait, les bandes ramassées à Fæsulæ et ailleurs, et briser violemment les résistances.

62 av. J.-C.

Cicéron avait des agents secrets, hommes et femmes, qui le tenaient heure par heure au courant de tous les mouvements des conjurés. Au jour marqué pour l'élection (20 octobre), il les dénonça en plein Sénat, en présence du même principal artisan de la conspiration. Catilina ne s'abaissa point à nier : il répondit fièrement, que « si » le vote du peuple tombait sur lui, au grand parti sans » tête dans la République il saurait bientôt donner un » chef qui renverserait la petite et débile faction avec » ses chefs infirmes ! [1] » Cependant comme il n'y avait

Nouvel échec
de la candidature
de Catilina.

---

[1] [*Duo corpora sunt reipublicæ, unum debile, infirmo capite, alterum firmum sine capite : huic cum ita de me meritum sit caput me*

point preuve de flagrant délit, le Sénat, sous le coup de ses inquiétudes, ne put que sanctionner à l'avance, et en la forme usuelle [1], les mesures extraordinaires dictées aux magistrats par les circonstances (24 octobre). La bataille électorale allait s'engager, véritable bataille bien plutôt qu'une élection : Cicéron, de son côté, s'était fait une force armée d'une troupe de jeunes hommes appartenant à l'ordre marchand, et quand vint le 28 octobre, jour auquel le vote avait été renvoyé, cette même troupe garnissait le champ de Mars et l'occupait en force. Les conjurés eurent beau faire : ils ne purent ni massacrer le consul ni tourner les voix en leur faveur.

L'insurrection éclate en Étrurie.

Mais déjà la guerre civile avait éclaté. Le 27 octobre Gaius Manlius avait levé ses aigles (il en montrait une du temps de Marius et de la guerre des Cimbres); appelant à lui l'armée insurrectionnelle, et convoquant les bandits de la montagne et les hommes des champs. Dans ses proclamations, fidèle aux traditions du parti populaire, il réclamait l'abolition de la dette écrasante, et l'adoucissement de la procédure. Quand la créance dépassait la fortune du débiteur, la loi n'entraînait-elle pas, comme par le passé, la perte de la liberté? Il semblait que la vile multitude, à Rome, se donnant pour l'héritière légitime des anciens plébéiens, et se rangeant tumultueusement en bataille sous les aigles glorieuses des guerres cimbriques, voulût souiller à la fois et le présent et le passé de la République. Rien ne sortit pourtant de cette levée de boucliers; et sur les autres points, la conjuration n'ayant pas les chefs déterminés dont elle avait besoin, les choses en restèrent aux armements accumulés en vain, et à des préparatifs de réunions secrètes. C'était là pour la République, une

---

vivo non deerit. Pro Muren. 25. M. Mommsen suit ici le récit fait par Cicéron lui-même. Salluste prête à Catilina une attitude plus humble d'abord (*Catil.* 31).]

[1] [*Darent operam consules ne quid detrimenti respublica caperet.* Sallust. *Catil.* 29.]

chance inespérée. En face d'une guerre civile depuis longtemps imminente et ouvertement annoncée, soit indécision des gouvernants, soit lourdeur de la machine
rouillée du pouvoir, on n'avait pris aucune disposition
militaire. On se décide enfin : on appelle les milices
aux armes : des officiers supérieurs sont envoyés dans
tous les pays italiens, qui devront, chacun devant soi,
écraser l'insurrection naissante : les gladiateurs esclaves
sont chassés de Rome, et de fortes gardes volantes sont
commandées pour veiller aux incendies que l'on redoute.

Mesures répressives.

Catilina se trouvait difficilement engagé. Il était dans ses
projets qu'au jour des élections l'explosion se fît dans
Rome et en Étrurie à la fois : avortant dans la ville, et
éclatant dans la province, le mouvement le mettait personnellement en danger, en même temps qu'il compro-
mettait le succès de toute l'entreprise. Rester à Rome ne
lui était plus possible, après la levée d'armes de ses complices à Fiésole; et pourtant il ne lui fallait pas seulement
décider à une prompte action les conjurés de la capitale,
il lui fallait encore les mettre en branle avant son propre
départ. Il les savait trop bien par cœur pour s'en remettre
à eux. Les principaux d'entre les conjurés étaient *Publius
Lentulus Sura*, consul en 683, plus tard expulsé du
Sénat, voulant y rentrer, et pour cela redevenu préteur;
les deux anciens préteurs *Publius Autronius* et *Lucius
Cassius :* tous trois, hommes sans capacité. Chez Lentulus
on ne trouvait qu'un aristocrate à grandes phrases et à
grandes prétentions, lent à comprendre, indécis à agir.
Autronius ne se distinguait que par la puissance de ses
poumons et de sa voix tonnante. Quant à Lucius Cassius,
nul ne savait comment un personnage aussi simple et
épais s'en allait se fourvoyer parmi les conspirateurs.
Catilina avait d'autres complices plus vigoureux, un jeune
sénateur, *Gaius Cethegus*, les deux chevaliers *Lucius
Statilius* et *Publius Gabinius Capito :* mais il n'osait
les mettre à la tête de ses bandes, tant, jusque dans leurs

Les conjurés à Rome.

71 av. J.-C.

rangs, la hiérarchie traditionnelle avait encore d'influence :
les anarchistes eux-mêmes n'eussent pas cru pouvoir
vaincre, n'étant point commandés par un consulaire,
ou tout au moins par un prétorien. Quelque pressant
appel qu'il reçût de l'armée de l'insurrection, quelque
danger qu'il y eût pour lui à rester plus longtemps à
Rome, alors que la révolte avait fait explosion, il se
résolut pourtant à ne pas partir encore. Habitué à en
imposer à force d'audace à ses lâches adversaires, il
continua à se faire voir en plein Forum et dans le Sénat :
opposant la menace à la menace, « qu'on se garde de
» me pousser à bout, s'écrie-t-il; une fois mis à la maison,
» il faudra éteindre le feu sous les ruines! » De fait, nul
n'osait, citoyen ou magistrat, porter la main sur le dangereux conspirateur : peu lui faisait d'être accusé de
violences et de voies de fait [*de vi*] par quelque jeune
noble : avant le procès vidé, la catastrophe ne serait-elle
pas depuis longtemps décidée? Mais il était dit que ses
projets avorteraient toujours : les agents du pouvoir
s'étaient glissés en foule parmi ses complices, et tous les
détails du complot étaient successivement révélés. Un
jour, les conjurés se montrent devant l'importante forteresse de Præneste (1er novembre), espérant l'enlever
par un coup de main : ils s'y heurtent contre une garnison renforcée et sur ses gardes. Les autres tentatives
n'aboutissent qu'à de pareils insuccès. Malgré sa témérité
et son audace, Catilina vit bien que son départ ne pouvait
plus être différé : mais avant, dans une dernière réunion
nocturne (6-7 novembre), les conjurés, sur ses instances,
décidèrent de mettre à mort Cicéron, ce consul qui dirigeait toute la contre-mine; pour n'être point trahis,
l'exécution devait avoir lieu sans délai. Dès le matin
(7 novembre), les assassins choisis venaient frapper à sa
porte : ils trouvent la garde renforcée, et on les éconduit :
les espions du Sénat les avaient encore devancés. Au jour
suivant, Cicéron convoque les sénateurs. Catilina osa se

présenter : il balbutia quelques mots de défense, en
réponse aux objurgations indignées du consul [1], qui
dévoile tous les préparatifs révolutionnaires des journées
précédentes : on ne veut pas l'entendre, et le vide se fait
sur les bancs autour de sa place. Là dessus, il quitte la
séance, et se rend, comme il l'a annoncé, en Étrurie, ce
qu'il eût fait plus tôt sans tous les incidents survenus dans
Rome. Là, il se proclame consul, et se place en observation, tout prêt à fondre sur la ville avec les insurgés,
à la première nouvelle de l'explosion attendue. Le Sénat
avait décrété de haute trahison, et Catilina et Manlius, les
deux chefs, et tous ceux qui dans un délai déterminé
n'auraient point déposé les armes : il avait appelé de
nouvelles milices. Mais l'armée dirigée contre Catilina était
sous les ordres du consul Gaius Antonius, compromis notoirement dans la conspiration : ce triste personnage
marcherait-il contre les insurgés? Irait-il au contraire les
joindre avec ses troupes? Tout roulait sur un hasard. Il
semble qu'on avait voulu l'ériger en un second Lépidus.
Quoi qu'il en soit, dans Rome, on ne fit rien ou on ne fit
que peu de chose contre les meneurs laissés derrière
par Catilina. Tout le monde les montrait au doigt : on
savait que le complot n'était rien moins qu'abandonné,
que même, avant le départ du chef, celui-ci avait réglé
les détails de l'exécution. Un tribun devait donner le
signal, en convoquant les comices : puis, dans la nuit
suivante, Céthégus se chargeait de tuer Cicéron : Gabinius
et Statilius allumaient l'incendie en douze endroits à la
fois; et pendant ce temps, Catilina arrivant avec son monde,
les communications se rétablissaient au plus vite entre eux
tous. S'il avait été pourvu par Céthégus aux préparatifs
urgents, si Lentulus, devenu le chef de l'armée des

Catilina
en Étrurie.

---

[1] [Il s'agit ici du fameux *Quousque tandem* et de la première
Catilinaire. — Dans la seconde, prononcée le lendemain au Forum,
devant le peuple, Cicéron raconte ce qui s'est passé, et revient sur
une foule de détails curieux.]

conspirateurs dans Rome, en l'absence de Catilina, s'était décidé à l'attaque sur l'heure, le coup monté pouvait encore réussir. Mais tous ces hommes étaient incapables et lâches plus encore que leurs adversaires : les jours, les semaines s'écoulèrent et rien ne se dessina.

Enfin, du camp du Sénat partent des mesures décisives. Lent et minutieux comme toujours, et cachant sous l'apparence des projets à vastes conceptions ou à lointaines perspectives l'ineptie qui s'attarde à l'heure forcée de la crise et de l'action, Lentulus avait noué des intelligences avec les députés de la cité gauloise des Allobroges, alors de séjour à Rome : il s'efforçait d'engager dans le complot ces représentants, endettés eux-mêmes par dessus la tête, d'une nation désorganisée : il était allé, comme ils quittaient la ville, jusqu'à leur adjoindre des affidés et leur donner des lettres pour ceux du dehors. Les Allobroges partent; mais dans la nuit du 2 au 3 décembre, ils sont arrêtés non loin des portes; on saisit leurs lettres et papiers. On vit alors que les envoyés gaulois s'étaient faits les espions de la République; ils n'avaient donné les mains à la conspiration que pour tenir d'elle les preuves tant souhaitées par le consul, et livrer ses chefs. Le matin venu, Cicéron décerne mandat contre les principaux et les plus dangereux : Lentulus, Céthégus, Gabinius et Statilius sont arrêtés : d'autres s'échappent. Détenus ou fugitifs, leur culpabilité était pleinement manifeste. Aussitôt l'arrestation des premiers, les lettres saisies sont produites devant le Sénat : ils n'en peuvent méconnaître ni les sceaux ni l'écriture : on interroge prévenus et témoins : on constate tous les faits à charge, les armes amassées dans les maisons, les menaces partout colportées. Le corps du délit était acquis, et établi juridiquement : les procès-verbaux les plus importants, par les soins de Cicéron, circulaient dans le public [1]. L'irritation était

Preuves saisies et arrestation des principaux conjurés.

[1] [Ce jour-là fut prononcée devant le peuple la troisième Catilinaire,

universelle contre les conjurés. Les oligarques eussent
volontiers tiré avantage des révélations qu'ils avaient dans
les mains, et demandé un compte sévère à la démocratie,
à César surtout : mais brisés et abattus qu'ils étaient
eux-mêmes, ils n'auraient pas su en venir à leurs fins,
comme aux temps des deux Gracques et de Saturninus :
pour eux, il y avait trop loin entre vouloir et pouvoir.
D'autre part, les incendies complotés par les conjurés
avaient soulevé la multitude; pour l'ordre marchand, pour
tout homme ayant le culte des intérêts matériels, la
guerre de débiteur à créancier dégénérait naturellement
en un combat à mort : toute la jeunesse du parti se
pressait autour du Sénat, frémissante, exaspérée, et menaçant, l'épée à la main, les complices avoués ou cachés
de Catilina. La conjuration était à ce moment paralysée :
s'il restait encore quelques-uns de ses meneurs debout
et libres, tout l'état-major, tous ceux chargés de l'exécution du complot étaient ou captifs ou en fuite; et
l'armée rassemblée sous Fæsulæ ne pouvait non plus
rien faire, n'ayant plus l'appui d'une insurrection dans
Rome.

Dans toute république régulière, quand a pris fin la
crise politique, il n'y a plus rien à faire que pour l'armée
et les tribunaux. Mais tel était le désarroi du gouvernement dans Rome, qu'il ne se sentait pas de force à tenir
sous les verroux deux ou trois hommes de la noblesse.
Déjà s'agitaient les esclaves, les affranchis de Lentulus
et de ses complices, détenus comme lui : tout se préparait,
disait-on, pour les arracher par la violence des maisons
privées où ils étaient gardés à vue[1]. Pendant les agitations
anarchiques des dernières années, il avait surgi dans la
ville de véritables entrepreneurs à forfait du désordre et
de l'émeute : Catilina averti de ce qui se passait, était aux

Délibérations
dans le Sénat.

où Cicéron rend compte des découvertes faites, et des mesures prises
dans la séance du Sénat.]

[1] [*In custodia libera.*]

portes, et pouvait à toute heure, avec ses bandes, tenter un coup d'audace. Ce qu'il y avait de vrai dans ces rumeurs, impossible de le dire : mais on était fondé à tout craindre, alors surtout que, conformément à la loi constitutionnelle, les consuls n'avaient sous la main ni troupes ni police suffisamment respectable. Rome, en réalité, appartenait à la première bande qui voudrait se ruer sur elle. On disait tout haut que, pour empêcher les tentatives en faveur des prisonniers, il convenait de les mettre à mort sans forme de procès. Mais à cela faire, on violait la loi. Aux termes du vieux droit sacro-saint de l'appel au peuple, pour porter contre un citoyen la sentence capitale, il fallait l'assemblée des citoyens : nul magistrat ne pouvait les suppléer en cet office; et depuis l'établissement des tribunaux de jury, les jugements publics étant tombés en désuétude, on n'avait plus entendu prononcer la peine de mort. Cicéron aurait donc mieux aimé résister aux redoutables suggestions de l'opinion. Quelque sceptique qu'il fût sur le point du droit, en tant qu'avocat, il n'ignorait point quel profit s'attache au renom de libéralisme, et tant de sang à répandre n'était point pour le convier à l'éternelle rupture avec la démocratie. Mais son entourage, et jusqu'à sa femme (celle-ci appartenant au beau monde [1]), le pressaient de couronner par un acte hardi les services qu'il venait de rendre à la patrie. Le consul, alors, ayant grand souci de ne point sembler lâche (c'est le propre des pusillanimes!), au fond, tremblant devant la tâche redoutable qu'il assumait, convoque le Sénat; dans sa perplexité, il lui laisse à décider de la vie ou de la mort des quatre prisonniers [2]. Conduite

----

[1] [*Terentia.*]

[2] [Son allocution au Sénat forme la quatrième Catilinaire. — On lira dans Salluste le discours de César, remanié peut-être, mais dont le fond semble conforme aux paroles réellement prononcées, discours admirable d'adresse et d'éloquence. Le complice secret des conjurés avait pour lui la loi constitutionnelle (Voy. aussi : *Vie de César*, I, p. 324).]

inconséquente, vraiment! Bien moins encore que le magistrat suprême, le Sénat avait les pouvoirs légaux de juridiction, et la responsabilité légale de l'acte n'en remontait pas moins tout entière au consul : mais depuis quand la lâcheté connait-elle la logique? César mit tout en œuvre pour sauver les coupables; et son discours, plein de menaces déguisées et d'allusions à l'inévitable et prochaine vengeance de la démocratie, laissa dans les esprits une impression profonde. Déjà tous les consulaires et la grande majorité avaient opiné pour l'exécution immédiate; et pourtant voilà que la plupart, et Cicéron avec eux, semblent revenir à l'emploi des formes de la loi. Mais Caton était là, Caton, étroit d'esprit, hargneux, et flairant la complicité chez quiconque soutenait un avis plus doux : il montra à ses collègues l'émeute prête à délivrer les captifs : il jeta sur ces âmes effrayées, hésitantes, une frayeur plus grande, et enfin arracha la résolution meurtrière à la majorité entraînée. L'exécution du sénatus-consulte appartenait à celui qui l'avait mis en délibération. Dès le soir du 5 décembre, à une heure avancée, les coupables sont extraits des maisons où on les garde: ils traversent le Forum encore encombré par la foule, et sont déposés dans la prison, où jadis on enfermait les criminels condamnés à mourir. C'était une sombre voûte, enfouie à douze pieds sous terre, au pied du Capitole, jadis simple puisard de fontaine [1]. Le consul en personne y conduisit Lentulus, les préteurs y menèrent les autres, tous sous bonne escorte : nul ne tenta de les délivrer, nul ne savait ce qu'on allait faire d'eux. Étaient-ils mis simplement en lieu plus sûr? Ou marchaient-ils au supplice? A la porte de la prison ils sont livrés aux Triumvirs ayant charge des exécutions capitales [2], et des-

Exécution
des Catilinariens

---

[1] [Le *Tullianum*, bâti ou restauré par Servius Tullius (I, pp. 62, 147, 313; II, p. 305). — Voy. aussi Dict. de Smith, v° *Tullianum*, appelé aussi « la prison *Mamertine*. »]

[2] [*Triumviri capitales*. Voy. Dict. de Smith.]

cendus dans l'oubliette, ils sont immédiatement étranglés, à la lueur des torches. Le consul, debout près de la porte, avait attendu la fin du sinistre drame : bientôt il repasse par le Forum, jetant de sa voix claire et bien connue, à la foule muette et anxieuse, ces simples mots : « Ils ont vécu ! [1] » Jusque dans le milieu de la nuit le peuple circula par les rues, acclamant Cicéron, envers qui il se croyait redevable du salut de ses maisons et de ses biens. Le Sénat ordonna des actions de grâce publiques ; et les principaux de la noblesse, Caton, Quintus Catulus, saluèrent du nom de « Père de la patrie », donné pour la première fois à un citoyen, l'auteur de la sentence exécutée dans le Tullianum. Quoi qu'ils fissent, c'était là un acte cruel, d'autant plus cruel que tout le peuple l'estimait grand et méritoire. Jamais gouvernement ne se montra plus au-dessous de sa mission que la République romaine en cette nuit fatale où la majorité du pouvoir, votant de sang-froid et avec l'assentiment public, disposa sans procès de la vie de détenus politiques, coupables et punissables devant la loi sans nul doute, mais qui jusque là n'avaient point encouru la peine capitale ; où on les tua en toute hâte, parce qu'on n'osait les confier à la prison, parce que la police régulière était impuissante. La tragédie, dans l'histoire, a presque toujours son côté comique : ici, le trait à noter, c'est de voir le plus brutal et le plus tyrannique forfait s'accomplissant par la main du plus inconséquent et du plus timoré des hommes d'État de Rome : c'est de voir le « *premier consul populaire* » qu'ait eu la République, choisi en quelque sorte pour porter la main sur le droit d'appel, sur le palladium des antiques libertés romaines !

L'conspiration dans la ville écrasée avant d'avoir pu éclater, restait à étouffer l'insurrection d'Étrurie. Catilina y avait trouvé réunis 2,000 hommes environ : mais les

L'insurrection
d'Étrurie
est vaincue.

----

[1] [*Vixerunt.*]

recrues lui arrivant en foule, sa bande s'était vite à peu
près quintuplée : déjà il avait deux légions quasi-complètes,
mais dont le quart seulement était suffisamment armé.
Il se jeta dans la montagne, évitant un choc avec les
troupes d'Antonius : il aimait mieux achever l'organisation de sa petite armée, et attendre l'explosion de la
révolte dans Rome. Il apprend sur ces entrefaites l'issue
contraire des événements : aussitôt ses hommes de se
débander : les moins compromis rentrent chez eux en
foule. Le reste, gens plus déterminés ou poussés par le
désespoir, tente de franchir les passes de l'Apennin et de
fuir en Gaule ; mais quand ils arrivent au pied des
montagnes, non loin de *Pistoria* (*Pistoie*), ils se trouvent
comme pris entre deux feux. Devant eux, se tient posté
le corps de Quintus Métellus, venu de Ravenne et d'Ariminum, et qui défend le versant du nord : derrière eux
sont les légions d'Antonius, que ses officiers ont enfin
décidé à marcher et à faire campagne au cœur de l'hiver.
La bataille s'engage entre les soldats de la République
et les insurgés, au fond d'une étroite vallée, dominée par
des hauteurs de rochers : quant au consul, il ne veut pas
se faire l'exécuteur de la vindicte publique contre son ancien
allié ; et sous un prétexte quelconque, il a ce jour-là,
donné le commandement à *Marcus Pétréius*, vieux capitaine, blanchi sous les armes. Le terrain laissait peu
d'avantage à ceux qui avaient pour eux le nombre.
Catilina, comme Pétréius, met par devant ses hommes
les plus sûrs : nul ne donne ou ne reçoit quartier. Le
combat dure longtemps : des deux côtés tombent bon
nombre de vaillants. Au moment d'en venir aux mains,
Catilina avait fait emmener son cheval et les montures
de tous ses officiers : il montra en ce jour que la
nature l'avait fait pour une destinée peu commune,
sachant commander en général et combattre en soldat.
Enfin Pétréius avec sa garde [la *cohorte prétorienne*]
enfonce le centre de l'ennemi qu'il disperse, et se retourne

à la fois contre les deux ailes : son mouvement décide la victoire. Les cadavres des Catilinariens (on en compta 3,000) couvraient le sol, alignés à leur rang de combat : quant à leur chef et à ses officiers, ils s'étaient jetés sur les Romains, quand ils virent tout perdu; ils avaient cherché et rencontré la mort (commencement de 692). Antonius victorieux malgré lui, reçut du Sénat le titre d'*imperator*, titre flétrissant, à vrai dire ! De nouvelles fêtes d'actions de grâces attestèrent que gouvernement et gouvernés, tous s'habituaient à la guerre civile.

La conspiration anarchique, à Rome et en Italie, avait été noyée dans les flots de sang : il n'en restait trace que dans les procès criminels, qui décimèrent à Rome et dans les villes étrusques, les affiliés de la faction détruite, et dans les bandes grossies des brigands. En 694, par exemple, il fallut la force militaire pour écraser aux environs de Thurium une troupe formée des débris des hordes de Spartacus et de l'armée de Catilina. Mais il importe de le constater : le coup porté aux anarchistes, qui complotaient l'incendie de la ville, ou combattaient à Pistoria, n'avait pas atteint qu'eux seuls : le parti démocratique était aussi frappé. Ce parti, comme il avait eu la main dans les machinations de 688, trempait encore dans celles de la veille : le fait, pour n'être pas juridiquement prouvé, en ce qui concerne César et Crassus notamment, n'en est pas moins certain aux yeux de l'histoire. De ce que Catulus, et les principaux des Sénatoriens avaient traité César de complice; de ce que César au Sénat avait parlé et voté contre l'assassinat judiciaire prémédité par l'oligarchie, il ne ressort nullement de là que sa complicité fût manifeste. Chicane de parti n'est point preuve. D'autres circonstances néanmoins viennent peser sur la balance. Des témoignages explicites, incontestables, montrent César et Crassus au premier rang parmi les fauteurs de la candidature consulaire de Catilina. Quand César, en 690, fit traduire les agents de Sylla devant

son tribunal (p. 322), il les condamna toùs, acquittant le
seul Catilina, le plus coupable et le plus infâme. Le 3
décembre, quand Cicéron déroulait ses révélations et les
noms des conjurés devant le Sénat, il ne fit pas mention
de ces deux mêmes personnages ; et pourtant il est sûr
que les dénonciateurs, outre ceux qui furent soumis à
l'interrogatoire, avaient aussi parlé de « nombreux inno-
cents » que le consul jugea à propos de rayer de sa liste.
Et plus tard, au bout de quelques années, quand il n'avait
plus les mêmes raisons de taire la vérité, il n'hésita pas
à ranger César parmi les conjurés. De même n'y avait-il
point une accusation indirecte, mais claire, à donner à
garder à César et à Crassus, en leur qualité de sénateurs,
deux des quatre conjurés arrêtés ce même jour (3 décembre),
les moins dangereux, il est vrai, Statilius et Gabinius.
Les laissant échapper, ils se trahissaient aussitôt devant
l'opinion publique : les retenant prisonniers, ils se séparaient de leurs complices, et se compromettaient aux
yeux de la faction. Un incident qui se passa dans le
Sénat fait voir l'embarras de leur situation. Lentulus
venait d'être arrêté avec ses consorts. Un agent de la
conspiration, envoyé à Catilina [*Tarquinius*] et enlevé sur
la route, était amené devant le Sénat, où, sous promesse
de l'impunité, il fit un aveu circonstancié. Quand il en
arriva à la partie la plus délicate de la confession, déjà
il nommait Crassus, comme étant celui dont il tenait sa
mission : aussitôt les sénateurs de l'interrompre, et sur
la proposition de Cicéron, d'anéantir toute la déposition
sans vouloir pousser plus loin l'enquête : puis, malgré
l'amnistie donnée, de mettre le messager en prison,
jusqu'à ce qu'il se rétractât, jusqu'à ce qu'il eût déclaré
qui l'avait incité à une telle imposture. On savait tout,
cela est clair. Témoin ce Sicinius qui, invité à s'attaquer à
Crassus, ne se soucia pas de « prendre le taureau par les
cornes ! [1] » La majorité des sénateurs et Cicéron le

[1] [Il s'agit ici du *Sicinius*, dont parle Plutarque (Crass., 7). « Il a
du foin à la corne » (*habet fœnum in cornu*), aurait-il dit.]

premier, ne voulaient pas que les révélations allassent
au-delà d'une certaine limite. Au dehors, on n'y mettait
point tant de façons : les jeunes gens, appelés aux armes
contre les incendiaires en voulaient à César plus qu'à nul
autre. Le 5 décembre, à sa sortie du Sénat, ils l'entou-
rèrent, la pointe de leurs épées contre sa poitrine, et peu
s'en fallut qu'il ne perdît alors la vie, en ce même lieu
où seize ans après il tombera sous les coups d'autres
meurtriers : à partir de ce jour il ne reparut plus à la
Curie. Concluons : à suivre et à étudier la marche de
toute la conspiration, on ne peut se défendre du soupçon,
que derrière Catilina, se tinrent à toute heure des hommes
plus puissants. Forts de l'absence de preuves juridiques
et complètes, de la tiédeur ou de la lâcheté d'un Sénat
à demi ignorant de l'état des choses et toujours prêt à
saisir prétexte à ne rien faire, ces hommes avaient
empêché le magistrat d'agir avec vigueur, procuré au
chef des insurgés les moyens d'un libre départ ; et quand
la guerre déclarée, on envoya une armée contre les
rebelles, ils avaient tout fait pour qu'elle tournât en
armée auxiliaire de la rébellion. Enfin, comme si ce
n'était point assez de l'événement du complot pour nous
en montrer les fils dans des mains plus hautes que
les mains de Lentulus et de Catilina, nous ne pouvons
passer sous silence la conduite ultérieure de César. Longtemps après, quand il sera au sommet du pouvoir, ne le
verrons-nous pas entretenir une étroite alliance avec les
rares Catilinariens encore vivants, avec *Publius Sittius*,
le chef de partisans de Mauritanie ? N'apportera-t-il pas,
dans le code du crédit et de la dette, ces mêmes adou-
cissements que sollicitaient les proclamations de Manlius ?
Voilà certes, bien des indices, et qui parlent clairement ;
et puis, à leur défaut même, ne voit-on pas manifestement que la démocratie, courbée, abattue devant le
pouvoir militaire qui avait grandi à côté d'elle, et plus
que jamais se faisait menaçant, ira chercher son salut
jusque dans les complots souterrains, jusque dans l'al-

liance avec l'anarchie. On était revenu à un état de choses semblable à celui des temps de Cinna. Pendant que Pompée, à peu près comme Sylla naguère, dominait en Orient, Crassus et César s'efforçaient de créer en Italie une force opposante; à l'instar de Cinna et de Marius, mais bien décidés à s'en servir mieux qu'eux, s'il était possible. Fallait-il pour arriver au but, passer par le terrorisme et l'anarchie? Catilina était leur homme. Naturellement et par décence, ils restaient au second plan, et laissaient la plus laide besogne à des mains plus sales, comptant bien s'installer plus tard sur le terrain politique conquis. L'entreprise manqua : aussitôt, chacun des nobles conspirateurs de cacher par tous les moyens son jeu de la veille. Enfin, quand plusieurs années après, le conspirateur d'aujourd'hui sera en butte à son tour aux complots, le voile s'épaissira de plus en plus sur ces années sombres de la vie du grand homme : il aura même ses apologistes, qui écriront des livres pour lui [1].

Depuis tantôt cinq ans, Pompée restait dans l'est, à la

----

[1] Je fais ici allusion au *Catilina* de Salluste, écrit par un *césarien* de profession, et publié en 708, soit pendant la régence de César, soit plutôt pendant le triumvirat de ses héritiers. Ce livre est tout un plaidoyer politique. L'auteur y parle à l'honneur du parti démocratique, devenu déjà le fondement de la monarchie romaine : il s'évertue à laver la mémoire de César d'une noire flétrissure, et à montrer blanc comme neige l'oncle du triumvir Marc-Antoine (cf., par exemple, Sall. 59, avec Dion Cassius, 37, 39). De même dans *Jugurtha*, Salluste avait voulu mettre à nu les misères du régime oligarchique, et célébrer Gaius Marius, le coryphée de la démocratie. De ce qu'en écrivain habile il a su dissimuler ses tendances apologétiques ou accusatrices, il ne s'ensuit nullement que ses livres, pour être admirables, ne soient pas des livres de parti. — [Nous renvoyons aux auteurs originaux, à Salluste, à Cicéron, à Suétone et à Plutarque (*Vies de César, Cicéron, Crassus et Caton le Jeune*). On lira de même et utilement le *Catilina*, de M. Mérimée (Paris, 1853) plus sévère pour César que l'empereur Napoléon III. Dans la vie de César (I, pp. 320-340) la conspiration n'est plus pour ainsi dire que politique : la guerre à la société, incendies, meurtres projetés, tout cela est mis en question ou très-atténué, et la participation de César est niée. C'est là aller trop loin en faveur de son héros. J'y relève aussi plus d'une pensée, plus d'une maxime qui fait songer aux événements de notre propre et moderne histoire (pp. 335, 339, 359, etc.) En revanche, le rôle de Cicéron, faible et inconsistant, me paraît justement apprécié.]

tête des armées et des flottes : depuis cinq ans la démocratie conspirait dans Rome pour le renverser, son insuccès était fait pour la décourager. Après d'indicibles efforts, elle n'avait rien gagné : loin de là, elle avait immensément perdu, moralement et matériellement. Déjà la coalition de 683 (p. 244) avait eu ses déboires pour les démocrates de pur sang, encore bien qu'en cette occurrence la démocratie n'avait dû pactiser qu'avec deux des principaux de l'autre parti, et leur eût imposé d'ailleurs son programme. Aujourd'hui elle a fait alliance avec une bande d'assassins et de banqueroutiers, presque tous transfuges du camp aristocratique ; et il lui a fallu, ne fût-ce que pour un temps, accepter leur plan d'opérations, avec le terrorisme des tristes jours de Cinna. Aussitôt elle s'aliéne le parti des intérêts matériels, cet élément si important de la coalition de 683 : celui-ci, éperdu, se jette dans les bras des optimates et de tous ceux qui voudront ou pourront le défendre contre l'anarchie. La multitude des rues, si peu hostile qu'elle se montre à l'émeute, trouve incommode cependant qu'on lui brûle les maisons sur la tête : elle se montre tiède. Circonstance remarquable, dans cette même année (694), on avait pleinement rétabli, par sénatus-consulte et sur la motion de Caton, les distributions frumentaires semproniennes. L'alliance des chefs des démocrates avec l'anarchie avait comme enfoncé le coin entre eux et la masse des citoyens de Rome ; et l'oligarchie, non sans un succès momentané, tenta d'élargir le schisme, et d'attirer le peuple à sa cause. Enfin Pompée allait revenir à demi averti, à demi irrité par toutes ces machinations : après tout ce qui s'était passé, après que les démocrates avaient, à vrai dire, brisé eux-mêmes les liens qui les rattachaient à lui, ils ne pouvaient plus vraiment lui demander (demande juste peut-être, en 684), de ne pas frapper de son épée cette même puissance qu'il avait portée en haut, elle, à son tour, le poussant au pinacle. Ainsi s'était déshonorée et

affaiblie la cause démocratique : percée impitoyablement
à jour, sans direction, sans énergie, elle succombait sous
le ridicule. N'est-il besoin que d'infliger l'humiliation
au régime oligarchique à demi mort, ou de s'agiter en
maintes frivoles menées, pour une telle tâche, elle est
grande et forte. Elle tombe à terre, à son tour, dès qu'elle
veut saisir l'objet politique de ses convoitises. Avec
Pompée, ses rapports n'étaient que pitoyable fausseté :
tout en accumulant louanges et hommages, elle ourdit
contre lui intrigue sur intrigue, qui l'une après l'autre
crèvent et s'évanouissent comme bulles de savon. Le
capitaine-général des terres et des mers de l'Orient, loin
de se mettre en défense, semble ne rien apercevoir de
toutes ces manœuvres; et ses victoires sur les démocrates
rappellent Hercule écrasant les Pygmées, sans s'en douter.
Un jour, ils tentèrent d'allumer l'incendie des guerres
civiles, et ne le purent : si la faction anarchique avait
déployé plus de vigueur, la démocratie pure, sans doute,
aurait pris ses bandes à gage : mais elle n'aurait su ni les
conduire, ni les sauver, ni mourir avec elles. Et ainsi,
la vieille oligarchie, ce corps à demi-mort, ravitaillé
soudain par les masses venues de l'autre camp, se ren-
contrant bientôt avec Pompée sur le terrain d'un intérêt
manifestement commun, avait repris des forces, repoussé
la tentative révolutionnaire et remporté sa dernière victoire. Durant ce temps, Mithridate était mort : l'organisation de l'Asie-Mineure et de la Syrie s'achevait : à toute
minute, l'Italie attendait le retour du proconsul. L'heure
décisive était donc prochaine : mais entre l'*Imperator*
revenant plus glorieux, plus puissant que jamais, et les
démocrates abattus, épuisés et dissous, à quelle part dans
la décision leurs chefs pouvaient-ils prétendre? Crassus
prépare l'embarquement de sa famille, de son or : il veut
aller chercher un asile en Orient; et César lui-même,
cette nature pleine d'énergie et de ressort, César semble
tenir la partie pour perdue. Cette même année (694),   63 av. J.-C.

il se portait candidat au grand-pontificat (p. 322) :
quand il sortit de sa maison, le matin de l'élection, on
l'entendit s'écrier que, s'il ne réussissait pas, il n'en repas-
serait plus le seuil [1].

[1] [*Plutarch. Cœs.*, 7. — *Vie de César*, 1, pp. 317-319.]

CHAPITRE VI

RETOUR DE POMPÉE. COALITION DES PRÉTENDANTS

Lorsque Pompée, sa mission accomplie en Orient, tourna ses regards du côté de sa patrie, il y vit le diadème pour la seconde fois sous sa main. Depuis longtemps la marche de la République la menait à la catastrophe : pour tout spectateur impartial, il devenait manifeste, et mille fois la prédiction s'était répétée, qu'au jour où le régime aristocratique prendrait fin, il ferait nécessairement place à la monarchie. Terrassé à la fois par l'opposition libérale, et par la dictature des armes, le Sénat expirait; et au début du nouvel ordre de choses, il ne s'agissait plus déjà que de la consécration des personnes nouvelles, des noms et des formes. Nettement indiqués d'ailleurs dans le mouvement mi-parti démocratique, mi-parti militaire, les événements des cinq dernières années avaient achevé le travail déjà ancien de la transformation politique. En Asie, dans ces provinces qui s'obstinaient à voir un Roi dans tout réorganisateur venu

Pompée
en Orient.

de Rome, qui le vénéraient à l'égal d'un successeur d'Alexandre, et traitaient en princes ses affranchis preférés, Pompée avait assis le fondement de sa prépotence : armée, trésor, auréole de gloire, il avait trouvé là tout ce dont avait besoin le futur monarque de Rome. Et dans la capitale même, les complots anarchiques, doublés de la guerre civile, faisaient cruellement sentir à quiconque avait le sens des affaires ou seulement le culte des intérêts matériels, combien un régime sans autorité, sans force armée à ses ordres, combien le régime sénatorial, en un mot, laissait l'État en butte à la tyrannie ridicule et cruelle tout ensemble des chevaliers d'industrie de la politique; et combien alors devenait inévitable la révolution constitutionnelle qui saurait associer l'épée au pouvoir civil : sans elle, la société ne pouvait plus se tenir debout! Pendant qu'en Orient s'était constituée la puissance, le trône se dressait en Italie : selon toute apparence, l'année 692 allait être la dernière de la République, la première de la monarchie.

62 av. J.-C.

Les adversaires du futur monarque.

Pourtant, il fallait combattre encore avant de toucher au but. Une constitution, vieille de plus de cinq cents ans, de la ville obscure des bords du Tibre avait fait une prodigieuse et magnifique capitale; cette constitution avait plongé ses racines à des profondeurs inconnues, et l'on ne pouvait dire jusqu'à quelles couches sociales la tentative révolutionnaire aurait à enfoncer le soc. Dans la lice ouverte aux compétiteurs, Pompée les avait tous distancés : il ne les avait pas complètement vaincus. Il lui fallait prévoir la coalition de tous les éléments hostiles à sa nouvelle puissance : il allait avoir en face, et unis pour le renverser lui-même, Quintus Catulus et Marcus Caton à côté de Marcus Crassus, de Gaius César et de Titus Labienus. Quoi qu'il en soit, la lutte, pour être inévitable et sans nul doute sérieuse, ne pouvait pas s'entamer sous de meilleurs auspices. N'était-il pas tout-à-fait vraisemblable, que sous l'impression récente de la

révolte de Catilina, tout le parti du juste-milieu se ran-
gerait derrière un pouvoir qui promettait l'ordre et la
sécurité, fut-ce au prix des libertés publiques, que la
foule des capitalistes, soucieuse uniquement de ses intérêts
matériels, qu'une grande partie de l'aristocratie, politiquement désorganisée et sans espoir pour elle-même,
accueilleraient volontiers la transaction opportune qui
leur garantirait, par la main du prince, la richesse, le
rang et l'influence? Enfin toute une fraction de la démocratie, affaissée sous le coup de récentes blessures, ne
s'accommoderait-elle pas d'un chef militaire porté jusque
sur le trône, aussitôt qu'elle en pourrait attendre la
réalisation de bon nombre de ses vœux. Du reste, quel que
fût l'état des partis, en général, tout n'allait-il point
au moins dépendre de l'attitude des partis en Italie, tant
au regard de Pompée que de ses légions victorieuses?
Vingt ans avant, quand il avait conclu avec Mithridate
une paix jugée nécessaire, Sylla, revenant dans Rome,
s'était vu en face de toute une immense faction libérale,
armant depuis longtemps, englobant les aristocrates modérés, les spéculateurs aux opinions avancées et jusqu'aux
anarchistes. Pourtant, avec ses cinq légions seules, il
avait su faire une restauration qui allait contre le cours
naturel des choses. Bien moins difficile était la tâche de
Pompée. Il revenait, lui, ayant pleinement et conscien-
cieusement accompli sur terre et sur mer les missions
diverses dont il s'était chargé. Nulle opposition sérieuse
à craindre, si ce n'est peut-être de la part des partis
extrêmes, impuissants chacun pris en soi, et qui, s'ils
se mettaient ensemble, n'étaient rien qu'une coalition de
factions ardentes à se faire la guerre ou séparées par
l'abîme. Cette opposition n'avait ni armes, ni armée, ni
tête : en Italie, nulle organisation : dans les provinces
nul appui pour elle; et son général, elle avait à le chercher encore. Où trouver dans ses rangs un capitaine de
renom, un officier assez osé pour appeler les citoyens

aux armes contre Pompée? Et puis, qu'on ne l'oublie pas, depuis soixante ans sans discontinuer, le volcan de la révolution avait jeté feu et flammes : il s'était épuisé dans ses embrasements et tendait visiblement à s'éteindre. Il était douteux qu'on eût aujourd'hui réussi à soulever les Italiques pour une cause et des intérêts, levier puissant hier encore dans les mains de Cinna et de Carbon. Que Pompée y fasse effort, et l'on assistera bientôt à un changement de régime, que la marche de la machine politique indique comme l'événement naturel, et en quelque sorte nécessaire.

Mission de *Népos* à Rome. 63 av. J.-C.

61.

Pompée avait bien choisi son heure, lorsqu'il s'était fait envoyer en Orient : il sembla vouloir poursuivre sa voie. A l'automne de 691, *Quintus Métellus Népos* quitta le camp du proconsul et s'en vint à Rome briguer le tribunat, disant tout haut qu'une fois nommé, il préparerait la candidature de son général au consulat pour l'année 693, puis lui ferait déférer, par plébiscite exprès, le commandement de la guerre contre Catilina. L'agitation dans Rome était énorme. On ne pouvait douter que Népos n'agît sur instructions directes ou indirectes de son général. A vouloir ainsi rentrer en Italie à la tête de ses légions d'Asie, revêtu de l'*imperium* et exerçant le pouvoir suprême dans le civil et dans le militaire, celui-ci faisait manifestement un pas de plus sur la route du trône : l'envoi de Népos était comme l'annonce officielle de la monarchie.

Pompée en face des partis.

Quelle conduite allaient tenir les deux grands partis politiques, devant de telles ouvertures? De là dépendait leur position à venir, et le sort du peuple romain. D'une autre part, l'accueil que rencontrerait Népos allait dépendre des rapports d'entre les partis et Pompée, rapports d'une nature toute particulière. En partant pour l'Orient, Pompée était le général de la démocratie. Ayant, certes, maints motifs d'en vouloir à César et aux amis de César, il n'en était point encore venu à la rupture ouverte. Je tiens

pour probable que loin des lieux et portant ailleurs tous
ses soins, plus que malhabile aussi à prendre le vent dans
les choses de la politique, il n'avait pas, jusqu'à cette
heure, au moins, mesuré dans leur enchaînement et leur
étendue, les trames ourdies contre lui par les démocrates :
peut-être enfin du haut de sa superbe à courtes vues,
voulait-il ignorer quel travail de taupe se faisait sous
ses pas. Ajoutez à cela, que la démocratie, flatterie irrésistible pour un homme de ce caractère, prodiguait à
toute heure au grand héros les témoignages extérieurs du
respect; que la veille même, en 691, et spontanément,   63 av. J.-C.
ainsi qu'il l'avait pour agréable, elle l'avait, par un plébiscite, surchargé d'honneurs et d'insignes glorieux
(p. 304). N'y eût-il pas eu tout cela, encore y allait-il de
son intérêt bien compris de rester, en apparence au moins,
l'ami du parti populaire. Démocratie et monarchie se tou-
chent par une affinité étroite; et au moment où la main du
général se portait vers la couronne, il lui fallait comme par
le passé se donner pour le champion des libertés. Donc,
motifs personnels et motifs politiques, tout concourait,
en dépit du passé, à maintenir l'alliance entre Pompée et
les chefs de la démocratie. D'un autre côté, rien n'avait
été fait pour combler l'abîme qui depuis son entrée dans
le camp démocratique, le séparait des Syllaniens ses
anciens amis. Sa querelle avec Métellus et Lucullus avait
soulevé leurs coteries à la fois nombreuses et influentes.
L'opposition mesquine du Sénat, d'autant plus irritante
qu'elle se prenait à un homme tout composé de petitesses,
l'avait suivi dans tout le cours de ses campagnes. Il
souffrait cruellement de ce que le Sénat n'avait rien fait
pour honorer dignement en lui l'homme d'un extraordinaire génie, ou mieux, pour le récompenser extraordinairement. N'oublions pas non plus que l'aristocratie
s'enivrait de sa victoire de la veille, que la démocratie
se sentait humiliée, et qu'enfin la première ayant pour
guide Caton, le plus follement entêté des hommes, la

démocratie, au contraire, obéissait à César, le plus souple
meneur d'intrigue qui fût.

On en était là, quand l'envoyé de Pompée arriva à
Rome. L'aristocratie ne vit pas seulement une déclaration
de guerre contre l'ordre établi dans les propositions dont
il était porteur, elle les reçut ouvertement comme telles,
et ne dissimula pas le moins du monde ses inquiétudes
et sa mauvaise humeur. Dans le but exprès de les combattre, Marcus Caton se fit aussitôt élire tribun du peuple
avec Népos, et repoussa brutalement les efforts géminés
de Pompée qui voulait se rapprocher de lui. On le comprend, Népos alors se montra peu disposé à ménager les
aristocrates ; et il se rejeta d'autant plus volontiers du
côté de leurs adversaires, que ceux-ci, dociles comme
d'habitude, acceptèrent ce qu'ils ne pouvaient empêcher,
et plutôt que de les voir enlever par les armes, concédè-
rent amiablement et le généralat en Italie et le consulat.
L'entente cordiale se manifesta bientôt. Népos (décembre

694) de concert avec les démocrates, inflige son blâme
aux exécutions récentes votées par le Sénat, à des meurtres
judiciaires attentatoires à la loi constitutionnelle ; et
Pompée, son seigneur et maître, pensait de même, lui qui,
à la volumineuse apologie que Cicéron lui avait envoyée,
n'avait voulu répondre que par un silence significatif [1].
Au même moment César, ouvrant sa préture, demandait
compte à Quintus Catulus des sommes par lui détournées,
disait-on, à l'occasion de la reconstruction du temple
capitolin, et en confiait l'achèvement à Pompée. Ce premier acte était un coup de partie. Catulus depuis seize ans
déjà dirigeait les travaux, et semblait vouloir s'y perpétuer
jusqu'à la fin de sa vie : en s'attaquant à des abus commis
dans l'exercice d'un mandat public et que protégeait seule
l'importance du personnage officiel, César élevait une

---

[1] [V. Cic. (*ad famil.* V, 7) : lettre à Pompée, où il se plaint de ce
silence.]

accusation pleinement fondée en même temps que grandement populaire. On suggérait à Pompée l'ambition d'effacer le nom de Catulus de dessus ces murs, monument le plus noble de la plus noble ville du monde, et d'y inscrire le sien à la place : chose par dessus tout convoitée, et chose nullement dommageable pour la démocratie, on lui conférait d'excessifs et vides honneurs. On le brouillait enfin avec l'aristocratie, laquelle à aucun prix ne pouvait laisser abattre son meilleur champion.

Népos apporta devant le peuple ses motions conçues dans l'intérêt de son général. Mais voici qu'au jour du vote, Caton et son ami et collègue *Quintus Minucius* opposent leur intercession. Népos n'en tient compte : il continue sa lecture : on en vient à une vraie mêlée. Caton et Minucius se jettent sur leur collègue et le contraignent à s'arrêter. Puis accourt une troupe armée qui le délivre, et qui chasse les aristocrates du Forum. Alors Caton et Minucius de revenir à la charge, accompagnés eux aussi d'hommes armés : ils restent maîtres du champ de bataille. Enhardi par cette victoire de ses partisans sur la faction adverse, le Sénat suspend de leur charge et Népos le tribun, et César le préteur (celui-ci avait appuyé la motion de tout son pouvoir). Leur destitution fut même proposée; Mais Caton s'opposa à une telle mesure, non point tant parce qu'elle était inconstitutionnelle que parce qu'elle était inopportune. César, d'ailleurs, sans se préoccuper de la suspension prononcée, continuait d'exercer sa charge, attendant que le Sénat employât contre lui la force. La foule, dès qu'elle sut ce qui se passait, s'attroupa devant sa maison, et lui offrit ses services : il ne tint qu'à lui de commencer aussitôt la guerre des rues, ou tout au moins de reprendre les propositions de Métellus Népos, et de faire donner à Pompée le commandement militaire d'Italie qu'il désirait tant. Mais comme il n'y allait point là de son intérêt, il invita la multitude à se disperser, après quoi le Sénat retira la sentence disciplinaire. Quant à Népos, il avait quitté Rome, en se voyant suspendu, et s'embarquant pour l'Asie, il avait été dire à Pompée les tristes résultats de son ambassade [1].

Les choses tournaient à souhait pour Pompée. Si le chemin du trône passait de toute nécessité par la guerre civile, l'incurable sottise de Caton donnait pour la commencer les meilleurs prétextes. Après la condamnation illégale des partisans de Catilina, après les violences inouïes commises contre un tribun du peuple, un Métellus Népos, il pouvait tirer le glaive contre l'aristocratie, se poser en défenseur du droit d'appel et de l'inviolabilité du tribunat, ces deux palladiums des libertés de la République romaine, et en même temps, soldat de la cause de l'ordre, marcher contre les bandes des Catilinariens. Il semblait impossible qu'il ne saisît point l'occasion, ou qu'il allât une seconde fois, et les yeux ouverts, se jeter dans le piége où il s'était pris en 684 en licenciant son armée, et d'où la loi Gabinia l'avait enfin tiré. Eh bien ! quand il n'avait plus qu'à prendre le bandeau royal et à le ceindre sur son front, quand il le convoitait de toute son âme, et le cœur et la main lui manquèrent à l'heure de l'action. Homme ordinaire en toutes choses, sauf dans ses ambitions, il se rêvait au-dessus de la loi, à la condition que son rêve s'accomplît sans avoir de sa personne abandonné le terrain légal. Déjà ses hésitations, en Asie même, faisaient pressentir sa conduite. Rien de plus facile, s'il l'eût voulu, que d'entrer, dès janvier 692, avec flotte et armée, dans le port de Brindes, et d'y recevoir Népos. Mais il s'attarda en Asie durant tout l'hiver (691-692), retard fâcheux et dont profita l'aristocratie. Elle poussa autant qu'elle put et précipita la guerre contre Catilina, et anéantit ses bandes : à quelle bonne raison maintenant recourir pour garder les légions qui rentrent en Italie? Pour un homme d'un tel caractère,

---

[1] [V. sur tout cet épisode la *Vie de César*, I, p. 341-343.]

n'ayant foi ni en lui-même ni en son étoile, dans sa vie publique péniblement cramponné à la formalité légale, ayant besoin, pour agir, d'un prétexte presque plus encore que d'un droit, Catilina à détruire eût fait un lourd poids dans la balance. Et puis, Pompée se disait que même licenciés, ses soldats resteraient en quelque sorte sous sa main; qu'en cas de besoin, il saurait, avant tout autre chef de parti, mettre une nouvelle armée en campagne : il se disait que la démocratie prosternée attendait son signal, que pour se défaire d'un sénat intraitable, il n'était pas besoin de l'épée, toutes raisons ayant du vrai et qui, avec cent autres de même genre, ne pouvaient que paraître plausibles à qui cherchait à se tromper soi-même. Et puis, au dernier moment, sa nature timide l'emportait. Il était de ces hommes qui sont capables d'un crime, et n'osent se montrer insoumis : d'outre en outre, il n'était qu'un soldat, dans le bon et dans le mauvais sens du mot. Aux grands esprits la loi s'impose comme une nécessité morale : pour les esprits médiocres elle n'est que la règle traditionnelle et quotidienne : c'est pour cela aussi que la discipline militaire, chez qui la loi, plus que partout ailleurs, se change en habitude, enserre les indécis comme en un lien magique. Que de fois n'a-t-on pas vu le soldat, préméditant l'insubordination contre son chef, rentrer de lui-même, et soumis, dans le rang, à la voix qui commande l'obéissance? Ce sentiment, *Lafayette* et *Dumouriez* l'ont connu, quand à la dernière heure ils hésitèrent à trahir et manquèrent le succès! Pompée ne sut pas s'y soustraire.

Quoi qu'il en soit, à l'automne de 692, il fait voile vers l'Italie; et pendant que dans Rome tout se prépare pour la réception du nouveau monarque, voici qu'arrive la nouvelle, qu'à peine débarqué à Brindes, le général a congédié ses légions, et que, suivi de quelques hommes seulement, il s'est mis en route pour la capitale. S'il y a bonheur à pouvoir ramasser sans peine une couronne,

62 av. J.-C.

jamais, il faut le dire, le Destin n'avait autant fait pour un mortel que pour Pompée : mais à qui n'a pas le courage, les dieux prodiguent en vain leur faveur et leurs dons.

Pompée
de nouveau
annulé.

61 av. J.-C.

Les partis respirèrent. Pour la seconde fois, Pompée abdiquait : ses concurrents évincés pouvaient rentrer dans la lice, où, chose singulière, il allait lui-même se montrer de nouveau. En janvier (693), on le revit à Rome. Sa position était fausse, vacillante entre les partis, à ce point qu'on l'appelait *Gnæus Cicéron* par dérision. Il s'était brouillé avec tout le monde. Les anarchistes, en lui, voyaient un adversaire, les démocrates un ami incommode, Marcus Crassus un rival, la classe riche un protecteur douteux, les aristocrates un ennemi déclaré [1]. Il était plus que jamais tout-puissant : sa clientèle militaire dispersée dans toute l'Italie, son influence dans les provinces, celles de l'est surtout, son renom de capitaine, ses énormes richesses, lui donnaient une importance à laquelle nulle autre ne se pouvait comparer. Pourtant au lieu de l'enthousiasme sur lequel il comptait, il ne rencontra qu'une réception froide ; et plus froid encore fut l'accueil fait à ses demandes. Il réclamait pour lui-même, ainsi qu'il l'avait annoncé par la bouche de Népos, un second consulat, et naturellement aussi la confirmation de tous les arrangements réglés en Orient, enfin, l'accomplissement des promesses qu'il avait faites à ses soldats, à savoir, des assignations sur le domaine. A tout cela le Sénat répondit par une opposition systématique, fomentée principalement par les rancunes personnelles de Lucullus et de Métellus le Crétique, par la vieille jalousie de Crassus, et les absurdes cas de conscience de Caton. Le second consulat lui est nettement et sèchement refusé.

---

[1] Cicéron raconte l'impression produite sur le peuple par son premier discours *(ad Attic.* 1, 14) : « *Prima contio Pompei non jucunda miseris* (la canaille), *inanis improbis* (les démocrates), *beatis* (les riches) *non grata, bonis* (les aristocrates) *non gravis : itaque frigebat.* »

Déjà, quand il s'était mis en route, le Sénat avait rejeté
sa première demande tendant au report de l'élection
consulaire pour 693 jusqu'après son arrivée dans la ville :   61 av. J.-C.
encore moins pouvait-il espérer un vote de dispenses
l'affranchissant de la loi syllanienne qui portait l'interdiction des secondes candidatures (V, p. 365). En ce qui
touche l'organisation provinciale, il désirait, cela va de
soi, une approbation générale pure et simple : Lucullus
fit décider qu'il serait délibéré et voté spécialement sur
chacune des mesures prises. C'était ouvrir le champ à des
tracasseries sans fin, et lui préparer mille petites défaites.
Le Sénat ratifia en gros les promesses d'assignations à
donner aux soldats de l'armée d'Asie : mais il en étendit
le bénéfice aux légions crétoises de Métellus ; et ce qui
fut pis, l'exécution ne suivit pas, les caisses de la République étant vides, et les sénateurs ne voulant pas pour de
telles largesses mettre la main sur les domaines disponibles.
Pompée désespéra d'être jamais maître de l'opposition
maligne, opiniâtre de la Curie : il se tourna du côté
du peuple. Mais là encore il se fourvoya. Les chefs du
parti démocratique, sans marcher ouvertement contre
lui, avaient autre chose à faire que d'épouser ses intérêts:
ils se tinrent à l'écart. Quant à ses instruments et à ses
créatures, comme les consuls *Marcus Pupius Pison*, élu
pour 693, et *Lucius Afranius*, élu pour 694, lesquels   61. 60.
devaient leur nomination à son influence ou à son
or, ils furent aussi malhabiles qu'inutiles. Un jour
enfin, un tribun du peuple, *Lucius Flavius* ayant pro-
posé, sous forme de loi agraire générale, les assignations
de terre pour les vétérans Pompéiens, la motion, non
appuyée par les démocrates, combattue publiquement
par les aristocrates, ne réunit que la minorité des voix
(commencement de 694). Pendant ce temps, Pompée   60.
jouait le démagogue, sans adresse et sans succès : sa
considération y perdait, sans qu'il en vint à ses fins. Il
s'était complètement enferré. Un de ses adversaires dé-

peignait d'un mot sa situation politique : « Pompée, » s'écriait-il, « n'a souci que de garder silencieusement sa pauvre toge brodée (la toge triomphale !) » [1] S'irriter, bouder, était tout ce qu'il lui restait à faire !

César grandit.

Alors une autre combinaison s'offrit. Le chef du parti des démocrates avait su agir et mettre à profit les heures de calme politique qui avaient suivi le retour du général jusque-là tout puissant. Au moment où celui-ci quittait l'Asie, l'importance de César ne dépassait pas de beaucoup celle de Catilina, la veille : il n'était guère alors que le chef d'une faction dégénérant en un club de conspirateurs, il n'était guère qu'un homme perdu de dettes.

62 av. J.-C.

Depuis lors, au sortir de la préture (692), il avait été promu au gouvernement de l'Espagne ultérieure : grâce à sa position nouvelle il lui avait été possible et de satisfaire ses créanciers, et de préparer les fondements de sa gloire et de son influence militaires. Son vieil ami et allié Crassus, espérant retrouver en lui, contre Pompée, le point d'appui qu'il avait perdu en la personne de Pison (p. 329), s'était laissé gagner ; et avant même qu'il partît pour sa province, il l'avait allégé du fardeau de ses dettes les plus criardes. Enfin, durant son court séjour en Espagne, César avait énergiquement travaillé à sa fortune future. On le vit revenir, en 694, ses coffres pleins, salué

60.

Imperator, ayant des titres sérieux aux honneurs du triomphe, et briguant le consulat pour l'année suivante : mais comme le Sénat lui refusait l'autorisation de poser, absent, sa candidature, il renonça au triomphe sans nulle hésitation [2]. Depuis bien des années, la démocratie avait lutté pour porter l'un des siens à la fonction suprême : de là, à mettre la main sur le pouvoir militaire, il n'y

---

[1] [*Togulam illam pictam silentio tuetur suam.* — Cic. *ad Attic.* I. 18. Toute cette lettre est extrêmement curieuse.]

[2] [L'*imperator* victorieux et appelé au triomphe devait rester hors de Rome jusqu'au jour fixé. — V. *Histoire de César*, 1, p. 363. — V. *infra*, ch. VII, le résumé des campagnes de César en Espagne durant sa propréture.]

aurait eu qu'un pas à franchir. Depuis longues années
les hommes clairvoyants, dans tous les partis, constataient
qu'il n'était point donné à l'agitation civile de terminer
la lutte, et que l'épée seule trancherait tout. D'une autre
part la coalition des démocrates et des principaux chefs
d'armée, si elle avait mis fin à la suprématie du Sénat,
n'aboutissait jamais qu'à l'inexorable issue, la subor-
dination complète de l'élément populaire à l'élément
militaire. Si le parti voulait être le maître, il lui fallait
donc, non pas s'allier aux généraux appartenant à l'autre
camp et hostiles, mais faire ses propres chefs généraux.
Les tentatives avortées de Catilina n'avaient point eu
d'autre but : ailleurs et sans plus de succès, on avait été
chercher une position militaire en Espagne, en Égypte.·
Aujourd'hui enfin, l'occasion s'offrait d'assurer à l'homme
le plus considérable du parti, et cela, par les moyens
ordinaires et constitutionnels, le consulat avec la province
consulaire, de fonder, à proprement dire, la dynastie
démocratique, et de s'affranchir de Pompée, allié à la fois
équivoque et dangereux.

Mais, plus il importait au parti d'entrer dans cette voie
(elle n'était point tant l'issue la meilleure que l'issue
unique) avec de sérieuses perspectives de succès, plus il
fallait s'attendre à la résistance acharnée des adversaires.
Quels adversaires allait-on avoir devant soi? Toute la
question était là. L'aristocratie, laissée à elle-même,
n'était point redoutable : mais on avait vu, par la chute
de Catilina, ce qu'elle pouvait faire encore, dès qu'elle
avait l'appui plus ou moins déclaré des hommes voués
aux intérêts matériels, et des partisans de Pompée. Elle
avait su maintes fois déjouer la candidature consulaire de
Catilina : on pouvait être sûr qu'elle tenterait la même
chose à l'égard de César. Que si celui-ci l'emportait, son
élection n'était point encore le gain de la partie. Il lui
fallait tout au moins plusieurs années d'un commandement actif, exercé sans obstacles, hors de l'Italie, pour

Seconde
coalition entre
Pompée,
César et Crassus.

se créer une forte position militaire; et la noblesse, durant ces temps préparatoires, n'allait-elle pas recourir à tous les moyens pour contrecarrer ses plans? Comment donc faire pour isoler l'aristocratie ainsi qu'en 683 et 684 (p. 241)? Une idée s'offrait naturellement : celle d'une alliance nouvelle, solidement fondée sur l'intérêt de chacun, entre les démocrates avec Crassus leur allié, d'un côté, et Pompée avec la haute finance, de l'autre? Mais pour Pompée, c'était le suicide qu'une telle alliance. Son ascendant politique tenait à ce que, seul parmi les chefs de parti, il disposait des légions dans une certaine mesure, et même après leur licenciement. La démocratie ne tendait à rien moins qu'à lui ôter la prépondérance, à lui créer un rival, en mettant son chef à côté de lui. Jamais, sans doute il ne se prêterait à la combinaison, et bien moins encore dès qu'il s'agirait de pousser de ses mains au généralat ce César, qui, simple agitateur de la rue, lui avait suscité jadis tant d'embarras, et qui tout récemment, en Espagne, avait fourni les preuves les plus éclatantes de sa capacité militaire. Et cependant, en butte tous les jours à l'opposition chicanière du Sénat, placé en face de la multitude à laquelle il demeurait indifférent, lui et ses convoitises, Pompée se voyait dans la situation la plus difficile, la plus humiliante, au regard de ses anciens soldats surtout. Son caractère étant donné, le tirer de peine, c'était mettre à coup sûr la main sur lui, et le gagner 'à la coalition. Quant au soi-disant parti des chevaliers, on le retrouvait toujours là où était la puissance : il allait de soi qu'on n'aurait point longtemps à l'attendre, aussitôt que la nouvelle alliance entre Pompée et la démocratie se manifesterait au plein jour. Ajoutons qu'à cette heure même, les rigueurs, louables d'ailleurs, de Caton contre les publicains, avaient de nouveau brouillé la haute finance avec le Sénat.

Ainsi fut conclue le seconde coalition, au cours de l'été de 694. On assurait à César le consulat pour l'année sui-

vante, et ensuite le proconsulat. Pompée obtenait la
ratification de ses ordonnances d'Orient, et la réalisation
des assignations foncières promises à l'armée d'Asie : les
chevaliers s'engageaient à procurer à César, par le vote
populaire, ce que le Sénat lui avait refusé : enfin Crassus,
l'inévitable Crassus, allait au moins prendre place dans
l'alliance, sans profits spéciaux pour une adhésion
qu'il ne pouvait, en tout état, refuser. Ainsi, les mêmes
éléments, et presque les mêmes personnes, qui s'étaient
coalisés dans l'automne de 683, pactisaient encore ensemble
en 684 : mais quelle différence dans la situation respective
des alliés ! Jadis, la démocratie n'était rien de plus qu'un
parti politique, les alliés qu'elle avait restant chacun à la
tête de leurs armées victorieuses : aujourd'hui, elle a pour
chef un homme couronné par la victoire, acclamé, lui
aussi, *imperator*, et qui porte dans sa tête les plus vastes
projets de conquête militaire : les alliés qui se donnent à
elle, au contraire, ne sont plus que des généraux sans
armée. Jadis, la démocratie l'emportait dans toutes
les questions de principe, mais elle l'emportait au prix
des fonctions suprêmes qu'elle abandonnait aux autres
coalisés : aujourd'hui, devenue plus pratique, elle garde
pour elle-même les pouvoirs civils et militaires, et ne
fait aux généraux que des concessions toutes secondaires.
Chose remarquable ! Pompée, l'on s'en souvient, avait
voulu être une seconde fois consul : de son ambition
il ne fut plus tenu compte. Jadis la démocratie s'abandonnait à ses alliés : aujourd'hui ses alliés dépendent
d'elle. Toutes les situations sont respectueusement chan-
gées, et par dessus tout le caractère de la démocratie
elle-même. Assurément du jour où elle était née, elle avait
recélé dans ses flancs le germe de la monarchie : mais
l'idéal de constitution entrevu par les meilleures têtes
du parti, en image plus ou moins distincte, c'était
toujours la République purement civile, le système politique à la façon de *Périclès*, où le pouvoir du prince

aurait sa base dans le peuple, dont il ne serait que la
représentation la plus noble et la plus parfaite, le peuple,
à son tour, dans ses plus nobles et plus complets éléments,
le reconnaissant pour le dépositaire de sa confiance. César
lui-même avait eu foi en ces théories : mais tout ce que
peut l'idéal en pareil cas, c'est d'agir sur la réalité, sans
jamais devenir la réalité même. Ni le pouvoir populaire
pur, comme Gaius Gracchus l'avait possédé un instant;
ni la démocratie armée, essayée insuffisamment d'ailleurs
par Cinna, n'avaient pu se soutenir et s'asseoir d'un poids
durable au sein de la République romaine : bientôt l'armée,
cette machine de combat, obéissant à un général et non à
un parti; bientôt, avec elle, la tyrannie brutale des *Con-
dottieri*, après avoir fait son entrée en scène au service de
la restauration, se placèrent nettement au-dessus de toutes
les situations. César, dès qu'il se mêla à la vie pratique,
s'en convainquit lui-même : il prit sa décision, et mûrit
au fond de son esprit le redoutable projet de faire aussi
de la machine de l'armée l'instrument de ses idées politiques. Une fois devenu le maître suprême, l'officier de
fortune procéderait en conséquence à la reconstruction de
l'État. Telles étaient ses vues déjà, quand en 683, il avait
conclu avec les généraux de l'autre parti ce pacte d'alliance (p. 241) qui tout en leur imposant le programme
démocratique, n'en devait pas moins conduire et les
démocrates et César au bord de l'abîme. Telles furent ses
vues encore, quand, onze ans plus tard, il voulut se faire
condottiere à son tour. Dans l'une et l'autre occasion, il
y mit une sorte de naïveté : il eut pleine foi dans la
possibilité de fonder l'État libre, non par le pouvoir d'une
autre épée, mais par le pouvoir de la sienne. Confiance
décevante, on le voit sans peine, qui prenant l'esprit
du mal à son service, s'en fait bon gré mal gré le valet.
Mais les plus grands hommes ne sont pas ceux qui se
trompent le moins. Que si après vingt siècles, nous nous
inclinons respectueux devant la pensée de César et devant

61 av. J.-C.

son œuvre, ce n'est point, certes, parce qu'il a convoité
et pris la couronne : l'entreprise ne vaudrait que ce que
vaut la couronne elle-même, peu de chose ! Nous nous
inclinons, parce qu'il a porté en lui jusqu'au bout le
puissant idéal d'un gouvernement libre avec un prince à
la tête, parce que cette pensée, il l'a gardée sur le trône,
et qu'il n'est point tombé dans l'ornière commune des
rois.

Les partis coalisés firent passer sans peine son élection
au consulat, pour l'année 695. Quant·à l'aristocratie, en
dépit de pratiques qui firent scandale, même en ces temps
de corruption profonde, achetant les votes, et mettant
tout l'ordre noble à contribution pour les payer, elle
n'arriva qu'à donner à César, dans la personne de *Marcus
Bibulus*, un collègue estimé dans les coteries comme
conservateur énergique, alors qu'il n'avait que l'entête-
ment des esprits bornés. Il ne tint point à lui d'ailleurs
et à son bon vouloir, que ses patrons ne récupérassent
leurs avances patriotiques.

César entrant en charge voulut aussitôt donner satisfaction aux vœux de ses associés. La plus importante de
leurs demandes était, sans contredit, celle relative aux
assignations de terres pour les vétérans de l'armée d'Asie.
Un projet de loi fut dressé, tout semblable au fond au
projet de Pompée de l'année précédente, et qui avait été
alors écarté (p. 365). Les assignations devaient ne porter
que sur le domaine d'Italie, c'est-à-dire, presque exclusivement sur le territoire de Capoue, puis en cas d'insuffisance, sur d'autres territoires situés dans la péninsule, et
que l'on achèterait avec l'argent provenant des nouvelles
provinces d'Orient, sur le pied des estimations des listes
censorales : d'ailleurs on ne portait atteinte, notons-le, à
aucun droit acquis de propriété ou de possession à titre
héréditaire. Les parcelles n'avaient qu'une mince conte-
nance. Les bénéficiaires de la loi devaient être des citoyens
pauvres, chargés de trois enfants au moins. La loi se

taisait, le principe étant dangereux, sur le droit conféré aux vétérans de venir prendre part aux distributions foncières : seulement, comme le voulait l'équité et comme on l'avait pratiqué dans tous les temps, les commissaires répartiteurs auraient à se montrer tout spécialement favorables aux vieux soldats et non moins spécialement aux fermiers temporaires à évincer. Ces commissaires étaient au nombre de vingt : César avait déclaré ne vouloir pas être élu.

Opposition
de l'aristocratie.

Il était difficile aux opposants de lutter contre la rogation. On eût nié l'évidence en soutenant qu'après l'établissement des provinces de Pont et de Syrie le trésor public ne pouvait pas facilement renoncer aux fermes de Campanie : on eût été coupable à tenir hors du commerce l'un des plus beaux cantons de l'Italie, et le mieux propre aux petites cultures. Et puis, quand toute la péninsule avait obtenu le droit de cité, n'était-ce point chose injuste et ridicule que de refuser encore les droits municipaux à Capoue? Le projet de César unissait habilement à l'idée démocratique un cachet de modération, d'honnêteté et de solidité louables : il aboutissait principalement au rétablissement de la colonie capouane, fondée au temps de Marius, et supprimée par Sylla (V, pp. 320, 356). César y mit d'ailleurs toutes les formes. Et sa loi agraire, et sa motion tendant à la ratification en bloc de toutes les ordonnances pompéiennes en Orient, et la pétition des Publicains tendant à la remise du tiers des fermages, il soumit tout à l'*autorisation* sénatoriale, se déclarant prêt à accueillir et à discuter les amendements qui seraient proposés. Le Sénat pouvait voir quelle folie on avait commise en repoussant les demandes de Pompée, et en rejetant les chevaliers dans les bras de son adversaire. Peut-être les nobles en avaient-ils secrètement la conscience; et c'est pour cela, que dans leur dépit, ils jetèrent les hauts cris, leur colère faisant triste contraste avec le calme et la prudence de César. Ils repoussent net et sans la discuter la loi agraire. Ils ne font pas grâce davantage à la motion sur le gouvernement de Pompée en Asie. Et quant à la pétition des Publicains, Caton fit tout son possible pour l'enterrer parlementairement par les moyens mauvais des oppositions romaines, parlant, et parlant toujours jusqu'à l'heure de clôture légale de la séance : César fit mine de mettre l'intraitable orateur en arrestation, et la mesure en fin de compte n'en fut pas moins repoussée. Naturellement César porta toutes ses motions devant les comices. Là, sans s'éloigner beaucoup de la vérité, il put attester que le Sénat avait dédaigneusement écarté, uniquement parce qu'elles venaient du consul populaire, les rogations les plus sages et les plus nécessaires. Il ajouta que les aristocrates avaient comploté leur rejet définitif dans le Forum : il conjura le peuple, et Pompée lui-même et ses vétérans, de lui venir en aide contre la ruse et la violence. Et ce n'était point là paroles en l'air. L'aristocratie, Bibulus et Caton à sa tête, Bibulus, esprit faible et opiniâtre, Caton, l'homme à principes, inflexible jusqu'à la folie, avait son parti pris de lutter par la violence ouverte. Pompée, que César incitait à parler et à prendre position dans le débat pendant, déclara sans détour, chose contraire à tous ses précédents, que si quelqu'un osait tirer l'épée, il prendrait, lui aussi, la sienne, et se montrerait dans la rue, son bouclier au bras. Crassus tint le même langage. Les vétérans pompéiens intéressés au vote plus que personne, reçurent avis de se rassembler sur le Forum au jour des comices, avec des armes sous leurs vêtements.

Cependant la noblesse essayait tout pour faire échouer les rogations. César voulait-il s'adresser au peuple, Bibulus aussitôt se mettait à observer le ciel, moyen politique bien connu d'arrêter les délibérations (p. 60). Mais César, sans se préoccuper de l'état du ciel, continuait à demeurer sur terre et à agir. On lui opposa l'intervention tribunicienne, il n'en tint pas compte. Alors Bibulus et Caton de s'élancer à la tribune, haranguant la foule, et faisant tapage de leur mieux : César les fait prendre par ses licteurs et mener hors du Forum, ayant soin d'ailleurs qu'il ne leur arrive aucun mal. N'avait-il point intérêt à ce que cette comédie n'allât pas plus loin? En dépit des chicanes et des emportements bruyants des nobles, le peuple vota la loi agraire, la ratification des mesures d'organisation prises en Asie et la réduction sur les redevances des Publicains : les dix commissaires, Pompée et Crassus en tête, sont élus et installés : au bout de tant d'efforts, l'aristocratie, coupable d'opposition aveugle et haineuse, n'a rien obtenu, que de voir se resserrer davantage le lien de la coalition, que d'épuiser elle-même sur des questions indifférentes l'énergie dont elle aura bientôt besoin dans de plus graves circonstances. En attendant, les héros du jour échangeaient des compliments sur leurs hauts faits : quel grand et patriotique courage avaient montré Bibulus, s'écriant qu'il mourrait plutôt que de céder, et Caton, continuant de pérorer, quand déjà il était dans les mains des licteurs! On subit, après tout, la fatalité du moment. Bibulus s'enferme dans sa maison pour le restant de l'année, et fait connaître par des placards publics, qu'il se consacre pieusement durant les jours de comices à l'observation des phénomènes du ciel. Les sénateurs admiraient le grand homme qui, pareil à l'antique Fabius du poète, « sauvait la ville en temporisant, »[1] et ils l'imitèrent. Pour la plupart, et Caton entre autres, ils ne vinrent plus au Sénat, se tinrent entre quatre murs, et se désolèrent avec leur consul, les choses d'ici-bas continuant à marcher, en dépit de toute leur astronomie politique. Pour le public, l'attitude passive de Bibulus et de l'aristocratie sembla une véritable abdication ; et la coalition se réjouit fort de ce qu'on la laissait faire

---

[1] [*Unus homo nobis cunctando restituit rem...*
— Ennius, *Annal.* 313, éd. Vahlen, Leipzig 1864.]

désormais, sans plus lutter. Le plus important de ses
actes fut sans contredit l'arrangement dont César était
l'objet. On sait que, constitutionnellement, il appartenait au Sénat de régler les pouvoirs, pour la seconde
année de charge consulaire (le proconsulat), et cela avant
l'élection des futurs consuls: or les sénateurs n'avaient
point manqué, dans la prévision du succès de la candidature de César pour 695, de désigner aux proconsuls
de l'an 696 deux provinces absolument insignifiantes, où
ils n'auraient rien à exécuter si ce n'est des travaux de
routes ou autres choses secondaires. Naturellement, les
coalisés ne pouvaient s'en tenir là : il avait donc été convenu entre eux que César aurait un commandement extraordinaire, conféré par plébiscite, à l'instar des lois *Gabinia-
Manilia*. Mais le consul ayant dit publiquement qu'il ne
porterait point de rogation dans son propre intérêt, ce
fut un tribun du peuple, *Vatinius*, qui en prit l'initiative
devant les comices : ceux-ci se prêtèrent à tout ce
qu'on voulut. César eut donc le proconsulat de la Gaule
cisalpine, avec le commandement des trois légions qui
s'y trouvaient sous les ordres de Lucius Afranius, légions
éprouvées déjà dans les guerres de frontières : ses lieutenants, comme ceux de Pompée jadis, avaient rang de
propréteurs; enfin sa fonction lui était prorogée pour
cinq ans, le plus long terme qu'on eût imparti jamais à
des pouvoirs militaires, selon la règle usuelle très-limitée
quant au temps. Les Transpadans formaient le noyau de
son gouvernement : convoitant la cité romaine depuis
longues années, ils étaient les clients naturels du parti
démocratique : ils étaient surtout ceux de César (p. 349).
Sa province allait au sud jusqu'à l'Arno et au Rubicon :
elle comprenait *Luca* et *Ravenne*. César reçut en outre
la province de Narbonne, avec la légion qui y tenait
garnison; et ici, le Sénat donna les mains à la motion
expresse de Pompée, afin de ne pas voir le peuple voter
encore extraordinairement cette adjonction de pouvoirs à

son favori. Ce qu'avaient voulu les conjurés, ils le tenaient dans la main. La loi constitutionnelle ne permettant pas d'avoir de troupes sur pied dans l'Italie propre (V, p. 370), il s'ensuivait qu'à posséder pendant cinq ans les légions de l'Italie du nord et de la Gaule, on commandait à toute la péninsule, Rome comprise : or, qui est pour cinq ans le maître est le maître à vie ! Le consulat de César avait fait toucher au but. Il va de soi que les nouveaux régents de Rome n'épargnèrent à la foule, qu'il convenait de garder en belle humeur, ni les jeux, ni les fêtes de toutes sortes, et qu'en même temps, ils remplissaient leurs cassettes en toute occasion. Le roi d'Egypte, par exemple, n'obtint que moyennant gros deniers comptant, payés à la coalition (p. 342), le plébiscite qui le reconnaissait pour souverain légitime : il en fut de même des franchises ou priviléges achetés aussi par d'autres villes ou dynastes.

Mesures de sûreté prises par les coalisés.
58 av. J.-C.

Du côté de la durée, les arrangements pris semblaient de même suffisamment solides. Le consulat, pour l'année qui allait suivre (696), tout au moins, était confié en mains sûres. Le public l'avait cru d'abord réservé à Pompée et à Crassus : les régents aimèrent mieux faire élire deux hommes en sous-ordre, mais à l'épreuve, Aulus Gabinius, le meilleur des lieutenants de Pompée, et *Lucius Pison*, personnage moins important, mais beau-père de César. Pompée promit de veiller de sa personne sur l'Italie. Placé à la tête des répartiteurs il y procédait à l'exécution de la loi agraire, et installait sur leurs parcelles foncières, aux alentours de Capoue, 20,000 citoyens, pour la plupart vieux soldats de son armée : les légions de César, dans le nord de la péninsule, lui étaient un appui inattaquable contre les opposants dans Rome. De voir les chefs coalisés en venir à une rupture, on ne pouvait en ce moment en nourrir l'espoir. Les lois consulaires de César, au maintien desquelles Pompée avait intérêt autant au moins que leur auteur,

étaient le gage de son éloignement persistant du camp
des aristocrates : les meneurs, parmi ceux-ci, continuaient
d'ailleurs à les tenir pour nulles, et par là même resser-
raient le nœud de la coalition. Bientôt même le rapprochement entre les chefs coalisés devint plus étroit encore.
César avait loyalement et fidèlement tenu parole, sans
marchander ni chicaner jamais : il avait combattu pour
la loi agraire demandée par Pompée avec habileté et
énergie, autant que s'il se fut agi de sa propre chose.
Pompée, sensible à ces façons droites et sincères, se montrait à son tour animé de bon vouloir pour l'homme qui,
d'un tour de main, l'avait débarrassé de ce rôle de solliciteur qu'il jouait si pauvrement depuis tantôt trois ans.
Ses fréquents et plus familiers contacts avec son asso-
cié, l'irrésistible amabilité de celui-ci firent le reste :
l'alliance des intérêts se changea en alliance d'amitié,
se manifestant à la fois par ses effets et par des gages
échangés. Le mariage de Pompée avec l'unique fille de
César, âgée de vingt-trois ans, annonça publiquement
et sans détours l'avènement du pouvoir absolu, de
fondation nouvelle. *Julia* avait hérité du charme de
son père : elle vécut dans le plus heureux commerce
avec un époux, du double plus âgé qu'elle : les citoyens
avides de calme et d'ordre, après tant de maux et de
secousses avaient vu dans leurs noces la promesse et la
garantie d'un avenir de paix prospère.

Pendant que César et Pompée s'unissaient ainsi par des
liens plus étroits et plus solides, la cause aristocratique
s'en allait sans espoir à la dérive. Les aristocrates voyaient
l'épée suspendue sur leurs têtes : ils connaissaient César,
et ne pouvaient douter que son bras ne frappât sans
hésiter, en cas qu'il fût besoin : « nous sommes pris
» par tous les côtés, » écrit l'un d'eux, « nous ne refusons
» plus la servitude : la mort et l'exil, ces maux bien
» moindres, nous semblent les plus grands maux : on n'a
» qu'une voix pour gémir sur le présent : nul n'ose parler

Situation
de l'aristocratie.

» pour y porter remède!¹ » C'était là tout ce que voulaient les *triumvirs*. Mais quel que fût l'abaissement des esprits chez le plus grand nombre, plusieurs restaient debout dans le parti, qui s'obstinaient à aiguillonner les autres. A peine César a-t-il déposé le consulat, que certains ardents, *Lucius Domitius*, *Gaius Memmius* et d'autres, se mettent en tête de demander en plein Sénat la cassation des lois juliennes. Acte de folie, qui ne pouvait tourner qu'au profit de la coalition! César pour toute réponse s'en réfère à l'examen par la Curie de la légalité de ses actes, et la Curie à son tour ne peut rien faire que la reconnaitre. Mais il y avait là pour les régents un avertissement nouveau : il fallait faire un exemple sur les plus notables et les plus bruyants parmi leurs adversaires : eux frappés, le reste se tairait et gémirait, ainsi qu'on le voulait en secret. On avait cru d'abord prendre les opposants au piége, par une disposition expresse de la loi agraire, laquelle astreignait, comme d'usage, tous les sénateurs au serment d'obéissance, sous peine de la perte des droits politiques contre tout non-jurant : on avait cru qu'à l'exemple de Métellus le Numidique (V, p. 177), ils refuseraient et partiraient pour l'exil. Ils ne donnèrent point ce plaisir aux triumvirs; Caton jura, Caton l'austère, et avec lui tous les *Sanchos* à la suite. On recourut alors à un autre et peu honorable moyen. Les chefs de l'aristocratie se virent imputer un jour un soi-disant complot d'assassinat ourdi contre Pompée. L'exil était au bout de l'accusation. Mais celle-ci tomba, par l'insuffisance de ses instruments. *Vettius*, le dénonciateur, gâta tout à force d'exagérations et de contradictions; et le tribun *Vatinius*, qui avait la main dans l'affaire, se trahit par sa collusion trop manifeste avec Vettius. On sortit

---

¹ [*Tenemur undique; neque jam quo minus serviamus, recusamus; sed mortem et ejectionem, quasi majora, timemus, quæ multo sunt minora. Atque hic status, qui una voce omnium gemitur, neque verbo cujusquam sublevatur.* — Cic. ad Attic., II, 18.]

d'embarras en étranglant ce dernier dans sa prison, et on
laissa tomber le procès. Cependant, on avait jusqu'à
satiété constaté et l'état de dissolution profonde du parti
aristocratique, et les frayeurs immenses des nobles : on
avait vu tel grand personnage, un Lucius Lucullus, par
exemple, tomber aux genoux de César, et déclarer haute-
tement que par raison d'âge il se retirait de la scène
politique. Il parut convenable de se borner à quelques
victimes choisies. Le premier à éloigner, c'était Caton,
qui ayant opiné carrément pour l'annulation des lois
juliennes, était homme à agir comme il avait parlé. On
n'en eût pu dire autant de Marcus Cicéron, qui ne méritait pas d'être craint. Néanmoins, la faction démocratique, qui jouait dans la coalition le premier et principal
rôle, ne pouvait pas, au lendemain de sa victoire,
amnistier le meurtre judiciaire du 5 décembre 691, objet
de son juste blâme, hautement exprimé. A vouloir réellement compter avec les auteurs de la fatale sentence, il
n'eût point fallu, certes, s'en prendre au pusillanime
consul, mais à cette fraction aristocratique rigide, qui lui
avait mis le glaive dans la main à son grand tourment.
Toutefois et selon le droit exact, les donneurs d'avis
n'étaient point responsables : le consul seul devait payer
pour tous. La modération conseillait d'ailleurs, de laisser
le Sénat hors de jeu, pour ne s'attaquer qu'à lui. Aussi
la motion dirigée contre Cicéron tenait pour faux et
supposé le sénatus-consulte en vertu duquel les Catilinariens avaient été exécutés. Les triumvirs auraient voulu
éviter toute rigueur faisant esclandre : mais Cicéron ne
put prendre sur lui de leur donner les gages qu'ils
souhaitaient, ou de s'éloigner de Rome, sous un prétexte
spécieux offert, ou même seulement de se taire. Il avait à
cœur de ne point heurter : il avouait naïvement ses
transes, mais sans savoir se contenir et user de prudence,
ouvrant la bouche dès qu'un bon mot, une saillie
malicieuse lui venaient chatouiller les lèvres : son cœur se

Eloignement
de Caton
et de Cicéron.

63 av. J.-C.

gonflait d'orgueil à s'entendre louer par tous les nobles;
et l'ancien avocat plébéien perdant la tête, se mettait
aussitôt à débiter ses périodes savamment cadancées. On se
décida donc à frapper Caton et Cicéron. *Publius Clodius*
fut chargé de l'exécution, Clodius homme léger et dissolu,
mais homme habile et surtout audacieux, l'ennemi acharné
de Cicéron depuis plusieurs années. Pour mieux assouvir
sa haine, et pouvoir jouer un rôle dans la démagogie,
durant le consulat de César, il était passé par voie
d'adoption hâtive des rangs du patriciat dans ceux des
plébéiens ¹; puis s'était fait élire tribun du peuple pour
l'an 696. Le nouveau proconsul, appuyant ses menées,
demeura dans les environs immédiats de Rome, attendant
le succès du coup monté. Alors Clodius, suivant ses
instructions à la lettre, propose au peuple qu'il soit donné
une mission à Caton. Celui-ci s'en ira régler à Byzance
les affaires embrouillées de la localité, et procèdera ensuite
à l'incorporation du royaume de Chypre à la République.
Chypre, on s'en souvient; lui était échue, avec l'Égypte,
par le testament d'Alexandre II; mais comme l'Égypte
elle ne s'était point rachetée; et de plus, son roi avait eu
personnellement des torts envers Clodius. En ce qui
touche Cicéron, le tribun proposa une loi punissant de
l'exil quiconque aurait fait mettre à mort un citoyen
romain sans droit et sans jugement. Par ces mesures, on
éloignait Caton, sous couleur d'une mission honorifique:
on se défaisait de Cicéron, dont le nom n'était d'ailleurs
pas prononcé, en lui infligeant la plus douce peine possible.
En même temps qu'on frappait pour son énergie d'un
jour le conservateur notoirement trembleur, dûment
compté parmi les girouettes politiques, on prenait un
malin plaisir à confier par plébiscite exprès une mission
et un commandement extraordinaires à l'ennemi acharné
de tous les empiétements populaires dans la haute admi-

58 av. J.-C.

---

¹ [II, *Appendice*, p. 337 : *Transitio ad plebem.*]

nistration. On glorifiait d'ailleurs les vertus exceptionnelles
de l'homme : lui seul semblait digne d'une aussi délicate
fonction : lui seul saurait, sans fraude et sans vol, opérer
la rentrée des trésors de la couronne de Chypre. L'une
et l'autre motion portaient ce cachet de déférence respec-
tueuse et de froide ironie, que César observait dans tous
ses rapports avec le Sénat. Les deux motions passèrent
sans résistance. En vain, la plupart des sénateurs, par
protestation vaine contre la flétrissure et la raillerie jetées
sur leur conduite dans l'affaire de Catilina, se montrèrent
en public vêtus d'habits de deuil : en vain Cicéron (son
humilité venait trop tard!) demanda grâce à genoux à
Pompée : il lui fallut prendre le chemin de l'exil,
avant même le vote de la loi qui le chassait de sa patrie
(avril 696). Caton, de son côté, se garda d'attirer sur lui-   58 av. J.-C.
même, par un refus inopportun, des mesures plus sévères;
il accepta la mission offerte, et fit voile vers l'Orient
(p. 314). On avait pourvu au plus pressé : César put enfin
quitter l'Italie, et se consacrer à une grande œuvre.

TABLE DU TOME VI

QUATRIÈME LIVRE

(Suite)

LA RÉVOLUTION

CINQUIÈME LIVRE

FONDATION DE LA MONARCHIE MILITAIRE

Nogent-le-Rotrou, imprimerie de A. Gouverneur.

www.ingramcontent.com/pod-product-compliance
Ingram Content Group UK Ltd.
Pitfield, Milton Keynes, MK11 3LW, UK
UKHW021103220726
13924UKWH00005B/2218